21世纪新闻与传播学系列教材
普通高等教育“十一五”国家级规划教材

Media Criticism

媒介批评

雷跃捷 著

北京大学出版社
PEKING UNIVERSITY PRESS

图书在版编目(CIP)数据

媒介批评/雷跃捷著. —北京:北京大学出版社,2007.6
(21世纪新闻与传播学系列教材)
ISBN 978－7－301－12059－0

Ⅰ. 媒…　Ⅱ. 雷…　Ⅲ. 传播媒介－研究－高等学校－教材　Ⅳ. G206.2

中国版本图书馆CIP数据核字(2007)第055812号

书　　名　媒介批评
MEIJIE PIPING
著作责任者　雷跃捷　著
责任编辑　杨　虎　周丽锦
标准书号　ISBN 978－7－301－12059－0
出版发行　北京大学出版社
地　　址　北京市海淀区成府路205号　100871
网　　址　http://www.pup.cn
电子信箱　ss@pup.pku.edu.cn
新浪微博　@北京大学出版社　@未名社科-北大图书
电　　话　邮购部010－62752015　发行部010－62750672　编辑部010－62765016
出版部010－62754962
印 刷 者　河北滦县鑫华书刊印刷厂
经 销 者　新华书店
730毫米×980毫米　16开本　18.25印张　350千字
2007年6月第1版　2019年8月第10次印刷
定　　价　40.00元

目　　录

Table of Contents

前　言

一

从批判的立场出发，研究人类传播行为，这是西方传播学的一支流派——传播批判学派的理论价值取向。而以这种价值取向来研究大众传媒和大众文化，则产生了传播学的一个分支学科——媒介批评学。媒介批评学是以人类的媒介批评活动为研究对象，探讨媒介批评的性质、特征及其活动规律的一门学科。那么，什么是媒介批评呢？所谓媒介批评，是指根据一定社会和阶级的利益与理想，并按照一定的标准，对大众传播活动所做的价值判断和理论鉴别。

媒介批评活动是人类从事大众传播活动的一个组成部分。自从有了新闻传播活动，就有了媒介批评活动。远古时期，人类的活动缺乏文献记载而未得以流传下来，到了近代，媒介批评活动愈益频繁，其原因是大众传播活动呈加速度发展。当代人类的大众传播活动，已进入到运用印刷、电子和网络媒介作为传播工具的时代。媒介批评的对象和手段也由印刷、电子媒介扩展到网络媒介。如同大众传播活动是人类的普遍活动一样，媒介批评也是人类从事的一种普遍活动。

二

“一定的文化是一定社会的政治和经济在观念形态上的反映。”① 大众传媒的发展带来了大众文化的发展。现代大众传媒业是现代资本主义大工业生产方式的产物，反过来，它又给现代资本主义的发展以巨大的推动。它的标准化的价值取向和流水线式的生产方式，反映了资本主义由于科技进步、生产力水平提高、资本积累不断扩大而导致由自由竞争走向兼并垄断的现实。对于大众文化这一现象，西方资本主义国家的理论界，先后出现了不同的认识和解读。这些认识和解读形成思想体系，就出现了不同的社会思潮和学术流派。

---

① 《毛泽东选集》第2卷，人民出版社1991年版，第694页。

以德国法兰克福大学社会研究所的一批学者为代表的法兰克福学派，站在文化精英主义的立场，依据西方马克思主义的立场、观点和方法，对大众文化造成的意识形态“遮蔽”，进行了深刻的揭露和激烈的批判。他们被誉为揭露和反抗资产阶级运用大众传媒对工人阶级进行意识形态掌控的文化斗士。第二次世界大战结束以后，西方资本主义经济持续发展，资本主义制度永世长存的神话似乎正在变成现实，苏联、东欧模式的社会主义陷入困境，并最终走向瓦解。这一切给西方思想界带来了深刻的影响，改变了西方思想界的思考方向。

以法兰克福学派为例，20世纪60年代末，法兰克福学派的第二代健将哈贝马斯，与第一代思想家霍克海默、阿多尔诺、马尔库塞分道扬镳，开始关注“晚期资本主义的合法性”问题。他发现，随着生产力水平的不断提高和物质的极大丰富，传统意义上的工人阶级已不复存在，资本主义制度已建立在中产阶级的社会基础之上了。这样，对大众文化的关注和批判，就从传统的中心转移到边缘。这给后来兴起的文化研究思潮以极大的影响。

以英国伯明翰大学当代文化研究中心的学术思想为代表的文化研究思潮，是当代欧美思想和学术的主潮。正是通过文化研究，学院知识分子的智识活动溢出了大学校园，也溢出了传统的经典命题。文化研究关注的是性别、身份、传媒、大众文化等范围广泛的社会文本，它具有迫切的现实焦虑感，这就和传统的精英主义、唯美主义、形式主义乃至文学主义的文化观相冲突。在文化观上，英国文化研究与法兰克福学派社会批判理论存在着巨大的分野。文化研究思潮打破了社会批判理论的精英文化统治模式，将工人阶级的文化、日常生活的文化、大众文化、流行文化、青少年亚文化等纳入其研究范围。在媒介观上，文化研究学派的理论家们打破了法兰克福学派认为现代传媒与科技受工具理性支配，是造成异化和意识形态压迫的工具的神话。从总体上看，文化研究学派更注意从马克思主义经济基础和文化的关系的原理上分析媒介的功能和发展，因此，其媒介观比起社会批判理论的媒介观较为客观、公允一些。由于文化研究思潮的一个重要的研究领域是大众传媒和大众文化，因此，文化研究的这部分内容可直接表述为“传播批判理论”或“媒介批评理论”。在方法论上，文化研究在经历了“文化主义”和“结构主义”的范式危机后，实行了“葛兰西转向”。从此，文化研究进一步拓宽了研究的领域，引进多种学术理论方法，形成了海纳百川、百家争鸣的学术气象。另外，早期英国文化研究学派的理论家们运用以“个体经验”和借助“民族志”(ethnography)研究大众文化与传媒的具体研究方法，对当今的媒介批评理论与实践也产生了重大而深远的影响。

三

"中国从远古时代起，就有广义的新闻传播活动。"① 这里所说的广义新闻传播活动，当然也包括广义的媒介批评活动。根据新闻史学家发掘的资料判断，中国至迟在唐朝就已有了对报纸批评的文献记载了。

五四新文化运动时期的媒介批评是这一时期中国新闻传播活动的组成部分，也是新文化运动的组成部分。五四新文化运动时期的媒介批评，是中国现代媒介批评的开端。新中国五十多年的媒介批评实践，有巨大的成就，也有巨大的失误，其经验教训给中国特色社会主义媒介批评的实践和理论以深刻的影响。

中国特色社会主义文化事业，产生于中国新民主主义革命、社会主义革命和建设事业。它是由中国共产党领导的、民族的、科学的、大众的文化事业。中国特色社会主义的媒介批评，是中国特色社会主义文化事业的一个重要组成部分。它的理论依据是马克思主义的媒介批评观，它的实践渊源是中国共产党领导的无产阶级新闻传播活动。在新世纪，面对全球化的挑战，中国特色社会主义媒介批评，担负着为"建设具有强大凝聚力和引领力的社会主义意识形态"②、为建设富有竞争力和创造力的社会主义大众文化服务的重任。

四

本书依照上述思路，展开对媒介批评这一学术领域的研究工作。本书以辩证唯物主义和历史唯物主义作为观察、分析各种批评学说、思潮流派、媒介活动、文化现象的思想武器。鉴于媒介批评跨学科、综合性的学术特征，国外的媒介批评理论渊源和学术背景庞杂多元的原因，本书采取抓主要矛盾的方法，对影响西方媒介批评的主要学说做出阐释和批判。

中外媒介批评实践活动具有时间跨度长、不同社会形态的媒介批评具有不同性质以及批评内容丰富等多方面的特点。本书截取现代和当代社会的媒介批评实践作为研究对象，在对其进行梳理研究时，遵循实事求是的原则。

---

① 方汉奇主编：《中国新闻事业通史》第1卷，中国人民大学出版社1996年版，第18页。

② 《习近平在全国宣传思想工作会议上强调：举旗帜聚民心育新人兴文化展形象 更好完成新形势下宣传思想工作使命任务》，《人民日报》2018年8月23日，第1版。

第一章　媒介批评起源与概说

从20世纪90年代中期以来,我国新闻传播学界开始关注媒介批评问题。一些论著就媒介批评的起源、定义、性质、功能等问题进行了广泛和深入的探讨,这些探讨为媒介批评研究奠定了基础。

第一节　媒介批评起源

一、关于媒介批评起源的争论

关于媒介批评的起源问题,目前研究者们已有多种解释,择其要者有:(1)王君超提出:"据西方有关史料介绍,媒介批评的实践最早萌芽于1923年3月3日美国《时代》创刊号所辟的《报界》小栏。"①(2)刘建明认为:"媒介批评并非起源于西方,更不是西方当代传媒发展的产物。新闻批评和新闻起源一起出现,媒介批评和媒介诞生同时面世,都根植于意识同源的互动性。"② 刘自雄等举出了"在美国,有文字记载的媒介批评的起源大大早于1923年《时代》创刊号所辟的《报界》小栏"的证据,来"对王的说法进行证伪"。如"埃默里父子的《美国新闻史》就有相关记载:'那位遐迩闻名的博学权威塞缪尔·约翰逊一七八五年一月二十日于《懒汉报》上发表的一篇评论中,含蓄地反映出早在二百年前,广告已是辩论的题目与批评的对象,正像今天的情形一样。'"塞缪尔·约翰逊说:"……目前,广告已多得不容细读,因而必须用冠冕堂皇的诺言,用有时令人神魂颠倒、有时哀婉动人的口才方能招徕顾客。花言巧语的骗人话是广告的灵魂……"③ 刘自雄等还认为:"从欧洲媒介批评的批评实践发展状况看,其起源亦大大早于王君超的判断。"④ 另外,黄顺铭、谭舒亦提出和王君超不同的看

---

① 王君超:《媒介批评——起源·标准·方法》,北京广播学院出版社2001年版,第63页。

② 刘建明:《媒介批评通论》,中国人民大学出版社2001年版,第25页。

③ 刘自雄、熊珺:《略论"媒介批评"的概念及其起源》,载《湖南大众传媒职业技术学院学报》第2卷第4期,2002年12月。

④ 同上。

法。他们认为:“据《美国新闻百科全书》称,小说家J.F.考柏尔是最早对报界进行批评的人之一。在1837年到1845年之间,他对报纸提起了十六桩诽谤诉讼案,并且大多胜诉了。”① 这样,黄顺铭、谭舒将媒介批评的“起源”比王君超的说法提前了八十多年。但刘自雄等指出:“实际上这一说法还是不准确的,而且美国也并不能代表欧洲。”② 鉴于无从考察有文字记载的最早关于媒介批评的文献,刘自雄等指出:“从认识论的角度来说,笔者比较赞成刘建明的说法。因为一种新事物的诞生必然会引起人们的关注,从而表达某种意见与评价,这可以被视为一种自发的批评,是媒介批评的萌芽。”③

二、媒介批评的逻辑起点和历史起点

以上简述了有关媒介批评起源的各派意见。本书作者也赞同从认识论的角度去阐释媒介批评的起源。但问题是:(1) 为何会出现不同的媒介批评起源观?(2) 已有的观点,为何会自相矛盾?要解答媒介批评的历史起点问题,还必须从如何理解媒介批评这个概念的逻辑起点开始。

媒介批评是一个含义十分丰富,外延极其宽泛的概念。刘建明认为,媒介批评是“以解读新闻作为范畴支点”,对媒体和新闻作品展开一系列评价活动。④ 王君超认为媒介批评“是对新闻传播媒介系统及其各要素进行批评的过程”⑤。据此可以得出媒介批评是对新闻及新闻媒介的批评的结论。由此推论,媒介批评的逻辑起点是对新闻传播活动(新闻与新闻媒介是一对辩证的关系范畴,没有无媒介的新闻,也没有不传播新闻的新闻媒介)的批评。

确定了新闻传播活动是媒介批评的逻辑起点,再来分析媒介批评的历史起点问题,答案就会变得清晰起来。媒介批评是自人类新闻传播活动诞生之时相应产生的。法国文学批评家阿尔贝·蒂博代在《六说文学批评》一书中界定了批评的各种形态,对于我们探讨媒介批评的起源问题不无借鉴价值。按照蒂博代的思路,我们可以认为,从批评史的角度看,媒介批评经历了从“口头批评”到“文字批评”再到“系统理论化批评”的发展历程,也就是从“自发批评”到“自觉批评”的发展历程。

---

① 黄顺铭、谭舒:《一个历史的维度——美国媒介批评著作概况》,载《湖北社会科学》2001年第9期。

② 刘自雄、熊珺:《略论“媒介批评”的概念及其起源》,载《湖南大众传媒职业技术学院学报》第2卷第4期,2002年12月。

③ 同上。

④ 刘建明:《媒介批评通论》,中国人民大学出版社2001年版,第1页。

⑤ 王君超:《媒介批评——起源·标准·方法》,北京广播学院出版社2001年版,第15页。

刘建明从认识论的角度出发，认为“媒介批评和媒介诞生同时面世”，这是对媒介批评起源问题的正确解释。但他在《媒介批评通论》中接下来的一段文字，就和他的上述观点有明显的矛盾。“以媒介批评而言，我国古史上早有明确的记载，邸报的出现及对邸报的评论就是最突出的例子。唐末人孙可之(孙樵)在《经纬集》中评述《开元杂报》。有‘系日条事，不立首末’的描述，也有‘樵后得《开元录》验之，条条可复云’的评价，这里对《开元杂报》的真实性作了肯定，对其‘不立首末’的形式做出说明，这恐怕是世界上最早的媒介评论。”[①] 这种判断，至少会面临来自以下两方面的质疑：(1) 邸报并不是人类社会最早的新闻传播媒介。人类最早的新闻传播媒介是手势、口头语言、烽火、狼烟、石刻、壁画，“山顶洞人的海蚶壳饰物便是1.8万年前远古人类进行社交活动和新闻传播的旁证物。”[②] (2) 邸报的产生必定比孙樵评述《开元杂报》为早。因为《开元杂报》所记之事“已知的时间上限是开元十二年(公元724年)，已知的时间下限是开元二十三年(公元735年)”[③]，而孙樵的《读开元杂报》自称作于宣宗大中五年(公元851年)。更何况学术界探讨中国古代邸报的产生时间，“以汉朝说的影响为最大”[④]。基于这两方面的问题，刘建明关于媒介批评起源的观点，存在以下矛盾：如果承认“新闻批评和新闻起源一起出现，媒介批评和媒介诞生同时面世，都根植于意识同源的互动性”[⑤](刘建明此处的“新闻批评”和“媒介批评”是同义词)，而新闻起源则是远古的事情，那么，有什么依据证明孙樵的《读开元杂报》“恐怕是世界上最早的媒介评论”呢(此处“媒介评论”也是“媒介批评”的同义词)？也许有人会说是根据我国古史上已有的明确文字记载而言。但是既然从认识论的角度承认了“媒介批评”是和新闻起源一同出现的，就不应该将口头形式的新闻传播活动和口头形式的媒介批评截然分开。换句话说，既然承认了远古时期的口头新闻传播活动是新闻的起源，那么为什么口头语言形式的媒介批评就不能被看做是媒介批评的起源呢？其实，有人在研究媒介批评时，已经从另一个角度回答了这个问题。我们以王君超的《媒介批评——起源·标准·方法》一书的开篇为例证：

> 什么是媒介批评？
> 让我们先看一个例子。

---

① 刘建明：《媒介批评通论》，中国人民大学出版社2001年版，第26页。
② 方汉奇主编：《中国新闻事业通史》第1卷，中国人民大学出版社1996年版，第20页。
③ 同上书，第47—49页。
④ 同上书，第33页。
⑤ 刘建明：《媒介批评通论》，中国人民大学出版社2001年版，第25页。

这是1999年7月的一个晚上，电视剧《还珠格格》（续集）正在某电视台的黄金时段播出。屏幕前，一对青年夫妇因为看电视而引发了一场争论。

丈夫：这么俗的东西你也看，再看就关电视！

妻子：什么，俗？这在古装戏里算是好的了。嫌俗，你拍一部不俗的给我看看！

丈夫：哼！“你是风儿我是沙”，我看歌词应该改成“你是疯子，我是傻子”！

妻子：电视台也疯了傻了？人家可是花55万元一集的高价买断的。

丈夫：媚俗！

……

上面的对话是对一部流行电视剧的评价，尽管评价双方各执一词，互不相让，评价内容有褒有贬，针锋相对，但始终是围绕该剧这个中心的。评论的对象：新闻媒介及其产品——某电视频道及其买断的《还珠格格》（续集）；评价内容：该剧的质量优劣以及对电视频道的看法。像这样对于大众传播媒介及其产品的分析和评判，就是媒介批评。当然，上面的例子并未公开刊载，只能算作非正式的、微观的媒介批评。①

非常明确，口头形式的媒介批评亦属于媒介批评。

在承认口头形式的媒介批评也是媒介批评的一种形式这一前提下，将媒介批评的起源定位在具体的某一年、某一个专栏或某一篇文章，其结果就是推翻了口头的媒介批评也是媒介批评，媒介批评和“新闻起源一起出现”，“和媒介诞生同时面世”的观点。

鉴于已有的媒介批评起源观点存在的缺陷，本书作者认为：考察媒介批评的起源问题，应考虑以下因素：

1. 媒介批评是一个十分宽泛的概念。它是人类从事的一种社会活动，从认识论的角度看，它和新闻传播活动同步产生，经历了运用口头形式的批评→运用文字形式的批评→运用印刷手段的批评→运用电子手段的批评→运用网络手段的批评等阶段。它的起源如同新闻的起源一样，“早在远古时代就已经产生了。由于早期的新闻传播活动缺少文献记载，无法稽考。”② 就如同不可能指认某个时期、某篇文献是新闻的起源一样，也不可能以同样方式指认媒介批评的起源。

---

① 参见王君超：《媒介批评——起源·标准·方法》，北京广播学院出版社2001年版，第1页。

② 方汉奇主编：《中国新闻事业通史》第1卷，中国人民大学出版社1996年版，第19页。

否则,就会在历史起点和逻辑起点上犯错误。

2. 媒介批评的起源是一个漫长的形成过程,无从稽考,但并不能因此就否认人们对处于萌芽时期的媒介批评进行考察的努力。人们将根据不断发掘、考证的历史文献材料,来考察早期媒介批评的形态、内容。这将是一个长期研究的过程。当我们将媒介批评这一社会活动和现象当作研究对象时,必将产生有关媒介批评研究的学说,而媒介批评学学科体系是离不开媒介批评史作为基础的。

3. 鉴于当下使用的媒介批评概念是指自现代新闻传播事业诞生后的批评活动,因此,我们研究的媒介批评,主要是指对现代大众传播活动的批评研究。

第二节　媒介批评概说

一、媒介批评的定义

(一) 对几种类型的媒介批评定义的评介

国内学术界对媒介批评概念有多种解释,这反映了学者们对媒介批评这个概念存在着不同的理解和认识。本书作者尝试对这些定义作一番分析。

第一种类型,从字面上解释媒介批评。

"顾名思义,媒介批评应是以媒介为研究对象的批评。"[①] 从已有的资料来看,这是在国内刊物上公开发表的文章中,最早明确提出媒介批评这一概念,并对这一概念做出定义性解释的。可以看出,这个定义存在着明显的缺陷,只是对媒介批评作了字面上的解释,离科学性和准确性还有很大的距离。

第二种类型,从学理上解释媒介批评。

1. "媒介批评就是对大众传播媒介的批评,是对媒介产品以及媒介自身作用的理性思考。"[②]

2. "所谓媒介批评,是指在哲学和文化学层面上对传播现象(包括作品、人物和其他传播现象)进行分析研究。它不同于一般的评论,它关注的主要是文化思潮和社会走向。"[③]

3. "媒介批评是对大众传播媒介及其所有相关要素的批评。它包括了分

---

① 朱光烈:《批评,从我开始》,载《现代传播——北京广播学院学报》1995 年第 4 期。
② 吴迪:《媒介批评:特性与职责》,载《现代传播——北京广播学院学报》1995 年第 5 期。
③ 北京广播学院学报编辑部:《'96 想法》,载《现代传播——北京广播学院学报》1996 年第 1 期。

析、判断、思考、反思等主体性活动，它通常是基于个人的社会体验和价值理想，所以强烈地显示出主观评判色彩。”①

4. “媒介批评分析媒介现象，反思新闻报道的得失，评价记者的作品，从而形成相应的新闻观念。”②“媒介批评是指在解读新闻及媒体的过程中评价其内在意义及对社会的影响。”③“媒介批评以解读新闻作为范畴支点，对媒体和新闻作品展开一系列评价活动。”④

5. “媒介批评在本质上是一种价值的判断，它是对新闻传播媒介系统及其各要素进行批评的过程。”⑤

第二种类型的媒介批评定义的学术贡献在于：

第一，开始从性质、对象、内容、方法等方面揭示媒介批评的特征，为科学地描述媒介批评这个概念打下了基础。

第二，有的定义站在宏观的角度，提出了媒介批评的方法论，并以更为宽阔的视野看待媒介批评的对象和性质。把大众传播带来的文化思潮和社会走向纳入批评的范畴，显示出一种恢宏的批判意识。显然，这类定义是受了文化研究思潮影响的结果。

但是上述定义也存在缺陷。如第4、5种定义将媒介批评对象局限于新闻传播媒介，这表现了研究者对媒介批评对象的理解偏于狭窄。另外，上述定义不同程度地存在表述不够严谨的缺陷。

（二）对媒介批评定义的再阐释

“媒介批评是以传播学为基础，按照一定社会和阶级的利益与理想，根据一定的批评标准，对大众传播媒介及其产品——大众文化的是非、善恶、美丑等问题所作的价值判断和理论鉴别。”⑥

这是本书作者在《新闻理论》一书中提出的媒介批评定义。经过几年的思考，今天看来，该定义有表述上不严谨的缺陷，“对大众传播媒介及其产品——大众文化的是非、善恶、美丑等问题所作的价值判断和理论鉴别”，此处大众传播媒介与大众文化是并列关系，对大众文化的是非、善恶、美丑进行价值判断是没有问题的，而大众传播媒介本身是工具、是中性的，对工具本身无法作道德的

① 李岩：《媒介批评——立场·范畴·命题·方式》，浙江大学出版社2005年版，第210页。
② 刘建明：《媒介批评通论》，中国人民大学出版社2001年版，第1页。
③ 同上。
④ 同上书，第1—2页。
⑤ 王君超：《媒介批评——起源·标准·方法》，北京广播学院出版社2001年版，第15页。
⑥ 雷跃捷：《新闻理论》，北京广播学院出版社1997年版，第266—267页。

评判。综合上述定义，本书作者尝试对媒介批评的定义重作表述：

所谓媒介批评，是指根据一定社会和阶级的利益与理想，并按照一定的标准，对大众传播活动所作的价值判断和理论鉴别。

本书作者这样表述，是基于以下的认识：

第一，媒介批评是一种活动。具体来说，是人们有意识地对大众传播活动进行批评的一种特殊活动。

第二，价值判断是道德评价的范畴，理论鉴别是学术检验的范畴。媒介批评是人类在自觉利用大众传媒时，对这一自觉行为的道德批判和理论反思。

第三，人类发明大众传媒和利用大众传媒时，人类社会已进入到阶级社会形态。媒介批评是属于意识形态范畴的一种精神活动，不可避免地要受到特定社会形态或阶级意识的影响。“阶级意识尽管不具有心理的现实性，但确实不是纯粹虚构的东西。”① 阶级意识是特定社会形态的哲学观念，是社会文化思潮的综合物。

第四，媒介批评的标准，除了受阶级意识的影响与制约，也存在着永恒的人类社会准则，如正义、人性、理性等。

媒介批评的概念，有广义和狭义之分。本书作者在前文对媒介批评概念的界定，是广义的媒介批评定义。狭义的媒介批评定义，则可表述为：媒介批评是专指人们对大众传播活动的负面影响所开展的否定性评判。本书是在广义和狭义两个层面上开展媒介批评研究工作的。

二、媒介批评的主体

媒介批评的主体，是指从事媒介批评的团体、组织和个人。媒介批评的主体构成十分丰富。我们如果从个人和团体组织两方面进行划分的话，其基本构成有：

1. 从事媒介批评的个人

从事媒介批评的个人来自社会的各个层面，但总体上来说，是由传者和受众，也即业界内外的两部分人组成。

2. 从事媒介批评的团体和组织

在西方国家，在法律规范、政府管理、行业自律之外，媒介批评（或称媒介监督）成为制约和监督媒介的第四种因素。因此，在开展媒介批评的实践过程中，

---

① 〔匈〕卢卡奇：《历史与阶级意识——关于马克思主义辩证法的研究》，杜章智等译，商务印书馆1992年版，第137页。

有完整的组织体系作为监督和批评媒介的制度保证。例如在英国,1946 年就成立了皇家新闻评议委员会,到 1964 年,独立的新闻评议会宣告成立,该协会由 20 位新闻界人士和 5 位外界人士组成。它旨在确保新闻自由,监督新闻出版业,以期保证"最高的职业和商业标准"。这种新闻评议会制度在我国的台湾地区、香港特别行政区也存在。1999 年,台湾地区成立了新闻评议会;2000 年,香港地区也成立了新闻评议会。

美国的媒介监督体系比较完善。据美国 White Worth College 的 V. 怀特豪斯博士介绍:在美国,来自四个不同方面的媒介批评,构成了一个完整的批评监督体系。这四个方面是:(1) 来自行业外的监督组织。这些媒介监督组织由热心公共事务的人士自愿组织起来,开展媒介批评。这方面比较著名的组织有"媒介研究中心"(Media Research Center, MRC)、"媒介频道"(http://www.mediachannel.org)、"公正和精确报道"(Fairness & Accuracy in Reporting, FAIR, http://www.fair.org/index.html)。(2) 来自于媒介行业内部的批评机构。新闻评论在行业内扮演着媒介监督者的角色。这些评论主要是由媒介专家为媒介行业撰写的。这方面有影响的评论刊物有《哥伦比亚新闻评论》(*Columbia Journalism Review*)、《美国新闻评论》(*The American Journalism Review*)等。还有一些地方性的出版物,如《圣路易斯新闻评论》(*St. Louis Journalism Review*)等。这些评论性刊物登载了业内的观点和看法。(3) 来自新闻委员会和业内专业组织的批评。在美国,很多新闻工作者和新闻机构试图积极地考虑设立新闻委员会来仲裁记者和报道对象之间的纠纷,如全国新闻委员会(成立三十余年后,于 1984 年解散)、明尼苏达新闻委员会,还有位于西雅图的华盛顿新闻委员会。明尼苏达新闻委员会在其历史上做了一百多项裁决,它只是就新闻工作者和新闻组织是否存在着伦理道德方面的问题进行裁决,除此之外,新闻委员会没有其他的权限。在美国,还有各种媒体行业协会组织担负着媒介监督的任务,如广播电视新闻总监协会、职业记者协会、新闻出版主编协会等。这些行业组织制定新闻职业道德条律来保护新闻工作者的职业行为。如果新闻工作者破坏了这些条律,这些组织就会对违反道德条律的行为进行批评。[1] (4) 来自个人的批评。

在我国,也有一套完整的媒介监督和批评的组织体系。其特点是由中共党委宣传部门、政府新闻管理部门、行业协会组织、传媒教育和研究机构以及媒介

① 〔美〕V. 怀特豪斯:《论媒介监督》,雷跃捷、田智辉译,载《现代传播——北京广播学院学报》2002 年第 1 期。

自身组成。中共中央宣传部新闻局于 1998 年成立新闻阅评小组。阅评小组聘请离退休的资深新闻记者、编辑或领导干部及其他专业人士担任阅评员,并定期编辑印发《新闻阅评》。《新闻阅评》的内容一般是转载新闻媒介对本行业所做的批评与自我批评,另外也刊发阅评员对新闻媒介的评论。这些评论或者批评媒介的缺点和错误,或者褒扬媒介的成绩和优点。原国家广播电影电视部(现国家广播电影电视总局)总编室于 1999 年成立了视听评议小组,聘请一批广播电台、电视台、电影制片厂具有丰富经验的广播影视工作者和一些新闻院校的教授、专家,定期开会,交流一段时期内广播电影电视新闻、娱乐、文艺方面的情况,定期编辑印行供有关领导和媒介参考的《视听评议通讯》刊物,对广播影视作监督批评。中华全国新闻工作者协会(简称"全国记协")是我国新闻工作者的最高行业协会组织,设有国内部和国际部。国内部还设有维权处、评奖办等机构。全国记协制定有《中国新闻工作者职业道德准则》,还办有《中华新闻报》,这是一份被称为"媒介中的媒介,新闻人的新闻"的专业报纸,是一份具有媒介批评性质的报纸。

新闻行业协会组织在我国比较发达。除以上介绍的中华全国新闻工作者协会以外,全国各省甚至一些地市也建立有新闻工作者协会。另外,还有按媒介和行业、职业划分建立的协会或学会组织,如中国广播电视协会、中国电影家协会、中国新闻摄影家协会、全国播音主持学会、中国电视艺术家协会等。这些协会或学会或定期举办新闻类评奖、研讨活动,或出版专业刊物,如《中国广播电视学刊》,开展媒介研究和批评活动。

和西方国家一样,我国的新闻传播教育和研究机构是开展媒介研究、媒介批评和监督的主力军。高等院校的新闻传播院系聚集了一批从事大众传播研究的专家学者,他们出版专著、教材,开设课程,举办讲座,举行学术研讨会议,出版新闻传播学术刊物。在我国一些院校均办有类似于美国《哥伦比亚新闻评论》和《美国新闻评论》的刊物,如中国人民大学新闻学院的《国际新闻界》、复旦大学新闻学院的《新闻大学》、中国传媒大学的《现代传播——中国传媒大学学报》等。

在我国,传媒自身也不同程度地开展媒介批评。大部分报纸、广播、电视节目中设有读者来信或热线电话。报纸、电台、电视台设有群工部、听工部,负责接待和解答受众的批评和投诉。一些媒介还办有内部通讯刊物,如中央电视台"东方时空"栏目办有《空谈》内部刊物,开展积极的批评和自我批评。

三、媒介批评的对象和内容

媒介批评的内容包含在媒介批评的对象之中。大众传媒所涉及的三个层面——文化层面、本体层面和现象层面,既是媒介批评的对象,也是媒介批评要关涉的内容。媒介批评的内容实际上是对这三个层面的分解和细化。

首先我们分析媒介批评第一个层面上的内容,即文化层面的内容。这一层面的媒介批评属于宏观意义的批评。其关注的主要内容是:传播制度与社会政治、经济制度的关系,人类传播史批评,大众传播与大众文化的关系,大众传播与科学技术,大众传播媒介和意识形态问题,跨国传播过程中的控制与反控制、渗透与反渗透、扩张与反扩张问题,不同制度下的大众传播之比较分析,国际传播新秩序等。

媒介批评第二个层面上的内容,即本体层面的内容。这一层面是大众传播学研究的基本范畴,也是媒介批评的主要对象,它属于中观意义的批评。其批评研究的主要内容是:大众传播的传播者研究、大众传播的受众研究、大众传播的内容研究、大众传播工具的研究、大众传播的效果研究、大众传播的社会功能和作用研究等。

媒介批评第三个层面上的内容,即现象层面的内容。这主要是指大众传播生产的文化产品和传递给受众的各种信息。这一层面的媒介批评属于微观意义的批评。其主要内容是:对大众文化的意义和作用的批评。具体包括:对新闻节目的评价与分析,对文艺节目的批评和介绍,对通俗流行歌曲、时装表演、商品广告作品的批评与研究,对消闲书刊、报纸杂志、通俗读物、电视录像、互联网络、CD、VCD 内容的鉴别与批评等。

四、媒介批评的标准

媒介批评是针对大众传播活动开展的批评。批评离不开对被批评对象作价值的判断。而价值判断与评价是密不可分的。这就涉及评价,亦即批评的标准问题。媒介批评的标准,实质上就是媒介批评的价值取向。那么,作为学术意义上的媒介批评,具有哪些基本的价值取向呢?关于这个问题,台湾地区的媒介批评理论家黄新生作了较为详细的阐述。

第一个取向是以评判(evaluation)作为求知的方法。很显然,评判涉及价值判断(关于这一点,从语言学层面也可以得到论证:"evaluation"的词根,实际上来源于"value",即价值)。大众传播媒介不是一套"客观的"或中性的事实,而是社会成员主动的创造,其中隐含着信念和目的。因此,在批评大众媒介时,不能诉诸非人性的方法。相反，应该不忌讳价值的判断，而是分析和阐明大众媒介所创造的价值与人们生活的关系，为人们提供指导并解释生活的意义。

第二个取向是以解释(interpretation)作为求真的方法。大众媒介产品和其他的艺术和文化品一样，是意识形态的产品，这就是说，媒介之文化产品表达或传播某种社会意识形态和特定的价值观念，并从某种特定的角度肯定某种价值体系或否定某种价值体系。但是，大众媒介的文化产品的表层，往往经过了精美的"包装"，使得这种特定的意识形态掩埋不彰，不易察觉。这就需要批评家的解释对其加以揭示与剖析，指出其背后的意义和内在的含义。这种解释活动的目的，在于使一般的受众从"意义的消费者"，转变成为"意义的生产者"。换种说法，就是对媒介所传达的意义不予全盘接纳，而尝试着去解释或再创造原作者所提供的意义。

第三个取向是以批判(criticize)作为求善的方法。本质上，媒介机构是工业与商业的组织，以工厂装配线的方式生产文化产品，目的是扩大利润。在装配生产线上，个人的创造力和自由要受到约束、控制或压制。而这种集体制造的方式，可以迎合或操纵受众，不但抹杀了个性，而且强化了物性。从这个角度出发，批评家应具有批判的精神，也就是以否定性的思考、意识的启蒙、现状的改变，透视媒介中的物化关系，激起受众的独立判断能力，以避免沦为商品化媒介下的牺牲品。这种批判性的批评，其目的是促使受众去思考、感受和回应，并拓展个人的心智，完善个人的人格。①

第四个取向是以"祛魅"(disenchantment)②作为求美的方法。大众文化反映了当下的审美情趣，传统社会的高雅文化、精英文化，经过工业化乃至后工业化的转型，已经逐渐边缘化，文化形态的社会中心位置已经让渡给了大众文化。有学者借用社会学家马克斯·韦伯关于"祛魅"的思想，认为高雅文化、精英文化的边缘化，以及大众文化的兴起和泛滥，是一个"祛魅"的过程，它消解了精英文化崇高的审美趣味，把文化消费的权利真正交给了普罗大众。但是高雅文化、精英文化的"祛魅"过程，也就是大众文化的"赋魅"过程。大众文化的通俗性、贫乏性、模式化、平面化的审美特征，对现实采取认同的妥协立场，摒弃了精英文

---

① 参见黄新生：《媒介批评》，台湾五南图书出版公司 1992 年版，第 4—5 页。

② "祛魅"(disenchantment)一词源于马克斯·韦伯所说的"世界的祛魅"(the disenchantment of the world)，也可翻译成"去魅"、"去魔"、"解魅"、"解咒"，是指对世界的一体化宗教性解释的解体，它发生在西方国家从宗教神权社会向世俗社会的现代性转型中。自世界"祛魅"以后，世界进入"诸神纷争"(价值多元化)时期：对世界的解释日益多样与分裂，社会活动的各个领域逐渐分立自治，而不再被统一的宗教权威笼罩。学术界将"祛魅"这一概念借用到文学研究、文化研究领域，就有了"文学的祛魅"、"文化的祛魅"之说。参见陶东风：《文学的祛魅》，载《山花》2006 年第 1 期。

化对现实持批判态度的传统精神。因此,在法兰克福学派的理论家们看来,大众文化是麻醉大众意志的精神鸦片。从审美角度观察,批评家也应该清醒地看到大众文化的这些弊端,指明商业社会大众文化导致大众审美情趣低俗的危害,为大众文化"祛魅"。

概括起来说,求知、求真、求善、求美,是媒介批评的最主要的标准。

但是,中国大陆和台湾地区实行两种社会制度,不同的社会制度会产生不同性质的新闻传播体制。台湾地区的媒介批评理论主要是欧美的舶来品,两种不同社会制度的媒介批评标准,会因为不同的经济基础、不同的意识形态、不同的媒介制度,而具有很大的差异。

首先,在对于求知、求真、求善、求美等价值标准的认识上存在着根本的差别。

资产阶级的新闻媒介理论,为受众提供所谓的"知"的评判认识标准,是以抽象的"客观"、"中立"这些概念作为依据的。这种"客观主义"的新闻传媒标准,刻意标榜"超阶级"、"无党性",主张对社会现实进行"纯客观"报道和评述,用抽象的"人性"、"社会公众"、"全人类"的概念来掩饰资本主义制度下只有少数人享有新闻自由的事实和媒介垄断的社会不公,同时,"客观"、"中立"、"人性"等概念,还是资产阶级的新闻理论用来攻击和诋毁社会主义新闻事业的炮弹。每每论及"客观"、"中立"的新闻自由观时,所谓的"共产主义的集权制度"就是它们攻击的主要靶的。

社会主义新闻理论,以马克思主义作为自己的指导思想。在遵守"客观、公正、真实"的新闻传播原则的同时,不忌讳新闻传播事业的意识形态性质,公开宣称自己的无产阶级的党性原则,并且将是否真正做到了"为社会主义服务和为人民服务"作为衡量新闻事业的最根本的标准。

其次,在对于求知、求真、求善、求美的价值标准的实践上存在着根本的区别。

资产阶级新闻媒介在打着"自由、客观、公正"的旗帜,对公众进行传播的时候,为达到宣传其价值观念或意识形态的目的,往往在大众传播实践中出现了内容与形式、真与美的分离与脱节。为了使资产阶级的意识形态隐埋不彰、不易察觉,大众传媒在文化产品的表层,往往制造了精美的包装。不仅电影、电视剧等文艺性的产品如此,新闻报道亦如此。

社会主义的新闻事业,由于其根本宗旨是"为社会主义服务,为人民服务",这就决定了它可以自觉地站在唯物主义的立场,遵循"实事求是"的思想路线,公开、鲜明、真实地表达自己的观点和意见。在社会主义新闻实践过程中,只存在着对真和善的反映程度和手段问题，只存在着“美”去如何更好地表现“真”与“善”的问题，而不存在“真”与“美”的脱节和分离。

再次，在对于求知、求真、求善、求美的价值标准的道德评判上，存在着根本的区别。

在资本主义制度下，一切事物，包括物质生产和精神生产，都是商品生产，因而物质产品和精神产品都以商品的形式表现出来，甚至工人的劳动本身也成为商品。在资本主义制度下生产的社会化和生产资料的私人占有这一巨大且又深刻的社会矛盾面前，人的本质和人的劳动被异化。在私有制统治下，“劳动所生产的对象，即劳动的产品，作为一种异己的存在物，作为不依赖于生产者的力量，同劳动相对立。”① “对对象的占有竟如此表现为异化，以致工人生产的对象越多，他能够占有的对象就越少，而且越受自己的产品即资本的统治。”② 一百六十多年前，马克思在《1844 年经济学哲学手稿》中，对资本主义制度下异化现象的批判，并没有因当今资本主义社会表面上的继续繁荣而丧失其现实意义，相反，正如马克思所预言的那样：“私有财产只有发展到最后的、最高的阶段，它的这个秘密才重新暴露出来，就是说，私有财产一方面是外化劳动的产物，另一方面又是劳动借以外化的手段，是这一外化的实现。”③ “工人生产的财富越多，他的产品的力量和数量越大，他就越贫穷。工人创造的商品越多，他就越变成廉价的商品。物的世界的增值同人的世界的贬值成正比。劳动生产的不仅是商品，它生产作为商品的劳动自身和工人，而且是按它一般生产商品的比例生产的。”④ 在当代资本主义社会，人创造了财富，创造了商品。但商品、财富反过来成为奴役人、压迫人的异己力量。这一异化现象不仅没有消失，反而因为“物”的越来越丰富、越来越强大而变得更为严重和加剧。这就是为什么一些西方资产阶级思想家和有识之士要为之大声疾呼“人非机器”的原因。西方批判学派的代表之一法兰克福学派甚至认为：马克思的异化理论更多地看到了生产过程的异化，而没能注意到在当今发达资本主义国家已同样被异化的消费过程。他们还从传播学的角度，对发达资本主义社会中日趋严重的异化现象作了思考和批判。在《启蒙辩证法》一书中，法兰克福学派的代表人物霍克海默与阿多尔诺以“文化工业”这个术语取代“大众文化”这个概念，揭示了大众文化在资本主义社会是整个商品生产和消费体系的一部分。“它们完全坠入了商品世界里，为

① 《马克思恩格斯全集》第 3 卷，人民出版社 2002 年版，第 267 页。
② 同上书，第 268 页。
③ 同上书，第 277 页。
④ 同上书，第 267 页。

市场而生产,以市场为目标”(阿多尔诺),“它使人认同于他们的非人化”,“不管通过什么媒介,通俗文化处处证明了它真正的特性:标准化,陈腐,保守主义,平庸,操纵人的消费者商品。”[①] 所以,法兰克福学派把这种异化劳动之余作为消遣的大众文化看做是异化劳动的延伸,用霍克海默的话说:“在闲暇时间里统治人的这种机械性和在工作时统治人的机械装置绝对是一样的。”[②] 异化劳动产生了私有制,私有制作为手段又加深了劳动的异化,这是马克思在对资本主义制度进行批判研究时的重要发现,因此,他强调指出,要消灭异化劳动、结束人的相互异化,必须废除私有财产,“而要扬弃现实的私有财产,则必须有现实的共产主义行动。”[③] 而社会主义作为共产主义的初期阶段,实行以公有制为主体的社会主义市场经济体制,为消除资本主义制度下的异化现象提供了坚实的经济基础。在社会主义制度下,大众传播媒介及其产品是党和政府以及人民群众相互交流信息,沟通情况,提供知识、教育和文化娱乐的手段和工具。社会主义的精神文化产品生产以实现其社会效益为最高准则,社会主义的大众传媒及传媒产品属于精神文明范畴,其目的是“实现以思想道德修养、科学教育水平、民主法制观念为重要内容的公民素质的显著提高,实现以积极健康、丰富多彩、服务人民为主要要求的文化生活质量的显著提高”[④]。社会主义制度下的大众传媒及传媒产品的这些特性,是由“满足人民群众日益增长的物质和文化需要”这一根本目的所决定的,这无疑为避免和防止出现类似资本主义制度下的异化现象提供了经济基础和道德意识的保证。但是,我们也应该注意到,改革开放以后,特别是在建立社会主义市场经济体制的形势下,随着西方资本主义积极的文明成果和腐朽糟粕的东西一并涌入,随着一些从事精神文化生产的人将“一切向钱看”的原则引入精神文化的生产领域,随着大众传媒的商业化倾向的抬头,一些错误的理论观点、一些偏离了社会主义精神文明建设方向的大众媒介实际运作,也开始出现,并且有蔓延之趋势。“有偿新闻”的屡禁不止,新闻职业道德的严重滑坡,街头小报的色情暴力内容,电影电视剧中的“儿童不宜”画面等现象,都一齐向我们敲响了警钟!处在市场经济大潮中的中国大众传播媒介,必须要有严肃的媒介批评作为监督!

---

① 转引自李彬:《政治·经济·文化——一种关于批判学派之理论探究的辨析》,载《现代传播——北京广播学院学报》1994 年第 2 期。

② 同上。

③ 《马克思恩格斯全集》第 3 卷,人民出版社 2002 年版,第 347 页。

④ 《中共中央关于加强社会主义精神文明建设若干重要问题的决议》,载 1996 年 10 月 14 日《人民日报》,第 1 版。

五、媒介批评的方法

由于媒介批评的对象广泛，内容庞杂，因此批评的方法也呈多样化。总起来说，媒介批评的方法依批评的对象和内容的不同而有所区别。以下介绍几种主要的批评方法：

1. 哲学的批评方法

这种批评方法是以人文关怀及哲学反思的精神关注大众传媒，是一定时代的社会思潮和哲学思想在媒介批评、传播研究上的反映。这种批评方法，一般来说，都有一定的哲学思想和世界观作为理论的指导和方法论。如：辩证唯物主义和历史唯物主义，这是在社会主义制度下开展媒介批评的指导思想。又譬如：欧洲 20 世纪 40 年代开始兴起的传播批判学派对媒介的批判，主要就是运用哲学批评的方法（本书第二章将专门讨论这个问题）。哲学的批评方法多用于宏观层面上的媒介批评。

2. 实证的批评方法

这种批评方法是以调查统计分析和科学实验为主要手段开展的媒介批评研究。实证的批评方法深受行为科学和经验主义的影响，主要针对传播的效果分析。传播学中的主流，亦称为传播学的传统学派，主要运用了这种研究方法，并将此作为一种研究方法的"典范"（国内也译作"范式"）而加以推广。美国传播学者吉特林在其代表作《媒体社会学：主控典范》（*Media Sociology*：*the Dominant Paradigm*，1978）中对这种方法作了定义："传播领域中的主控典范是指二次世界大战以来，与拉扎斯菲尔德的研究有关的方法、概念及结果，亦即针对媒介内容所做的特定的、可测量的、短期的、个人的、态度和行业的'效果'研究。"① 实证的批评方法多用于中观层面上的媒介批评。

3. 艺术的批评方法

这种批评方法，是借鉴文艺批评的方法而开展的媒介批评。由于大众媒介的产品——大众文化，主要是以电影、电视剧、书籍、报刊、流行音乐、时装表演、广告作品等形式表现出来，因此，大众在欣赏和消费大众文化的过程中，有着类似于文艺欣赏的经验，而"文艺批评是以文艺欣赏为基础，按照一定社会和阶级的利益和理想，根据一定的批评标准，对艺术作品的是非、善恶、美丑所作的理论上的鉴别和论断"②。文艺批评的这些任务、方法，在很大程度上被媒介批评借

① 转引自张锦华：《传播批判理论》，台湾黎明文化事业公司 1994 年版，第 4 页。

② 王朝闻主编：《美学概论》，人民出版社 1981 年版，第 325 页。

用于大众文化的批评。譬如:在文艺批评活动中,鉴赏性批评和理论性批评构成了文艺批评的不同层次。一般来说,鉴赏性批评是对文艺作品的情感性参与、理解和创造,满足的主要是鉴赏者个体的审美趣味需求,更具审美享受意味,着重实现作品的审美价值;理论性批评是对文艺作品的理性检验和衡量,它要求以一定的理论背景和理论原理为出发点去理解作品并做出尽可能恰当的客观评价,它着眼于实现作品包括审美价值在内的广泛的社会价值,因而它更具科学研究性质。两者的关系是:鉴赏性批评是理论性批评的基础,理论性批评则不仅是鉴赏性批评的提高,也是对鉴赏性批评的指导。这种从文艺接受角度生发出来的文艺批评方法论,对于媒介批评同样有着借鉴和指导的意义。大众传媒生产的大众文化被广大受众所接受。但是作为个体的受众,一般来说都是从欣赏和消费的角度去接受大众文化,带有明显的感性认知色彩。普通受众对大众文化的欣赏和评价,基本上处于第一个层次,即鉴赏性批评的层次。因此,媒介批评的一项重要任务就是要对媒介产品——电影、电视剧、广告、流行歌曲、畅销书刊等大众文化的具体作品,进行理性的分析批评,以鼓励奖掖思想内容健康,有利于社会朝文明、健康方向发展的作品,批评和抵制庸俗、腐朽、落后、粗制滥造的文化垃圾,以担负起观察与监督的守望社会的任务。正因为媒介批评要担负上述重要的职能,因此我们可以将媒介批评看做是一个园地、一个广场、一个学校。它是传播工作者和媒介批评家们开展批评与自我批评的场所,是引导广大受众认识大众传媒的正、负功能,进行自我教育的一个重要途径。另外,媒介批评还需要对大众文化作品,具体说,就是要对电影、电视剧、广告作品、流行音乐、畅销书籍等的艺术表现形式进行诠释和批评,批评家们应该对大众文化作品的艺术价值做出一般欣赏者所不易做出的准确判断和评价。媒介批评的一项重要任务是引导和提高大众的欣赏水平和鉴别能力,并由此反作用于大众文化,提高媒介制作大众文化产品的品位和水平,使之避免因过分商业化而成为被文化精英所抨击的“文化工业品”。

除上述几种主要的媒介批评方法之外,我们还可以依媒介批评的对象和职能,采用定性、定量、定性与定量结合的方法,以及内容分析法、阶级分析法等。根据不同的学理背景,媒介批评方法还可分为:心理分析法、美学分析法、社会学分析法、语言学分析法等。由媒介批评所依据的不同学理而形成不同的批评方法,使得媒介批评理论呈现出流派众多、百家争鸣的景象。

第二章　媒介批评理论的学术背景和思想资源

媒介批评理论是西方的舶来品，其学术背景极其广阔，思想资源非常丰富。从实践层面来看，在西方发达资本主义国家，它是大众传媒日益发达，传媒在社会发展过程中，其经济垄断和文化霸权双重角色日益凸显后，引起一批带有左翼思想色彩的知识分子们不安和焦虑的产物。从理论层面来看，自20世纪以降，一股席卷欧洲大陆的新马克思主义思潮，在对传统马克思主义进行理论反思的过程中，以意识形态重构、文化研究为宗旨，对资本主义社会的各个层面进行了全面而深刻的批判。在其批判的对象和文本中，现代大众传播媒介及其生产的大众文化，是主要的内容。由于这股新马克思主义思潮，又被普遍指认为社会批判理论，从事社会批判理论研究的大多为现当代世界著名的思想家，涉及的领域遍及哲学、政治学、经济学、文化学、历史学、法学、心理学等各个层面，因而它为媒介批评理论提供了极为深厚的理论源泉和十分宽阔的思想背景。

另外，媒介批评的另一个重要理论来源——马克思主义媒介观和新闻传播思想，对后世的媒介批评的理论与实践，有着极其深刻的影响。而与以美国为代表的重商主义传统传播学相龃龉的欧洲传播学批判学派，是上述两种思想来源和理论背景的直接产物，它对于媒介批评理论的发展，起到了强大的推进作用。

第一节　社会批判理论

一、社会批判理论的理论特色

追溯西方思想发展的历史，我们会发现，“以19世纪和20世纪之交为分界线，可以把马克思主义迄今为止的演进历程划分为两大阶段，即19世纪的马克思主义和20世纪的马克思主义。比较一下就会发现，这两个时代的马克思主义呈现出不同的存在格局。一般说来，19世纪的马克思主义以马克思和恩格斯的思想为基本内涵，对它的界定不会产生很大的歧义；而在20世纪的历史条件下，则出现了各种导源于马克思和恩格斯学说的马克思主义理论并存的格局。具体说来,进入20世纪后,马克思主义经历了深刻的分化。一方面,它同当代哲学、社会学等领域的其他理论成果交汇形成了众多马克思主义流派;另一方面,它被运用于不同地区的实际革命进程,由此导致了不同的马克思主义实践模型,即社会主义模式。这样,20世纪的马克思主义便呈现出多样化的格局。"①人们把后一种情形的马克思主义流派,以"西方马克思主义"或"新马克思主义"的名称加以定义。对新马克思主义兴起的理论、思想根据以及文化与历史背景的分析,哲学界作了大量的研究,本书不赘述。新马克思主义作为20世纪西方的社会思潮,对理论学术研究和社会实践运动产生了巨大的影响。

20世纪马克思主义分化的基本格局是:社会主义国家的正统马克思主义、西方人本主义马克思主义、西方科学主义马克思主义和东欧新马克思主义。而在流派众多的西方马克思主义思潮中,西方人本主义马克思主义的影响最大,属于这一流派的法兰克福学派的社会批判理论,是西方人本主义马克思主义的主流。

"社会批判理论"一词,是法兰克福学派的创始人马克斯·霍克海默用以区别传统理论的一个专门术语。"它主要指用历史—社会方法对现实社会经济—文化现象做类似马克思当年在《资本论》中所作的那种批判考察。它的主要特点是要划清自身与当代各种其他社会研究及哲学方法的界线,它尤其注重对实证主义方法的区别。"②

社会批判理论对西方思想乃至全球思想文化的影响,是极为巨大和深刻的,以致人们断言"不研究和理解法兰克福学派的社会批判理论,就不可能十分全面与深刻地理解20世纪人类文化精神的演进。"③

法兰克福学派指的是1923年在德国的法兰克福大学内部建立的一个以研究马克思主义为宗旨的社会研究所所秉持的学术观点和形成的学术流派。

法兰克福学派代表人物众多,著述丰富,涉猎的领域十分广泛,而其主要代表人物的活动年代几乎涵盖了整个20世纪。一些研究该学派的学者将法兰克福学派的历史划分为三个主要阶段。④ 1930年至1949年的20年为法兰克福学派的创立时期和早期,从法兰克福学派成员的活动地域来看,这一时期主要是该学派的美国时期。这一时期的代表人物除了马克斯·霍克海默等创始人之外,还有阿多尔诺、马尔库塞、弗洛姆、本雅明等人。这些人或是法兰克福大学社会研究所的成员,或是该研究所新创办的《社会研究杂志》的撰稿人,他们构成了

---

① 衣俊卿、丁立群等:《20世纪的新马克思主义》,中央编译出版社2001年版,引论。
② 〔德〕马克斯·霍克海默:《批判理论》,李小兵等译,重庆出版社1989年版,中译本序。
③ 同上书,第164页。
④ 参见衣俊卿、丁立群等:《20世纪的新马克思主义》,中央编译出版社2001年版,第164—167页。

法兰克福学派的强大阵营。

1949年至20世纪60年代末为法兰克福学派的中期,这时法兰克福学派成员重新回到德国,这是法兰克福学派的鼎盛时期或黄金时期。这一时期,霍克海默、阿多尔诺、马尔库塞、弗洛姆等人(后二者继续留在美国)继续建构与发展法兰克福学派的社会批判理论,一批年轻的理论家,如哈贝马斯、施密特等人开始崛起,成为法兰克福学派的第二代理论家。

从20世纪70年代起,法兰克福学派进入了自己的发展晚期,这是法兰克福学派主要代表人物相继去世,学派开始走向解体的时期。

20世纪60年代,欧洲爆发了学生造反运动,法兰克福学派的社会批判理论成为学生运动的理论武器,一些批判理论的代表人物如马尔库塞、哈贝马斯等人,成为学生们的精神领袖,学派的声誉也达到了顶峰。但此后,法兰克福学派很快就进入了衰落和解体的时期,造成这一情况的原因是多方面的。首先,法兰克福学派的第一代主要代表人物相继谢世;其次,法兰克福学派的第二代主要代表人物哈贝马斯和施密特之间存在很大分歧,由此导致了法兰克福学派的解体。施密特被称为法兰克福学派的正统继承人,他认为法兰克福学派的批判理论在20世纪70年代的发达工业社会条件下依旧有效,而哈贝马斯则强调法兰克福学派的传统批判理论同现代社会条件的不适应性,他开始致力于探讨晚期资本主义的合法性问题,主张以"交往理性"来取代"工具理性"批判的核心地位。理论上的分歧导致法兰克福学派成员合作的破裂。法兰克福学派作为一个强有力的学派组织的历史基本上宣告终结。

法兰克福学派的理论学术活动的三个发展时期贯穿于20世纪,其理论影响波及全世界。法兰克福学派所创立的社会批判理论,内容十分丰富,思想极其深刻,加上后期又出现理论上的分歧,因此,学术界对法兰克福学派是否构成一种统一的理论存在着疑义。[①] 但纵观法兰克福学派社会批判理论的发展,应当承认它是一个首尾一致、相对完整的理论体系。归纳起来,社会批判理论总体上具有以下几个方面的理论特色:

第一,社会批判理论对当代实证主义的哲学方法论持鲜明的反对态度,这种理论价值取向表现为法兰克福学派对工具理性的激烈批判。

在《传统理论与批判理论》一文中,霍克海默将传统理论研究越来越趋向于使用数量统计方法,即实证主义方法的现象,与社会批判理论作了比较分析。他指出:"有关理论的这一传统观念所显示的倾向,我们可以说,它是要建立一个

① 衣俊卿、丁立群等:《20世纪的新马克思主义》,中央编译出版社2001年版,第168页。

纯数学的符号体系。要求更少一些经验客体的名称,更多一些数学符号,作为理论的要素,作为命题和结论的组成部分。"①"有关人和社会的科学试图遵循自然科学所取得的伟大成就。那些比较注重对事实进行调查研究的社会科学学派与那些比较热衷于原理的学派之间的区别同理论的概念本身并无直接的联系。努力收集一切涉及社会生活的学科中的事实,广泛收集与问题有关的详细材料,以及通过详细的问卷和别的方法进行经验调查,这些都是自斯宾塞时代以来,特别是在盎格鲁—撒克逊大学②里学者的主要活动——所有这一切显示出一种模式,从表面上看来,这种模式跟工业生产技术操纵下的社会生活的其余方面非常相像。"③在这里,霍克海默所说的传统理论,显然主要指以传统分工为前提、以分门别类的形式进行科学研究的各种理论。它的涵盖面很广,除自然科学外,其中也包括经济学等社会理论。其本质特征表现为单纯的"知识理论",缺少对现实的超越维度和批判维度。基于对传统理论的这种批判性认识,霍克海默提出:"可是,把逻各斯实体化为现实也是一种伪装了的乌托邦。事实上,当今人的自我认识并不是声称为永恒的逻各斯的数学自然知识,而是一种批判的社会理论。"④对传统理论越来越趋向于实证主义方法论的批判,在霍克海默的另一篇论文《科学及其危机札记》中,表现得更为直接和激烈。根据马克思主义的观点,科学技术是第一生产力。"科学以多种方式,使现代工业体系成为可能:作为近几百年与科学并驾齐驱的人类心灵的普遍灵巧性的条件;作为自然和人类世界的信息贮存(在那些比较发达的国家中,这种贮存甚至被那些处于较低社会阶层的人们所分有);更有甚者,还作为研究者智识装备的组成部分,这些研究者的发现则会对社会生活形式造成决定性影响。就科学可以用作创造社会价值的手段,也就是说,就它可以作为生产的方法这一点看,科学建构起生产的手段。"⑤但是,"科学作为生产力和生产手段对社会生活进程有所贡献这一事实,绝没有证明实用主义的知识理论就是合理的。"⑥对于社会批判理论对实证主义的批判评价,《批判理论》一书的英译者斯坦利·阿罗洛维茨有深刻的认识,他写道:"在霍克海默看来,批判理论的任务即在于深入到事物的世界中,去揭

① 〔德〕马克斯·霍克海默:《传统理论和批判理论》,张燕译,载上海社会科学院哲学研究所外国哲学研究室编:《法兰克福学派论著选辑》上卷,商务印书馆1998年版,第41页。

② "盎格鲁—撒克逊大学"意指英国的大学。霍克海默在此暗讽英国的经验主义哲学。

③ 〔德〕马克斯·霍克海默:《传统理论和批判理论》,张燕译,载上海社会科学院哲学研究所外国哲学研究室编:《法兰克福学派论著选辑》上卷,商务印书馆1998年版,第41—42页。

④ 同上书,第49页。

⑤ 〔德〕马克斯·霍克海默:《批判理论》,李小兵等译,重庆出版社1989年版,第1页。

⑥ 同上。

示人与人之间的深层关系。资产阶级社会交往的表面现象为物与物之间的等价交换。批判理论的任务即在于去发现'非人的事物下面的人的根基',以及破除表面的同一形式的神秘性。霍克海默认为:'哲学的社会功能就在于批判当下普遍流行的东西。'实证主义思想,由于把科学的作用看做是对事实作细致的纪录,由于把科学的普遍性局限于表面现实的统一之上,因此,它忽略了历史发展的问题,成为当下流行的权力制度的工具。"①这个工具一方面是社会进步的条件,因为知识成为生产力;另一方面它又成为压抑批判性理性的手段。"实证主义者在否定黑格尔为其绝对精神的哲学所提供的本体论论断时,剥夺了理智在判断现实存在的东西是真还是假方面的任何权力。"②因此,批判理性的泯灭即成为启蒙运动本身所造成的一个后果。"经验主义走得太远。它让思想成为现实的奴隶。资产阶级曾系统地清除过由封建社会遗留下来的思想迷信,但是,它又创造出包裹在新的科学专制主义之下的新迷信。"③纵观霍克海默的社会批判理论,总是贯穿着两条主线:一是对现实社会问题的批判性研究,一是对一切传统的"意识形态"理论,尤其是当代实证主义哲学方法的激烈批评。正如斯坦利·阿罗洛维茨所说:"霍克海默则致力于两条战线的细致的批判中:既批判传统科学的对象,又批判其研究方法。"④

霍克海默为何对实证主义的哲学方法持激烈的批判立场?其原因在于社会批判理论就其本质而言:"不同于传统的哲学形态,它不是纯思辨的、形而上的哲学沉思,而是对人的现实生存境遇的一种文化批判",是"一种注重于现实批判的社会哲学或文化哲学。"⑤就其任务而言:"就是霍克海默在就任所长时所做的题为《社会哲学的现状和社会研究所的任务》的演说中,明确提出,社会研究所的任务是建立一种社会哲学,它不满足于对资本主义社会进行经济学和历史学的实证性分析,而是以整个人类的全部物质文化和精神文化为对象来揭示和阐释作为社会成员的人的命运,对整个资本主义社会进行总体性的哲学批判和社会学批判。"⑥在霍克海默看来,当代流行的实证主义哲学方法,是人们崇拜"工具理性"的思想理论根源。工具理性崇拜带来的结果是:"越来越浅薄,越来越不愿意看到非人事物的人性基础"成为一种掩盖社会真实存在的"意识

① 〔德〕马克斯·霍克海默:《批判理论》,李小兵等译,重庆出版社1989年版,第3—4页。
② 同上书,第5页。
③ 同上。
④ 同上书,第3页。
⑤ 衣俊卿、丁立群等:《20世纪的新马克思主义》,中央编译出版社2001年版,第165页。
⑥ 同上。

形态”,以及成为一门为社会既定框架辩解的“肯定文化”。霍克海默的这些思想,为以后的社会批判理论(尤其是赫伯特·马尔库塞的名著《单向度的人》)提供了重要的理论纲领。

第二,坚持主体与客体统一的辩证法,强调主体性,在对象上贯注人的意识,社会批判理论本质上是一种人本主义理论。

法兰克福学派的社会批判理论以人的实践为基础,建立起人与自然的辩证统一关系,为重新理解辩证法问题提供了一个新的视角。

霍克海默、阿多尔诺等人继承了早期新马克思主义思潮的代表人物卢卡奇等人的思想,反对谈论纯粹自然的辩证法,而把辩证法定位于人的实践活动和历史运动之中。具体说来,他们接受了卢卡奇的基本观点,坚持认为,真正意义上的人本主义的、批判的辩证法应当是主体与客体统一的辩证法。霍克海默在《传统理论与批判理论》一文中,对此作了具体的描述:“呈现在资产阶级社会成员眼前的整个可感知世界,用传统的并与该世界不断相互作用的世界观予以解释的整个可感知世界,在感知者们看来,只是各种事实的一种综合;这个世界存在着,人们必须接受它。每一个体的分类思维乃是社会反作用的一种,人们试图通过这些反作用以最能满足他们需求的方式适应现实。但正是在这点上,出现了社会与个体之间的一种根本区别。呈现在个体面前、个体必须接受并加以说明的世界,就其现存的和继续存在的形式而言,乃是整个社会活动的产物。我们所感知到的我们周围的客体——城市、乡村、田野和森林——都带有人类劳动的痕迹。人不仅在衣服、外表上,在外在形式以及感情特质上是历史的产物,甚至人的视听方式也是与几千年来社会生活的发展过程分不开的。我们的感官向我们提供的事实在两个方面由社会预先决定:一是通过被感知客体的历史特征,二是通过感知器官的历史特征。这二者都不是自然形成的,而是由人的活动形成的。”① 对人的主体意识的强调,导致法兰克福学派秉持的社会批判理论,在自然观上,呈“人化自然”的特征。“工具是人的器官的延伸,这个命题可倒过来说,即人的器官也是工具的延伸。在文明发展的较高阶段,有意识的人的活动不仅无意识地决定着感觉的主体方面,而且在很大程度上也决定着客体。工业社会的成员每天看到的他周围的那个可感知世界带上了辛勤劳动的标志:住房、工厂、棉花、家畜、人,此外,不仅还有地下铁道、运货卡车、汽车和飞机,而且还包括人们感知这些客体的过程中的各种运动。在这一复杂的整体中,想要具体详细

① 〔德〕马克斯·霍克海默:《传统理论与批判理论》,张燕译,载上海社会科学院哲学研究所外国哲学研究室编:《法兰克福学派论著选辑》上卷,商务印书馆 1998 年版,第 49—50 页。

地区分无意识的自然界和人在社会中的活动是不可能的。即使存在着经验自然客体这样的问题,然而,这些客体的自然性质恰恰是由与社会世界的对照所决定的,就此而言,客体依赖于社会世界。”①

总起来看,法兰克福学派的社会批判理论关于主客体统一的辩证法的思想要点,有以下三个方面:首先,法兰克福学派的社会批判理论认为在现实的历史进程中,无论主体还是客体,都不是天然给定的,而是历史地生成的。主体和客体只能是劳动或实践的主体与客体,它们都是在统一的实践中生成的,也就是说,无论主体还是客体都是人类实践的历史的生成。其次,社会批判理论强调主体与客体的不可分离性。此外,社会批判理论还认为:在劳动或实践中历史地生成的主体与客体,不仅是彼此不可分离、相互渗透和相互统一的,而且也是相互作用、相互介入的,由此才建立起主体与客体的辩证统一,体现了主体的创造性。正是通过对主体与客体在实践中的相互生成、主客体的彼此渗透和互相包含、主客体的交互作用等观点的阐述,法兰克福学派为社会批判理论奠定了人本主义的哲学基础。

最后,继承和吸收青年马克思的异化理论和卢卡奇的物化理论,社会批判理论将批判的对象最终定位在一切束缚人和统治人的异化力量或物化力量上。社会批判理论的哲学使命是把人从异化的统治中解放出来,因此,作为人本主义的社会批判理论,是以异化理论作为批判现实的实践依据的。

法兰克福学派成员特别重视青年马克思的异化理论和卢卡奇的物化理论。尤其是马尔库塞和弗洛姆,更是经常用异化理论来概括他们的哲学立场。当马克思的《1844 年经济学哲学手稿》于 1927 年发表后,马尔库塞就发表了专门研究人道主义和异化理论的专著《历史唯物主义的基础》。弗洛姆也于 1961 年发表了专门阐述马克思的异化理论的专著《马克思关于人的概念》。法兰克福学派的成员非常重视异化理论在马克思学说中的重要地位,并充分阐释了异化理论在现时代的价值与意义。法兰克福学派的社会批判理论,以异化理论作为批判现实的实践依据,是其一大特色,其批判锋芒直指资本主义制度的全面异化现实,高扬了社会批判理论的“批判”旗帜。

法兰克福学派的社会批判理论,以整个资本主义社会的经济、政治、科技、文化等各个层面为批判的对象,其中对文化的批判尤为引人注目。20 世纪 30 年代,电子传媒迅速崛起并在传播大众文化方面扮演着越来越重要的角色,社会批

---

① 〔德〕马克斯·霍克海默:《传统理论与批判理论》,张燕译,载上海社会科学院哲学研究所外国哲学研究室编:《法兰克福学派论著选辑》上卷,商务印书馆 1998 年版,第 51 页。

判理论对此予以了极大的关注。在《启蒙辩证法》一书中,法兰克福学派的代表人物霍克海默和阿多尔诺干脆以"文化工业"这个术语来指称"大众文化"这个概念,揭示了大众文化在资本主义社会是整个商品生产和消费体系的一部分。法兰克福学派的另一位早期学者本雅明(1892—1940)注意到艺术与科学相互渗透这一文化现象,他于1936年写成的著名论文《机械复制时代的艺术作品》[①]以电影为个案,揭示了艺术在机械复制时代变异为大众文化的现象,以及大众文化又被他所处的时代甚嚣尘上的法西斯主义所利用的现实。他从社会心理学、美学的角度对此作了分析和批判,"如果人们知道了技术及其后果在大众中造成了何种严重的焦虑——这种紧张处在危急状态中就染上了精神变态的性质——那么,人们就将看到,构成大众精神错乱的这种技术化通过这样一些电影就获得了心理接种的可能,这些电影能够遏止强行的施虐狂幻想或受虐狂妄想在大众中自然的并且是危险的发展。集体的放声大笑就是对这种大众精神错乱有益的提前宣泄。目前电影中出现的大量荒诞事件就是因文明所导致的压抑使人类面临着危险的一个明显迹象:美国的荒诞电影和迪斯尼的影片就导致了对无意识的治疗性宣泄。"[②]本雅明写作此论文时,正值第二次世界大战爆发前夕,他亲身经历了纳粹法西斯的迫害(本雅明是犹太人后裔,纳粹法西斯在德国上台后,他逃亡到法国巴黎,1940年9月27日,在盖世太保的追捕下被迫自杀)。本雅明对法西斯主义利用大众文化来形成集体膜拜和疯狂作了深刻的揭露和激烈的批判,以至于当我们今天重读这些文字,仍然能体会到那种震撼心灵的效果:"在电影作品中,其产品的可机械复制性就不像在文学作品或绘画作品中那样,是其作大量发行的外在条件。电影作品的可机械复制性直接源于其制作技术,电影制作技术不仅以最直接的方式使电影作品能够大量发行,更确切地说,它简直是迫使电影作品作这种大量发行。这是因为电影制作的花费太昂贵了,比如,一个买得起一幅油画的个人就不再能买得起一部影片。1927年曾有人作过计算,一部较大规模的影片需要拥有900万人次的观众才能赢利。至于有声电影在向外发行中暂时遇到挫折,它的观众受到了语言方面的限制,这恰好与法西斯主义对民族趣味的强调相符合。看到这种挫折与法西斯主义的联系比看到这种挫折更重要,电影画面和声音的同步不久就把这种挫折降低了。这两

---

① 关于本雅明《机械复制时代的艺术作品》的写作完成时间,学界说法不一。陈龙的《在媒介与大众之间:电视文化论》认为该文写作完成于1935年。中国城市出版社出版的《机械复制时代的艺术作品》一书(王才勇译),在译后记中说是1936年写成,1963年发表。本书采用后一说法。

② 〔德〕瓦尔特·本雅明:《机械复制时代的艺术作品》,王才勇译,中国城市出版社2002年版,第56—57页。

种现象的同时发生基于经济危机。一般来说,经济危机的骚乱,导致了用公开的暴力来维护既存所有制关系,这种骚乱使受到危机威胁的电影资本加速了有声电影的试行工作。采用有声电影就这样带来了暂时的缓解,这不仅是因为有声电影重新把大众吸引进了电影院,也是因为有声电影使电力工业中新兴的资本与电影资本结合在一起。这样,它从外表来看助长了民族趣味,而从内在来看却使电影制作比以前更国际化了。"①

如果说在上引的那一段文字中,本雅明还是在对机械复制技术时代背景下的电影艺术与法西斯主义的关系作冷静的学理探讨,那么他在《机械复制时代的艺术作品》一书中的另一段文字,简直就是对法西斯主义的政治审美化思潮作悲愤的控诉:"现代人日益增长着的无产阶级化和大众联合是同一个事件的两个方面。法西斯主义试图去组织新产生的无产阶级大众,而不去触及他们要求消灭的所有制关系。法西斯主义把大众获得表达(绝不是获得他们的权力)视为其福祉。大众具有改变所有制关系的权力;而法西斯主义则试图在对所有制关系的维护中对此做出反应。法西斯主义一贯地使政治生活审美化。法西斯主义使对领袖伏地叩拜的大众所遭受的压制,与为法西斯主义创造膜拜价值服务的机器所遭受的压制是相一致的。"②

"技术并没有疏浚人流,而是把人流引向了战壕;技术并没有从其飞机中播种,而是向城镇抛掷了燃烧弹,技术在毒气战争中发现了一个用新方式消灭光韵的手段。'崇尚艺术——摧毁世界',法西斯主义说道,并像马里内蒂所承认的那样,从战争中期待那种由技术改变之意义所感受到的艺术满足。显然,这是为艺术而艺术所达到的完美境界。从前,在荷马那里属于奥林匹克神的观照对象的人类,现在成了为自己本身而存在的人,他的自我异化达到了这样的地步,以致人们把自我否定作为第一流的审美享受去体验。法西斯主义谋求的政治审美化就是如此。"③

本雅明、霍克海默、阿多尔诺等法兰克福学派成员的早期研究主要集中于报刊、广播和电影的研究批判,如阿多尔诺流亡到美国时,曾担任过普林斯顿大学"广播研究计划"的音乐研究部门主任。在四年的任职期间,他撰写了《音乐中的偶像化和欣赏方法的退化》、《广播音乐的社会批判》、《关于通俗音乐》、《广播交响乐》等著名论文,"这些著作中贯彻始终的思想是对复制技术和商业性文

① 〔德〕瓦尔特·本雅明:《机械复制时代的艺术作品》,王才勇译,中国城市出版社 2002 年版,第 136 页。

② 同上书,第 129—130 页。

③ 同上书,第 132—133 页。

化产业的彻底批判"①。到20世纪60年代以后,研究的对象发生了转移,"以马尔库塞、哈贝马斯为代表的法兰克福学派更注重对以电视文化为代表的大众文化作形而上学的外部研究"②。他们认为,传统学派将大众传播的"内容和质量排除在外",单纯重视效果研究,既不能对传播效果说出什么合理的见解,"也根本无法决定什么应该传播,什么不应该传播"③。因此,他们主张从批判的立场来研究包括电视在内的大众媒介,"这种批判又是通过对大众传播媒介意识形态本质的揭示来完成的"④。

第二次世界大战结束后,电视作为新兴的大众传播工具迅速崛起,20世纪60年代,美国三大广播网经过新闻改革,电视新闻节目得到全面发展。商业体制下的ABC(美国广播公司)、CBS(哥伦比亚广播公司)和NBC(全国广播公司),其广告、娱乐节目不仅仅为了赢利,电视网意识到新闻节目也可以赚钱的事实,从此新闻部成了电视网的利润中心,新闻节目在经济利益的刺激下迅速发展,因此,"各地方台开始注重自己的新闻节目的制作与播出,这对三大电视网的新闻节目也形成了一定的竞争"⑤。大众传播手段和方式的电子化、图像化,大众传播目的的赢利性、商业化和产业化,就如同给大众传媒插上了科技和金钱的双翼,推动着大众传媒强有力地发展,它渗透到了社会的方方面面,给人们的生活方式带来了巨大的影响。

面对大众传媒这一现代科技的潘多拉魔盒,法兰克福学派的学者们持悲观的否定态度,其中以马尔库塞最为激烈。这位以异化理论为批判的立论支点的著名社会批判理论家,因其深刻地揭示了资本主义社会中全面异化的现实而受到青年学生的推崇和拥戴。美国学者斯坦利·阿罗洛维茨评价道:"对马尔库塞推崇备至的这代人,与其说是被他的分析所吸引,毋宁说是被他的控诉所打动。马尔库塞断言,控制的体系,除其边缘地方外,完全是一个针插不进、水泼不透的体系。那些奋力反抗富裕带来的平庸的年青激进分子们,于是就转移到社会的那些'飞地',在那种或是把他们的生活归结为消费中的放荡或是把他们的生活变成中产阶级生活日程中梦游的文化中,去寻找他们的真诚和本心。在马尔库塞这里,新左派找到了为他们所受的特定压抑,为他们体验到的异化感受呐

---

① 〔日〕藤田真文:《现代主义的广播文化理论再探》,云柱宾译,载《现代传播——北京广播学院学报》1991年第2期。

② 陈龙:《在媒介与大众之间:电视文化论》,学林出版社2001年版,第27页。

③ 陆梅林编:《西方马克思主义美学文选》,漓江出版社1988年版,第380页。

④ 陈龙:《在媒介与大众之间:电视文化论》,学林出版社2001年版,第28页。

⑤ 参见 *Encyclopedia of Television*, edited by Horace Newcomb, Fitzroy Dearborn Publishers, Chicago and London, 1997, p.648。

喊的社会批评家。他为他们提供了抵制和拒绝的纲领。”① 在他众多的理论著述中,《单向度的人》一书影响最大。为了更深入地研究马尔库塞的社会批判理论,这里有必要将《单向度的人》与《1844 年经济学哲学手稿》作比较研究。

1927 年,马克思的《1844 年经济学哲学手稿》被发掘并在苏联出版。马尔库塞是最早认识到这篇手稿的重要性的人物之一。马尔库塞能敏锐地认识到《1844 年经济学哲学手稿》的重要价值,并非偶然。从他的代表作之一《单向度的人》中,我们能发现马尔库塞深受马克思早期思想影响的痕迹。

在《1844 年经济学哲学手稿》之“异化劳动和私有财产”这一节中,马克思认为:资本对工人的奴役,是通过异化劳动来完成的。异化劳动包含四个基本特征:首先是工人同自己的劳动产品相异化。工人生产的产品,作为一种异化的存在物同劳动相对立。“工人生产的财富越多,他的产品的力量和数量越大,他就越贫穷。工人创造的商品越多,他就越变成廉价的商品。物的世界的增值同人的世界的贬值成正比。劳动生产的不仅是商品,它生产作为商品的劳动自身和工人,而且是按它一般生产商品的比例生产的。”② 其次,工人同自己的生产活动相异化。工人的劳动不属于他自己,而属于别人。再次,人同自己的类本质相异化。最后,人同人相异化。马克思在《1844 年经济学哲学手稿》中,是从异化劳动的角度,或者说,主要是从工人从事雇佣生产的活动过程中异化的角度,全面揭示了私有财产给无产者带来的剥削和奴役。而资本主义大工业生产过程所带来的异化现象是严重的,工人阶级的异化也是严重的,在资本主义尚处于自由竞争时期,马克思就敏锐地发现并深刻地揭示了尚处于上升时期的资本主义工业生产中工人被奴役、被异化的残酷现实,并引起人们对资本主义社会合理性的怀疑,这表明了马克思《1844 年经济学哲学手稿》的批判精神。

从 1844 年到 1964 年这 120 年间,资本主义由自由竞争阶段过渡到垄断集中阶段。马克思未能亲眼看到人类进入 20 世纪后资本主义拥有的自我调节和修正能力,虽然在俄国和东方等资本主义链条薄弱的环节上发生了社会主义革命,并且国际共产主义运动将马克思主义的理论付诸实践,但资本主义的持续繁荣将这一制度的“永世长存的神话”变成了四百多年的现实。当人类进入 20 世纪后,因资本主义经济危机而爆发的两次世界大战,以及社会主义实践中出现的种种问题,使得西方一些思想家们对两种社会制度的合理性均发生了怀疑。尤其是在看待资本主义制度的问题上:一方面是持续四百多年的发展,一方面是以

---

① 〔德〕马克斯·霍克海默:《批判理论》,李小兵译,重庆出版社 1989 年版,第 1—2 页。
② 《马克思恩格斯选集》第 1 卷,人民出版社 1995 年版,第 40—41 页。

空前惨烈的两次大战为代价;一方面是经济危机导致世界大战对文明的遏制和破坏,一方面是战后迅速的修补和超常的发展、繁荣。对此,西方的一些思想家们企图借鉴马克思主义的批判理论,对现存资本主义制度的不合理性做出解释。马尔库塞的《单向度的人》,就是这样一本以批判资本主义文明为主旨的著作。

在该书中,马尔库塞用"单向度"一词来意指现代资本主义的技术经济机制对一切人类经验的不知不觉的协调作用。他认为,发达资本主义以前的社会是双向度的社会,在这个社会里,私人生活和公共生活是有差别的,因此个人可以合理地、批判地考虑自己的需求。而现代文明,在科学、艺术、哲学、日常思维、政治体制、经济和工艺各方面都是单向度的。人们失去的"第二向度"是什么呢?就是否定性和批判性原则,即把现存的世界同哲学的准则所揭示的真实世界相对照的习惯。

值得注意的是,1964 年出版的《单向度的人》,在继承马克思批判精神的基础上,其对资本主义的批判锋芒直指资本主义的意识形态,这不仅显示出与马克思主要从政治和经济层面批判和揭露资本主义不合理性的分野,也体现出马尔库塞等西方马克思主义者身上所散发的时代的批判气息。

在《单向度的人》一书中,马尔库塞对自己的批判理论的时代背景作了分析:"简明扼要地比较一下工业社会理论的形成阶段和它目前的状况,可以有助于表明这种批判的根据何以起了变化。对工业社会的批判,在 19 世纪上半叶产生时,在它阐发这些替代品的最初概念时,它在理论与实践、价值与事实、需要与目标之间的历史中介中达到了具体性。这种历史中介表现在社会的针锋相对的两大阶级——资产阶级和无产阶级——的意识和政治行动中。在资本主义世界里,它们现在仍然是基本的阶级。然而资本主义的发展已经改变了这两个阶级的结构和功能,致使它们不再是历史变革的动因。一种维护和改善制度现状的凌驾一切的利益,在当代社会最发达的地区把以前的敌对者联合了起来。"① "我们的社会的特色在于,它在绝对优势的效率和不断增长的生活标准这双重基础上,依靠技术,而不是依靠恐怖来征服离心的社会力量。"② 显然,这是一个与马克思当年所处的环境有着巨大差别的时代。劳资关系发生了变化,统治阶级的统治方式发生了变化,控制社会的力量发生了变化。

促使上述变化发生的关键因素是什么呢?马尔库塞认识到,是大工业生产

① 〔德〕赫伯特・马尔库塞:《单向度的人——发达工业社会意识形态研究》,张峰译,重庆出版社 1988 年版,第 4 页。

② 同上书,第 2 页。

的发展所带来的对技术的依赖。“在这个社会里，生产和分配的技术设备（随着自动化部门的增长）在起作用，但不是作为那些可以同其社会政治效果分离开来的纯工具的总和，而是作为先验地决定着设备的产品以及维修和延伸设备的操作的体系。在这个社会里，生产设备不仅决定着社会需要的职业、技艺和态度，也决定着个人的需要和欲望，就此而言，它倾向于成为极权主义的。因此，它消除了私人生活和公共生活、个人需要和社会需要之间的对立。技术有助于组成社会控制和社会凝聚的新的更有效和更令人愉快的形式。”[①]“面对着这个社会的极权主义特点，技术‘中立’的传统观念不能再维持下去了。不能把技术本身同它的用处孤立开来；技术的社会是一个统治体系，它已在技术的概念和构造中起作用。”[②] 对技术的过度崇拜和全面的使用，已经成为一种“新的控制形式”。“在发达的工业文明中盛行着一种舒适、平稳、合理、民主的不自由现象，这是技术进步的标志”，它“以社会必要的但痛苦的操作机械化来压抑个性”。[③]

这种有别于当年马克思在《1844 年经济学哲学手稿》中批判的工人在机器生产中肉体备受摧残、精神备受折磨的异化，在马尔库塞看来，是一种新的异化。这种新的异化，不仅渗透在物质产品的生产过程中，而且渗透在精神生产过程中；不仅体现在整个生产环节上，而且体现在整个消费环节上。“人民在他们的商品中识别出自身；他们在他们的汽车、高保真度音响设备、错层式房屋、厨房设备中找到自己的灵魂。那种使个人依附于他的社会的根本机制已经变化了。社会控制锚定在它已产生的新需求上。”[④] 这种新形式的异化，由于意识形态的同化，因此导致了“异化”这个概念竟成了可值得怀疑的对象。它使得生活在技术理性和物质至上的时代的人们全然不知，并自觉地与主流意识形态控制合流，因而“这一现实构成了异化的一个更进一步的阶段”[⑤]。这更进一步的阶段的异化具有更全面、更隐蔽的特点。

在《单向度的人》一书中，马尔库塞对发生在当代资本主义文化领域中的异化的批判尤为深刻和精彩。在对异化现象作全面批判时，马尔库塞注意到文化领域中的“一体化”问题。他发现发生在当代发达资本主义社会文化领域中的新的异化，是“通过消除高级文化中敌对的、异己的和越轨的因素（高级文化借

① 〔德〕赫伯特·马尔库塞：《单向度的人——发达工业社会意识形态研究》，张峰译，重庆出版社 1988 年版，第 6 页。

② 同上书，第 7 页。

③ 同上书，第 4 页。

④ 同上书，第 9 页。

⑤ 同上书，第 11 页。

此构成现实的另一向度),来克服文化同社会现实之间的对抗。这种对双向度文化的清洗不是通过对'文化价值'的否定和拒绝来进行的,而是通过把它们全盘并入既定秩序,在大众规模上再生和展现它们。"[①] 于是,由大众传媒复制生产出来的大众文化,消解了精英文化中对社会的批判精神,大众传播将包含着否定现实、拒绝同化的艺术,解构为麻痹大众的消遣娱乐。"这种在艺术异化中展现的艺术同时代秩序之间的基本裂痕,正在逐渐被发达的技术社会所弥合。而且随着它的弥合,大拒绝反倒被拒绝。"另一向度"被同化进占主导地位的状态中。异化的作品被结合进这个社会中,并作为对盛行状态的装饰品和精神分析设备的一部分来传播。因此,它们成了广告节目,它们起销售、安慰或激励的作用。"[②]

如前所述,在维护和捍卫资本主义现存制度方面,工具理性对反抗性的意识形态的颠覆,对占统治地位的主流意识形态的维护,已经渗透到哲学、宗教、艺术等各个领域。这种渗透借助的工具,同样是在现代技术基础上发展起来的大众传播媒介,即现代报刊、广播、电影、电视等。这些"媒介为维护既定现实的总动员,已经协调了各种表现手段,以致越轨性内容的传播在技术上成为不可能的。"[③] 艺术已被物质化了。马尔库塞把这种大众传播将过去的高雅的、精英式的文化消解为大众文化的休闲、娱乐的现象,称之为"高级文化"中包含的痛苦意识和悲剧精神的"贬黜",它把文学艺术中所包含的批判的意识、悲剧的精神、否定的思想、超越的观念等(这些对于现存社会制度来说是一种异化,是一种拒绝合流的异化),经过媒介技术的中性处理,变成了为不同阶级和阶层都能接受,而且都乐意接受的快乐和幸福。这种虚假的快乐和幸福对艺术的本质是升华、是批判、是否定,对现存社会制度的反抗无疑是一种"贬黜",导致了艺术的本质是批判的异化,因而,资本主义现代技术装备下的大众传播,实质上是控制和麻醉人们思想意识的一剂精神鸦片!

我们不得不叹服马尔库塞对工人阶级被异化的方式已从劳动生产过程转移到消费享受过程中的发现和对当代资本主义新的统治形式的批判。放眼当今的大众传播,在时装模特的款款猫步中,在节奏急促的摇滚乐声中,在"可口可乐"的广告叫卖中,在肥皂剧的豪门巨宅中,受众的反抗意识被一点点地消解,社会各个阶层都被一种虚拟的快乐和对虚拟快乐的现实追求所笼罩。表达现实的快

---

① 〔德〕赫伯特·马尔库塞:《单向度的人——发达工业社会意识形态研究》,张峰译,重庆出版社 1988 年版,第 45 页。

② 同上书,第 55 页。

③ 同上书,第 58 页。

乐和追求虚拟的幸福,这既是现代大众传媒的生存哲学,也是媒介传达给人们最基本的信息。

解读《1844年经济学哲学手稿》和《单向度的人》,人们看到了两位思想家对资本主义社会的异化问题的不同阐释。具体来说,除了在时代背景以及方式等方面不同之外,更重要的是,作为科学社会主义理论的创始人马克思,和作为法兰克福学派的重要成员、西方马克思主义者的马尔库塞,在如何消除这种异化现象的认识上,有着巨大的差异。马尔库塞发现并深刻揭示了在高度发达的资本主义社会,科学进步和先进的技术带来的经济繁荣,不同的社会阶级和阶层在生产和生活方式上被同化或一体化,异化现象日益严重。工人阶级非但没有像当年马克思预言过的将成为资产阶级的掘墓人,反而沦落为保守的资本主义制度的社会基础。在这样一片沉寂的黑夜里,马尔库塞把革命和反抗的希望寄托在社会的亚阶层上。"被遗弃者和被排斥在外者,被剥削被迫害的其他种族和有色人种,失业者和不能就业者,他们全都是在民主过程之外存在的;他们的生活最直接最现实地要求结束不可容忍的条件和制度。因此,即使他们的意识不是革命的,他们的敌对行为也是革命的。"① 这种设想和预言,连同他把消除大众传播带来异化的希望寄托在借助高级文化中的"大拒绝"的方式上,表现出浓厚的,甚至是绝望的乌托邦色彩。马尔库塞没有开出诊治现代资本主义社会异化痼疾的良方,他的社会批判理论,只能是沉沉黑夜里的一声呐喊。"社会批判理论并不拥有弥合现在与未来之间裂缝的概念,不作任何许诺,不显示任何成功,它只是否定。"② 仅仅从这方面看,法兰克福学派和马克思主义确实有着本质上的区别。

二、社会批判理论对媒介批评理论的影响

如前所述,法兰克福学派所创立的社会批判理论,继承了卢卡奇的物化理论和"总体性"批判原则,从人本主义的立场出发,对资本主义制度提出了深刻的批判。那么,社会批判理论对于媒介批评理论有什么样的影响呢?下面拟根据马克思主义的立场、观点和方法,对其作阐述和评价。

第一,社会批判理论以异化理论作为剖析西方资本主义制度反人道的武器,这为后世的媒介批评理论提供了一种批判的范式。

---

① 〔德〕赫伯特·马尔库塞:《单向度的人——发达工业社会意识形态研究》,张峰译,重庆出版社1988年版,第216页。

② 同上。

从霍克海默、阿多尔诺到马尔库塞，早期的社会批判理论家们，信奉青年马克思，崇尚卢卡奇等早期西方马克思主义者的工人阶级被“物化”，被资本和技术所奴役的学说，他们从人本主义的立场出发，从“人的解放”的愿望入手，对资本主义制度造成的全面异化进行了猛烈的攻击和控诉。无论是阿多尔诺的《否定的辩证法》，还是马尔库塞的《单向度的人》，都是把资本主义制度造成的人的变形和扭曲等异化现象作为批判的对象的。在他们看来，资本主义制度中的大众媒介，是维护不合理的资本主义制度的得力工具，是造成人的全面异化的帮凶。这为后世的媒介批评理论从异化理论出发开展大众传媒批判，提供了一种理论与实践的范式。

第二，社会批判理论以对“技术理性”的批判，作为揭示资本主义制度将科技进步用于迷惑被统治阶级意识的利器，这为后世的媒介批评理论开展对“媒介工具崇拜”的批判提供了思想资源。

“所谓技术理性主义是指在近现代科学技术呈加速发展的背景下产生的一种新的理性主义思潮。它立根于科学技术发展的无限潜力和无限解决问题的能力之上，其核心是科学技术万能论。”[①] 对技术理性的批判，经典地体现在霍克海默和阿多尔诺合著的《启蒙辩证法》和马尔库塞的《单向度的人》等著作中。在霍克海默和阿多尔诺看来，“在完全被技术理性统治的世界中，不但人与自然相异化，而且人与人也相异化，人普遍物化，人在普遍异化的世界中相互冲突。”[②] 他们断言：“今天，技术上的合理性，就是统治上的合理性本身。它具有自身异化的社会的强制性质。汽车、炸弹和电影，除非它们之中所含的因素表现出非法的力量，否则它们都会联结为一个整体。”[③] 17、18 世纪的启蒙主义对理性的尊崇和张扬，使得新兴资产阶级的代表人物、思想家培根提出了“知识就是力量”的震撼人心的伟大口号。但启蒙主义崇尚的理性主义，随着科技的发展，对人道主义而言，呈现出否定的性质。这就是霍克海默和阿多尔诺所言：在理性普遍统治的世界中，“人类不是进入到真正合乎人性的状况，而是堕落到一种新的野蛮状态。”[④] 至于马尔库塞对科学技术的进步带来对人的全面统治的批判，已有前述。现代科技异化为统治人、奴役人的工具，现代的大众传媒是以高科技装备起来的，直接用于生产大众文化这种“奴役人”、“消解工人阶级反抗意识”的意识形态，所以社会批判理论对现代大众传媒的批判

① 衣俊卿、丁立群等：《20 世纪的新马克思主义》，中央编译出版社 2001 年版，第 230 页。
② 同上书，第 239 页。
③ 〔德〕霍克海默、阿多尔诺：《启蒙辩证法》，洪佩郁、蔺月峰译，重庆出版社 1990 年版，第 24 页。
④ 〔德〕霍克海默、阿多尔诺：《启蒙辩证法》导言，洪佩郁、蔺月峰译，重庆出版社 1990 年版，第 1 页。

尤为激烈,这为后世的媒介批评理论批判大众传媒的技术崇拜提供了思想资源。

第三,社会批判理论站在"高雅艺术"的立场上,对大众文化给文化艺术带来的异化作精英式的批判,这对后世的媒介批评理论展开对大众文化的批判,产生了极为深远的影响。

法兰克福学派的理论家们,尽管观点不尽一致,但却有一个共同点,那就是他们都是站在精英贵族的立场上来看待文学艺术的。他们所持的艺术观,是自古希腊以来的欧洲人文主义传统的艺术观。这种艺术观,是对现实生活的超越和反叛,是对人类走向自由王国的热情讴歌和永恒追求,用卢卡奇的话说,那就是:"如果把日常生活看做是一条长河,那么由这条长河中分流出了科学和艺术这两种对现实更高的感受形式和再现形式。"① 霍克海默继承了卢卡奇的艺术观,认为美在某种意义上是"一种没有利害关系的愉快存在"。马尔库塞把这种意义上的文学艺术,称之为"高级文化"或"前技术的文化"。这种"高级文化""都包含着否定的合理性。在其先进的立场上,它是大拒绝——抗议现实的东西。人和万物得以表现、歌唱和言谈的方式,是拒绝、破坏并重建它们实际生存的方式。"② 由于他们站在文化精英和思想贵族的立场上,因此他们哀叹高雅文化逐渐被商业所侵蚀,愤怒地批判现代工业社会创造出来的大众文化或商业文化对高级文化的"罢黜"。"大众文化左翼批评家的新保守主义批评,嘲笑那种抗议把巴赫的音乐当作厨房背景音乐,把柏拉图和黑格尔、席勒和波多雷、马克思和弗洛伊德摆在药房里的做法。相反,他们坚持认为,古典作品已离开陵墓,重新苏醒过来,人民由此获得教养。的确如此,但作为古典作品而苏醒,它们却成了不同于自身的东西;它们被剥夺了它们的对抗性力量,丧失了作为它们真理性之向度的外化。因此,这些作品的意图和功能已根本改变了。如果它们一度同现状是矛盾的,那么现在这种矛盾已被克服了。"③ 而造成这种情况的主谋,是资本主义社会的大众传播媒介!马尔库塞进一步批判:"一切媒介为维护既定现实的总动员,已经协调了各种表现手段,以致越轨性内容的传播在技术上成为不可能的。自马拉美以来对艺术意识纠缠不休的幽灵——说出非物化的语言、传播否定东西的不可能性——已经不再是一个幽灵,它已被物质化。"④ 所以霍克海默、阿多尔诺、马尔库塞们对古希腊以来的文学艺术,包括批判现实主

① 〔匈〕卢卡奇:《审美特性》第1卷"前言",徐恒醇译,中国社会科学出版社1986年版,第1—2页。

② 〔德〕赫伯特·马尔库塞:《单向度的人——发达工业社会意识形态研究》,张峰译,重庆出版社1988年版,第54页。

③ 同上书,第55页。

④ 同上书,第58页。

义的文学流派，乃至20世纪20年代和30年代的现代派文学艺术，怀有崇敬怀念之情，他们以一种文化乡愁的眼光，对大众文化对高级文化的腐蚀，对大众传媒消解人们意志的现象作严厉的抨击。由于阿多尔诺、马尔库塞等早期法兰克福学派人物多为音乐家、哲学家出身，他们的著作饱含着批判的感情色彩，因而具有很高的审美价值，他们对文化的批判，形成了独特的美学思想。所以，不仅他们对大众文化进行批判时所具有的理性思想为后人所推崇，就连他们的文风，也被后来的媒介批评的著述与文章所效仿。

第四，法兰克福学派的社会批判理论发展到后期，其批判指向发生了转变，以哈贝马斯为代表的第二代法兰克福学派理论家，对社会问题的关注和批判，开始由中心转向边缘。这为文化研究思潮的兴起和发展打下了理论基础。

20世纪60年代末，是早期的法兰克福学派批判理论的鼎盛时期。马尔库塞的单向度理论，成为欧美学生造反运动的行动纲领，马尔库塞本人也被德国青年学生奉为“精神领袖”。随着学生运动逐渐沉寂，早期的社会批判理论思潮也开始衰落。作为法兰克福学派第二代思想家代表的哈贝马斯，其哲学思想、社会理论观点与早期的社会批判理论发生了严重分歧。哈贝马斯强调法兰克福学派的传统批判理论同现代社会条件的不适应性，他开始致力于探讨晚期资本主义的合法性问题，主张以交往理性来取代工具理性的核心地位，从而以交往行动理论“重建历史唯物主义”。

哈贝马斯对法兰克福学派的早期的社会批判理论，特别是对马尔库塞把技术与科学作为传统的意识形态来批判的观点和对科技进步的悲观主义论点提出了异议。他强调指出：“因为现在，第一位的生产力——国家掌管着的科技进步本身——已经成了（统治的）合法性的基础。（而统治的）这种新的合法性形式，显然已经丧失了意识形态的旧形态。”① 尽管科技进步同旧的意识形态一样，也发挥着使人们安于眼下的生活状况，阻止他们思考和议论社会的基本问题的作用，但它已完全没有了传统的意识形态的压抑和奴役人的功能。所以哈贝马斯批评马尔库塞的科学和技术排斥民主和自由的论点，反对他哀叹人们在自己制造的机械装备面前愈来愈软弱无力的论调，认为这种悲观主义论断不符合事实，因而是错误的。

另外，从霍克海默、阿多尔诺、马尔库塞到哈贝马斯，在对待文化，例如在对待大众传媒和大众文化的问题上，其理论立场也发生了转移。从早期的社会批

① 〔德〕尤尔根·哈贝马斯：《作为“意识形态”的技术与科学》，李黎、郭官义译，学林出版社1999年版，第69页。

判理论批判大众传媒,否定大众文化,到哈贝马斯注重公共交往,借重社会舆论塑造社会的公共空间,哈氏已注意到大众传媒为晚期资本主义社会争取“合法性”地位的重要作用。思想界和学术界有一派意见认为:哈贝马斯到晚年,和早期的社会批判理论分道扬镳,已丧失了当年霍克海默、马尔库塞们对资本主义制度的批判和反抗精神,变成了为资本主义制度的“合理性”进行论证和辩护的卫道士。对这种评价的臧否,本书作者不作表述。但需要指出的是,作为具有广泛影响力的当代欧洲思想家之一,哈贝马斯关于反对把技术与科学作为意识形态来批判的思想,关于重新看待剩余价值学说的论断,关于晚期资本主义社会中生产力的性质和作用的问题,关于晚期资本主义社会中生产力和生产关系之间的矛盾问题,关于晚期资本主义社会中阶级、阶级斗争的问题,关于晚期资本主义国家的性质和职能问题的重新阐释,对西方的思想界产生了重大的影响,尤其是他认为“资产阶级和无产阶级之间的关系不再是剥削与被剥削的关系,而是成了与生产利益紧密相关的伙伴关系”①。阶级对立关系已经由经济剥削转移为文化冲突。用哈氏自己的话说,那就是:“阶级的特殊差别依然以集团文化传统的形式和以相应的差异形式继续存在;这种差异不仅表现在生活水平和生活习惯上,并且也表现在政治观点上。”② “冲突领域从阶级范围内转移到没有特权的生活领域内,美国的种族冲突就是这方面的极其明显的例子。”③ 哈贝马斯认为晚期资本主义社会中社会矛盾从阶级之间的经济斗争这一“中心”转向宗教、民族、种族、性别冲突等文化问题的“边缘”,这对20世纪60年代欧洲大陆兴起的文化研究思潮具有极大的影响。可以看出,文化研究思潮中的大众文化批判,以宗教、种族、性别在大众传播时代背景下形成的文化冲突等社会问题为主要研究内容,这与哈氏关于晚期资本主义社会矛盾的分析,有着一脉相承的思想渊源。

纵观法兰克福学派的社会批判理论,作为20世纪西方资本主义社会的一股重要社会思潮,对西方思想界产生了巨大的影响。社会思潮“是变动着的社会生活的精神之流,是一定时期在某一社会得到广泛传播并对社会生活具有某种程度影响的思想趋势或思想潮流。它们从一个层面反映社会生活的变化,对人们的精神及社会发展产生性质不同、程度不等的影响。”④ 社会批判理论发展到

① 〔德〕尤尔根·哈贝马斯:《作为“意识形态”的技术与科学》,李黎、郭官义译,学林出版社1999年版,第7页。

② 同上。

③ 同上。

④ 邢贲思、江涛:《当代西方思潮评析》,载《中国社会科学》2000年第1期。

20世纪60年代，西方发达资本主义国家的“新左派”运动把它推到了思想战线的前台，使其影响远远超越了学术界。“这一理论反映了代表中、小资产阶级利益的新左派对现代资本主义文明的嫌恶、反感以及谋略摧毁这种文明的愿望。”[①]法兰克福学派的社会批判理论思潮的这一特征，对于我们认识当代资本主义社会，无疑提供了有用的思想材料和理论依据。

但是，在分析法兰克福学派的社会批判理论时，在分析其给媒介批评理论开展对当代西方资本主义大众传媒现象的批判带来巨大影响的过程中，我们不能不看到，其所形成的所谓人本主义的马克思主义流派，其理论核心是建立在异化理论基础之上的，它的科学性还值得怀疑，并有商讨的必要。

半个多世纪以来，马克思主义关于人的学说，特别是对马克思的早期著作《1844年经济学哲学手稿》（以下简称《手稿》）的研究，即所谓关于“青年马克思”的争论，在对人的哲学研究中占据十分突出的地位。这场争论可以追溯到1927年《手稿》的首次发表。当时，西方一些研究马克思的学者对此如获至宝。有人宣布，《手稿》是“真正的马克思主义的启示录”，“马克思的中心著作”，是“概括了马克思全部精神范围的唯一文献”。[②]这样就产生了所谓有没有“两个马克思的对立”的争论。而争论的焦点，是人性、异化等问题。而在挖掘《手稿》思想内涵的过程中，西方一些研究马克思的学者，嗅出的是浓厚的人道主义味道，因此，法兰克福学派的一些代表人物，如弗洛姆，干脆就断言“马克思自始至终就是一个人道主义者”[③]。有鉴于此，我们有必要就马克思关于异化问题的学说与西方马克思主义关于异化的观点，尤其是法兰克福学派的异化理论作简要的比较分析。

在德国古典哲学中，异化是一个哲学概念。其基本含义是表示一种主体与客体的关系，即主体的产物反过来与主体相对立，成为主体不能控制，反而控制了主体的力量。

在黑格尔的唯心辩证法体系中，异化概念的辩证含义得到了充分发挥，成为精神运动的辩证法的普遍原则。费尔巴哈从人本主义出发，认为上帝并不是最高本质，人才是人的最高本质，这就是费尔巴哈的人本主义异化观。

马克思扬弃了黑格尔的思辨异化观和费尔巴哈的人本主义异化观，创立了劳动异化理论。这不仅确定了异化的真正意义，而且揭示了产生异化现象

---

① 邢贲思、江涛：《当代西方思潮评析》，载《中国社会科学》2000年第1期。

② 〔德〕朗兹胡特、迈耶尔：《马克思：历史唯物主义早期著作》导言，转引自《马克思早期思想研究》，秦华等译，生活·读书·新知三联书店1963年版，第78页。

③ 王锐生、景天魁：《论马克思关于人的学说》，辽宁人民出版社1984年版，第3页。

的根源，指出了消灭异化的现实途径，使异化思想获得了唯物主义的基础，彻底摆脱了思辨性和抽象性。马克思对异化劳动的特征的分析，是严格地“从当前的经济事实出发”①的。最基本的事实就是工人同自己的劳动产品的关系。这是现实社会（资本主义社会）的一个最普通的关系，马克思对异化劳动的四个特征的全部分析，就从这个“经济事实”入手。这样，异化理论的那种思辨性和抽象性也就为之一扫。异化劳动理论不再具备神秘色彩，而是从资本主义的基本事实中概括出来的。因此“马克思劳动异化理论的创立是异化观念发展史上的深刻变革”②，由此出发，“开辟了通向唯物主义世界观的道路”③。

法兰克福学派的代表们从费尔巴哈抽象的人本主义异化思想出发，将异化思想还原到前马克思主义哲学的水平上。他们抹杀了《手稿》中的异化思想为劳动异化理论的实质，抹杀了在《手稿》中历史唯物主义思想的天才萌芽，而试图将《手稿》的基本思想纳入他们的人本主义思想框架里。在他们看来，马克思的哲学“代表了一种对人的异化、对人失去自身、对人变成物的抗议。”④“可以把马克思的历史观叫作人类的历史观。”⑤ 对于法兰克福学派对马克思异化理论的误读和曲解，哲学界已有人作了剖析：

“法兰克福学派借阐释《手稿》中的基本思想而将马克思主义哲学归结为一种人道主义。他们认为，《手稿》异化劳动理论中关于人化自然的论点，表明马克思的历史观是将人作为主体，把‘类存在’看成是判断整个社会生活的最终标准，把是否合乎人性作为衡量社会进步的尺度，因而马克思的理论是‘人类中心说’。但是，恩格斯及其后的‘正统马克思主义者’的理论则过于强调物质的东西和生产力的重要性，‘同马克思的早期著作形成了鲜明对照’⑥。为了恢复马克思主义的本来面目，他们提出要建立一种‘马克思的马克思主义’，并进而展开了对恩格斯的自然辩证法的批判，否认自然辩证法的客观实在性，提出辩证法在概念结构上只能是一种历史的方法，即‘人这一主体和客体相互关系的辩证法’。这里，法兰克福学派实际上是把辩证唯物主义（尤其是自然辩证法）当作

① 《马克思恩格斯全集》第 3 卷，人民出版社 2002 年版，第 267 页。

② 王锐生、景天魁：《论马克思关于人的学说》，辽宁人民出版社 1984 年版，第 321 页。

③ 《马克思恩格斯全集》第 3 卷，人民出版社 1960 年版，第 261 页。

④ 〔德〕弗洛姆：《马克思关于人的概念》，转引自任皑：《评法兰克福学派对历史唯物主义的新解》，载《武汉大学学报》哲社版，1997 年第 5 期。

⑤ 同上。

⑥ 复旦大学哲学系现代西方哲学研究室编译：《西方学者论〈1844 年经济学—哲学手稿〉》，复旦大学出版社 1983 年版，第 147 页。

形而上学本体论来加以拒绝，其目的乃是为了抽掉历史唯物主义的客观基础，使唯物史观失去一般世界观和方法论的依据，从而成为一种关于（自由）资本主义的社会历史学说。

由上可见，法兰克福学派在对历史唯物主义的基础和方法进行重新考察时，看到了马克思《手稿》所体现的基本思想与西方人道主义历史传统的联系，强调了其深刻的人道主义价值和伦理价值，并使之发展到了极端。他们把人的本质及其实现作为《手稿》的主题和核心，并进而把唯物史观的基础归结为《手稿》中的人道主义及异化思想，这是不符合历史唯物主义形成和发展的历史实际及其真正要义的。"①

《手稿》具有马克思主义形成时期的特点。虽然就其实际思想内容来说，它在许多方面已接近于科学的历史观，但是作为说明历史的基本理论和方法却没有完全摆脱人的本质的异化和复归的旧模式。但是，从《德意志意识形态》到《资本论》，随着历史唯物主义和剩余价值学说的创立，马克思彻底消除了黑格尔和费尔巴哈哲学的消极影响，对"人的本质"和曾用"异化"说明的那种历史现象作了科学的解释，尤其是在《资本论》中，马克思已不再用异化概念来说明经济范畴和经济现象，而是用社会分工、生产力和生产关系的矛盾，经济基础和上层建筑的矛盾，阶级之间的矛盾以及一系列经济范畴来揭示资本主义生产方式在一定历史时期的必然性和它灭亡的必然性。这是科学的唯物史观，是实践唯物主义的哲学探索。法兰克福学派用人道主义来统摄马克思一生的哲学思想，把唯物史观的基础归结为《手稿》中的人道主义及其异化思想，这是违背历史事实的。正因为法兰克福学派的社会批判理论用人本主义替代历史唯物主义，用弗洛伊德主义关于欲望、心理冲突是推动社会发展的动力的学说替代生产方式的矛盾运动是社会发展的根本动力的学说，用抽象的异化理论代替马克思的劳动异化理论，因此，在他们运用抽象的人道主义异化理论来剖析当代资本主义制度的弊病，来批判当代资本主义制度沉疴的时候，虽然十分激烈，甚至有着"片面的深刻"的特点，但由于他们从抽象的人道主义出发，批判呈现的是浓厚的道德义愤，却找不出解决资本主义制度异化的方法，因而他们的社会批判理论，被人讥为"无望的救赎"。法兰克福学派对大众传媒和大众文化的批判，是社会批判理论的一个重要组成部分。法兰克福学派的成员对大众文化的敌视和无情批判，也常被讥为患了"前资本主义怀旧病"，是精英主义者的势利眼的梦呓。但是站在马克思主义的立场上，我们用辩证唯物主义和历史唯物主义的眼光来看

---

① 任皑：《评法兰克福学派对历史唯物主义的新解》，载《武汉大学学报》哲社版，1997 年第 5 期。

社会批判理论对当代资本主义大众文化和大众传媒的批判,应当承认其对马克思身后的资本主义现状有独到的分析,对资本主义社会新的发展有清醒的认识,它给人们开展对大众传媒及大众文化的批评提供了理论的借鉴甚至直接的指导。虽然社会批判理论带有浓重的悲观主义色彩,但作为观察大众传媒的一种角度,它提供了一面镜子。人们在用这面镜子观照大众文化时,同时也反观了当代人类自身。

第二节　文化研究思潮

"文化研究是目前国际学术界最具有活力,最富于创造性的学术思潮之一"。[①] 作为一种学术思潮,文化研究在文学、政治学、美学等传统学科领域引起了一场研究范式的革命,它对人文社会科学研究的全面波及,带来了如此的后果,即"迄今为止,还没有人能为它提供一种确切的普遍接受的定义"[②]。但是,如果我们注意梳理文化研究的发展脉络,研究文化研究思潮与法兰克福社会批判理论的内在联系与差异,我们是能够把握文化研究的基本范畴,理解其基本概念的。因此,本节的任务是:研究何谓"文化研究";简述文化研究的源起及其发展的状况;研究文化研究与社会批判理论的理论旨趣、哲学基础的异同;研究导致两者之间异同的时代背景、理论家们的个性特征;研究文化研究思潮如何推动了媒介批评理论的向前发展。

一、文化研究思潮的缘起和发展

何谓"文化研究",对于这个概念,学术界莫衷一是。究其原因如下:一是对何为"文化"的理解和解释莫衷一是。"在社会科学领域里,文化的概念始终是个比较含混的、争论不休而又歧义层出的问题。"[③] 19 世纪中叶以来,人类学、民族学各种流派的代表人物都给文化下过各自的定义,并对文化的内涵与外延做出了不同的界定。此外,历史学、考古学、语言学、社会学、哲学、心理学、宗教学、政治学等学科在涉及文化研究时也都各持己见,提出了各式各样的文化定义。1952 年,美国人类学家 A. 克鲁伯和 K. 克拉克洪合写的一部专门就"文化"一词作详尽探讨并加以评述的著作——《文化——关于概念和定义的评论》,罗列了

---

① 罗钢、刘象愚主编:《文化研究读本》,中国社会科学出版社 2000 年版,前言。
② 同上。
③ 林耀华主编:《民族学通论》,中央民族大学出版社 1997 年版,第 379 页。

从1871年到1951年80年间的较为严格的161种定义。[①] 后来,法国社会心理学家A.莫尔又继续此项统计,结果表明,到20世纪70年代,世界文献中的"文化"定义已达250多种。

"文化"一词的本质含义,是19世纪中叶以来随着民族学、人类学的产生而被赋予的。其中最早做出专业性研究成果的当属被誉为"英国人类学之父"的民族学、文化人类学学家爱德华·伯纳特·泰勒。他在1871年出版的《原始文化》一书中,首次把"文化"作为一个中心概念提出来,并对其作了系统表述:"文化就其广泛的民族学意义来说,是作为社会成员的人所习得的包括知识、信仰、艺术、道德、法律、习俗以及任何其他能力和习惯的复合体。"[②] 后来,美国的一些文化人类学家、社会学家如奥格本、亨根斯、维莱等,对泰勒的定义予以修正,补充了"实物"一词,使文化成了"包括实物、知识、信仰、艺术、道德、法律、习俗以及任何其他能力和习惯"[③]。

中国学术界对文化问题的关注是20世纪20年代前后随着西方民族学、人类学的引进而开始的。1920年蔡元培发表了题为《何为文化》的演讲,提出"文化是人生发展的状况",并列举衣食住行、医疗卫生、政治、经济、道德、教育、科学等皆属文化的具体事项。[④] 同年,梁漱溟在其《东西文化及其哲学》一书中,把"文化"解释为"人类生活的样法"[⑤],并认为,人的生活样法可分为精神生活、物质生活和社会生活三大内容,从而使文化的内容渐趋系统化。1922年,梁启超发表题为《什么是文化?》的文章,提出"文化"是"人类心能所开释出来之有价值的共业"[⑥]。它所包含的内容也极为广泛,如种族、政治、法律、教育、饮食、服饰、住宅、交通乃至考工、农事等。1926年,胡适发表了题为《我们对于西洋近代文明的态度》的文章,首次把文化与文明加以区别,提出"文明(civilization)是一个民族应付他的环境的总成绩",而"文化(culture)是文明所形成的生活方式"。[⑦]

1982年,中国学术界在上海复旦大学举行了一次"中国文化史研究学者座谈会",会上,来自全国各地的学者们就"文化"一词的概念进行了热烈讨论,但是最终仍各持己见,莫衷一是。有鉴于此,有的与会者甚至提出,文化的概念就

---

① 参见〔美〕菲利普·巴格比:《文化:历史的投影》,夏克等译,上海人民出版社1987年版,第91页。

② 转引自中央民族大学民族学系内部教材《人类学导论》,第26页。

③ 转引自孙本文:《社会的文化基础》,世界书局1932年版,第24页。

④ 《蔡元培美学文选》,北京大学出版社1983年版,第113页。

⑤ 梁漱溟:《东西文化及其哲学》,商务印书馆1929年版,第53页。

⑥ 梁启超:《什么是文化?》,载1922年12月9日《学灯》。

⑦ 胡适:《我们对于西洋近代文明的态度》,载《现代评论》第4卷第38期,1926年7月。

像“模糊数学”、“模糊逻辑”一样，它的界域本来就是不可确定的。①

二是由于“文化”概念极其宽泛和难于界定，因此，文化研究是很难寻其源头的。按照斯图亚特·霍尔的说法，“‘文化研究’既没有‘绝对的开端’，也很少有不间断的连续性……相反，我们发现的只是一种具有不均衡发展特性的无序性。”②

正是由于以上两方面的原因，当代西方从事文化研究的理论家们都承认：给文化研究下一个确切的定义，几乎是不可能的。

但是，当代西方文化研究思潮和法兰克福学派的社会批判理论一样，是影响西方人文科学和社会科学的一个重要的思想流派。在研究这一思潮的过程中，根据其发展脉络，我们可以试图给文化和文化研究作一个界定。当然，作这种界定的目的，是为以下将要开展的对当代英美文化研究思潮，以及这股思潮给我国学术界带来的影响的研究服务的。

英国文化研究的理论家雷蒙德·威廉斯提出了“文化是一种整体生活方式”的论断。他明确区分了“大写”的文化和“小写”的文化。前者是指英国早期文学研究者阿诺德和李维斯所理解的作为人类文明之精华的文化；后者是指人类用以理解其生活经验及其历史条件所采用的复杂和动态的表达方式。③ 正是这种所谓“大写”的文化与“小写”的文化的差异，划分了当代文化研究与以往以文学经典为研究对象的文化研究的界线，凸显出当代文化研究关注大众文化的特点。

当代文化研究是指第二次世界大战以后在英国逐步兴起，而后扩展到美国及其他西方国家的一种学术思潮和知识传统。“文化研究作为一个引人注目的总问题，出现于20世纪50年代中叶那个时期”④，其标志性的人物和事件有如下几个方面：(1) 20世纪50年代早期，在伦敦成立的当代艺术中心(Institute of Contemporary Arts)，对英国的流行文化抱持非常强烈的兴趣。这个运动和后来的文化研究不谋而合，都是将研究重点放在日常生活文化，而不是精英文化上，尤其关注美国流行文化对英国人民生活的影响。(2) 英国当代文化研究中心的几位创始者理查德·霍加特(Richard Hoggart)、雷蒙德·威廉斯(Raymond Wil-

① 参见《中国文化》第1辑，复旦大学出版社1984年版。

② ［英］斯图亚特·霍尔：《文化研究：两种范式》，转引自罗钢、刘象愚主编：《文化研究读本》，中国社会科学出版社2000年版，第51页。

③ 参见 Elaine Baldwin, *Introducing Cultural Studies*, New York: Prentice-Hall, 1999, pp. 4—6。

④ ［英］斯图亚特·霍尔：《文化研究：两种范式》，转引自罗钢、刘象愚主编：《文化研究读本》，中国社会科学出版社2000年版，第51页。

liams）和 E. P. 汤普逊（E. P. Thompson）的几部著作：《文化的用途》（*The Uses of Literacy*，1958）、《漫长的革命》（*The Long Revolution*，1961）、《文化与社会》（*Culture and Society*，1963）、《英国工人阶级的形成》（*Making of the English Working Class*，1968）①，被看做是当代文化研究的奠基之作。（3）以 1964 年在英国伯明翰大学成立的当代文化研究中心（Center for Contemporary Cultural Studies，CCCS）②为标志，文化研究不仅在西方学术体制内部逐步站稳脚跟，而且演化为 20 世纪一场国际化的思想运动。

英国当代文化研究产生和发展的背景及原因是相当复杂的。梳理起来，可以发现文化研究在政治和思想上各有其传统。在政治上，文化研究的产生与英国新左派的形成有着密切的关系。新左派是 20 世纪 50 年代末由一批前共产党知识分子（核心是一批党内历史学家）、左翼文化人以及激进的大学生结合而成的一种政治派别。新左派的目的是在英国重新确立社会主义的理论与实践，创造一种民主社会主义的政治。20 世纪 50 年代末发生的一系列重大政治事件，如 1956 年英法入侵苏伊士运河，同年苏联出兵匈牙利，英国国内出现声势浩大的核裁军运动等，推动新左派人士走到了一起。新左派的中坚力量是团结在《明理者》、《大学与左派评论》两个刊物周围的知识分子。前者的成员大多是前英共产党员，他们反对苏联的坦克开进匈牙利，公开要求英共领导撤销对苏联侵略行径的支持。他们认为，无条件地接受苏共的政策实际上是放弃了马克思主义的批判精神和历史方法，他们批判斯大林主义乃是基于抽象的教条而不是活生生的现实经验，认为斯大林主义破产的原因是经济决定论，即把社会、政治、道德和艺术维度简单地归结为经济和阶级结构。他们批评旧的经济基础和上层建筑的模式，要求用一种更复杂的方式来处理文化与经济的关系。后者的成员主要是牛津大学的一批激进的大学生，其政治成分和态度更加复杂，但在倡导一种民主的、人道主义的社会主义的政治主张上，他们和前者的基本立场是一致的。正是这种一致促使两个刊物的成员走到一起，两个刊物于 1959 年合并为著名的《新左派评论》。新左派与文化研究存在着密切的关系，这不仅是因为许多文化研究的奠基人，如威廉斯、汤普逊、斯图亚特·霍尔等，同时又是新左派的核心领导成员，更重要的是通过他们，新左派对文化政治的特殊重视，尤其是新左派在

① 参见 Elaine Baldwin，*Introducing Cultural Studies*，New York：Prentice-Hall，1999，p. 113。

② 当代文化研究中心是一个博士后研究中心。第一任主任是现代英国文学教授理查德·霍加特（Richard Hoggart），当时的目标是研究当代文化活动、形式或制度等与社会变迁之间的关系。第二任主任斯图亚特·霍尔（Stuart Hall）则强调文化与社会互动关系的主题，并以西方马克思主义的理论架构来解释各种文化及意识形态的形成。

文化问题上的一些重要观点，例如对经济决定论的批判，把文化看做社会过程本身，而把经济、政治仅仅看做这一过程的构成因素等，对后来文化研究的发展产生了深刻的影响。

在思想来源方面，文化研究可以上溯到英国文学批评家李维斯（F. R. Leavis）和以他为代表的*Scrutiny*（《细绎》）集团。[①] 李维斯等人对20世纪以来科技发展带来的大众文化兴起和流行的现象予以关注。《细绎》杂志刊载了许多早期对大众文化的批判文字，例如李维斯和詹姆逊的《文化与环境》（*Culture and Environment*, 1933），而李维斯夫人（Q. D. Leavis）所著的《小说与阅读大众》（*Fiction and the Reading Public*, 1932）一书，则专门讨论广告与通俗小说的问题。但李维斯的历史观和文化观都是保守的。对他来说，一种有机且和谐的社会秩序仅仅存在于17世纪之前，之后它遭受到工业革命的破坏。李维斯认为，现代社会的危机并不是像马克思主义所诊断的那样，存在于经济方面，而是主要存在于精神和文化方面。李维斯主张，为了拯救现代社会，必须恢复古老的有机社会的价值观念，而这需要借助伟大的文学艺术作品的力量。站在这一立场，李维斯批评大众文化缺乏"道德的严肃性"和"审美价值"。李维斯的《细绎》集团对大众文化持批判和鄙视的态度，而倡导文化精英主义，这与法兰克福学派对于文化工业的批判以及所倡导的美学的华美风格形成了呼应之势。

如果说，英国的文化批评在李维斯主义占统治地位时仍是精英主义的，那么这种精英意识后来便受到两位出身贫寒的左翼批评家的挑战。他们是理查德·霍加特和雷蒙德·威廉斯。

理查德·霍加特（Richard Hoggart）出身于英国利兹的一个工人阶级家庭，他在利兹大学接受教育，并在第二次世界大战中加入了英国陆军。1946—1959年，霍加特任职胡尔（Hull）大学，担任成人教育课程的讲师，主要教授文学课程。

霍加特的享誉之作是他于1958年对工人阶级文化做出的卓越研究成果：《文化的用途》。该书被看做英国当代文化研究的发轫之作。此书写于他在胡尔大学成人教育学院工作时期，以"特别涉及出版物和娱乐的工人生活的某些侧面"为副标题，着重论述了大众出版物是如何影响工人阶级文化的。《文化的用途》一书的影响来自对大众出版物的文学批评式的剖析，作者充满想象力地描述了他在利兹的Chapeltown和Hunslet两个工人阶级居住区作为孤儿被抚养长大的经历。《文化的用途》用极其细致、生动和富有召唤力的笔调描绘了北部

---

① *Scrutiny*是一本由英国文学批评家李维斯（F. R. Leavis）主办的英国文学批评杂志。汉译为《细绎》，又译为《审思》。

工人阶级的生活状况,也积极介入到大众传媒的文化价值及新兴的大众文化形式的探讨中。

《文化的用途》分为两部分。前一部分描绘的是保存下来的工人阶级生活的"旧秩序",即他们的文化和信仰的总体情况。霍加特描述了家庭、父母和邻里的纽带影响;已被划分为"我们"和"他们"的世界的组织形式;关注点是个人和具体,而非整体和抽象,是即刻的、当下的和欢娱的诱惑力。《文化的用途》一书的后一部分探讨的是原有秩序"屈服让位于新秩序"的方式。霍加特批判了典型化(personalization)、过于简化和迎合大量大众报刊的基本动机,质疑了所谓"尖锐"杂志和色情暴力小说的真实价值。他的总观点是:原来的"人民的"文化正受到20世纪50年代美国式的"新生的大众文化"进攻,"新生的大众文化""比起被其替代的淳朴的文化在一些重要的方面显得不那么健康"。[①] 虽然《文化的用途》从文学和民族学上传达了对工人阶级文化的细微差别的崭新感受,但也掺杂了价值评判的陈规陋习。在《文化的用途》一书中,正如他在很多论述中所言,霍加特对日常语言的精巧性表示出高度赞赏,他将其视为优秀的具有文化差异的传播媒介。[②]

对李维斯的精英文学思想提出最有力挑战的是当代英国最具影响的马克思主义批评家雷蒙德·威廉斯(Raymond Williams)。雷蒙德·威廉斯是一位威尔士籍文化分析家和文艺批评家,作为公认的文化研究奠基者,他对大众文化的强烈关注对文化研究的发展有着重要的影响。

威廉斯出生于威尔士工人家庭,他先在剑桥大学学习,而后在第二次世界大战中成了一名坦克指挥官,战后他返回剑桥取得了博士学位。20世纪50年代,威廉斯在工人教育协会任教,1961年,他回到剑桥获得了客座教授职位。1974年,威廉斯获得戏剧教授头衔。[③]

作为马克思主义文学理论家和文化批评家,威廉斯对英国当代文化批评和文化研究的贡献是巨大的。首先,他通过把研究的触角指向大众文化和通俗文学从而实现了对李维斯的精英文化思想的超越和批判。其次,威廉斯反对当时的英国马克思主义者机械地照搬教条,片面理解马克思主义的做法,试图在自己的一系列著述中建立自己的马克思主义文学理论。再次,他于20世纪70年代推出了自己建构文化唯物主义的理论著作《马克思主义与文学》,对这一新的唯

① Richard Hoggart, *The Uses of Literacy*, London: Penguin, 1958.
② 参见 Elaine Baldwin, *Introducing Cultural Studies*, New York: Prentice-Hall, 1999。
③ 同上。

物主义概念作了全面的阐述。文化唯物主义,按照威廉斯的解释,是历史唯物主义之内一种关于物质的文化和文学生产的特殊性的理论,它的出发点不能简单地表述为经济基础/上层建筑,而是语言和文化,这一点未能引起马克思主义创始人的足够重视,而威廉斯的努力则填补了这一空白,为马克思主义的文化批评在当代英国的发展开辟了新的道路。应该承认,当前的文化研究热,在很大程度上得益于威廉斯等理论家的努力。

威廉斯概括了文化的三种界定方式,在《文化分析》一文中,他写道:"文化一般有三种定义,首先,是'理想的'文化定义。根据这个定义,就某些绝对或普遍价值而言,文化是人类完善的一种状态或过程。如果这个定义能被接受,文化分析在本质上就是对生活或作品中被认为构成一种永恒秩序或与普遍的人类状况有永久关联的价值的发现和描写。

其次,是'文献式'文化定义。根据这个定义,文化是知性和想象作品的整体,这些作品以不同的方式详细地记录了人类的思想和经验。从这种定义出发,文化分析是批评活动,借助这种批评活动,思想和体验的性质、语言的细节,以及它们活动的形式和惯例,都得以描写和评价。这种批评涉及范围很广,从非常类似于'理想的'分析过程,经过着重强调被研究的特定作品的过程(以阐明和评价这部作品为主要目的),同时对传统发生兴趣,并发现'世界上构思和写得最好的作品',直到一种历史批评。在分析特定的作品之后,历史批评试图将它们与从它们中出现的特定传统和社会联系起来。

最后,是文化的'社会'定义。根据这个定义,文化是对一种特殊生活方式的描述,这种描述不仅表现艺术和学问中的某些价值和意义,而且也表现制度和日常行为中的某些意义和价值。从这样一种定义出发,文化分析就是阐明一种特殊生活方式、一种特殊文化隐含或外显的意义和价值。这种分析将包括总是被提及的历史批评,在历史批评中,分析将知性和想象作品与特定的传统和社会联系起来,但是这种批评也包括对生活方式中诸因素的分析,而文化其他定义的追随者认为下面这些因素根本不是'文化':生产组织、家庭结构、表现或制约社会关系的制度的结构、社会成员借以交流的独特形式。此外,这类分析涉及的范围包括'理想的'重点,即发现某些绝对的或普遍的,或至少是高级或低级的意义和价值,中经以阐明一种特殊生活方式为主要目的的'文献式的'重点,一直到这样一种重点,它研究特殊意义和价值,目的不在于对它们进行比较以确立一种标准,而是通过研究它们的变化方式,去发现从总体上更好地理解社会和文化一般发展的某些一般‘规律’或‘趋向’。”①

正是这最后一种定义,奠定了文化研究的理论基础,根据这种定义,文化研究的目的不仅仅是阐发某些伟大的思想和艺术作品,而且是阐明某种特殊的生活方式的意义和价值,理解某一文化中“共同的重要因素”。文化的“社会”定义不仅涵盖了前两种定义,而且包括了被前两种定义排斥的,在很长时间里根本就不被承认是文化的众多内容,它们包括“生产组织、家庭结构、表现或制约社会关系的制度的结构、社会成员借以交流的独特方式等”②。威廉斯要求我们把文化过程看做一个整体,因此,对思想和艺术作品的文本分析应当和对它们所从属的社会制度和结构的分析结合起来。对他而言,文化分析就是对整体生活方式中各种因素之间关系的研究,“就是去发现作为这些关系复合体的组织的本质”③。威廉斯的文化定义对于文化研究有着重大的意义,它为文化研究未来的发展开辟了广阔的天地。正如霍尔所说:“它把论辩的全部基础从文学—道德的文化定义转变为一种人类学的文化意义,并把后者界定为一个‘完整的过程’。在这一过程中意义和惯例都是社会地建构和历史地变化的,文学和艺术仅只是一种,尽管是受到特殊重视的社会传播形式。”④

继理查德·霍加特、雷蒙德·威廉斯之后,引领英国当代文化研究思潮的另一位健将——斯图亚特·霍尔(Stuart Hall)在文化研究领域作了更进一步的创新研究。

斯图亚特·霍尔(Stuart Hall)是一位牙买加裔知识分子及政治活动家。凭借其研究成果以及对政治和知识追求之间相互关系的始终关注,霍尔在很大程度上被看做是当代文化研究发展中的决定性人物。

霍尔于1932年出生在一个中产阶级家庭,1951年离开牙买加到牛津求学。在左翼政治活动中,霍尔非常活跃,1960年他担任了《新左派观察》的第一任编辑。1964年,霍尔被任命为当代文化研究中心的代主任(代理查德·霍加特之职),随后他成为(正式)主任。1979年,他又任开放大学(Open University)社会学系主任。

霍尔早期参加了新左派活动,这激发了他对大众文化的兴趣,他和戴迪·华奈尔(Daddy Whannel)共同出版了一本书《流行艺术》(*The Popular Arts*)

---

① 〔英〕雷蒙德·威廉斯:《文化分析》,转引自罗钢、刘象愚主编:《文化研究读本》,中国社会科学出版社2000年版,第125—126页。

② 同上。

③ 同上。

④ 同上。

(1964)。霍尔对大众文化的兴趣在他的许多探讨媒介和传播领域内多种问题的论文中延续下来,包括新闻照片、《图片邮件》(*Picture Post*)杂志、新闻和电视时事。他进行的关于种族问题的研究和他在颇具影响力的《制服危机》(*Policing the Crisis: Mugging, the State, and Law and Order*)(1978)(集体创作)中的观点是结合在一起的。霍尔对亚文化,特别是嬉皮士做过研究,但他最重要的研究体现在集体撰写的重要著作《仪式抵抗》(*Resistance through Rituals: Youth Subcultures in Post-war Britain*)(1976)中。他的理论旨趣受到了阿尔都塞和葛兰西的影响,这体现在其关于意识形态的论文中。他是挑战撒切尔主义的首批左派理论家成员中的一员,而且从 1979 年起,他提出了基于葛兰西主义方法的分析和批判。这导致了由马丁·雅克(Martin Jacques)编辑的《撒切尔政治学》(*The Politics of Thatcherism*)(1983)和《新纪元》(*New Time*)(1989)两本书中"独裁民粹主义"(authoritarian populism)概念的产生。20 世纪 90 年代,霍尔更加关注"种族"和"身份"问题,那时他仍然继续投身于文化研究中。

霍尔的研究集中在意识形态、身份、文化和政治的相互关系上,其研究成果对文化研究的影响极大。他一直屹立于研究的发展前沿,始终在探讨艰深的马克思主义与有关当代社会结构及社会发展动力的认识之间的关联。

从霍加特、威廉斯到霍尔,英国当代文化研究的发展,经历了受李维斯精英文化思想影响——挣脱李维斯主义的影响,重视来自"人民的"日常生活的研究——注重对大众文化研究的过程。他们的理论著作,批判了庸俗的经济决定论和阶级决定论,强调在社会发展过程中文化所起的关键作用,同时更把文化从传统的狭隘的精英文化的定义中解放出来,把它理解为一种特殊的生活方式,这样就为文化研究的进一步发展扫除了理论上的障碍。1964 年,霍加特创建了伯明翰大学当代文化研究中心(CCCS),该中心的宗旨是研究"文化形式、文化实践和文化机构及其与社会和社会变迁的关系"①。它的建立为文化研究在西方学术体制内部寻找到一个立足点。从此以后,以伯明翰当代文化研究中心为大本营,文化研究在英国获得了长足发展。

二、文化研究思潮对媒介批评理论的推动

发轫于英国的当代文化研究思潮与滥觞于德国的法兰克福学派的社会批判理论,同为席卷欧洲的学术思想运动,并成为具有世界影响的文化、哲学思潮。前者风头正盛,俨然成为引领当前全球范围内学术研究的知识区域之一,而后者

① 罗钢、刘象愚主编:《文化研究读本》,中国社会科学出版社 2000 年版,第 10 页。

则于20世纪80年代逐渐消隐。我们如果将二者作比较研究,会发现文化研究在大众文化批判和媒介批评领域,具有如下一些特点:

第一,在历史观上,从总体上看,文化研究思潮和社会批判理论一样,是与马克思主义的历史唯物主义相矛盾的。

英国当代文化研究的兴起和发展,除了如前所述的时代背景(如英国新左派运动的政治因素等)和英国文学批评传统的思想资源之外,20世纪60年代以后,法兰克福学派的社会批判理论的转向与当代文化研究思潮有着内在的逻辑联系。这表明,英伦岛上的文化研究思潮与欧洲大陆的新马克思主义思想的转向形成了呼应之势。

"第二次世界大战以后,特别是50年代以来,在西方资本主义社会中出现了新的科学技术革命,国家垄断资本主义有了很大发展。面对资本主义的新变化、新发展,有不少人,包括一些原先信奉马克思主义的人也断言,资本主义已进入太平盛世,否认资本主义还存在矛盾,否认资本主义的腐朽性。从西方到东方,在世界范围内,奏起了歌颂现代资本主义社会的赞歌。与此同时,也有一些西方学者对现代资本主义社会持批判态度。"① 但他们大都用"政治危机、文化危机淡化经济危机,把现代资本主义的一切弊端都归结为文化系统出了故障。他们片面夸大思想文化、意识形态的作用,把一个社会的合法化过程等同于思想文化意识形态进行论证的过程"②。这一变化,同样反映在法兰克福学派的社会批判理论的发展上。20世纪60年代以来,随着阿多尔诺、霍克海默相继谢世,该学派的第二代理论家哈贝马斯的思想,与第一代传统的社会批判理论发生了严重的分歧。哈贝马斯根据西方资本主义发展的新情况,放弃了传统社会批判理论对资本主义制度进行猛烈批判的态度,转而为"晚期的资本主义"寻找其合法性的理论依据。在发表于1968年的《作为"意识形态"的技术与科学》一文中,哈贝马斯对马克思主义的若干基本理论作了新的解释。

哈贝马斯分析了半个多世纪以来西方资本主义社会的发展情况,指出"在先进的资本主义国家中出现了两种引人注目的发展趋势:第一,国家的干预活动增强了,而这种干预活动必然保障制度的稳定性;第二,科学和技术之间的相互依赖性日益密切,而这种密切关系使得诸种科学成了第一位的生产力。"③ 他认为,这两种发展趋势破坏了自由资本主义时期生产力与生产关系之间的原有格

---

① 陈学明:《哈贝马斯的"晚期资本主义"论述评》,重庆出版社1993年版,第1—2页。

② 同上。

③ 〔德〕尤尔根·哈贝马斯:《作为"意识形态"的技术与科学》,李黎、郭官义译,学林出版社1999年版,第58页。

局。因此,马克思当年在分析自由资本主义时所提出的一些原理,需要作新的解释。(1) 关于剩余价值学说的问题。第二次世界大战以后,科学和技术的依赖性日益密切,出现了技术科学化的趋势,并且,科技进步直接被运用于生产,使得科学、技术、生产三者结合成了一体。由于科学技术直接运用于生产,从而大幅度地提高了劳动生产率;科技进步实际上决定着生产的发展和经济的增长。这样,科学和技术就成了"第一位的生产力",成了"独立的变数"和"独立的剩余价值来源"。因此,他得出结论:"马克思本人在考察中所得出的剩余价值来源——直接生产者的劳动,就愈来愈不重要了。"[①] (2) 关于晚期资本主义社会中生产力的性质和作用的问题。哈贝马斯认为,自从科学技术成了第一位的生产力之后,生产力的性质和作用发生了变化。在他看来,这表现为:其一,生产力的发展取决于科技进步,而非取决于生产关系的改变。其二,生产力所发挥的作用不再是对生产关系的有效的合法性进行批判的基础了。相反,由于科技进步本身具有使统治合法化的功能,所以,与科技进步联系在一起的生产力也成了使统治合法化的基础。生产力已不再是社会向前发展和人类要求解放的革命潜力。对此,哈贝马斯写道:"虽然生产力从一开始就是社会发展的动力……但是,生产力似乎并不像马克思所认为的那样,在一切情况下都是解放的潜力,并且都能引起解放运动。至少,自从生产力的不断提高取决于科技进步——科技的进步甚至具有使统治合法化的功能——以来,就不再是解放的潜力,也不能引起解放运动了。"[②] (3) 关于晚期资本主义社会中生产力和生产关系之间的矛盾问题。哈贝马斯认为,在发达的资本主义社会里,由于国家采取了政治的、法律的和经济的手段,加强了对经济活动的计划、领导和管理,对经济发展过程进行持续的调节,从而使生产关系不仅不会阻碍和限制生产力的发展,相反还能使生产力保持进一步发展的可能性。因此,在他看来,晚期资本主义的生产方式不仅具有生命力,而且还具有两种优越性:第一,它所建立的经济机制可以使生产力得到持续的发展;第二,它所建立的经济合法性可以使统治系统同不断前进的子系统的合理要求相适应,也就是说,能与不断发展的生产力的要求相适应。所以他说,晚期资本主义社会的生产关系不仅是"合理的",而且也是"技术上必要的组织形式"。(4) 关于晚期资本主义社会中阶级、阶级斗争的问题。哈贝马斯认为,由于科技进步带来的生产力的高度发展和物质财富的极大丰富,广大居民

---

① 〔德〕尤尔根·哈贝马斯:《作为"意识形态"的技术与科学》,李黎、郭官义译,学林出版社 1999 年版,第 62 页。

② 同上书,第 72 页。

阶层的生活水平有了惊人的提高,贫富差别迅速消失。原来划分阶级的经济基础在这个社会中已不复存在。原来社会中的两大对立阶级——资产阶级和无产阶级之间的关系不再是剥削与被剥削的关系,而是成了与生产利益紧密相关的伙伴关系。那些同维护生产方式相联系的利益,也不再是阶级的利益,不再带有明显的阶级局限性。[①] 哈贝马斯认为,晚期资本主义社会的阶级矛盾和冲突不是潜伏在经济领域,而是潜伏在文化领域。阶级对立是以集团之间的文化冲突这种形式表现出来的,这和过去的那种阶级与阶级之间的冲突,在表现形式、内容和性质上都已经不相同。首先,这种冲突不是爆发在阶级与阶级之间,而是爆发在"生活状况恶化,或者说没有社会特权的集团同享受社会特权的集团之间"。其次,不是爆发在物质的再生产领域中,而是产生在文化的再生产领域中。这也就是说,不是爆发在分配问题上,而是发生在生活方式的基本问题上。最后,这种冲突不再以政党和组织为媒介(渠道),因而不会酿成危害制度的稳定性的危险;平息这种冲突也不需要整个制度付出代价。[②] 至此,我们不难看出,哈贝马斯的这些关于晚期资本主义合法性的理论观点,已完全背离了霍克海默、阿多尔诺、马尔库塞等早期社会批判理论对资本主义持坚决批判和无情揭露的宗旨,变成为资本主义制度进行辩护的呓语。后期的社会批判理论在思想上的转向和政治上的保守,与20世纪50年代以来资本主义世界相对稳定的现实有关,而英国当代文化研究运动的兴起恰恰与哈贝马斯的后期社会批判理论形成了呼应。

纵观文化研究的兴起和发展过程,从李维斯《细绎》集团把文化看做是文学经典的同义词的保守主义文化观,到霍加特、威廉斯主张"文化是整体生活方式"的反拨,文化研究运动贯穿着一条主线,那就是文化问题作为社会历史发展的主要矛盾,代替了马克思主义经济基础决定上层建筑,"至今一切社会的历史都是阶级斗争的历史"[③]的唯物主义历史观。文化研究运动把一切社会问题归结为文化问题,这种泛文化主义思潮扩展到从学术研究范式到政治、经济等各个领域,正如英国新左派运动的成员佩里·安德森所说:"西方马克思主义作为一个整体,把全副精力集中于上层建筑的研究,文化构成了它关注的焦点。"[④] 在

① 参见〔德〕尤尔根·哈贝马斯:《作为"意识形态"的技术与科学》,李黎、郭官义译,学林出版社1999年版。

② 同上。

③ 《马克思恩格斯选集》第1卷,人民出版社1995年版,第272页。

④ 〔英〕佩里·安德森:《关于西方马克思主义的思考》,转引自罗钢、刘象愚主编:《文化研究读本》,中国社会科学出版社2000年版,第11页。

这样一种大的思想背景下："无论是霍加特的《识字的用途》(*The Uses of Literacy*,又译为《文化的用途》)还是威廉斯的《文化与社会》,在延续以阿诺德为开端的文化主义传统的同时,都对之进行了改造和重构,从而使英国文化研究的着眼点转向了英国战后的政治、经济、社会和文化变化。因此,不仅文化的意义有所扩展,被注入了强烈的政治色彩,而且对于文化的追求变成了一种社会和政治纲领和目标。"① 早期英国文化研究的理论家理查德·霍加特、雷蒙德·威廉斯、E. P. 汤普逊、斯图亚特·霍尔等人,或出身寒微的工人阶级家庭,或是来自加勒比海小岛国的有色人种,且都有过从事大众教育的经历,他们从自身经历和经验出发,尚能运用马克思主义的一些基本原理和方法去看待无产阶级与资产阶级的阶级冲突问题,尤其是 E. P. 汤普逊(E. P. Thompson),他的《英国工人阶级的形成》是早期英国文化研究的一部代表作。"这部英国工业革命中工人阶级的社会政治史试图挖掘被掩盖的历史(history from below),是一部透视上升中的无产阶级化和政治化的工人阶级的作品,如他自己所言,作品专注于探索'如何把贫穷的工人阶级从后世资产阶级的巨大恩赐中拯救出来',并展现一种工人阶级在自我形成中充满活力的历史。"② 与威廉斯相比,汤普逊更接近马克思主义立场,例如他不同意威廉斯把文化看做是一种"整体的生活方式",而宁愿把它看做"不同生活方式之间的斗争"。汤普逊认为,文化是不同利益集团和社会力量相互竞争和冲突的结果,而其中最重要的就是阶级斗争。文化研究运动到 20 世纪 90 年代已演化成一股具有国际影响的思潮,用文化研究学者自己的话说,就是"这个名曰'交互话语空间'(Interdiscursive Space)的多学科整合的竞技场具有流动性……文化研究不是学科汪洋里的一个小岛,而是冲刷其他学科海岸以创造出不同以往的不断变化的结构的一股海流。"③ 文化研究思潮的这种变化,一方面带来了文化研究领域的进一步拓展和研究方法的进一步丰富,另一方面却带来了文化研究思潮在政治上的进一步保守和对马克思主义的反动。关于这一点,北京大学社会学系赵斌有如下论述:

> 80 年代以来,新的传播媒体技术日新月异地发展,大大加速了符号(sign)和象征意义(meaning)的产生和流通。这个过程本身愈加掩盖了符号和意义生产背后的政治经济关系,文化领域的相对独立性就愈显得逼真,愈容易被绝对化。90 年代的文化研究大多带有这种被符号学渲染了的文

① 萧俊明:《文化研究的发展轨迹》,载《国外社会科学》2002 年第 1 期。

② Elaine Baldwin, *Introducing Cultural Studies*, New York: Prentice-Hall, 1999, p. 96.

③ Ibid., p. 41.

化主义的色彩，将具有象征意义的符号与它们的生产过程分开，孤立地研究它们的指代(reference)和接受(reception)。文化现象与其产生的社会背景以及政治经济过程进一步分离开了，这正是此类文化研究的致命弱点。

当前一些文化研究的倡导者拥有一个共同点，即形式和态度上的激进与社会和政治效果上的保守合二为一，一方面过分强调文化的相对独立性，另一方面过于夸大媒体受众和文化消费者的自决权，导致这类文化研究过高估计所谓的文化抵抗(cultural resistance)及其社会效果。象征性的文化抵抗与实质性的政治经济斗争，愈来愈被混为一谈。文化研究的一个主要任务，似乎也就变成发现身边日常生活中的通过文化消费对资本进行的抗争。曾盛行一时的受众分析(reception analysis)，强调一般受众对处于支配地位的文化和意识形态(dominant culture and ideology)的消费(consumption)和消解(deconstruction)。大众的文化抵抗成为文化研究中的一个广为流传的神话。在政治经济上处于弱势的平民百姓被说成文化抵抗游击战的胜利者，这无异于给他们一个虚假的心理安慰。这样的文化研究，无论理论上多么新潮，方法上多么缜密，其社会效果仍然是保守的。因为，这等于在说平民百姓如果得不到真正的政治经济大权，他们可以画饼充饥。这是目前英国以及受其影响的英语世界的文化研究中，一个不健康但十分流行的倾向，实质上是对伯明翰文化研究批判传统的背离。①

第二，在文化观上，英国文化研究与法兰克福学派社会批判理论存在着巨大的分野。文化研究思潮打破了社会批判理论的精英文化统治模式，将工人阶级的文化、日常生活的文化和大众文化、流行文化、青少年亚文化等通通纳入其研究范围。英国文化研究不仅改变了英国思想的走向，进入20世纪80年代，更演变成全球范围的知识区域和学术研究范式的巨大变革。

社会批判理论的文化观，是一种精英主义式的文化观。其对工业化时代产生的大众文化持激烈批判甚至是拒斥的态度，这种文化观除了在马尔库塞这个文化斗士的著作中有淋漓尽致的表现外，霍克海默的《启蒙辩证法》对文化工业的批判亦十分深刻。霍克海默从三个方面对文化工业进行了批判：

其一，在资本主义社会中，文化与资本结合起来，并服从于资本的商业利益，文化工业使文化产品得以大量生产和迅速传播，把文化变成了一个具有商业性质的消费领域，使文化产品成为人人都能享用的消费品，这样，同其他产业一样，文化工业也必须以商业利益为最高目的，把文化当作一个赚钱的机构。其二，在

① 赵斌：《英国的传媒与文化研究(下)》，载《现代传播——北京广播学院学报》2001年第6期。

发达的工业社会中,文化与技术结合起来,并服从于技术的统治。现代大众文化是一种技术化的文化,电影、广播、杂志、音乐等依赖于新科学技术的发明。本来技术应该为文化艺术服务,使之更好地表达自己,但在资本主义社会中,文化艺术反而为技术所统治,其发展和繁荣为技术所支配,这样,文化工业所做的就是证实"技术理性对真理的胜利"。其三,文化工业打破了休息和工作的界线,利用闲暇时间为生产服务,使娱乐从精神的享受变为工作的延长。

英国文化研究与法兰克福学派相反,从伯明翰大学当代文化研究中心的创始人霍加特开始,到威廉斯、汤普逊、霍尔,都表现出了与类似于法兰克福学派文化观的李维斯主义决裂的巨大理论勇气。霍加特在《文化的用途》一书中对李维斯主义的精英文化观还有半推半就的矛盾心理。一方面,他承认,李维斯主义所赞赏的经典文本确实比所谓的"大众文化"更有价值;另一方面,他又认为李维斯主义远离平民的生活。斯图亚特·霍尔在评论《文化的用途》时指出:"《文化的用途》在很大程度上试图以'实践批判'的精神去'阅读'工人阶级文化,读出其模式和编排中所体现的价值和意义:仿佛它们就是某类'文本'。但是,将这种方法应用于一种活生生的文化而且否弃'文化争论'(集中表现为高雅文化与低俗文化之分)的术语,不啻为彻底的分道扬镳。"① 而到了斯图亚特·霍尔、约翰·费斯克、西蒙·弗里思等第二代文化研究理论家身上,则表现出了与李维斯主义彻底决裂和干脆反叛的鲜明态度。

20 世纪 60 年代以后,工人阶级社区生活的逐步趋向多极化越来越受到文化研究者的注意,而这时的文化研究则开始在英国的学术体制内初步确立。1964 年成立的伯明翰当代文化研究中心的研究方向从一开始就依循霍加特所规定的两个方向发展:一方面,严肃地探讨文化自身的政治功能以便对社会民主的权力集团进行批判;另一方面,文化研究的兴趣转向也导致研究者对其旧有的范式进行了修正。对文化形式的研究也从注重文学经典逐渐转向其他文化形式,其中包括影视制作、文化工业、音乐、广播、爵士乐、服饰、发型等通俗文化、消费文化,甚至青少年亚文化。"文化研究确实对人文学科和社会科学的正统,提出了激进的挑战。它促进跨越学科的界限,也重新建立我们认识方式的框架,让我们确认'文化'这个概念的复杂性和重要性。文化研究的使命之一,便是了解每日生活的建构情形,其最终目标就是借此改善我们的生活。并不是所有学术

① Stuart Hall, "Cultural Studies: Two Paradigms", in Storey, John (ed.), *What is Cultural Studies?* London: Reader, 1996, p. 88.

的追求都具有这样的政治实践目标。”①

在经历了“文化主义”②和“结构主义”③两种研究范式的危机之后，文化研究思潮发生了“葛兰西转向”。“所谓‘葛兰西转向’其实是伯明翰中心摆脱其理论困境或范式危机的一条出路。”④

“文化霸权”(cultural hegemony)是意大利马克思主义者安东尼奥·葛兰西(Antonio Gramsci)提出的一个概念。其实质就是一种意识形态领导权，hegemony一词亦可译为“领导权”。文化霸权理论在葛兰西的政治理论中占有十分重要的地位，葛兰西认为，上层建筑包括两个层面，“一个是能够被称作是‘市民社会’(civil society)，即通常被称作‘民间的’社会组织的集合体，另一个则是‘政治社会’或‘国家’。”而“权力的分离、实现权力分离的过程中引起的全部讨论、分权的产生造成的法律教条，这些都是市民社会和政治社会在特定历史时期互相斗争的产物……世俗(和世俗化)的市民社会与国家/教会(当教会变成国家主体的一部分，成为特权集团所垄断的政治社会不可分割的一部分，由于后者为了更好地保护自己的特权，获得教会在‘市民社会’中所代表的部分的支持，从而吸收了教会)之间可能发生矛盾。”⑤在葛兰西关于社会结构的分析中，意识形态居于第二位，即经济基础——市民社会(意识形态)——政治社会(政治、法律等上层建筑)。换言之，在上层建筑的范围内，市民社会是政治社会的基础。葛兰西认为，在西方资本主义社会，资产阶级的统治主要不是依赖政治社会及其代理机构，如军队、暴力等来维持的，而主要是依靠他们牢牢占有的意识形态霸权，依靠他们广为宣传并为大众普遍接受的世界观来维持的。因此要推翻资产阶级的统治，就必须首先颠覆它的文化霸权。

但是葛兰西的霸权理论认为，统治阶级利用文化霸权来实行统治，“并非不需借助于合法与正当的压制性手段，但主要还是借助赢取其他从属阶级和群体

---

① 〔澳〕格雷默·特纳:《英国文化研究导论》，唐维敏译，台湾亚太图书出版社1998年版，第298页。

② 文化主义范式主要受威廉斯和汤普逊的影响，在理论和方法上以社会学、人类学和社会理论为基础，特别是借助芝加哥学派的民族志方法论来研究日常生活经验。文化主义将文化看做产生于人的经验的整体的生活方式，因此强调文化来源是人的经验和实践活动。

③ 结构主义范式在理论和方法上受惠于语言学、文学批评和符号学理论，对其影响较大的人物有列维·斯特劳斯、阿尔都塞、罗兰·巴特、拉康和福柯。从文化观上讲，结构主义范式强调文化的结构和意识形态特征是人的实践的最终条件或决定因素，因此认为人并不是文化的创造者，而是其意识形态产品。

④ 萧俊明:《文化研究的发展轨迹》，载《国外社会科学》2002年第1期。

⑤ 〔意〕安东尼奥·葛兰西:《狱中札记》，曹雷雨等译，中国社会科学出版社2000年版，第201页。

的主动同意”[①]。这个过程是一个充满了斗争的过程。“为了取得支配权，统治阶级必须与对立的社会集团、阶级以及他们的价值观念进行谈判(negotiation)，这种谈判的结果是一种真正的调停。”[②]所谓“谈判”概念，无疑是对“霸权”的最好诠释。“在葛兰西看来，在现代资本主义世界，统治阶级的统治不可能只是简单地通过使用武力或暴力来实施，它所推行的种种观念也不可能强加于从属阶级。霸权的获得表现为两个方面的妥协和调停：一方面，统治阶级不得不对从属阶级的利益和需要做出让步；另一方面，从属阶级不会被动地承认和接受霸权。统治阶级的观念经过谈判和修改，才能适合于从属阶级的日常生活经验。于是，从属阶级便对霸权产生了一种‘自由的赞同’(free consent)，由此而产生了一种一致的舆论或‘普遍的赞同’。所以说，从属阶级对于政治和经济统治是主动地予以回应和抵抗，不再仅仅是被动地受统治阶级及其意识形态愚弄的对象。那么，大众文化即是这种‘谈判’所产生的混合体，它是抵抗与融合之间的一种不断变化的力量平衡。”[③]对于葛兰西霸权理论的响应，霍尔在他的名篇《编码/解码》(“Encoding/Decoding”)、《意识形态的再发现：媒体研究中被压迫者的重返》(“The Rediscovery of ‘Ideology’: The Return of the ‘Repressed’ in Media Studies”)等文献中有直接的表现。在《编码/解码》一文中，霍尔运用了语言学的模式对大众传播进行了分析。他指出，图像文化如电视的符号虽然也是指代的符号，是一个能指，但它却比语言更易为人所相信，其编码的“自然化”更为容易，文本是受主流意识形态支配的东西。霍尔指出，文本需要通过受众解码的过程才可能发挥作用。这种解码的过程固然受意识形态的支配，但却仍是一个开放性的空间。霍尔提出了三种“解码”的方式。“第一个假想地位是主导—霸权的地位(dominant hegemonic position)，比如说，电视观众直接从电视新闻广播或者时事节目中获取内涵的意义，并根据用以将信息编码的参照符码把信息解码时，我们可以说电视观众是在主导符码范围内进行操作。”[④]也就是解码者完全认同和接受制码的意图。第二种是某种谈判的方式。“我们将要确定的第二个地位是协调的符码(negotiated code)或者地位……在协调的看法内解码包含着相容因素与对抗因素的混合：它认可旨在形成宏大意义(抽象的)的霸权性界定的

---

① Hall Stuart, “The Rediscovery of ‘Ideology’: The Return of the ‘Repressed’ in Media Studies”，转引自〔澳〕格雷默·特纳：《英国文化研究导论》，唐维敏译，台湾亚太图书出版社1998年版，第241页。

② Graeme Turner, “British Cultural Studies—An Introduction”，转引自罗钢、刘象愚主编：《文化研究读本》，中国社会科学出版社2000年版，第17页。

③ 萧俊明：《文化研究的发展轨迹》，载《国外社会科学》2002年第1期。

④ 〔英〕斯图亚特·霍尔：《编码/解码》，转引自罗钢、刘象愚主编：《文化研究读本》，中国社会科学出版社2000年版，第356页。

合法性,然而,在一个更有限的、情境的(定位的)层次上,它制定自己的基本规则——依据背离规则的例外运作。它使自己的独特地位与对各种事件的主导界定相一致,同时,保留权力以更加协调地使这种主导界定适合于'局部条件',适合于它本身团体的地位。"① 这种解码的方式是认同中亦有抗拒的因素。第三种是一种颠覆性的解读。"电视观众有可能完全理解话语赋予的字面和内涵意义的曲折变化,但以一种全然相反的方式去解码信息。他/她以自己选择的符码将信息非总体化,以便在某一个参照框架中将信息再次总体化。他/她利用我们必须称之为对抗的符码进行操作。一个最重要的政治环节(因明显的原因,它们在广播组织自身之内也与关键环节一致)就是开始对抗地解读以协调的方式进行正常指涉和解码事件的时刻。这时,'意义的政治策略'——话语的斗争——加入了进来。"② 这种分析显然强调了"受众"并非铁板一块的被动者,而是能够在文化霸权的争夺中发挥作用,他/她也有自身的主动性。约翰·费斯克(John Fiske)③对此作了进一步的阐释:"社会权力使某一阶级或族群获取社会整体结构所效劳的利益,而社会斗争——传统马克思用词是阶级斗争,是指隶属阶级对此权力的抗争,在文化的领域里,这种抗争以一种意义斗争的形式出现,在此斗争中,优势阶级试图将符合自身利益的意义自然化,使其成为当然的社会整体意义。不过,隶属阶级会以各种方式来对抗这一自然化的过程,并且试图制造种种能够符合自身利益的意义。"④ 他在讨论受众的位置时,用了一个有关"房屋"的比喻。他指出:"居住房东的房屋的我们,可以把房屋变为我们的'空间'。住房子的是我们,而不是房东。"⑤ 这个"空间"乃是一个"中间"性的空间,"它是以'他们'的产品来达成'我们'的目的的一种艺术"⑥。费斯克的分析极大地强调了受众的积极性和能动性。在这里,阿多尔诺式的消极的受众被重新认识了。

正是在经历了"文化主义"和"结构主义"的范式危机,文化研究发生了"葛兰西转向"后,葛兰西的霸权理论为文化研究思潮的进一步发展开辟了新的、广

---

① 〔英〕斯图亚特·霍尔:《编码/解码》,转引自罗钢、刘象愚主编:《文化研究读本》,中国社会科学出版社2000年版,第356页。

② 同上书,第358页。

③ 约翰·费斯克(John Fiske),美国威斯康星大学(University of Wisconsin-Madison)传播艺术系教授,文化研究主要健将。

④ 〔美〕约翰·费斯克:《英国文化研究与电视》,转引自罗伯特·C.艾伦编:《电视与当代批评理论》,李天铎译,台湾远流出版公司1993年版,第264页。

⑤ 转引自张颐武:《文化研究与大众传播》,载《现代传播——北京广播学院学报》1996年第2期。

⑥ 同上。

阔的领域。葛兰西的文化霸权理论强调对文化领导权的争夺,是一个斗争和协商谈判的过程,差异和矛盾是文化和意识形态存在的基本方式,这就为研究阶级之外的种族、性别、大众文化、媒介、身份、年龄等在法兰克福社会批判理论视野中处于边缘地位的领域,提供了必要的理论基础。因此,英国的文学研究以高雅作品为对象的思想传统被打破,被文化研究视为文本的资源已不仅仅是文学经典,而诸如广告、MTV、肥皂剧、流行音乐、时装甚至发型、玩具等大众文化和青少年亚文化(young-subculture)等都被纳入了研究的视野。威廉斯就坚决反对以"缺少美学价值"作为攻击大众传媒的理由,他认为这种凝固的"高雅"价值观可能成为一种压抑的借口。他还对传媒中的作品加以肯定,并认为媒体对高科技的依赖及其传播广泛的特征并不是一种局限,而反过来成为一种积极的力量。

也正是由于文化研究的"葛兰西转向",文化研究在20世纪80年代后,成为席卷全球人文社科知识界的一股强大思潮,它给人文科学和社会科学提供了一种新的研究范式,它"关切工业社会中意义的产生与流通"①,因而,文化研究思潮已溢出了传统的经典命题之外,被来自历史学、社会学、人类学、地理学和传播学界的学者们所采用,并将其"推到了另一个极致,使其远离精英文学和文化,专注跨学科的区域研究以及大众文化和传媒研究。当代美国的文化研究者关注的对象极为广泛,甚至包括广告、艺术、建筑、市井故事、电影、时装、大众文学(惊险小说、罗曼史传奇、西部片、科幻小说)、照相术、音乐、杂志、青少年亚文化、学生文本、批评理论、戏剧、无线电、妇女文学、电视以及工人阶级的文学"②。而在"加拿大和澳大利亚这些有着殖民地背景的国家,文化研究主要关注的对象是后殖民问题和后殖民地写作/话语"③。"目前,文化研究的热潮仍在英语文学界和文化界方兴未艾,并迅速以不同的形式传入包括中国在内的一些东方和第三世界国家和地区。"④

第三,在媒介观上,文化研究的理论家们打破了法兰克福学派认为现代传媒与科技受工具理性支配,是造成异化和意识形态压迫的工具的神话。从总体上看,文化研究的媒介观更注意从马克思主义经济基础和文化的关系的原理上分析媒介的功能和发展,因此,其媒介观比起社会批判理论显得更为客观、公允一些。由于文化研究思潮的一个重要的研究领域是大众传媒和大众文化,因此,文

---

① 〔美〕约翰·费斯克:《英国文化研究与电视》,转引自罗伯特·C.艾伦:《电视与当代批评理论》,李天铎译,台湾远流出版公司1993年版,第263页。

② 王宁:《当代英国文论与文化研究概观》,载《当代外国文学》2001年第4期。

③ 同上。

④ 同上。

化研究的这部分内容直接可表述为“传播批判理论”或“媒介批评理论”。

严格地说，英国文化研究作为一种思潮形成影响，是在1964年伯明翰大学成立当代文化研究中心（CCCS）之后。而20世纪60年代以来，大众传媒借助人类科技发明有了巨大的变化。从20世纪60年代开始，电视传播手段由过去的地面微波传送、局部覆盖发展到利用同步卫星转播节目，进入洲际传播的时期。

从客观环境上看，文化研究的媒介生态已不是法兰克福学派社会批判理论鼎盛时期的20世纪40、50年代的状况了。显然，文化研究思潮的理论家们不可能再像法兰克福学派的思想家们那样，对大众传媒和大众传媒的产品——大众文化持漠然忽视或断然否定，甚至愤怒诅咒的态度，而是面对现实，将媒介研究当作文化研究的焦点。“霍加特的研究原本着重于特定阶级如何‘活出’每日文化，后来也将研究兴趣转移到大众媒体。大众媒体很快主导整个研究中心的研究工作，也成为整个研究中心长期以来的研究焦点。”① 另外，早期英国文化研究的理论家们大都出身于工人阶级家庭，这种贫寒的文化背景，使他们与大众文化有更直接的联系。他们大都能采取实事求是的研究立场和向前看的研究价值取向，威廉斯在其《传播学》一书中，谈到自己对于大众传播的看法时明确地说：“我丝毫也不想退回或试图倒退回任何以往的历史时期。”② “在他的文化社会学的媒介观中，理性批判的锋芒清楚可见，而没有视现代的工业化社会不如昔日的农业社会的怀旧、悲观论调的色彩。”③ 由于文化研究思潮是一个延续时间长、区域跨度大、学科领域多的十分复杂的思想文化现象，其中各种流派纷呈，历史观、哲学观、文化观有很大区别，这必然对媒介观产生影响。但总起来看，从英国当代文化研究滥觞以来，文化研究思潮的媒介观大体具有以下两个特点：

首先，“整体的、历史的、动态的观点”④。文化研究的理论家们如威廉斯、汤普逊等，都堪称西方马克思主义文化批评大师。他们注意运用辩证唯物主义的原理，将文化问题置于人类整个生活方式的大框架下来认识。“这种理论框架的一大特点，是整体地、历史地考察问题，并以动态的观点看待社会文化现象。他们如实地把大众传播当作现代社会的重要文化现象来研究，并认为这种社会文化现象不但与先进的传播技术的发明密切相关，而且同科技发明产生及应用的社会历史紧密相连，同社会制度、文化惯例、人类社会变动着的政治经济力量、

① 〔澳〕格雷默·特纳：《英国文化研究导论》，唐维敏译，台湾远流出版公司1993年版，第86页。
② Williams, R, *Communications*, London: Penguin, 1970, p.138.
③ 张咏华：《媒介分析：传播技术神话的解读》，复旦大学出版社2002年版，第109页。
④ 同上。

人们使用科技发明的社会意向等紧密相连。"①

其次,理性的、客观的、批判的观点。文化研究的理论家们的这种媒介观,与法兰克福学派的社会批判理论和与以美国实证研究、行政商业导向为代表的传统传播学理论相比,显示出巨大的理论分野。

法兰克福学派的社会批判理论家们,大都站在精英文化主义的立场,对大众传媒和大众文化持完全否定的态度,其批判的锋芒非常尖锐和犀利,并带有"片面的深刻"的特点。由于他们的批判常带着道德的义愤和感情的憎恶,因此被人们归结为美学范畴的批判。文化研究的理论家们摒弃了这种过激的、片面的立场,其对媒介仍然持批判的态度,但却显得理性和公允,"因为大众文化,或者说是工业化的文化生产机器将和信息生产的主要机器相互交叉,这是一个政治机器,即它的一个主要功能是保证一个社会的不同社会群体和阶级的内部聚合。换句话说,大众文化不仅仅是一个工业产品,也是一个政治系统不可缺少的部分。"② 无论是英国当代文化研究的早期学者如霍加特、威廉斯等,还是20世纪80年代后波及欧美乃至全球的文化研究热,大多数从事媒介批判的文化研究学者,都转换了对大众传媒研究的视角,从文化霸权到跨国传播,从种族、性别压迫到意识形态抗争等多个知识区域,对大众传媒现象作了更为理性的学术研究。正是这种理性的批判,又使得文化研究思潮高扬起理性思辨的旗帜,和实证主义的传统传播学形成了鲜明的对照。文化研究学者们对传统的实证主义传播学多持批判的态度。英国的传播政治经济学派代表人物葛尔丁(Peter Golding)和默多克(Graham Murdock)曾综合各家说法,指出传统传播学派研究最严重的问题是它缺乏"理论","在检讨近年来众多对传播研究所作的批评中,最核心的问题是其忽视理论,缺乏一个导引研究的观念架构。"③ 文化研究的理论家们还认为传统的实证主义传播学是在预设的前提下,为现存制度作大众传播效果的分析和研究,因此缺少批判的精神和理论的维度,因此,他们对其持严厉的批评态度。

第四,在方法论上,文化研究经历了"文化主义"和"结构主义"的范式危机,实行了"葛兰西转向",这实质上是方法论的转向,从此,文化研究进一步拓宽了研究的领域,引进多种学术理论方法,形成了海纳百川、百家争鸣的学术气象。另外,在具体的研究方法上,早期英国文化研究的理论家们开创的以"个体经

---

① 张咏华:《媒介分析:传播技术神话的解读》,复旦大学出版社2002年版,第85页。

② 〔法〕阿芒·马特拉:《世界传播与文化霸权》,陈卫星译,中央编译出版社2001年版,第8页。

③ Golding, Peter and Graham, Murdock, *Theories of Communication and Theories of Society*,转引自张锦华:《传播批判理论》,台湾黎明文化事业公司1994年版,第28页。

验”和借助“民族志”(ethnography)[①]的方法研究大众文化与传媒的传统,对当今的媒介批评理论与实践产生了重大而又深远的影响。

以电视批评为例,在新的研究取向的导引下,显现了两个主要的途径。第一个途径称为“内涵分析”。在这个途径中,有下面几个重要的学理角度:

(1)类型研究;(2)心理分析方法;(3)美学分析;(4)叙事体分析;(5)社会学分析;(6)神话分析等。

第二个主要途径称为“情节脉络分析”(contextual analysis)。这个途径有下面几个重要的学理角度:

(1)政治经济学;(2)批判理论;(3)依附理论;(4)结构理论;(5)符号学理论;(6)后现代主义理论等。

早期的文化研究学者如霍加特、威廉斯、E. P. 汤普逊等人,大都根据自己出生于工人阶级家庭的亲身经验,开展对工人阶级文化或大众文化的研究。如英国文化研究的发轫之作《文化的用途》分为两个部分,前一部分描绘了霍加特青年时代(20世纪30年代)英国工人阶级的文化生活,后一部分描述了20世纪50年代美国式的大众娱乐文化对这种传统的工人阶级文化的冲击。这是一部带有浓厚的自传色彩的著作。该书的“强大的影响来源于这种自传,文学想象和批评感性地混合,读者依据一个置身于这种生活内部的人的视野看到了工人阶级生活的具体形象,并通过他亲炙了这种经验。霍加特这种著述方式开创了英国文化研究中颇具特色的民族志传统。”[②]我们不妨引用一段《文化的用途》中霍加特对“点唱机小弟”的描述性文字:

> 就像我在前几章曾经描述到的咖啡厅一样,这种牛奶酒吧立刻显示,在它们现代主义式宽松伎俩的肮脏,以及它们绚丽耀眼的排场中,美学完全破产,和它们相比较之下,某些穷顾客家庭客厅的布局,似乎说出18世纪茶室均衡、文明的传统……“五分钱点唱机”可以大肆放声,噪音回荡在偌大的舞厅中,而不是只低唱在大街的小店铺里。年轻人摆动着肩膀、彼此瞪眼,就像波嘉(Humphrey Bogart)一样,极度夸张地跨越管状的椅子。和街角转口的酒吧比较之下,这全都是一种薄弱、病态的放荡形式,在牛奶煮沸传来

---

① “民族志”(ethnography)是人类学和民族学的一种重要的研究方法。这种方法源于文化人类学对异民族文化的考察,尤其是马林诺夫斯基创造的“参与观察法”。这种方法要求研究者亲身深入某一社群的文化,并在其中长期生活,从“内部”提供对该文化的意义和行为的叙述。研究者要直接参与该社群的社会、经济、仪式等方面的活动,并通过学习该社群的语汇和思考方式,来理解它的文化。

② 罗钢、刘象愚主编:《文化研究读本》,中国社会科学出版社2000年版,第6页。

的香气中，一种精神层面的干萎。①

这种结合个人经验的参与式的研究方法，是典型的民族志式的方法。这种方法给文化研究带来了别具一格的研究特色。威利斯(Willis Paul)花费三年时间采用民族志的研究方法写作《学习劳动——工人阶级青少年如何获得工人阶级的工作》(*Learning to Labor: How working class kids get working class jobs*, 1977)一书，他选择了12个工人阶级家庭出身的男孩组成群体进行跟踪观察。他采取参与观察、小组讨论、非正式面谈、日记等研究方法，揭示这些男孩们拒绝学校教育的深层的心理动机。

这种民族志研究方法给媒介研究带来了方法论上的变革。一些传播学者力求以民族志的研究方法为取向来研究电视观众，大卫·莫利(David Morley)在其著作《电视、观众与文化研究》(*Television, Audiences and Cultural Studies*)中，对以统计方法作为基础的量化调查提出质疑，他极力推崇以民族志的研究方法研究电视观众。"以统计方法作为基础的量化调查，用来分析及探索'看电视'之局限，其来有自，学者已经多方指陈。多年以来，学界一直有人呼吁应该利用'自然的情境'探索电视消费的问题，他们指出，看电视应该是一个具有脉络、情境意义的活动；当然，也只有在最近这段时间，才有人开始进入这个领域深入探究。就其本质而论，统计方法是不求总合资料的研究方式——它必然必须将行动单位从其脉络中割出，但这样一来，也就丧失了彰显行动意义的机会——而当代许多商业性的媒介阅听人研究，似乎把这个问题弄得更为复杂了，因为它所找寻的是一种'技术上的吻合'(a'technical fix'，人口测量机等)，目的是要找出'认识'阅听人的一个可靠形式。究其实，诚如西伐史东(Silverstone)所说，看电视事实上是个非常复杂的活动，它必然是犬牙交错于一连串其他家庭行事之中，因此也唯有在此脉络中，才能确切理解之。笔者的论点是，我们首先必得要求以'厚实'的(thick)描述，充分地掌握看电视的复杂性，此时，采用人类学及大抵说来是民族志取向的研究方法，多少有助于达成这个目标。"② 莫利在《"全国观众"的观众》一书中，采用了这种民族志研究方法对电视观众的收视行为和心理做了研究。

这种民族志研究方法不仅给英国文化研究带来了深远的影响，而且也给域外的传播批判理论带来很大的影响。法国著名社会学家、媒介批评家皮埃尔·布尔迪厄在其名著《关于电视》中，就创造性地运用了"参与性对象化"的方

① Richard Hoggart, *The Uses of Literacy*, London: Penguin, 1958, pp. 242—248.

② 〔英〕大卫·莫利:《电视、观众与文化研究》，冯建三译，台湾远流出版公司1995年版，第265页。

法来为电视解魅。“与阿多尔诺式的在媒介体制之外来批判媒介的方法相比，布尔迪厄‘参与性对象化’的方法似乎带有更大的破坏性，它从内部揭露了媒介体制鲜为人知或为人所忽略的那一面。”①

不过，这种亲身经历体验式的参与观察法，发挥到极端时，也会走向反面。那就是以亲身体验获取第一手资料，以期望取得客观的研究结论，但是结果却常常相反，由于研究者个人主观因素的介入，反而使得研究不客观。著名文化研究学者米歇尔·德塞都的《走在城市里》一文，与其说是一篇学术论文，不如说是一篇夹叙夹议的新闻特写。

> 在世界贸易中心大楼第110层看曼哈顿。轻烟薄雾之下，这座城郭之岛，地中之海，在华尔街升起摩天高楼，到了格林尼治区一路落下，又在市中心再起高峰，静静地经过中心公园，最后向远处的哈莱姆蜿蜒而去。垂直的波浪，想象波浪的涌动暂停片刻。眼前出现一个不动的庞然巨物。它变成一幅粗质地图，把全然不同的东西放在一起，荣耀与耻辱、对立的种族和风格，已经变成垃圾箱的昨日的楼房和今日突然冒出的城市建筑。与罗马不同，纽约从未学会利用过去的一切来展示自己的悠久历史的艺术。它是现在的发明，时时刻刻在丢开从前的成就，向未来发起挑战。这是一座由纪念碑浮雕上的凸凹之处组成的城市。观者可以从中读出一个不断地爆裂的宇宙。里面镌刻的“对立统一”的建筑形象曾经是一些神秘莫测的小图画。这是由一片冷漠的水域在两大洋之间托出的舞台，在这个水泥、钢筋和玻璃筑成的舞台上，用全世界最高大的字母组成一篇关于超额开支和生产的鸿文。②

这种散文式、随笔式的感想文字，缺乏严密的逻辑论证，了无深度可言，作为严肃的学术意义的媒介批评，是不足取的。

---

① 〔法〕皮埃尔·布尔迪厄：《关于电视》译序，许钧译，辽宁教育出版社2000年版，第4页。

② 〔法〕米歇尔·德塞都：《走在城市里》，转引自罗钢、刘象愚主编：《文化研究读本》，中国社会科学出版社2000年版，第316页。

第三章　马克思主义经典作家媒介批评思想与实践

马克思、恩格斯不仅仅是世界无产阶级的革命导师，而且还是杰出的新闻工作者。在他们的新闻实践活动中，媒介批评是其中重要的一项内容，批评的指向集中在普鲁士封建新闻制度、资产阶级报刊以及新生的无产阶级党报党刊等方面。

列宁将马克思主义的学说付诸无产阶级革命的实践，在资本主义链条薄弱的东方，建立了第一个社会主义国家。列宁也是无产阶级的杰出的新闻工作者，他的媒介批评思想和实践，对于后世社会主义革命和建设时期的新闻工作，同样有着巨大和深远的影响。

第一节　马克思、恩格斯的媒介批评思想与实践

马克思、恩格斯一生的新闻实践活动波澜壮阔，新闻思想博大精深。贯穿在马克思、恩格斯新闻实践中的媒介批评活动和思想，经历了四个发展阶段。

一、在批判封建专制主义中孕育

马克思和恩格斯是从参加报刊活动开始革命生涯，是从批判普鲁士封建统治阶级的报刊和新闻出版制度起，开始了反对君主专制制度、反对代表德国封建反动势力的思想家们的斗争。

19 世纪 30 年代末 40 年代初，正值德国反动的封建统治最黑暗的时期。封建统治阶级与资产阶级民主派之间矛盾日趋激烈，德国正处在资产阶级革命的前夜。这一时期的青年马克思和恩格斯，政治上还不是共产主义者，而是激进的革命民主主义者；在思想上还不是辩证唯物主义和历史唯物主义者，而是黑格尔和费尔巴哈的追随者。由于普鲁士封建专制的反动统治使当时德国的青年黑格尔派不再抱有统治者会主动实行立宪和自由主义制度的幻想，作为激进的革命民主主义者，青年马克思、恩格斯满腔热情地投入到反对普鲁士专制制度和争取

民主自由的斗争中。当时在德意志要求自由和民主的呼声日渐高涨，反映在报刊问题上，就是资产阶级民主派渴望打破封建统治阶级对报刊的控制，建立保护出版自由的新制度。因此，向封建统治阶级的书报检查制度挑战，为出版自由奔走呼号成为马克思、恩格斯投身革命政治活动的开端。

青年时期的马克思和恩格斯，都有一个共同的特点，是文学和哲学的爱好者和钻研者。1839 年 1 月 20 日，18 岁的恩格斯于不来梅寄给友人的一些讽刺诗，其中就有对报刊开展的批评。

报　　刊①

1.《电讯》

你自诩为快手，那一挥而就的东西，必定是连篇废话无疑。

2.《晨报》

你早上读过了我，晚上必定想不起，你看的是无字的白纸还是印上字的报纸。

3.《晚报》

如果你夜不能寐，请拿起这张报纸，保管你马上进入甜蜜的梦乡。

4.《文学报》

在整个艺苑中，这片树叶刺儿最多，可是它多么干枯！风一吹，便凋落。

从这些诗句中可以看出，这一时期的恩格斯还是一个充满激情和幻想的文学青年，他对新闻业的批评不免带有主观体验的偏颇色彩。但是，这另一方面也孕育了恩格斯的媒介批评思想的某些观点，如新闻报道容易浮光掠影，报纸是"易碎品"。半个世纪后，晚年的恩格斯在写给康·施米特的信中，对这些观点作了理性的阐述："新闻事业，特别是对于我们这些天性不那么灵活的德国人(因此犹太人在这方面也'胜过'我们)来说，是一个非常有益的学校，通过这个工作，你会在各方面变得更加机智，会更好地了解和估计自己的力量，更主要的是会习惯于在一定期限内做一定的工作。但是，从另一方面看，新闻事业使人浮光掠影，因为时间不足，就会习惯于匆忙地解决那些自己都知道还没有完全掌握的问题。"②

恩格斯的第一篇通讯政论文《乌培河谷来信》，充满了一个革命的民主主义者对工人阶级过着悲惨生活的同情、对普鲁士封建统治的鞭挞。文中，他对乌培

---

① 《马克思恩格斯全集》第 47 卷，人民出版社 2004 年版，第 123—124 页。

② 《马克思恩格斯全集》第 37 卷，人民出版社 1971 年版，第 318—319 页。

河谷几家报刊的庸俗浅薄提出了批评。这一时期的恩格斯，已开始表现出反抗普鲁士封建新闻出版制度的强烈愿望。在1839年12月9日致友人的信中，他说："我可不愿把自己的思想扼杀在摇篮里。被书报检查机关删减总是不愉快的，不过倒也是光荣的；一个年已30或写了3本书的作者竟然没有被书报检查机关删减过，那他就一文不值；伤痕累累的战士才是最优秀的战士。一本书，拿来一读就肯定看得出它是同书报检查官作过斗争的。"①

如果说早年的恩格斯在以自由主义的民主精神反抗和批判普鲁士封建统治的新闻专制制度时，尚带有浓厚的感性色彩，那么1842年1月马克思撰写的第一篇政论文《评普鲁士最近的书报检查令》，则是一篇既充满着严密的逻辑理性，又洋溢着革命民主主义者批判精神的炽热激情的战斗檄文。

为压制新闻出版和舆论，普鲁士封建统治者早在1819年就颁发了书报检查令。由于印刷技术的提高，出版事业不断发展，力量逐渐增长的资产阶级民主派对书报检查制度日益不满。1841年，德国青年黑格尔派的刊物《德国科学和艺术哈雷年鉴》在普鲁士受到禁止刊行的威胁，这一事件在社会上引起了强烈的愤慨。为了缓和矛盾，欺骗民众，1841年12月24日，普鲁士政府颁布了新的书报检查令，用虚伪的自由主义词句掩盖其专制主义的出版政策。这一假象蒙蔽了一些资产阶级民主派，他们认为国王的这一"自由主义"措施会给德国带来言论出版自由。然而刚刚大学毕业并走向社会的马克思，却以敏锐的目光识破了这一新的书报检查令的反动性和虚伪性，并以犀利的笔触，将其伪装撕得粉碎。

作为革命民主主义者的青年马克思，在这一篇脍炙人口的檄文中，留下了许多格言式的警语，今天读来，仍具有穿越时空、堪称经典的思想光辉和语言艺术魅力。针对普鲁士新的书报检查令伪善地提出"书报检查不得阻挠人们严肃和谦逊地探讨真理"，马克思一针见血地揭露：

> 书报检查不得阻挠的对真理的探讨，在这里有了更具体的规定：这就是严肃和谦逊的探讨。……真理像光一样，它很难谦逊；而且要它对谁谦逊呢？对它本身吗？真理是检验它自身和谬误的试金石。那么是对谬误吗？②

马克思继续写道：

> 你们赞美大自然令人赏心悦目的千姿百态和无穷无尽的丰富宝藏，你

① 《马克思恩格斯全集》第47卷，人民出版社2004年版，第227页。
② 《马克思恩格斯全集》第1卷，人民出版社1995年版，第110页。

们并不要求玫瑰花散发出和紫罗兰一样的芳香,但你们为什么却要求世界上最丰富的东西——精神只能有一种存在形式呢?我是一个幽默的人,可是法律却命令我用严肃的笔调。我是一个豪放不羁的人,可是法律却指定我用谦逊的风格。一片灰色就是这种自由所许可的唯一色彩。每一滴露水在太阳的照耀下都闪现着无穷无尽的色彩。但是精神的太阳,无论它照耀着多少个体,无论它照耀什么事物,却只准产生一种色彩,就是官方的色彩!精神的最主要形式是欢乐、光明,但你们却要使阴暗成为精神的唯一合适的表现;精神只准穿着黑色的衣服,可是花丛中却没有一枝黑色的花朵。精神的实质始终就是真理本身,而你们要把什么东西变成精神的实质呢?谦逊。歌德说过,只有怯懦者才是谦逊的,你们想把精神变成这样的怯懦者吗?①

在层层揭开了新的书报检查令虚伪的自由主义伪装之后,马克思严正指出,"整治书报检查制度的真正而根本的办法,就是废除书报检查制度"②。

继撰写《评普鲁士最近的书报检查令》之后,马克思自1842年至1843年又陆续撰写了《第六届莱茵省议会的辩论》、《关于定期报刊的内阁法令》、《雷纳德致总督冯·沙培尔的信》、《奥格斯堡报的论战术》、《论普鲁士等级委员会》、《〈莱比锡总汇报〉的查封》、《摩塞尔记者的辩护》等多篇文章,恩格斯也撰写了《普鲁士出版法批判》等文章,继续开展对普鲁士封建专制的新闻出版制度的批判。

纵观马克思、恩格斯从事的媒介批评活动,我们可以总结和发现以下一些特点:

第一,马克思和恩格斯的新闻报刊生涯,是以开展媒介批评为起点的。这既为马克思、恩格斯毕生从事的革命报刊活动确定了历史起点,同时也确定了逻辑起点。从此,革命的批判精神,如一根红线,贯穿于马恩新闻思想和实践的始终。在对普鲁士封建统治的新闻出版制度及其御用报刊开展无情批判的同时,马克思、恩格斯还把革命的报刊当作批判封建专制统治的武器,"像《莱茵报》这样的报纸,不是枯燥无味的评论和卑鄙的阿谀奉承的毫无思想的混合物,而是以意识到自己的崇高目标的(虽然是尖锐的)批判精神来阐明国家大事和国家机构的活动的"③。

第二,刚刚从大学毕业的马克思,开展媒介批评的对象,是普鲁士国王威廉

① 《马克思恩格斯全集》第1卷,人民出版社1995年版,第111页。
② 同上书,第134页。
③ 《马克思恩格斯全集》第47卷,人民出版社2004年版,第37页。

四世下诏,政府颁布的普鲁士新的书报检查令。这种大无畏的革命精神和行动,具有巨大的感召力。它显示了马克思日后从革命的民主主义者转变为共产主义者,并最终成为全世界共产主义运动的领袖和导师的人格力量。

第三,马克思、恩格斯早期的媒介批评实践活动,已孕育了一系列的媒介批评思想。归纳起来,有这样几个方面:其一,揭示了媒介批评的基本特征。马克思指出:"书报检查就是官方的批评。"① 那么对书报检查的批评就是对批评的批评。马克思在此已相当深刻地揭示了媒介批评的特征——媒介批评是来自于非官方的批评。其二,提出了开展媒介批评的原则。马克思在批判普鲁士封建专制的检查制度时,进一步指出:"书报检查制度没有消灭斗争,它使斗争片面化,把公开的斗争变为秘密的斗争,把原则的斗争变为无力量的原则与无原则的力量之间的斗争,以新闻出版自由的本质本身为基础的真正的书报检查是批评。它是新闻出版自由本身所产生的一种审判。书报检查制度是为政府所垄断的批评。但是,当批评不是公开的而是秘密的,不是理论上的而是实践上的时候,当它不是超越党派而是本身变成一个党派的时候,当它不是带着理智的利刃而是带着任性的钝剪出现的时候,当它只想进行批评而不想受到批评的时候,当它由于自己的实现而否定了自己的时候,最后,当它如此缺乏批判能力,以致错误地把个人当作普遍智慧的化身,把权力的要求当作理性的要求,把墨渍当作太阳上的黑子,把书报检查官涂改时画的叉叉杠杠当作数学作图,而把要弄拳脚当作强有力的论据的时候,——在这种情况下,难道批评不是已失掉它的合乎理性的性质了吗?"② 从这段文字中,我们可以看出,年轻的马克思站在革命民主主义者的立场上,提出开展媒介批评的原则应该包括自由、平等、公开、公正。而在所有这些原则中,自由是最基本的原则,是正确开展媒介批评的前提条件。青年马克思把在新闻领域内自由开展批判的要求升华为争取新闻出版自由的口号,并断言:"没有新闻出版自由,其他一切自由都会成为泡影。"③ 青年马克思关于媒介批评的一系列思想,连同他的报刊理论,综合形成了具有革命民主主义性质的"人民报刊思想"。其三,提出了媒介批评的具体标准。马克思、恩格斯所处时代的新闻传媒以报刊为主(广播、电视等电子传媒还没有研制出来),所以这一时期的媒介批评主要是对报刊的批评。在衡量"好报刊和坏报刊"的标准时,马克思指出:"究竟哪一种报刊,'好'报刊还是'坏'报刊,才是'真正的'报刊!哪

① 《马克思恩格斯全集》第1卷,人民出版社1995年版,第107页。
② 同上书,第172页。
③ 同上书,第201页。

一种报刊说的是事实,哪一种报刊说的是希望出现的事实!哪一种报刊代表着社会舆论,哪一种报刊在歪曲社会舆论!那么,哪一种报刊应该受到国家的信任呢?"①在这里,马克思揭示了媒介批评要遵循真实性原则的基本标准。

第四,坚持媒介批评的严肃性、战斗性,反对把媒介批评庸俗化。马克思于1842年主编的《莱茵报》经常就办报的原则和方针等重大问题,和德国保守派日报奥格斯堡《总汇报》开展论战。由于《总汇报》采取避重就轻的战术,"还产生了一种被人刻意加以保护的假象,仿佛奥格斯堡《总汇报》和《莱茵报》之间的斗争就是围绕这类琐事、丑闻和装束上的差错而进行的。"②马克思写下了《奥格斯堡报的论战术》,对该报采取低俗、浅薄的批评方式进行了严肃的批评和辛辣的讽刺。文章写道:"每当有人指责这家报纸对《莱茵报》的原则和倾向所作的攻击的时候,每当遇到重大的争论问题的时候,每当《莱茵报》方面进行原则性抨击的时候,《总汇报》就躲进罗马式的长袍里,保持一种耐人寻味的沉默","……除了采用这种沉默战术外,还运用另一种论战手法,那就是漫无边际的、自鸣得意的、竭力表白的饶舌,仿佛是对那种消极的、忧郁的沉默的积极补充。"③马克思指出奥格斯堡《总汇报》之所以采取这种庸俗无聊的论战手法,其实质是"不触及德国的现实,甚至也不触及巴伐利亚的现实。如果它偶尔也触及类似的东西,那么它必然会把假象当作现实,把现实当作假象。"④这就是说在《总汇报》的论战术——沉默和饶舌的表象下面,掩蔽的是该报为现实粉饰太平的反动保守的本质。

二、在批判非无产阶级思想中发展

"马克思和恩格斯新闻思想的形成和变化轨迹是受他们的世界观和政治学说的发展支配的,是受其报刊实践经验影响的。"⑤列宁描述了马克思、恩格斯经历的思想转变过程:

1.《莱茵报》以前(1842年以前)——马克思和恩格斯所持的还是黑格尔唯心主义的观点。

2.《莱茵报》时期(1842—1843年)——马克思和恩格斯已从唯心主义转向唯物主义,从革命民主主义转向共产主义。

---

① 《马克思恩格斯全集》第1卷,人民出版社1995年版,第398页。
② 同上书,第325页。
③ 同上书,第323—324页。
④ 同上书,第328页。
⑤ 童兵:《马克思主义新闻思想史稿》,中国人民大学出版社1989年版,第56页。

3.《德法年鉴》——马克思和恩格斯在这家杂志上发表了《论犹太人问题》和《黑格尔法哲学批判导言》、《政治经济学批判大纲》、《英国状况，评托马斯·卡来尔的“过去和现在”》等文章，这些文章表明上述的转变在这里已彻底完成。

4.《神圣家族》(1844 年)——马克思和恩格斯对于无产阶级革命作用的观点几乎已经形成。

5.《哲学的贫困》(1847 年)和《共产党宣言》(1848 年)——马克思和恩格斯以此两本书作为成熟的马克思主义的最初著作。①

完成了思想转变的马克思和恩格斯，在他们从事的报刊活动中，除了继续开展对封建主义反动的出版制度和保守报刊的批判外，那就是付出极大的热忱和精力来创办工人阶级报刊，并对已有的工人阶级报刊进行理论上的指导。另外，“马克思、恩格斯除了把实践经验上升为新闻理论，还同工人报刊活动中的形形色色的‘政治垃圾’作斗争。《德法年鉴》时期要同卢格的资产阶级倾向辩论，《前进报》时期要反对卢格、伯恩施太德等人的资产阶级、小资产阶级观点，《德意志—布鲁塞尔报》时期要反击资产阶级激进派卡尔·海因岑，在法国《改革报》时期又要反对共和派的错误倾向，而在《新莱茵报》时期，他们既要反对波尔恩的改良主义妥协路线，又要同哥特沙克‘左’倾冒险主义作斗争。在这一系列克服来自‘左’的和右的错误思潮的干扰中，他们要特别付出巨大的心血和历经顽强的斗争，以战胜魏特林的空想共产主义的幻想，粉碎德国的‘真正的社会主义’的神话”②。正是在这种艰苦卓绝的理论著述和实践活动中，马克思和恩格斯发展了他们的媒介批评思想。以下作简要阐述：

第一，对报刊的批评就是对现实的批判。

从 1843 年 3 月起，马克思和阿·卢格商讨出版《德法年鉴》杂志的计划。同年 8 月，马克思收到卢格用德文和法文分别写的关于未来杂志的大纲方案。卢格站在资产阶级民主派的立场上，想把杂志办成仅仅是德国哲学和法国政治社会科学间交换思想的媒介，马克思则力求将杂志的理论任务同反对德国的封建专制制度直接联系起来。马克思撰写的《德法年鉴》大纲方案，是这样表述的：

……

① 参见《列宁全集》第 26 卷，人民出版社 1988 年版，第 83 页；第 31 卷，人民出版社 1985 年版，第 21 页；第 55 卷，人民出版社 1990 年版，第 9 页。

② 童兵：《马克思主义新闻思想史稿》，中国人民大学出版社 1989 年版，第 88 页。

(2) 我们将对报纸进行述评,它对一些报纸的奴颜婢膝和卑鄙行径将是一种鞭挞和匡正,它将引导人们注意另一些报纸为了人类和自由所作的崇高的努力。

(3) 此外,我们还将评介目前正走向腐败和灭亡的德国旧制度下的书刊和出版物,最后,还将评介两国那些开辟并继续推进我们正在跨入的新时代的书籍。[①]

起草了《德法年鉴》大纲方案后,马克思给卢格写了一封信,对上述方针做了进一步的阐释,信中说:“什么也阻碍不了我们把政治的批判,把明确的政治立场,因而把实际斗争作为我们的批判的出发点,并把批判和实际斗争看作同一件事情。……这样,我们就能用一句话表明我们杂志的倾向:对当代的斗争和愿望作出当代的自我阐明(批判的哲学)。”[②] 按照马克思的办刊方针,《德法年鉴》要对政治,也就是对现实问题进行批判,而马克思的大纲方案列举了三条将被批判的对象,其中两条是报刊和书籍,也就是说报刊书籍是马克思创办《德法年鉴》要予以批判的主要对象。为什么“把我们的批判和实际斗争结合起来”,“对当代的斗争和愿望做出当代的自我阐述”在大纲方案中表述为对报刊书籍的批判,即对报刊的批判等于对现实的批判? 这需要从研究马克思、恩格斯的报刊舆论观入手来回答这个问题。

总起来看,马克思和恩格斯是把报刊当作反映社会、反映现实的一面精神上的镜子来认识的。他们认为:报刊是一种居于物质世界和精神世界之间的媒介,因而有以下的论述:报刊“是把个人同国家和世界联结起来的有声的纽带”[③],“是国家中的第三种权力。……报纸是作为社会舆论的纸币流通的”[④]。报刊“使德国和普鲁士成为德国人和普鲁士人注意的中心,要把国家由神秘的、僧侣式的东西变成公开的、人人了解个个有关的尘世的东西,要使国家变得与公民血肉相联”[⑤]。自由报刊是“人民精神的千呼万应的喉舌”,而封建统治阶级的报刊则是“统治阶级的思想在每一时代都是占统治地位的思想”[⑥]这一规律以媒介的形式所表现出来的物化结果。报刊是社会运动的耳目喉舌。正是基于这样的认识,马克思、恩格斯把报刊作为批判现实的武器,在开展对封建统治阶级报刊的

---

① 《马克思恩格斯全集》第 3 卷,人民出版社 2002 年版,第 215 页。
② 《马克思恩格斯全集》第 47 卷,人民出版社 2004 年版,第 66—67 页。
③ 《马克思恩格斯全集》第 1 卷,人民出版社 1995 年版,第 179 页。
④ 《马克思恩格斯全集》第 10 卷,人民出版社 1998 年版,第 605 页。
⑤ 《马克思恩格斯全集》第 1 卷,人民出版社 1995 年版,第 403 页。
⑥ 《马克思恩格斯选集》第 1 卷,人民出版社 1995 年版,第 98 页。

批判中开展对黑暗现实的批判。

第二,工人阶级报刊是消除了民族和宗教偏见的真正民主的报刊。

由革命民主主义思想转向共产主义思想的马克思、恩格斯,在评判好的、先进的报刊方面,已由对"自由报刊"、"人民报刊"这些笼统、抽象的概念的宣扬转向对在现实斗争中诞生和发展起来的工人阶级报刊的鼓舞。马克思和恩格斯于1846年7月17日写给英国宪章运动领袖、《北极星报》的创办人菲·奥康瑙尔的信中,对《北极星报》这份工人阶级的报刊作了这样的评价:"唯有'北极星报'这一英国报纸(或者把我们仅从'北极星报'中才知道的'人民杂志'除外)了解英国各党派的真正状况,只有它在实质上是真正民主的,只有它没有民族的和宗教的偏见,只有它同情全世界的民主主义者和工人(在现代这两者几乎是一样的);'北极星报'在所有这些问题上表达了英国工人阶级的意见,所以它是真正值得大陆上的民主主义者阅读的唯一的英国报纸。"①

第三,真正的工人阶级报刊要为捍卫共产主义真理而斗争。

在同形形色色打着工人阶级报刊旗号,贩卖各种非无产阶级观点的机会主义或改良主义思潮作斗争的过程中,马克思、恩格斯旗帜鲜明地提出:"我们应该竭尽全力捍卫,特别是在报刊上捍卫我们的每一个观点"②。他们一生中运用报刊作为武器,对各种企图阉割和篡改共产主义真理的非无产阶级的思想流派和宗派团体进行坚决的斗争。在反对德国的"真正的社会主义"思潮中,对这一流派在北美的代表克利盖以及他主编的《人民论坛报》的批判,可视为这一斗争的典型表现。

克利盖在他主编的《人民论坛报》上,把共产主义鼓吹为一种关于"爱"的梦呓,反对阶级斗争。他把具有世界意义的社会主义仅仅归结为:爱和恨,共产主义和利己主义。他号召妇女恳求她们的丈夫"为了自己的孩子"而醒悟过来,放弃旧的政策;他要求少女用土地解放作为检查爱人是否值得爱的试金石;他企图用妇女之爱来改造社会,希望资本家发善心来解救工人的贫困。克利盖把小资产阶级的思想通过报刊强加给工人运动,因而成为严重危害工人运动健康发展的消极思潮。

在这种情况下,马克思、恩格斯等人以共产主义通讯委员会的名义,发表了《反克利盖通告的决议》。《决议》认为:"'人民论坛报'主笔海尔曼·克利盖在该报上所宣传的倾向不是共产主义的。克利盖用以宣传这种倾向的幼稚而夸大

---

① 《马克思恩格斯全集》第4卷,人民出版社1958年版,第28—29页。

② 《马克思恩格斯全集》第36卷,人民出版社1974年版,第309页。

的方式，大大地损害了共产主义政党在欧洲以及在美洲的声誉……克利盖在纽约以‘共产主义’的名义所鼓吹的那些荒诞的伤感主义的梦呓，如果被工人接受，就会使他们的意志颓废。”①

三、在批判资产阶级报刊中丰富

马克思、恩格斯一生中与资产阶级报刊频繁地打交道。在马克思、恩格斯以前，人们对资产阶级报刊的批判性分析，仅限于少数空想社会主义者对它们进行道义上的愤怒揭露。而马克思、恩格斯运用辩证唯物主义和历史唯物主义的科学的方法，分析了在资本主义或封建专制制度下资产阶级报刊和政党、政府、工人阶级之间的复杂关系，它们的性质、特征、职能及其表现形式的多样性。他们在对资产阶级报刊作深刻批判的同时，也揭示和分析其带有报刊活动应遵循的客观规律，并实事求是地加以肯定。马克思、恩格斯对资产阶级报刊的批判，进一步丰富了马克思主义的媒介批评理论与实践。

（一）资产阶级鼓吹新闻出版自由是为了本阶级的私利

争取言论出版自由，曾是欧洲资产阶级与封建统治阶级开展斗争的一个武器，由于这个口号“反映了资产阶级反对僧侣、国王、封建主和地主的斗争”②，传播了资产阶级民主、自由的思想，抨击了封建主义的宗法思想，动摇了封建专制秩序的基石，反映了广大劳动人民反封建的要求，顺应了时代发展的潮流，因此，列宁把言论出版自由这个口号称为“伟大的口号”③。马克思、恩格斯在肯定资产阶级争取言论出版自由的进步性的同时，更注重揭露和批判资产阶级利用出版自由口号欺骗劳动人民，谋取资产阶级一己私利的虚伪本性，以及当资产阶级与无产阶级因利益冲突发生阶级斗争时，资产阶级就撕破为人民群众争取权利的伪装，与封建势力相互勾结，结成反革命的神圣同盟，破坏革命和镇压无产阶级的面目。

1848 年 3 月，柏林爆发了资产阶级革命（史称“三月革命”）。由于资产阶级软弱并害怕无产阶级，他们背叛人民，和封建贵族妥协，联合镇压工人阶级，致使革命遭到失败。革命失败后，普鲁士容克贵族和大资产阶级联盟，篡夺了国家政权，实行了封建和资本合流的反动独裁统治。在德国重新陷入黑暗的日子里，马克思在《新莱茵报》上发表了《资产阶级和反革命》等文章，揭露了资产阶级与

---

① 《马克思恩格斯全集》第 4 卷，人民出版社 1958 年版，第 3 页。
② 《列宁全集》第 42 卷，人民出版社 1987 年版，第 85 页。
③ 同上。

封建王权相互勾结的反动面目,指出"三月革命绝没有使天赋君主屈服于人民的主权。这次革命只是迫使王权,迫使专制国家同资产阶级进行勾结,同自己的老对手进行协商。王权为了资产阶级而牺牲贵族,资产阶级为了王权而牺牲人民。在这种情况下,君主制将变成资产阶级的君主制,而资产阶级将变成君主制的资产阶级。"① "资产阶级从自己的物质利益出发,必然要提出参与政权的要求。只有它自己才能利用各项法律来满足它的商业和工业的要求。它必然要从既不学无术而又妄自尊大的腐朽的官僚手中把照管它的这些'最神圣的利益'的权力夺取过来。它必然要要求监督国家财政的权利,因为它认为自己是财富的创造者。资产阶级在剥夺了官僚对所谓教育的垄断权以后,在意识到它在真正理解资产阶级社会要求方面优越于官僚以后,它也想获得同它的社会地位相称的政治地位。资产阶级为了达到它的目的,就必然要取得自由讨论自身利益、观点以及政府的行动的可能。它把这叫做'出版自由权'。它必然要取得毫无阻碍地结成社团的可能。它把这叫做'结社自由权'。同样,它必然要取得信仰自由等等,而这是自由竞争的必然后果。……因此很自然,只有在为人民争取权利和自由的幌子下,它才能从政府手中为自己争得权利和自由。"② "普鲁士资产阶级在其反对封建社会和王权的斗争中,被迫以人民的名义为自己要求了一种武器——结社权、出版自由等等,现在,当受骗的人民已不再利用这种武器去拥护资产阶级而流露出要利用它去反对资产阶级这种危险意图的时候,难道不应当把人民手中的这种武器摧毁吗?"③ 资产阶级在取得统治地位后,确实摧毁了人民手中的要求争取言论出版自由的武器,只不过它们比封建专制主义来得虚伪一些。马克思以 1848 年 11 月 4 日通过的《法兰西共和国宪法》为例驳斥了资产阶级出版自由的虚伪性。马克思说:"宪法一再重复着一个原则:对人民的权利和自由(例如,结社权、选举权、出版自由、教学自由等等)的调整和限制将由以后的组织法加以规定,——而这些'组织法'用取消自由的办法来'规定'被允诺的自由。……这个宪法里包含了原则,——细节留待将来再说,而在这些细节里重新恢复了无耻的暴政!"④

(二) 资产阶级的报刊具有鲜明的阶级立场

马克思、恩格斯在研究资产阶级报刊的过程中,对资产阶级报刊具有为本阶级服务的鲜明阶级立场予以揭露和批判。马克思定居伦敦后,把当时英国的

---

① 《马克思恩格斯全集》第 6 卷,人民出版社 1961 年版,第 128 页。
② 同上书,第 121—122 页。
③ 同上书,第 130 页。
④ 《马克思恩格斯全集》第 7 卷,人民出版社 1959 年版,第 588—589 页。

"主导性报纸"《泰晤士报》当作观察资本主义社会的一扇窗口作个案分析。"在马克思恩格斯著作中提到最多的报纸就是《泰晤士报》,约有1000次。"[①] 这家号称"独立报刊的典型"的《泰晤士报》,其实也是受资产阶级内阁控制,为资产阶级利益服务的舆论工具。在《伦敦〈泰晤士报〉和帕麦斯顿勋爵》一文中,马克思揭露:"帕麦斯顿[②]勋爵掌管不列颠帝国的对外政策于密室,不仅广大公众或议会,甚至他自己的同僚都不知道他的真正意图,在这种情况下,如果他不设法抓住这家篡夺了以英国人民名义广泛议论他的秘密勾当的权利的唯一报纸,那他就太笨了。至于在自己字典里从来没有'美德'一词的'泰晤士报',则必须表现出超乎斯巴达刻苦精神的美德,才不致与实际独掌帝国国家资源的统治者结为一伙。因此,从法国政变时起,由于英国的一个集团的政府已被几个集团的政府所代替,因而帕麦斯顿的篡夺已不再受到任何敌手的威胁,'泰晤士报'就完完全全变成了他的奴隶。帕麦斯顿设法把'泰晤士报'的某些有影响的人物拉到内阁中来担任次要的职位,并且把另一些人接纳到自己的社交圈子里,予以安慰。从这个时候起,'泰晤士报'在不列颠帝国对外政策方面的活动就完全是为了制造符合于帕麦斯顿勋爵的对外政策的舆论。'泰晤士报'必须为帕麦斯顿勋爵想做的事准备舆论"[③]。政治上与统治阶级沆瀣一气,经济上又如何呢?马克思曾从一个侧面加以揭露:《泰晤士报》是从英国取消报纸副刊印花税中得到好处的唯一的一家报纸。帕麦斯顿把该报的一个主编安插在卫生部,年薪一千镑。这样,《泰晤士报》就"被黄金的链条和官方的链条跟现政府连在一起"[④]了。

当阶级斗争激化并危及资产阶级的整体利益时,资产阶级报刊则会联合起来。这方面最典型的例子是巴黎公社起义,几乎所有欧洲的资产阶级报刊都开始攻击国际工人协会和工人运动。就此马克思写道:"强加于国际的各种无中生有的事件、对国际的'秘密'的揭露、无耻伪造的公文和私函、耸人听闻的电讯,接二连三地迅速出现;出卖灵魂的可敬的报刊所控制的一切诽谤的闸门一下子都打开了,卑鄙龌龊的洪流汹涌而出,要把可恶的敌人淹死。这场用诽谤来进行的战争,无论按其遍及所有国家的战场规模来说,还是按照统治阶级中各种色

① 陈力丹:《世界新闻传播史》,上海交通大学出版社2002年版,第39页。

② 帕麦斯顿子爵,亨利·约翰·坦普尔(1784—1865),从1809年起,到1865年止,历任英国外交大臣和首相。

③ 《马克思恩格斯全集》第15卷,人民出版社1963年版,第336—337页。

④ 《马克思恩格斯全集》第12卷,人民出版社1962年版,第163页。

彩的人物参战的齐心协力的程度来说，在历史上都是无与伦比的。”①

（三）对一些资产阶级报刊用耸人听闻的写作手法招徕读者的做法予以批判

马克思曾经这样讽刺伦敦的《每日电讯》：“伦敦所有厕所都通过一些隐蔽得很巧妙的管子把人体的脏物排到太晤士河里。同样地，世界名城也通过一些鹅管笔把它所有的社会脏物都排到一个纸制的藏垢纳污的大中心——‘每日电讯’里……掌管纸制的藏垢纳污中心的勒维，不仅对化学是内行，对炼金术也是内行。他把伦敦的社会脏物变成报上的文章，是为了随后把报上的文章变成铜，最后又把铜变成金。在纸制的藏垢纳污中心的大门上，用黑颜色写着：‘此处……随意便溺！’”② 马克思痛斥了勒维（《每日电讯》的创办人）“能够就某一件强奸案写一篇三栏篇幅的社论”的下作无聊。马克思对《泰晤士报》这种号称“指导性的报纸”也刊登题为“自杀成风”的文章，宣扬“酷爱绞架”和“血腥逻辑”的庸俗做法进行了辛辣的讽刺。③

（四）对一些资产阶级报刊常常缺乏骨气、缺少品德的报格予以痛斥

马克思、恩格斯认为一些资产阶级报刊缺乏始终如一的政治立场和高尚坚贞的品德，这是资产阶级的贪婪、虚伪、软弱的本性在办报方针上的表现。柏林《国民报》是德国资产阶级自由派在1848年革命中创办的报纸。在同年11月普鲁士容克地主发动反革命政变后，它愈来愈迎合反革命的政策。《国民报》竟然提倡：“我们不要继续革命；我们是一切无政府状态、一切暴力和专横的敌人；我们要法制、安宁和秩序。”④ 马克思痛斥道：“尊贵的先生们，戒严最多不过是迫使你们沉默，却不会迫使你们说话。所以，对上面引证的这句话我们是这样看的：如果这话是你们说的，那就对了；如果这话是戒严当局说的，那你们何苦去做它的机关报。你们或者是革命者，或者不是。如果你们不是革命者，那我们就是死敌；如果你们是革命者，那就应该沉默。”⑤ 马克思也分析了《泰晤士报》的报格问题：“每当改革的拥护者胜利在握时，‘泰晤士报’就来一个急转弯，从反动阵营溜掉，并且能想出办法在紧要关头和胜利者站在一起。在所有这些情况之下，‘泰晤士报’就不是指导舆论，而是生硬地，勉强地，在试图挽回人民运动的

① 《马克思恩格斯全集》第18卷，人民出版社1964年版，第151页。
② 《马克思恩格斯全集》第14卷，人民出版社1964年版，第656页。
③ 参见《马克思恩格斯全集》第8卷，人民出版社1961年版，第577—579页。
④ 《马克思恩格斯全集》第6卷，人民出版社1961年版，第242页。
⑤ 同上书，第242—243页。

狂澜久而无功之后,屈服于舆论。”[①] 1863 年 8 月 15 日,马克思在给恩格斯的信中写道:“《泰晤士报》不过是一家‘商业企业’,只要决算对它有利,它对决算是怎样作出的毫不介意。”[②]

(五)对资产阶级报刊违背“客观”、“真实”的原则予以揭露

马克思在《英人在华的残暴行动》一文中指出:“英国政府报纸和一部分美国报刊”在鸦片战争中“不断地诬蔑中国人——不分青红皂白地非难中国人违背条约的义务、侮辱英国国旗、羞辱旅居中国的外国人,等等。”[③] “可是英国报纸对于旅居中国的外国人在英国庇护下每天所干的破坏条约的可恶行为是多么沉默啊!”[④]

马克思还用辛辣幽默的讽刺来揭露一些资产阶级报刊的虚假报道。例如他在谈到爱尔兰《每日快报》的虚假报道时写道:“这家报纸每天都要编造各种关于谋杀、武装抢劫和夜间集会的谣言以飨读者。但使这家报纸感到莫大遗憾的是,被杀死的人竟常常从坟墓中爬出来,并且就在这家报纸上抗议编辑部这样摆布他们。”[⑤]

(六)对资产阶级报刊活动一些带有新闻传播普遍规律的东西加以肯定

如前所述,马克思、恩格斯对资产阶级报刊的分析和批评,采取的是辩证唯物主义的方法,既批判其糟粕的一面,又肯定其合理的一面。如肯定资产阶级报纸注重时效性,注重新闻的信息量,注重提供权威的新闻和评论以影响和引导舆论。恩格斯 1844 年批评《泰晤士报》时首先肯定,“《泰晤士报》在大陆上素负消息灵通报纸的盛誉”[⑥]。这家创刊于 1785 年 1 月 1 日的大型日报报道过许多世界重大事件和战争,例如法国路易·波拿巴的政变、克里木战争、美国内战、奥普战争和普法战争等。在克里木战争中,《泰晤士报》多次揭露英国政府和军队领导人由于官僚主义而造成数万伤病员死亡的事实,从而促成当时阿伯丁内阁的垮台、远征军总司令的撤职和红十字会的诞生。马克思对此予以过肯定。

另外,马克思对一些资产阶级报刊在不危害其根本利益的前提下,给社会舆论提供一个发表园地的做法,也予以赞赏。马克思曾在 1855 年评价伦敦的《广告人晨报》,说它“无疑又是伦敦除‘泰晤士报’外发行最广的日报。……它倒像

---

① 《马克思恩格斯全集》第 15 卷,人民出版社 1963 年版,第 335 页。
② 《马克思恩格斯全集》第 30 卷,人民出版社 1974 年版,第 365 页。
③ 《马克思恩格斯全集》第 12 卷,人民出版社 1962 年版,第 176 页。
④ 同上书,第 178 页。
⑤ 同上书,第 713—714 页。
⑥ 《马克思恩格斯全集》第 3 卷,人民出版社 2002 年版,第 548 页。

的吗??"[1]

面对这种一面是疯狂叫嚣、一面是寂寥无声的状况，列宁真可谓是既怒其不争，又哀其不幸，因为报纸不进行论战，不但导致党性原则的不彻底，还导致读者抱怨报纸单调。"你们埋怨报纸单调。但是，如果不刊登论战文章，如果把加米涅夫的文章大删特删（他的文章是用另一种调子写的），如果使一切都适合于'积极的取消主义'，那么情况永远会这样。此外，如果你们不刊登，甚至不答复，不退回寄给你们的文章（如我的文章：答布兰克——很重要——和《永不熄灭的希望》以及几篇别的文章!!），那么撰稿人都会被你们赶跑的。请看，《涅瓦呼声报》就办得生动一些。它不怕论战。它挑起论战。它大胆地把话说透。《明星报》和《真理报》回避'迫切的难题'，因而使自己成为枯燥、单调、索然无味和没有战斗力的刊物。社会主义的刊物应当进行论战，因为我们这个时代是一个混乱不堪的时代，没有论战是不行的。问题在于：是生动活泼地进行论战，向论敌进攻，独立提出问题呢？还是仅仅枯燥无味地进行防御?"[2]

为了获取论战的胜利，列宁也多次对报纸论战缺乏技巧提出批评："既然这篇文章'无论如何要刊登'（编辑部秘书信上是这样写的），那么对维提姆斯基的这句话——'愤怒的语调是有害的'——作何理解呢？从什么时候起这种反对拙劣、有害和不正确的东西的愤怒语调（要知道编辑部'原则上'是同意的!）居然给日报带来危害?? 恰恰相反，同事们，真的，恰恰相反。写到有害的东西而不'愤怒'，这就是说，写得索然无味。可你们自己也曾公正地指出，文章太单调了!"[3]"编辑：第25号上'自己人'的那篇文章不好。笔调尖刻，如此而已。千万要少一点尖刻的言辞。要更冷静地分析论据，更详细地、更简明地反复说明事实真相。这样，也只有这样才能保证获得绝对的胜利。"[4]另外，他还指出，就本质进行论战是有益的，而用模棱两可的话来回避论战是有害的。

显然，党性原则是列宁在这一阶段开展媒介批评活动的灵魂，除此之外，这一时期媒介批评活动的特点还体现在以下几个方面：

第一，深刻地阐述了工人报刊必须走群众路线。每当工人报纸轻视工人所关心的东西，他就会毫不客气地批评编辑部："《光线报》已经在谈论委托书，歪曲委托书，而且还发表了一些评论，但是《真理报》对自己的拥护者所草拟、通过并已正式提出的委托书却默不作声，这是完全不能容许的……如果工人的报纸

① 《列宁全集》第46卷，人民出版社1990年版，第150页。
② 同上书，第113页。
③ 同上书，第123页。
④ 同上书，第369—370页。

这样轻视工人所关心的事情，它难道还能够存在下去吗？……可是不刊登这种东西，那就不仅为无数冲突准备了温床，到头来《真理报》要对这些冲突负责，而且还会极严重地损害报纸本身的业务，即报纸发行以及象办企业那样的办报业务。报纸本来就不是一种读者管读、作者管写的东西。报纸应当自己去寻找，去及时发现并及时刊登某种材料。"[①] 他认为，群众性是工人报刊生动活泼的源泉，而要想真正保证报纸的群众性，那就要克服资产阶级的"读者只管读、作者只管写"的办报思路，"这种误解就是：似乎著作家而且只有著作家（这里所说的是职业著作家）才能够办好机关报。恰恰相反，要把机关报办得生动活泼，生气勃勃，有5个负责领导和经常写作的著作家，就需要有500个、5000个非著作家撰稿人。旧《火星报》的缺点之一（我一直努力使旧《火星报》消除这个缺点，但新《火星报》已经把这个缺点发展到惊人的程度），就是国内为这个报纸做的工作太少。我们往往把国内寄来的全部稿件几乎毫无例外地刊登出来。真正生动活泼的机关报应当只刊登来稿的十分之一，而把其余的稿件用作为著作家提供消息和意见的材料。……希望所有把这个机关报看作自己的机关报并意识到一个社会民主党党员的义务的人，永远抛弃资产阶级对合法报纸通常所习惯的那种想法和做法，如说什么写是他们的事，读是我们的事。"[②] "没有一个工人向《前进报》写稿。这不象话。我们无论如何需要几十名工人通讯员。"[③]

因此，列宁呼吁所有的工人都来投稿，"我们请求所有的人，特别是工人，给我们写通信稿。让工人们有更多的机会给我们的报纸写稿，可以写各种各样的问题，尽量多写些自己的日常生活、感兴趣的问题和工作情况，没有这种材料，社会民主党机关报就一文不值，因而也就不配称为社会民主党的机关报。"[④] 他呼吁编辑部要为争取十万读者而奋斗，他认为要做到这一点，工人报刊的编辑部必须做到有错就改，"在邮电职工七小时工作制等问题上，编辑部犯了明显的错误。错误人所难免，而且眼下还没有造成特别坏的影响。但如果编辑部坚持错误，长时间地，即使不是永久地，'留下后患'，必将有损于自己在俄国和欧洲的声誉和地位。……我恳切地建议重新审查这一问题，并在报上公开改变立场（发表格·季的文章，不署名，用编辑部的名义）。……只有虚荣心才会妨碍我们改正错误。假如让《光线报》总是能够拿我们的错误作把柄，那更加糟糕一千倍。错误改正了就好，不改正就会成为脓疮，有了脓疮，就要有勇气立即去做手

① 《列宁全集》第46卷，人民出版社1990年版，第176—177页。
② 《列宁全集》第9卷，人民出版社1987年版，第86页。
③ 《列宁全集》第45卷，人民出版社1990年版，第30页。
④ 《列宁全集》第9卷，人民出版社1987年版，第86—87页。

术。否则,《真理报》的很多朋友——著作家个人和出版机关中的朋友——都会与《真理报》的立场一刀两断,那样就很不妙了。”①

第二,深刻批判沙皇政府和资产阶级政府玩弄“言论出版自由”辞藻的虚伪性。在俄国第一次革命高潮的压力下,沙皇于1905年10月17日发布了《立宪宣言》,宣布公民享有言论、集会和结社等自由。然而,事实上,沙皇政府违反立宪宣言、压制无产阶级报刊的事件却屡见不鲜。对于沙皇政府的这种虚伪性,列宁不断地撰写声讨的文章,如1906年1月17日,他在俄国社会民主党人大学生的机关报《青年俄罗斯》创刊号上写了《工人政党及其在目前形势下的任务》的社论,揭露沙皇政府这一宣言的虚伪性:“那就是事态的发展彻底揭穿了10月17日宣言的全部虚幻性。立宪幻想已成泡影。反动势力大肆猖獗。”②“摆在工人政党面前的任务是十分明确的。打倒立宪幻想!”③列宁在批判沙皇“出版自由”虚伪性的同时,还高扬批判资产阶级“出版自由”的旗帜。

他用资产阶级政府压制《真理报》的事实来证明资产阶级的“出版自由”的虚伪性,“我们只有讲话的权利。现在连我们这种讲话的权利,他们也想剥夺……《真理报》不准运往前线。基辅‘代办员’决定不推销《真理报》。‘地方自治机关联合会’的书亭不出售《真理报》。而且人们向我们表示要‘有步骤地同列宁主义的宣传进行斗争’……(《工兵代表苏维埃消息报》)而一切自发的抗议,一切捣乱行为,不管它们发生在哪里,却都要归罪于我们。”④

他从经济运作的角度揭露资本家所宣扬的自由与出版自由的欺骗性,“资产阶级个人主义者先生们,我们应当告诉你们,你们那些关于绝对自由的言论不过是一种伪善而已。……生活在社会中却要离开社会而自由,这是不可能的。资产阶级的作家、画家和女演员的自由,不过是他们依赖钱袋、依赖收买和依赖豢养的一种假面具(或一种伪装)罢了。我们社会主义者揭露这种伪善行为,摘掉这种假招牌”⑤。“资本家(许多社会革命党人和孟什维克因无知或守旧而追随他们)把取消书报检查和各党派可以自由出版任何报纸叫作‘出版自由’。这实际上并不是出版自由,而是资产阶级富翁欺骗被压迫被剥削人民群众的自由。……因为出版报纸是资本主义的有利可图的大行业,富人把几百万几百万卢布投入这一行业。资产阶级社会的‘出版自由’就是富人有自由在每天数百万份

---

① 《列宁全集》第46卷,人民出版社1990年版,第289页。
② 《列宁全集》第12卷,人民出版社1987年版,第137页。
③ 同上书,第139页。
④ 《列宁全集》第30卷,人民出版社1985年版,第225页。
⑤ 《列宁全集》第12卷,人民出版社1987年版,第96页。

的报纸上有计划地不断地欺骗、腐蚀和愚弄穷人——被剥削被压迫的人民群众。……只要翻一翻《俄罗斯言论报》、《新时报》、《交易所小报》、《言语报》等等，就可以看到大量的私人广告，这些广告给出版这些报纸的资本家带来一笔巨大的甚至是主要的收入。世界上所有资产阶级报纸就是这样经营，这样发财，这样贩卖毒品毒害人民的。……问题不在于'出版自由'，而在于剥削者对他们占有的印刷所和纸张拥有神圣的所有权！！！"①在这里，列宁不但指出仅以取消书报检查为前提的资产阶级"出版自由"是不彻底的，而且从资产阶级报纸的经济运作这一角度深刻地揭露了资产阶级"出版自由"的虚伪性。

第三，对媒介进行批评始终遵守着客观、公正原则。如对于资产阶级的报纸，列宁一方面批判它们歪曲事实、观点动摇，另一方面，列宁又肯定它们对革命所进行的进步性的报道，"照旧谈论暴乱、暴动、骚乱的资产阶级报纸，也不能不看到它们的全国的以至国际的意义。要知道，正是这一点赋予事件以革命的性质。……这一斗争的历史必须以日计算。难怪有些外国报纸已经开始写'俄国革命日志'了。我们也要写这样的日志。"②

又如，列宁要求编辑处理论战双方的稿件时，一定要材料客观，态度公正，即便对反对者，也不能有偏见，"我极为担心，你们是不是得罪了普列汉诺夫！！波特列索夫谎话连篇，大肆诬蔑。可是，为什么不让普列汉诺夫说话？？这将是无可挽回的错误。"③

第四，强调新闻及时性和新鲜性的特征。作为新闻工作爱好者，列宁深知及时、新颖和独特是新闻事业的本质特征，因此，列宁在对媒介进行评价时，非常注意强调这些方面的要求。如他认为单调和迟误都是与报刊工作不相容的，因为报纸如果不及时，就是落后，而落后会招致毁灭；同时，他也认为报纸的随波逐流是一个大错误，他要求报纸应尽可能地刊登新鲜的事实和新颖的观点，"这里最主要的东西是：新鲜的事实、新鲜的印象、国外难以得到的专门材料……因此，这样的短文和短评永远也不会白费气力，因为我们总要用它们。"④

第五，对资产阶级报人丧失职业道德的行为，特别是资产阶级报刊的肮脏勾当给予痛斥。

1914年3月20日，列宁在《资本主义和报刊》中指出，资产阶级新闻事业的"活动家"一吵翻了，他们就会把"大"报纸的卖身求荣的丑态和肮脏勾当向公众

① 《列宁全集》第32卷，人民出版社1985年版，第227—230页。
② 《列宁全集》第9卷，人民出版社1987年版，第189—190页。
③ 《列宁全集》第46卷，人民出版社1990年版，第291页。
④ 《列宁全集》第45卷，人民出版社1990年版，第9页。

披露出来。如《新时报》的人员恩·斯涅萨辽夫由于盗用了公款，同《新时报》发生了争吵，很不体面地被解雇了。斯涅萨辽夫先生便装成一位“正人君子”，描绘了西方资本主义国家早已养成的习惯，当然，它们是在特别有利于黑暗现象的，极其卑鄙龌龊的收买、巴结等行为能够逍遥法外的条件下渗入俄国资产阶级新闻界的。在文中，列宁多次举例说明资产阶级报刊进行肮脏交易的行为，如有一次伦敦的马尔康尼无线电报公司的代表曾经请斯涅萨辽夫先生草拟一份俄国马尔康尼公司的章程和一份有利于这个公司的租让企业的草案。“这项工作的报酬规定为1万卢布……而且达成了协议。”① 为了这笔钱，不仅斯涅萨辽夫把自己出卖给资本家了，而且整个《新时报》也把自己卖出去进行“维护租让企业的运动”了，该报得到的好处是电报减价50%和一个有5万卢布股票作为报酬的公司创办人的“席位”。又如，1912年起，《新时报》“利用”了它在政界中的幕后势力和熟人关系获得了刊登土地银行广告的优先权。这种优先权“就成了一种津贴。因为按规定广告应该刊登在销路最广的报纸上。而《新时报》当时并不是销路最广的报纸”②。最后，列宁辛辣地嘲笑道：“盗贼，男娼，卖身投靠的文痞，卖身投靠的报纸。这就是我们的‘大报界’的真相。”③

三、建设时期：围绕经济工作而开展

随着俄国十月革命的胜利，俄国无产阶级政党夺取政权的事业宣告结束，世界历史上出现了第一个无产阶级专政的社会主义国家，紧随着的就是要担负起管理国家和建设国家这个任务。随着党的工作重心的转移，党报党刊的任务和作用自然也应发生变化。于是，列宁此时提出，报刊应当成为社会主义建设的工具，这就要求报刊应“由主要报道日常政治新闻的工具，变成对人民群众进行经济教育的重要工具”，“应当而且一定要把报刊从发表耸人听闻的消息的工具，从报道政治新闻的普通工具，从驳斥资产阶级谎言的工具，变成在经济上重新教育群众的工具，变成向群众介绍如何按新的方式组织劳动的工具。”④ 因此，媒介内容是否有利于经济教育和经济工作自然就成了列宁这一阶段的媒介批评的主要依据。

列宁虽然对报纸及时提出了把工作重点放在进行经济教育上的要求，但由于旧习惯、旧传统和资产阶级报刊的影响，苏联报刊并未随着形势的改变而及时

① 《列宁全集》第25卷，人民出版社1988年版，第9页。
② 同上书，第10页。
③ 同上书，第11页。
④ 《列宁全集》第34卷，人民出版社1985年版，第135，137—138页。

调整编辑方针，其表现是，苏联的报刊也和旧的资产阶级报刊一样，继续用过多的篇幅和注意力来报道政治上的一些琐事、政治领导人物的一些个人问题。针对这种现象，列宁分析指出，各国资本家之所以这么做，是为了“竭力利用这些东西来转移人民群众的视线，使他们忽视自己生活中真正重大而深刻的根本问题。”为此，他一再强调，为苏维埃群众服务的报刊，对于政治领导人员的问题，对于无关紧要的政治措施，即各个政治机关的日常工作和例行公事，应当少费一些篇幅。[①]“老一套的政治鼓动，即政治空谈，占的篇幅太多了，而新生活的建设，建设中的种种事实，占的篇幅太少了。……少谈些政治。政治已经完全‘明朗化了’，它已归结为两个营垒的斗争，即起义的无产阶级和一小撮奴隶主资本家（及其狐群狗党直到孟什维克等等）的斗争。关于这种政治，我再说一遍，可以而且应当谈得十分简短。”[②]对于如何简短地报道这种政治，列宁说得非常详细，“为什么不用20—10行，而要用200—400行来报道呢？这些事情要报道，这方面的每一个新事实要指出，但不必长篇大论，不要老调重弹；而对那些众所周知的、已有定论的旧政治的新表现，用‘电报体’写上几行抨击一下就可以了。”[③]

列宁不但号召报刊要多谈经济，而且指出这种经济报道不是“一般的”议论，也不是学者的评述、知识分子的计划，而是新生活实际建设的各种事实，譬如“在新经济的建设中，大工厂、农业公社、贫苦农民委员会和地方国民经济委员会是否真有成绩？有哪些成绩？证实了没有？其中有没有虚构、夸大和书生式的许诺？……成绩是怎样取得的？怎样扩大的？”[④]

对于怎样报道经济，列宁对新闻工作者提出了非常具体的要求：报刊既要宣传正面典型，发挥榜样的力量；又要成为“黑榜”，发挥批评的力量。一方面，报刊既要详细介绍模范公社的一切成绩，研究它们成功的原因和它们经营的方法；另一方面，报刊要把那些坚决保持“资本主义传统”，即无政府状态、好逸恶劳、无秩序、投机行动等的公社登上“黑榜”。正是建立在这样的基础上，列宁提出了要让报刊成为各公社、各工厂竞赛阵地的观点。

在宣传正面典型这一点上，列宁认为资产阶级的报刊有许多值得学习的地方：“请看看资产阶级。他们多么善于宣扬他们所需要的东西！资本家在他们发行千百万份的报纸上对他们心目中的‘模范’企业大肆赞扬，把资产阶级的‘模范’机构当作民族的骄傲！我们的报刊却不注意或者说几乎完全不注意报

① 参见《列宁全集》第34卷，人民出版社1985年版，第135—136页。

② 《列宁全集》第35卷，人民出版社1985年版，第91—92页。

③ 同上书，第91页。

④ 同上书，第92页。

道那些最好的食堂或托儿所,不断促使其中一些机构成为模范机构,为它们作宣传。至于模范的、共产主义的工作,在节省人力方面,在便利使用者、节约产品、把妇女从家庭奴隶境遇中解放出来、改善卫生条件等方面正在作出什么成绩,能够作出什么成绩,以及如何将这一切推广到全社会,推广到全体劳动群众中去,报刊也没有详细报道。"[①] 从列宁的举例中,我们可以看出他对后方工人从事社会主义建设的模范行为是多么的赞赏,哪怕是做好了非常不起眼的日常工作,也让他兴奋不已。

虽然已经剥夺了剥削者的权利和财产,土地和工厂不再是私有财产,但有些工厂在国有化以后仍然没有改变资本主义社会陈旧的、无用的工作方法或偷懒方法,是散漫、涣散、肮脏、胡闹和懒惰的典型。然而,当时的报刊对于这些却默不作声,即使谈到,也是用官僚式的敷衍态度。针对这种令人痛心的情景,列宁号召报纸要设立揭发坏典型和落后工厂的"黑榜",他说:"我们不善于象资产阶级那样在报纸上进行阶级斗争。请回想一下,资产阶级是怎样出色地在报刊上抨击自己的阶级敌人,怎样讥笑他们,侮辱他们,置他们于死地的。而我们呢?从资本主义到社会主义的过渡时期的阶级斗争,难道不正是要反对那些顽固坚持资本主义传统(习惯)、仍然用老眼光看苏维埃国家(替'它'干活要少些差些,从'它'那里捞钱则多多益善)的极少数工人、工人集团、工人阶层,以捍卫工人阶级的利益吗?即使是在苏维埃印刷所的排字工人中间,在索尔莫夫斯克和普梯洛夫等工厂的工人中间,这样的坏蛋难道还少吗?这样的坏蛋我们抓住了多少?揭露了多少?搞臭了多少?"[②] 他指出,报刊不同这些"资本主义传统的保持者"作斗争,就是没有尽到自己的职责;只要默不作声地容忍这样的工厂,就不是共产主义者的刊物。因此,列宁认为,目前的当务之急就是"报刊应当成为我们加强劳动者的自觉纪律、改变资本主义社会陈旧的即完全无用的工作方法或偷懒方法的首要工具,它应当揭露每个劳动公社经济生活中的缺点,无情地抨击这些缺点,公开揭露我国经济生活中的一切弊病,从而呼吁劳动者的舆论来根治这些弊病。"[③]

同时,列宁还要求报纸不仅要提供有关经济的经常而真实的材料,而且要科学地分析、整理这些资料,并得出正确的结论,如他在给苏联劳动国防委员会的机关报,即《经济生活报》的编辑部的信中说:"这张报纸提供了大量有关我国经济情况的极有价值的材料,其中包括统计材料。但是这些材料有两个

---

① 《列宁全集》第37卷,人民出版社1986年版,第22页。
② 《列宁全集》第35卷,人民出版社1985年版,第92页。
③ 《列宁全集》第34卷,人民出版社1985年版,第136页。

缺点：一是带有偶然性，不完全和不系统；二是没有经过整理和分析。”①在信中，列宁不仅举例证明自己对报纸的评价的正确性，还对报纸以后如何改进进行了逐条说明。

在建设时期，列宁通过媒介评价活动，对报纸为什么要进行经济报道以及如何进行经济报道作了详细、透彻和不厌其烦的分析、阐述，并多次举例说明。同时，列宁以下方面的媒介批评观点独到、深刻，是对建党时期和夺取政权时期的媒介批评思想的发展和深化。

首先，从阶级性的角度来分析资产阶级报刊和资产阶级出版自由的本质。在《论我们报纸的性质》一文中，列宁指出："在‘资产阶级的美好的旧时代’，资产阶级报刊决不涉及‘最神圣的东西’——私人工厂和私人农场的内幕。这种惯例是符合资产阶级利益的"②。

在社会主义建设时期，列宁已经对“无产阶级专政时期如何实现出版自由”这一问题进行了深入的思考。运用对比的方法，他对资产阶级出版自由的虚伪性有了比夺取政权时期更深刻的认识。在《关于出版自由的决议草案》中，他一针见血地指出：资本家的“自由”是富人发财的自由和工人饿死的自由，而资产阶级的“出版自由就是富人有出版报纸的自由，就是由资本家霸占报刊。”这种霸占的结果是“使包括最自由的国家在内的世界各国到处都有卖身投靠的报刊”③；所以，“只要最好的印刷所和大量的纸张被资本家霸占，只要资本还保持着对报刊的控制（在世界各国，民主制度与共和制度愈发达，这种控制也就表现得愈明显，愈露骨，愈无耻，例如美国就是这样），这种自由就是骗局。”④因此，列宁认为，要彻底地实现出版自由，工农政府必须“使报刊摆脱资本的压迫，把造纸厂和印刷厂变成国家的财产，让每一个达到一定人数（如1万人）的公民团体都享有使用相应数量的纸张和相应数量的印刷劳动的同等权利。”⑤为了保证苏维埃政府的出版自由不具有虚伪性，不为资本所控制，列宁提出设立调查委员会，定期调查刊物同资本的联系，调查它们的经费和收入来源。

第一次世界大战刚刚结束，各资本主义国家纷纷抡起“大棒”扼杀无产阶级报刊，面对这种情景，列宁愤怒地把揭露、批判的“匕首”投向号称“民主、自由、和平”的资本主义国家，“在最先进的资本主义国家中，工人报刊的状况特别明

① 《列宁全集》第42卷，人民出版社1987年版，第131页。
② 《列宁全集》第35卷，人民出版社1985年版，第91—92页。
③ 《列宁全集》第33卷，人民出版社1985年版，第47页。
④ 《列宁全集》第35卷，人民出版社1985年版，第488—489页。
⑤ 《列宁全集》第33卷，人民出版社1985年版，第47页。

显地说明资产阶级民主下的自由和平等完全是假的，说明必须经常把合法工作和不合法工作结合起来。无论在战败国德国或在战胜国美国，为了取缔工人报刊，资产阶级国家机构都使尽了全部力量，金融大王施展了一切伎俩：司法追究，逮捕编辑（或雇用凶手来杀害他们），禁止邮寄，没收纸张，如此等等。此外，日报所需要的新闻资料都掌握在资产阶级通讯社手里，广告又由资本家'自由'支配，而大型报纸没有广告是弥补不了亏空的。总之，资产阶级正在用欺骗，用资本和资产阶级国家的压力，来取缔革命无产阶级的报刊。"①

总之，对于出版自由，列宁提出一定"要弄弄清楚是什么样的出版自由？是干什么用的？是给哪一个阶级的？"②

其次，列宁在开展媒介批评时，主张新闻报道"贴近生活，贴近群众"。列宁曾多次批评报刊充斥各种政治空谈和政治高调，而缺乏报道平凡的日常生活、日常工作的现象，"我们很少用现实生活各个方面存在的生动具体的事例和典型来教育群众，而这正是报刊在从资本主义到共产主义的过渡时期的主要任务。我们很少注意工厂、农村和连队的日常生活，这里创造的新事物最多，这里最需要关心、报道和公众的批评，最需要抨击坏人坏事，号召学习好人好事。"③

当列宁看到《真理报》所刊载的《用革命精神从事工作（共产主义星期六义务劳动）》这篇文章时，他异常高兴，"这是非常重要的开端。这是比推翻资产阶级更困难、更重大、更深刻、更有决定意义的变革的开端，因为这是战胜自身的保守、涣散和小资产阶级利己主义，战胜万恶的资本主义遗留给工农的这些习惯。……我们从这里无疑地可以看到共产主义建设的一个极其重要的方面，对于这个方面，我们的报刊没有充分地加以重视……我们的报刊很少向腐朽的资产阶级民主的这些腐朽的残余开战，很少支持普通的、质朴的、平凡的但是生气勃勃的真正共产主义幼芽。"④

因此，列宁一再号召新闻工作者多接近生活，多注意工农群众怎样在日常工作中实际地建设新事物，多注意些极平凡的但是生动的、来自生活的、被生活检验过的共产主义建设事实。他说："模范的生产，模范的共产主义星期六义务劳动，对取得和分配每普特粮食所表现的模范的认真负责态度，模范的食堂，某个工人住房和某个街区的模范的清洁卫生工作，——这一切是我们的报刊和每个工人和农民组织应当比现在更加十倍注意和关心的对象。"⑤

---

① 《列宁全集》第 39 卷，人民出版社 1986 年版，第 190 页。
② 《列宁全集》第 42 卷，人民出版社 1987 年版，第 85 页。
③ 《列宁全集》第 35 卷，人民出版社 1985 年版，第 93 页。
④ 《列宁全集》第 37 卷，人民出版社 1986 年版，第 1、10—11、20 页。
⑤ 同上书，第 22 页。

第四章 当代资本主义国家媒介批评实践

资本主义制度的建立，进一步扩大了世界范围内的物质和精神交往。随着生产力水平的提高和科学技术的进步，大众传播媒介因印刷技术的极大改进，以及电子技术的武装，而成为先进的科学技术的产物。在这一情形下发展起来的现代新闻传播业，其社会作用亦日渐重要，乃至发展成为引领社会思潮、干预社会各项事业的一种无所不在的社会活动。"书籍有它的全盛时期，戏剧有它的全盛时期，宗教的教堂也有它的全盛时期，然而，在伟大的人类思想与人类文明运动中，报纸能够凌驾于这一切之上。"①"若由我来决定我们是要一个没有报纸的政府，还是没有政府的报纸，我会毫不迟疑地宁愿选择后者。"②无论是报业老板班内特，还是美国总统杰斐逊，都对新闻传播媒介的作用作了虽然夸张但却在一定程度上反映现实的描述和比喻。

鉴于自19世纪到当今时代，以美国为代表的西方新闻事业，经历了从党派报刊相互攻讦，到廉价报刊"黄色新闻"泛滥成灾，再到大众传播业弱肉强食、兼并集中，走向垄断以至于威胁新闻自由、干涉国家内外政策的历史发展和现实状况，西方新闻传播业界内外，逐渐形成了有必要对新闻传媒业实行"他律"和"自律"的共识。在20世纪初出现的社会责任理论基础之上建立起来的新闻伦理道德规范，是西方新闻传媒业开始寻求"自律"的一种自觉。而媒介批评作为对大众传播业进行约束和监督的实践，和法律规范、政府管理、行业自律一道，形成了一套对大众传媒业实行制约的完整的监督体系。

第一节 当代美国媒介批评实践

在美国，媒介批评的繁荣被视为民主社会的骄傲。《哥伦比亚新闻评论》

---

① 美国《纽约先驱报》创办人班内特之名言，转引自〔美〕J. 赫伯特·阿特休尔：《权力的媒介》，黄煜、裘志康译，华夏出版社1989年版，第62页。

② 美国总统托马斯·杰斐逊之名言，转引自〔美〕J. 赫伯特·阿特休尔：《权力的媒介》，黄煜、裘志康译，华夏出版社1989年版，第32页。

(*Columbia Journalism Review*)曾用“千万种声音鲜花般盛开”来形容其兴旺。[1]如今,用Google搜索引擎输入“media criticism”(媒介批评),网上与其相关的网页就达6970万项,而报纸、广播、电视、期刊、书籍上媒介批评的内容更是不计其数。鉴于美国媒介批评实践庞杂的特点,以下拟从体制和内容两方面分别予以介绍和研究。

一、媒介批评体制

在当代美国社会,新闻业被当作第四种权力,享有“无冕之王”的特权,但是它也受法律规范、政府管理、行业自律、媒介批评的制约和监督。在这个看似完整的制约体系中,法律规范、政府管理是来自外界力量的监督,称之为媒介的“他律”,行业自律是来自新闻媒介行业内部的监督和制约,称之为媒介的“自律”。媒介批评这种监督制约和前述三者不同,它既有来自新闻业界内部的批评,又有来自非新闻业界的批评,因而它是“自律”和“他律”相结合的一种媒介监督机制,而且这种监督机制已经形成了有组织的体制。美国的媒介监督组织体制由四个方面构成:(1)行业外监督组织的批评;(2)媒介行业内部的批评;(3)新闻委员会和业内专业组织的批评;(4)个人的批评。这四种不同的监督主体有不同的运作方式,它们的批评取向亦不相同,以下作简述:

(一)行业外监督组织的批评

美国监督和批评媒介的组织,多为行业外的机构。其中影响较大的有两个:一个是美国的“媒介研究中心”(Media Research Center,MRC),另一个是“公正和精确报道”组织(Fairness & Accuracy in Reporting,FAIR)。

为了解美国媒介行业外监督组织的运作机制,我们详细介绍FAIR。[2]

FAIR是美国业界外媒体监督组织中一个重要的机构。

1. 宗旨与基本立场

总部位于美国纽约市的FAIR组织,成立于1986年,是一个全国性的媒介监督组织。它的主要工作是针对媒介的偏差现象及审查制度提供有具体资料作为根据的批评。通过批评那些置大众的利益,少数的、不同的意见于不顾的媒介

---

① 参见谢静:《建构权威·协商规范——美国新闻媒介批评解读》,“导言”,http://dlib.cnki.net,中国优秀博硕士学位论文全文数据库。

② FAIR设有网址、资料库与网络讨论组,网址为:http://www.fair.org/index.html。

行为,来彰显美国宪法第一修正案的精神。[①]

FAIR 的基本立场是相信独立、批判的媒介是发展民主的必要条件。但现实的状况是,主流的媒体多臣服于经济与政治力量之下,新闻产业之间的并购越来越剧烈,因而限制了言论的丰富性。美国的媒介被利益至上的集团与广告商所控制。因此,FAIR 希望能撼动主流媒介,它要将主流媒介所忽略的重要新闻展现出来,并保护媒介从业人员不受干扰。

因此,FAIR 相信必须进行一场结构性的改革,以打破媒介集团的垄断,建立起独立的公众传播系统,从而倡导一种强大的、非营利性的、可供选择的信息来源,以此维护媒体言论的多元性。他们的主要工作是详细观察媒介的运作,寻找公司老板控制或影响媒介的证据,并调查公司的偏见是如何影响了新闻报道的多样性,从而提供以具体资料为基础的有针对性的批评。

2. 运作方式与工作内容

作为全国性的媒介监督组织,FAIR 通过多种方式开展媒介批评活动。

(1) 出版媒介批评杂志 *Extra*!

Extra! 是 FAIR 的一份很有影响力的双月刊杂志,从 1987 年开始出版。它关注新闻中的主要事件,质疑那些窄化新闻信息源、事件、报道角度的传统的观点。它检查有偏见性的报道和经过审阅的新闻,关注公司经营者和广告商对媒介的控制等。*Extra*! 不依靠广告商和公司获得资金,而是依靠订阅人获得收入。发行 *Extra*! 是 FAIR 维持运行的重要经费来源之一。

(2) 制作媒介批评广播节目 *CounterSpin*

CounterSpin 节目每周播出一次,每次播出半小时。节目通过美国和加拿大近 130 家电台放送,内容主要是批判性地检查每周报道的重要新闻,揭露主流媒体忽略的报道。*CounterSpin* 广播节目的特点是生动的讨论和严肃的批评相结合。关注的焦点包括:有偏差和不正确的新闻、新闻审查、新闻报道中的性别歧视、种族歧视、公司对媒介的影响、电视新闻狭隘的政治议题、对言论自由的侵犯等。

(3) 与媒介工作者的接触和对话

在持续地挑战新闻内容的偏差与检查的努力中,FAIR 一直保持与全国的媒介新闻从业人员的沟通与对话。他们建议媒介工作者如何去扩展、改进并促进媒介议题的多元化,并给予另类媒介以鼓励。

---

① 美国宪法第一修正案(1791 年)的规定如下:"国会不准制定有关下列事项的法律,即确立一种宗教或禁止信仰自由;限制言论自由或出版自由;或限制人民和平集会的权利以及向政府请愿的权利。"转引自邱小平:《表达自由——美国宪法第一修正案研究》,北京大学出版社 2005 年版,扉页。

另外,FAIR 的发言人、FAIR 的负责人、*CounterSpin* 的节目制作人、专栏作者等,都经常参与一些全国性或地方性的电视与广播节目,论辩媒介的议题,同时也在许多报纸的言论广场上发表评论文章。FAIR 通过这些与其他媒介的交流机会,提出与媒介组织有关的批判性思考。

(4) 媒介监督的行动

与别的专业组织不同,FAIR 既和记者也和受众联系紧密,鼓励受众就他们疑惑的问题与媒介接触,不只做被动的新闻消费者,也应成为媒介的参与者。FAIR 还经常主持一些自由公开的讨论会,邀请发言人对一些热点问题的报道做出回应。讨论通常以媒介批评的视角开展,话题包括媒体报道过的科索沃战争、艾滋病药物、非洲和哥伦比亚的"药战"、2000 年大选等,所有的讨论都是向公众开放的。

(5) 利用网络开展媒介批评

除了创办杂志、组织公众参与媒介批评实践活动外,网络成为 FAIR 开展媒介批评的重要手段之一。从 FAIR 网站(http://www.fair.org/)的"公正和精确报道介绍"("What's Fair")可以得知,它运作的构架主要有以下几个部分。

① 制作和发行媒介批评杂志 *Extra*!的网络版(见图 1)

Extra!杂志为双月刊,在没有发行 *Extra*!的单月份,订户会收到一份电子报(newsletter)[①]——*Extra*! *Update*,它包含对突发性新闻报道的批评以及对 *Extra*!有关内容的追踪调查。

图 1 FAIR 网站 *Extra*!杂志网络版 2006 年版主页

---

① 电子报是一种以电子邮件的形式,仅面向订户发送的周期性刊物,其内容通常是针对性极强的信息资讯。

在 *Extra*！的网络版上，可以轻松地搜索到该杂志自 1987 年创刊以来发表的大部分媒介批评文章（其余部分的文章只提供印刷版）。

Extra！网络版还详细地列出了杂志 170 多位媒介批评作家的名字，点击名字，可以看到他们的简介，并可以阅读他们的批评文章。

② 在线收听广播节目 *CounterSpin*

目前，*CounterSpin* 的播送范围包括美国和加拿大的近 130 家非商业性质的电台，在其网页上可以找到这些电台的名称、频率和播放时间，电台播放的大部分内容还可以在线收听，也可以以 mp3 的格式下载。网站为每篇报道附上了简要的文字说明，对相关新闻事件背景还提供了链接，方便公众更好地了解事件真相，参与批评。

③ 通过“媒介行动”（Media Activism）板块指导大众有效地开展媒介批评

FAIR 不仅希望大众阅读 FAIR 所做的批评，更鼓励他们成为行动者，参加到对媒体的评判中，并把意见和想法反映给大众媒介。因此，FAIR 网站设置了“媒介行动”栏目板块，给大众提供了开展媒介批评的网络园地。该栏目板块包括以下子栏目：

“媒介咨询”（Media Advisory）：提出媒介日常运作中新发现的问题，研究包括媒介产业制度、社会歧视、经济贸易和国际性问题等。

“媒介警告”（Media Alert）：对媒介违反公正、自由、平等规则的行为予以曝光。

“网络新闻资源”（Online News Sources）：提供国内外一些主流和非主流媒体的网址链接，如路透社、法新社等，以及为 FAIR 进行媒介批评提供依据和资料来源的相关网站链接，如“批评者日志”（The Daily Howler，http://www.dailyhowler.com）[①]、“媒介频道”（Media Channel，http://www.mediachannel.org）[②]等。

“媒介行动小组”（Media Activism Group）：列出了除 FAIR 之外，美国其他的媒介监督组织的名称、地点、电话、网址、电子邮箱等，方便大众与当地组织保持联系。如“芝加哥媒体监督组织”（Chicago Media Watch）、“市民媒介中心”（Civic Media Center）等。

“媒介行动必备”（Media Activism Kit）：指导大众发现和记录失实和不公正

---

① 专门剖析媒介弊端的美国在线专栏。

② 美国创办的探讨媒介问题的网站，收集了来自世界各国数百家媒体组织的媒介批评文章、突发新闻报道和深度报道。

的新闻报道,并对之提出质疑。呼吁大众支持建立独立媒体,向主流媒体[①]挑战。

"媒介联络表"(Media Contact List):列举了美国各电视网、国家电台、报纸、杂志、通讯社的联系方式,包括地址、电话、传真和电子邮箱等。电视网如哥伦比亚广播公司(Columbia Broadcasting System, CBS)、美国广播公司(American Broadcasting Company, ABC)、美国有线电视新闻网(Cable News Network, CNN),报纸如《华盛顿邮报》(*Washington Post*)、《今日美国》(*USA Today*)、《纽约时报》(*New York Times*),以及通讯社如美联社和合众社等。FAIR 呼吁大众及时把想法和意见反映给媒体。

"鼓励批评电台:行动者指南"(Challenging Hate Radio: A Guide for Activists):为参与媒介批评的行动者提供指南。该栏目列举了 10 条措施和办法,号召大众多听、多看、多读、多记,记录媒体不良言行,与媒体沟通联络,让媒体了解受众的想法和意见,在得不到回应的情况下,还可以通过游行、抗议的方式对媒体施加压力。

④ 设置"媒介批判"(Media Beat)专栏

在 FAIR 的网站上设置了这个专栏,它是论述媒介和政治关系的辛迪加专栏。这个由诺曼·索罗门(Norman Solomon)和杰夫·科恩(Jeff Cohen)共同撰稿的周刊性质的专栏长期以来备受关注,专栏主要对媒体报道中的偏颇、失实报道进行评价与揭露,所载的文章经常被美国国内报纸转载,影响很大。

⑤ 设置"媒介观点"(Media View)专栏

该专栏从美国各大小媒体的网站上收集当下最新的媒介批评焦点和新闻事件主题。FAIR 声明对所链接文章保留自己的观点,呼吁更多的人加入到激烈的讨论与批评中来,发表自己的观点,与媒体互动。

⑥ 设置"FAIR 博客"(FAIR Blog)专栏

该专栏主要包括 Archives(媒体观点存档)、Categories(主要话题种类)和 Blogroll(博客链接)三部分。专栏首页推出的是 Blogroll 中最热门的相关信息或评论。

Blogroll 聚焦于网络中值得注意并能引发评论的最新事件,主要提供各位博主的观点。它鼓励普通公民或相关专业人士开设博客来贡献他们的想法和意见,但 FAIR 网站保留删除不当评论的权利且重点推出最有时效性的评论。感兴趣的网友可以通过 RSS 订阅该专栏博客的内容。

---

① 主流媒体,单从学术角度来分析,是指那些与影响整个社会文化发展的大体趋势保持同步的媒体。然而,在美国,主流媒体通常被表述者赋予了另外的含义。如一部分媒介批评者通常将主流媒体看做是那些被大型跨国公司所控制的媒体。在本章中,如未作特殊说明,均采用后一种解释。

Categories 将专栏中的信息进行分类,包括“广告商”、“奥巴马”、“经济”、“选举”、“环境”、“性别”等 25 个不同类别,网友可以选择自己感兴趣的专题浏览。

在进入博客前,FAIR 还开设了 Archives 这一板块。此版虽然没有博客那样强的互动性,但包含大量媒体偏见报道与尖锐的媒体批评评论资料。使用者可以在进入博客浏览或成为博客作者之前阅读该板块提供的信息资料。

(二) 媒介行业内部的批评

新闻评论在行业内扮演着媒介监督者的角色,这些评论主要是由媒介专家为媒介行业撰写的。这些专家大部分在高等院校内建立了专门的媒介批评刊物,通过批评文章开展媒介监督活动。《哥伦比亚新闻评论》(*Columbia Journalism Review*, CJR)作为美国最早创立也是最知名的全国性媒介批评刊物,是行业内媒介批评的典型代表。

《哥伦比亚新闻评论》杂志是在哥伦比亚大学新闻研究生院的赞助下于 1961 年成立的,它不仅逐日检查媒体的行为,而且也检查政治、经济、技术、社会、法律等其他各种力量对媒体行为的或好或坏的影响。

《哥伦比亚新闻评论》拥有一批敬业的专业记者、编辑,该杂志一年出版 6 次,内容包括新闻报道、分析、批评和评论。

《哥伦比亚新闻评论》尽管发行量不大,只有 28000 名订户,但杂志创造性的报道和怀疑态度很受欢迎。该评论经常对媒体进行质疑,对重大新闻的报道进行深刻的分析和批评,并对整个新闻界给予有利的指导,由此受到尊重。它吸引了一大批著名记者来撰稿和编辑刊物。

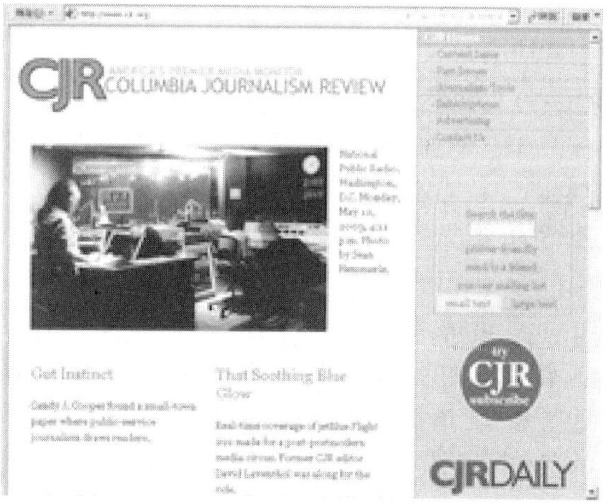

图 2　《哥伦比亚新闻评论》网络版主页

经过四十多年的发展,《哥伦比亚新闻评论》已经形成比较成熟的新闻评论类杂志特色。根据《哥伦比亚新闻评论》网站(http://www.cjr.org/)(见图2)资料可以看到,它的栏目设置主要包括以下五个部分:特别报道、文章、声音、书籍和趋势。

1. 特别报道:围绕媒体现状和媒介问题的一个重要焦点而做出的全方位报道、分析,每期一个话题,一期中针对同一个话题做出观点文章、现状剖析、资料或背景介绍、现象透视以及趋势预测;他们关注的话题范围涉及媒介的方方面面,曾做过的特别报道话题包括:杂志写作、民意问题、"美国在线"的影响、新闻业调查、纽约新闻界规则、美国新闻史、经济时代的新闻、"9·11"事件前后的新闻界、网络媒体面对现实、自我审查、批评家、体育新闻等。

2. 文章:每期两三篇不等,内容十分广泛,包括记者、媒介批评家撰写的批评文章,杰出新闻界人士的访谈或介绍文章,新媒体的介绍,媒介事件现象的评述,记者报道实录,媒体个案分析等。

3. 声音:媒体批评家所写的分类批评文章或相关介绍,一般由报纸、杂志、电视、新媒体、听众、调查、个案研究、职业生涯等组成,每期刊登四五篇文章,涉及不同类型的媒介批评,有时会根据需要增加一些特殊类型,比如战争、选票等。

4. 书籍:对新闻业务图书、专著的介绍和评论。

5. 趋势:了解媒介发展趋势的一个小专栏,每期刊登四五篇文章,内容涉及对新媒介的评论、广播和广播人的介绍、国外媒体、新闻法、网络批评、艺术批评、信件等,有时也会刊登新闻界人士的讣告。

(三) 新闻委员会和业内专业组织的批评

美国的职业记者协会(Society of Professional Journalists,SPJ)的下设机构道德委员会,以监督记者行业操守、倡导道德规范为使命,是代表专业性组织对媒介进行监督的一种类型。职业记者协会成立于1909年4月17日,是美国人数最多、规模最大的全国性新闻组织。其下设的道德委员会成员致力于规范媒介和从业人员的道德行为,彰显媒介的规则和行为标准。它主要通过以下几种方式监督媒介:

1. 制定严格的职业道德条例

道德委员会制定了详细的道德条例来规范新闻工作者的职业行为。如果新闻工作者破坏了这些条例,道德委员会就会对违反道德条例的行为进行批评。道德委员会制定的条例主要有:

(1) 发现并报道真相:记者们应该公正、勇敢、诚实地搜集、报道、复述信息;

(2) 减少伤害:记者应该尊重消息提供者、当事人和合作者;

（3）排除干扰：在各种利益的干扰面前，记者应该把大众的知情权放在首位；

（4）要负责任：记者应对他的读者、听众、观众负责。

道德条例自1926年第一次颁布至今，已被修订过几次，直至1996年在职业记者协会全国会议上，经过协会会员几个月的研究和讨论后，才确定为现在的内容。职业记者协会认为这些条例能督促记者去发现真相，减少伤害，独立而负责任地进行如实的报道。这些道德条例已经得到美国数以千计的记者、编辑和其他业内人员的支持与遵守。

2. 开辟道德热线

道德委员会有三十多个在职和已退休的记者或新闻教育者，他们以自己的洞察力和经验，引导新闻工作者去理解和遵循道德行为规范。职业记者协会努力保证记者依据高标准规范自己的行为。自从1996年道德条例修订后，道德热线已经帮助许多记者在涉及道德的问题上做出了选择。

3. 开展各种会议和活动以宣扬职业精神

除了开辟道德热线以外，职业记者协会还组织一些全国和地方性的道德讨论，发起奖励活动，并且在该协会的网站上设立专栏来讨论道德问题。他们召开不同形式的会议，包括职业记者协会全国会议、道德委员会针对一些报道的特别讨论会以及每年的奖励大会等，来宣传社会规范与记者的行为准则。

为了号召大家遵守职业道德，并且维护言论自由和信息的自由流通，职业记者协会通过它的信息自由部门、法律保护基金会和不计其数的项目做了大量工作。协会还出版了一份《遵守新闻职业道德个案分析手册》，作为记者的道德规范指南。

4. 研究和监督媒介

职业记者协会道德委员会监督全国的新闻媒介，包括报纸、杂志、电视和广播，并且定期提出研究报告，公布在网站上。

另外，在美国，新闻评议会作为新闻界为加强新闻自律而采取的一项措施，也发挥着监督和批评媒介的作用。不过，新闻界人士却对此态度不一，美联社、合众社、哥伦比亚广播公司等新闻媒介支持新闻评议会的活动，而《纽约时报》、《洛杉矶时报》等新闻媒介则持反对态度。《纽约时报》认为全国新闻评议会等类似组织妨碍了报社的编辑自主权，对有关报道不公允的指控可由报社自己处理，因而拒绝同新闻评议会合作。不少新闻媒介尝试在内部设置专职的督察员或道德顾问，以加强自律，督察员作为新闻媒介与广大受众间的桥梁，其职责是搜集、调查受众对媒介的反应与指控，有时也兼做调解工作。其调查结果将写成报告呈交该媒介的主办人，偶尔也公开发表。道德顾问的职责与督察员基本相同,主要是检查与指导新闻从业人员的职业行为,使之符合道德要求。在这种情况下,全国新闻评议会和各地的社区新闻评议会的处境十分艰难,虽然在实际工作中发挥了一定的道德监督作用,但是因内部缺乏资金和人员,外部得不到新闻媒介的支持与合作而步履艰难。美国的全国新闻评议会成立了十几年后,于1984年解散。目前剩下明尼苏达的新闻评议会还在继续工作着。

1971年成立的明尼苏达新闻委员会(The Minnesota News Council),是美国新闻评议机构中历史最悠久的一个,其宗旨在于创造一个新闻媒介和公众能够互相监督的讲坛,以提升新闻媒介的公正、严格和可信程度。它的基本观点是:健康的民主需要公正、严格和可信的媒介,如果媒介能在促进社会机构提高责任感方面帮助公众,那么公众将受益;媒介会因自身的责任意识而受益;媒介和公众的互动将导致新闻记者的活动非神秘化,增进相互间的理解和信任;公众讨论在传播和促进媒介公正方面比法庭更有效;为使评议会独立于政党之外,评议会必须独立于政府,寻求广泛的经济支持。为此,明尼苏达新闻委员会用各种各样的形式给感到自身权益受到新闻报道侵害的公众以投诉机会,其主要运作方式是:组织评议会听取公众对于新闻报道的投诉,提供公众和媒介互相学习、互相探讨的教育机会;鼓励公众提出较高的新闻职业道德标准。

(四) 个人的批评

在美国的媒介监督体制中,一些热衷于媒介批评的人士,也建立自己的个人网站,开展批评活动。其中两个影响广泛的个人网站——"改革"网站(http://www.reform.com)和"透明"网站(http://www.transparencynow.com)就是由一个名叫肯·赛思(Ken Sanes)的人开办的。他是一个独立的媒介批评理论家,从1978年到1989年间在报界工作,曾做过编辑和专栏作家,他给《波士顿环球报》(*Boston Globe*)和《圣地亚哥联合论坛报》(*San Diego Union-Tribune*)等报刊撰写了大量的文章,批评新闻媒体捏造事实和沉溺于凶杀报道等不良现象。

"改革"网站声称:"美国需要在其公共机构,包括政府、媒体、文化机构和市场体制等各个领域进行改革。本网站提供原则性的批评和评论以助于达成此项目标,它还揭示隐藏在媒介中的深层次含义,以便受众弄清楚互联网、电视和报纸的所作所为。"① "改革"网站的版权归肯·赛思所有。"改革"网站还和"透明"网站相链接。"透明"网站是肯·赛思于1997年创办的,该网站包含有关媒介和文化的理论。两个网站的专栏和大部分文章出自肯·赛思之手。例如:肯·赛思于2002年2月28日发表了一篇题为《大媒介和坏批评》("Big Media

① http://www.transparencynow.com/reform/.

and Bad Criticism")的文章,批评网上杂志 *Slate Magazine* 的值班编辑杰克·西佛(Jack Shafer)设置的"大即是美"(Big is Beautiful)专栏的观点。肯·赛思认为:该专栏读起来就像是那些当今居于垄断地位媒体的宣传阵地。文章写道:"正如标题'大即是美'所表示的那样,在专栏中,杰克·西佛的目的就是让我们大家相信,那些有人爱又有人恨的大媒体其实是对美国十分有利的。事实上,他认为,大的媒体已经帮助实现了新闻的黄金时代,因为只有它'有力地掌握着鉴定商业与大政府负责任的种种办法'。"① 文章还对当前美国的媒介批评提出了批评。"被大公司控制的主要媒体、电视的情况变得更糟了。它提供更加极端的漫画式的新闻和娱乐,因为可视的形象促使着电视的制作者们增加了及时性而以牺牲思考为代价,电视现在有一个媒介批评的新的传统,但是它提供的大部分是一种失礼的批评,充满了那些小心翼翼以免触怒权势者的评论。它经常滥用行业权力,保护同盟,不公正地攻击他人,秘密地进行各种天花乱坠的宣传。事实是它把太多注意放在一些媒体和丑闻上,使人们只看其现象而不能看到其本质。"② 文章最后说:"好消息是在未来的日子里我们可以有望看到好的批评。坏消息是在另一方面大公司正控制着信息的流通,压制改革的进程。这样他们才可以继续违背大众的信任。"③ 据称,肯·赛思把多年撰写的关于媒介、大众

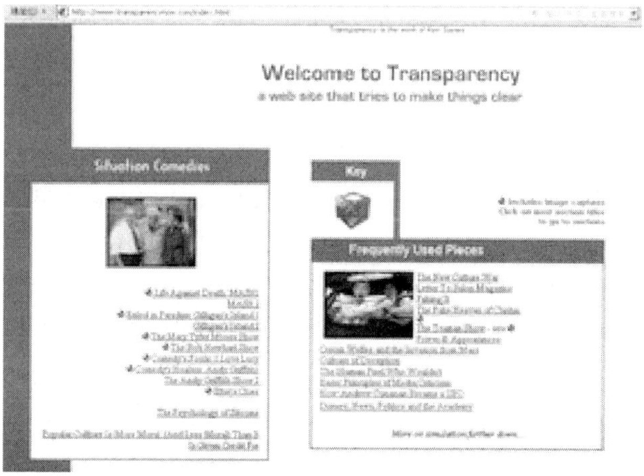

图3　"透明"网站土页

① Ken Sanes,"Big Media & Bad Criticism", http://www.transparencynow.com/reform/slate.htm.

② Ibid.

③ Ibid.

文化、道德和人类本性的文章在“改革”网站和“透明”网站上发表，这些文章在英语世界的大学课堂里被广为引用，很多学生在论文中也引用了这些文章。这两个网站还在互联网上被上千家网站链接。[①]

二、媒介批评的主要内容

当代美国媒介批评的形式多种多样，而利用网络是媒介批评的一个重要形式。

在美国的媒介批评网站中，无论是形式还是内容，FAIR 都具有代表性和典型性。因此，我们以 FAIR 网站为例来分析当代美国网络媒介批评的主要内容。FAIR 批评的焦点集中在以下几个方面：

1. 批评媒体的兼并与垄断

在美国，几乎所有影响较大的媒体都被营利性质的公司所操控，在这种情况下，为投资者创造更多的经济效益往往成为各媒体日常运作中压倒一切的任务。然而，最大限度地追求利润的目标却常常同新闻从业者所肩负的社会责任发生激烈的冲突。

随着媒介集团的兼并越来越激烈，导致媒体所有权的高度集中，使媒体为少数人所掌控，这将会破坏媒体声音的多元化。由于控制着新闻发布的大型媒体集团，一般在多种产业中拥有自己的股份，这种不同产业之间的利益瓜葛也常常会干预新闻的采集。

FAIR 相信，独立的媒体是民主社会的基本标志之一，要阻止影响媒介独立的媒介兼并和垄断，人们必须勇敢地采取反对媒介托拉斯的行动。同时，政府和非营利部门必须积极支持媒体声音的多元化。

2003 年 3 月 9 日，FAIR 在“媒介警告”(Media Alert)专栏发表文章《为争取媒介民主大声疾呼》[②]，对媒介中存在的严重的垄断现象进行批评：

> 假设第二天你一大早醒来，发现约塞米蒂国家公园(Yosemite National Park)被交由雪佛莱(Chevron)公司[③]管理，而大沼泽地国家公园(the Everglades)也处于杜邦(DuPont)公司[④]掌控之下，你会做何感想？相信大部分人会这样想：将宝贵的公共资源拱手让给可能毫无节制地开采资源的集团

---

① http://www.transparencynow.com/reform/slate.htm.

② “Speak Out for Media Democracy”, http://www.fair.org/index.php?page=1823.

③ 总部设在美国的一家生产能源和化工产品的跨国公司。

④ 总部设在美国的一家以生产化学制品、材料和能源为主的跨国公司。

公司,这是万万不能接受的。

但是,我们现在正在面临这样的情况,我们正在把我们的广播、电视,把我们的媒介拱手相让给那些大的媒体集团。

而作为回报,那些大媒体集团又给了我们什么呢? 结果是,全国上下,几乎所有的电视台都没有我们所关心的地方事务的报道。我们所看到的只是政党之间不断的斗争,而那些关系到妇女、黑人、劳工、环境保护主义者、残障人士、同性恋者等社会弱势群体利益的报道是少之又少。

联邦通讯委员会(Federal Communications Commission, FCC)应该确保媒体为公众服务,但是,它的所作所为竟然是同它应该监督的行业相勾结,无视公众的意愿修改通讯政策,结果导致媒体的大规模兼并,严重威胁到新闻的独立性,削弱了我们的民主。

……

文章对引起传媒大规模兼并风潮的原因——1996年的《美国联邦通讯法案修正案》进行了分析。在列举传媒集团并购一个个弱小媒体的大量数据后,对美国联邦通讯委员会和大传媒集团的"共谋"进行了激烈的抨击。文章指出:"媒介兼并破坏了民主",因此呼吁:"收回媒体! 收回民主!"

2. 批评广告商对媒介的影响

FAIR网站在2005年8月10日发表一篇文章,批评了美国广播公司在报道中袒护它的广告商沃尔玛公司的行为。

美国广播公司偏袒沃尔玛
——难道大客户就可以得到特殊待遇?[①]

本周,美国历史上规模最大、原告人数最多的集体诉讼案——超过100万名女性状告沃尔玛公司性别歧视案在加利福尼亚州法院审理。

除了是世界上最大的零售商,沃尔玛公司还是在全国主流媒体上投入广告费最多的公司。它赞助的节目通常是电视网当中相当知名的新闻广播节目,如:美国广播公司《今晚世界新闻》中的"本周人物",沃尔玛是最大的赞助商。点开《今晚世界新闻》"本周人物"的栏目网页,你会看到,整个页面被醒目的沃尔玛广告充斥着,很容易让人误以为进入到了沃尔玛的网站。除了新闻广播中的广

① "ABC's One-Sided Wal-Mart Report—Does a Big Advertiser Get Special Treatment?", http://www.fair.org/index.php?page=2617.

告,沃尔玛还赞助美国广播公司以电子邮件形式发送的每晚新闻节目预告,当然,邮件中要加入沃尔玛的网址链接(参见图4)。

图4 美国广播公司"本周人物"节目网页的大部分版面充斥着沃尔玛的广告

此外,沃尔玛公司对美国广播公司《早安美国》的系列节目《只有在美国》(*Only in America*)也提供赞助,尽管这一直遭到联合食品与商业劳工工会(United Food & Commercial Workers Union)的强烈反对。[1] 美国广播公司还和沃尔玛保持着其他形式的商业联系,如,美国广播公司一档肥皂剧中经常提及的一个香水系列是沃尔玛商场里面出售的一个牌子。

既然二者存在着这种关系,那么美国广播公司会怎样处理关于沃尔玛公司遭起诉当天的报道呢?在8月7日《今晚世界新闻》的预告片中,记者杰夫·莫利(Geoff Morrell)称这起案件是美国历史上"最大的争取民事权利的案件",还引用了原告克里丝·柯娃诺丝姬(Chris Kwapnoski)的话,但是,接着从沃尔玛的首席执行官李·斯科特(Lee Scott)开始,三个消息提供者分别对该案件进行了

---

① 美国广播公司的《早安美国》系列节目《只有在美国》是一档以介绍普通美国人的生活、讲述他们对国家和人民的热爱为题材的节目。美国联合食品与商业劳工工会认为,沃尔玛公司本身存在一系列违法行为,如拒绝成立工会、刻意压低员工工资和福利薪金、性别歧视等,这些违法行为使得它根本就不具备资格出现在《只有在美国》节目当中。美国广播公司这样做是在误导和欺骗公众,掩饰沃尔玛的违法行为("UFCW Calls for ABC News to Drop Wal-Mart as 'Only in America Sponsor'", http://www.ufcw.org/press_room/index.cfm?pressReleaseID=131)。

批评。最后,来自国家商会的斯蒂芬·博卡特(Steven Bokat)也采用同样的论调评论说“这起诉讼根本就是不公平的”。

莫利后来还提到“经济学家认为这起案件将对大型的零售商们产生‘激冷效应’,促使他们提高商品价格、实行更严格的晋升制度”。为了支持这一观点,美国广播公司还引用了右翼的“遗产基金会”(Heritage Foundation)成员提姆·凯恩(Tim Kane)的一句话:“这将会使零售业厌倦风险,从而增加你我的成本。”实际上,这并不能代表全部“经济学家”的观点。

除了原告克里丝·柯娃诺丝姬之外,美国广播公司在节目中再没有援引其他专家、倡导者等支持原告一方的言论,即使是柯娃诺丝姬的言论,也被美国广播公司的莫利削弱了可信性,莫利说:“具有讽刺意味的是,柯娃诺丝姬在签下了起诉协议后的第三天,其实就已经得到了她们在诉讼中声称一直没有得到的和男性员工同等的晋升的机会。”事实上,美国广播公司所谓的“具有讽刺意味”正是他们为沃尔玛辩护的策略之一。

倘若真的是为了维护和沃尔玛的这种利益关系,美国广播公司就应该在报道新闻时注意不要给受众一种沃尔玛总是欺骗公众的印象。像美国广播公司在8月7日的那种报道只会让受众更加怀疑它所播报的新闻是它和沃尔玛之间严重的金钱交易的产物。受众想要知道的是关于沃尔玛公司的全面的、平衡的报道,而不是由沃尔玛自己来决定应该让受众知道些什么。

行动起来:告诉美国广播公司《今晚世界新闻》,让他们在报道有关他们最大的广告赞助商沃尔玛公司的新闻时,应该注意保证报道的平衡性。

联系美国广播公司《今晚世界新闻》:

电话:212-456-4040

电子邮箱:netaudr@abc.com

3. 批评政府对媒体的控制

在美国,有关媒体与政府对立的说法屡见不鲜。但是实际上,美国媒体在报道重大事件时,常常不敢有悖政府的方针和政策。政府对媒体的控制不仅明显地表现在对战争和外交事务的报道上,而且还表现在对一些国内争端的报道上,譬如民主党和共和党争夺领导权的争端。

美国一些主要媒体的所有者和经营者通常是政界精英,而高级新闻主管人员和有声望的记者也都常常同政府官员保持联系。最强势的媒体公司会定期为民主和共和两党进行政治宣传,而作为回报,媒体会得到一笔可观的所谓“宣传费”。

FAIR 认为,在这样一个政府与媒体勾结的大环境下,新闻媒介首先成为当权者维护统治的工具,成为他们的代言人。由于常常要从政府官员那里获取消息,所以,记者们都很少敢冒得罪他们的危险而仗义执言。即使是那些一向以激怒选举人和政府官僚为卖点的媒体,也很少敢得罪那些足以掌控他们命运的政客。

FAIR 网站 2005 年 6 月 7 日的一篇文章就是对媒体受官方摆布的批评:

哥伦比亚广播公司又一次看到了伊拉克形势的"好转"①

尽管目前在伊拉克仍是暴行当道,但是,哥伦比亚广播公司(Columbia Broadcasting System, CBS)在 6 月 2 日《晚间新闻》的报道中,却展现出截然不同的画面——伊拉克形势已经好转了。

哥伦比亚广播公司主播约翰·罗伯茨(John Roberts)表示,由于过去几个月当中,伊拉克流血冲突不断,美国和伊拉克的一些官员希望能够尽快减弱当前的恐怖活动。记者金伯里·多茨尔(Kimberly Dozier)报道了这则新闻,他千方百计让受众相信尽管目前伊拉克自杀式袭击高潮迭起(仅在 5 月一个月的时间里,自杀式袭击的数量就已经比去年的总和还要多),但是"美军队官员们告诉记者已经有迹象表明,那些频繁制造爆炸的恐怖头目可能找不到肯替他们卖命的人了"。

这样说根据何在呢?很明显,哥伦比亚广播公司仅仅是在转述官员们的话而已。多茨尔说,经过本周美伊双方的联合镇压,恐怖分子的队伍明显比以前削弱了许多。他还补充道,美伊军队治理下的首都巴格达现在很平静。一位政府高级官员对哥伦比亚广播公司说,他们相信由于人力和物力条件限制,反叛起义的规模和数量已经达到了顶点,并开始下降,伊拉克政府以及安全部队的力量正日益强大,伊拉克最终会发展成为一个武装分子无力抗衡的国家。

但是,真实的情况又是怎样呢?据美国广播公司《今晚世界新闻》6 月 2 日报道:"5 月是伊拉克暴力事件最激烈的一个月,一共发生了 90 起自杀式爆炸袭击,死亡人数超过了 750 人……"另据布鲁金斯学会的伊拉克常规评估报告(The Brookings Institution's Regular Assessment of Iraq)的统计结果,5 月份在伊拉克的美军死亡人数为 77 人,这是自 1 月以来,在伊美军死亡人数最多的一个月。布鲁金斯学会还估计:上个月至少有 600 名伊拉克公民被杀,其中有 270 名是安全保障人员,这个数字是过去几个月平均值的 4 倍。

这已经不是哥伦比亚广播公司第一次昧着良心为美国侵略伊拉克进行正面

---

① "CBS Sees Iraq Improvement—Again", http://www.fair.org/index.php?page=2540.

宣传了。在今年的4月21日，哥伦比亚广播公司播出了由五角大楼特派员大卫·马丁(David Martin)从伊拉克发回的关于伊拉克起义的报道。他这样演绎他的理论："是的，伊拉克自杀式袭击的次数在大选后曾一度下降，但是，近来又呈现出上升的趋势。这是否意味着武装分子有卷土重来的可能或者他们仅仅是垂死的挣扎，这都很难说。最近几个月，武装分子丢掉了他们在费卢杰的避难所，他们也没能成功阻止大选的进行，并且，他们至今也未能阻止伊拉克安全武装的发展壮大。他们一直在干预伊拉克政府重组的进程，但是，总的来说，我想你不得不承认，他们的一些主要的战略目标并没有实现。"哥伦比亚广播公司名嘴主播鲍勃·希佛(Bob Schieffer)接过马丁的话说："那么根据我的理解，马丁的意思是，虽然我们现在遇到了一些武装袭击的阻挠，但是伊拉克的局面在朝着预定的方向发展。"

几周之后(5月5日)，尽管伊拉克暴力事件数量持续上升，希佛和马丁仍然保持着统一的口径，马丁说："我在伊拉克接触到的每一个人，包括军方官员和情报人员，都持一致的看法，那就是形势正朝着我们预定的方向发展，他们都认为已经在伊拉克取得了很大进步。"

当然，在5月结束后的相关报告结果显示：那些消息提供者的论断都是完全错误的。或许，如果当时马丁采访到的"每一个人"不仅仅是"军方官员和情报人员"，那么他将提供给受众一个更真实、准确的关于伊拉克形势的报道。

4. 批评通讯政策的不合理性

美国的通讯政策是依据宪法第一修正案关于媒介的言论自由受到宪法保护的精神制定的，因为自由地交流信息、不受限制的讨论被认为是民主社会的基本表现。

然而，目前与政府制定的保护媒体投资者利益的政策相比，有关鼓励民主讨论的政策越来越少了，越来越多的规章有利于媒介的垄断与兼并，遏制了新鲜的、多元的声音的传达。因此，对于联邦通讯委员会制定的通讯政策的不合理性的批评也常常出现在FAIR的网站上。

例如，在2003年上半年，美国联邦通讯委员会计划推出一项放宽媒体所有权管制的新法案①，该消息一经公开，立刻在美国媒介行业掀起巨大波澜，因为有关电视受众覆盖率上限以及跨媒体所有权的限制一旦放松，必然使美国传媒

---

① 新法案规定：(1) 允许电视集团的电视受众覆盖率最多可覆盖全国电视受众总数的45%，打破了1941年《美国全国电视所有权规定》修订案所规定的35%的上限。(2) 规定大部分地区的地方电视公司可以拥有两家电视台，还允许同一地区内的报纸、电台和电视台进行交叉持股。参见陈丽丹：《从FCC新法案透视传媒集中与反垄断法的碰撞》，载《新闻界》2005年第5期。

市场被重新瓜分,并导致传媒集中。FAIR 网站立即对此做出了批判,它在“媒介警告”专栏上发表了一篇题为《联邦通讯委员会将为“大媒体”助势?》①的文章,文章指出:

目前,联邦通讯委员会中的大多数委员正在计划推出一项颠覆性的旨在放宽媒体所有权管制的法案,同时,该委员会的三名共和党派的委员还希望能够撤销禁止报纸企业同时拥有同一座城市内的电视台的禁令,以便一些大型的广播公司能够收购和拥有更多的电视台。

文章批评道:

试想我们生活在这样的一个城市——一家大型的跨国媒体巨头同时控制着八家广播电台、两家主要电视台和一家占主导地位的报纸,如果媒介的垄断和集中已经损害到新闻的质量和声音多元化,那么,上述现象重复出现在美国的各大城市,我们的媒介将存在巨大的隐患。

文章最后呼吁道:

行动起来:让我们号召各电视媒体在晚间节目中全面、详细地报道由联邦通讯委员会放宽媒介所有权法案所引发的论战,包括国会试图推迟法案表决日期。让他们知道,他们在道德上肩负着抛开其母公司利益为公众服务的责任。

5. 批评党派之间的偏倚报道

FAIR 对存在于美国媒体中的党派偏倚报道行为也予以批判。

例如,FAIR 的“媒介警告”栏目在 2005 年 12 月 19 日发表题为《C-SPAN②电视台存在偏右的立场——〈华盛顿日刊〉的采访嘉宾构成比例失衡》③的文章,批评了 C-SPAN 电视台在选择嘉宾时表现出的偏右立场。文章说:“*Extra*!杂志的一项研究报告表明,从政党角度来看,嘉宾中共和党人所占比例大大超出了民主党人所占比例,比例为 134∶70;而从性别来看,男性嘉宾所占比例是女性嘉宾的 4 倍,其中白人男嘉宾占全部嘉宾人数的 69%,只有 3% 是非白人女性。”FAIR 认为,C-SPAN 这样做的后果将会导致新闻报道的极度不平衡,有失公正。

① “Will the FCC Help Big Media Get Even Bigger?”, http://www.fair.org/index.php?page=1610.

② C-SPAN 是美国一家提供公众服务的非营利性媒体公司,由美国有线电视业界联合创立,1979 年开始运作。

③ “C-SPAN Slanting Right: *Washington Journal's* guest list lacks balance”, http://www.fair.org/index.php?page=2780.

FAIR 还称,它把这份报告反映给 C-SPAN 电视台的有关负责人,但是他们无视这一结果,同时也拒绝了在节目中讨论这件事情的提议。

6. 批评新闻审查制度

美国政府一贯热衷于干涉信息的自由流通,因此,美国媒体必须时刻提防来自政府的新闻审查。然而,新闻审查已经不仅仅是美国政府的专利,除了来自政府的审查之外,媒体还要同时接受其所属媒介集团的审查。媒体常常为了不破坏其所属集团的利益而删掉一些报道;广告商常常以经济利益相要挟来压制对其不利的报道;对于媒体的某些合法的深入调查,一些强势企业还常常用高额的诉讼来予以阻挠。最常见的新闻审查制度是新闻从业人员的自我审查,记者要时刻对那些有可能惹恼老板的新闻话题避而远之。

Extra!杂志 2005 年 11/12 双月刊网络版的一篇文章《补充报道:超级市场的审查制度》[①]说的就是沃尔玛公司压制对其不利报道的事情:

> 新闻审查好像是沃尔玛的本能。当 2005 年 6 月 19 日的《彭莎科拉新闻日报》(*Pensacola News Journal*)鲁莽地发布了对沃尔玛连锁超市进行批评的专栏后,沃尔玛公司立即将其所在地区的《彭莎科拉新闻日报》从货柜上统统撤下,一位沃尔玛公司的地区经理还建议报纸的一位编辑将那位莽撞的专栏作者炒鱿鱼。直到这件事引起了公众的普遍关注,沃尔玛公司才取消了对该报纸的压制。

7. 批评媒体片面追求轰动效应

对利益的追求使越来越多的新闻媒体将重点放在了骇人听闻的、煽情性质的新闻报道上,他们专门报道那些奇异的人和事,配以引人入胜的情节,但是这些内容往往与大多数人的生活毫不相关。从汤妮雅·哈丁(Tonya Harding)事件[②]

① Peter Hart,"Sidebar: Superstore Censorship", *Extra*!, November/December, 2005.

② 在 1994 年的利勒哈默尔冬奥会之前,美国为选拔参加女子花样滑冰的运动员举办了比赛,结果就在比赛之前,当时被认为最具实力的南茜·克里根在比赛前突然遭到了歹徒的袭击,导致她未能继续参赛,结果代表资格被另一名著名的女选手汤妮雅·哈丁获得。但是警方经过侦查之后发现,袭击克里根的人正是哈丁的前夫,而且哈丁此前对于袭击计划并非不知情。这一调查结果在当时引起了轩然大波,人们纷纷指责哈丁这种为求目的不择手段的做法。在哈丁参加完这届冬奥会,获得该项目的第八名之后,美国司法部门最终认定了她在这起事件中的责任,哈丁受到了终身禁赛的处罚。曾经获得了两次全美冠军的哈丁,此后不仅成为受人耻笑的对象,而且收入方面也受到了极大的影响,只能靠在一些电视节目中扮演一些近似于小丑的角色来勉强糊口(参见 http://www.ox.icxo.com/htmlnews/2004/12/25/525784.htm)。

到辛普森(O. J. Simpson)案件[①],美国主要的新闻媒体越来越依靠这些"小报式肥皂剧"来获取高额经济回报。更有甚者,美国的媒体在报道时还经常刻意夸大其词,追求骇人听闻的效果。媒介批评者对媒体这种不负责任、不讲新闻道德的做法常常予以抨击。

FAIR 的 *Extra*!杂志网络版在 2005 年 11/12 双月刊上发表批评文章《"卡特里娜"灾民被妖魔化——媒体将飓风中的幸存者描述成抢劫犯、射击者和强奸犯》[②],痛斥了美国媒体在 2005 年 8、9 月之间关于美国新奥尔良遭遇"卡特里娜"飓风的报道上存在严重夸大事实的问题。文章说,灾难中的新奥尔良市被不负责任的媒体凭空描绘成"抢劫、枪战、强奸"泛滥的"罪恶之城",就连美国有线电视新闻网著名记者沃尔夫·布里茨(Wolf Blitzer)也在节目中添油加醋:"……他们(灾民)想要逃离那座城市,但是他们不能,除了洪水的泛滥,还有枪击,让他们的生命面临绝境。""拿着枪支的人们肆意射击,即使是在救护车上……"但事实是怎样的呢?文章的结尾处讽刺性地做出了解答:

> 当坐在演播室里面的布里茨与身在新奥尔良运河街道的记者尼克·罗伯逊(Nic Robertson)取得联系的时候,他们的对话成为对此次灾难中美国媒体所扮演的角色的最完美批评:
>
> 布里茨:罗伯逊,告诉我们,你身后的商场、商店、餐厅是怎样的?它们有被攻击过的痕迹吗?
>
> 罗伯逊:没有,一切都很平静和正常,这也正是让我感到非常惊讶的事情。

8. 批评媒介公关产业

对利益的最大的追求,使得美国各媒体集团不断精简从业人员的数量,导致新闻记者的报道任务越来越繁重、压力越来越大,这样,在媒介环境内部,逐渐出现了一种新型的产业,即媒介公关产业。记者不再自己独立撰写稿件,而是千方

---

① 1994 年,美国著名黑人体育和影视明星辛普森涉嫌谋杀他的白人妻子尼科尔。此案成为美国媒体竞相报道的内容。通过电视直播,观众收看了从高速公路上的亡命追逐,到陪审团宣判辛普森无罪释放的全过程。辛普森事件就像一部制作成本低廉、高潮迭起的肥皂剧一样,"演员"还是许多美国人崇拜的偶像,不需支付任何演员费用,只要一部直升机,外加主播的旁述就可以向观众播出。当时,辛普森因拒捕逃亡,与警方在洛杉矶的高速公路上展开了追逐,电视媒体在后面穷追不舍地拍摄。更有甚者,南加州的主流电视台纷纷以直升机现场直播这起案件。而且,电视台大多数人都认为这样能够提高收视率。于是,几乎每周的晚间电视新闻时段,警察追逐的电视画面都会出现在观众的面前。参见胡兴荣:《保护新闻自由与限制媒体权利》,http://www.oursee.com/html/huxingrong/2005_12_30_23_27_622.html。

② Jaime Omar Yassin,"Demonizing the victims of Katrina: Coverage painted hurricane survivors as looters, snipers and rapists", *Extra*!, November/December, 2005.

百计利用关系弄到新闻发布会的稿件，稍作修改，或者是剪辑现成的宣传推广的影像资料，充当新闻。FAIR 认为，媒体和它所报道的行业之间的这种相互依托的关系，破坏了新闻的声音多元化，损害了新闻的独立性，无论是对媒介自身，还是对于公众来说，都是相当无益的。

第二节　当代日本媒介批评实践

日本的媒介监督体制师承美国。在“拿来主义”的基础上，又有自己的特点。

日本的媒介监督亦分为他律和自律两种方式。就广播电视而言，他律是指由法律构成的制约规范机制，自律则是由广播电视业内部制定的职业道德规范。媒介批评机制则是依据法律和职业道德准则而建立的一种既具有自律，又具有他律特点的监督机制。

一、他律体制

1945 年日本战败投降。随后日本进入了由以美国为首的联合国占领军统治的长达六年零七个月的占领时期。1950 年 5 月 2 日，日本政府在联合国占领军最高司令部的主持下，颁布了关于日本广播的法律——“电波三法”。所谓“电波三法”指的是三部法律，即《电波法》、《广播法》和《电波监理委员会设置法》。① 这些法律于同年 6 月 1 日开始具体施行，同时废除了长期把日本广播置于“日本政府专控”之下的《无线电信法》。“电波三法”按照联合国占领军最高司令部的指示意图，尽可能限制日本政府对媒体的管制，保障广播事业的言论自由；承认商业广播事业，为开办商业广播提供法律依据。

“电波三法”的具体内容是：

《电波法》——规定包括无线广播电台在内的无线台开播许可证和无线电设施运用的相关技术标准等，即从无线台的物理角度对广播电视做出的规定。

《广播法》——规定日本广播协会（NHK）的目的，经营、管理以及商业广播

① 电波监理委会员对日本新广播体制的确立起到了巨大的作用。它是以美国的 FCC 为典范而成立的一个行政委员会，是管理独立于日本政府的电波、广播行政工作的“自治机构”。该委员会由七名委员组成。1950 年 12 月，该委员会发表了《开办广播的基本标准》。到 1951 年 4 月，该委员会向日本全国 14 个地区的 16 家商业广播电台颁发了日本最早的商业广播预备开播许可证。电波监理委员会为日本商业广播的开播做出了积极的贡献，在日本广播电视史上留下了辉煌的足迹，但是它仅仅存在了两年零两个月就被解散了。1952 年 7 月，日本政府（联合国军对日本的军事占领到 1952 年春结束，日本成为独立国家）解散了该委员会，把电波、广播的行政管理权移交给了日本的政府机构——邮政省。

节目的方针等。

《电波监理委员会设置法》——规定电波、广播的行政机关电波监理委员会的设置、权限、业务等,即对广播电视的普及、广播电视节目、广播电视台运营的应有状况的规定。

“电波三法”的制定,确立了日本战后的广播民主化制度。根据“电波三法”,NHK进行了民主改组,由社团法人改为特殊法人。同时,“电波三法”也为日本商业广播的开播提供了法律层面的依据。

无线电波的广域性、瞬间性可以产生极大的社会影响,因此有必要在广播内容上以及运营方式上加以限制,日本的广播电视制度基本上就是由这两方面构成的,即《电波法》和《广播法》。对广播电视的经营者来说,其中最重要的内容是明确规定了广播电视编排的自主性,同时又明确了广播电视节目编排应遵守的原则标准,同时规定广播电视经营者能够自主自律地实现这些原则,需要建立各自的节目基本标准。

日本《宪法》第二十一条规定:“保障集会、结社及言论、出版和其他一切表达活动的自由,不得审查。不得侵犯通信的秘密。”鉴于广播电视与此条规定关系紧密,因此《广播法》第三条明确规定了广播节目编排的自由:“广播节目在法律规定的权限之外,任何人不许进行干涉。”

在这个大原则下,各广播事业者通常自主自律地播出节目,但是同时又必须遵守以下事项。

1. 在编排节目时,必须做到:(1) 不得妨害治安和良好风俗;(2) 政治上公平;(3) 报道要依据事实;(4) 对于有意见冲突的问题,尽可能从多角度阐明论点。

2. 广播事业者在国内广播的节目编辑方面,除特别事业计划之外,要播出社教节目、教育节目、报道节目和娱乐节目,并确保广播节目之间的比例。

3. (1) 广播事业者要根据广播节目的类别和广播对象,制定广播节目的基本标准并以此为标准进行广播节目的编辑;(2) 广播事业者制定的节目标准,根据邮政省的规定必须公开发表,进行变更时同样要公开发表。

4. 广播事业者应设立广播节目审议机构,以确保广播节目的适当性。在回应广播事业者的咨询时,审议机构可以审议为确保广播节目的适当性所必需的事项,并向广播机构表达意见。审议机构的答复和建议,广播事业者应予以尊重并采取必要的措施。广播事业者在拟定或修改节目标准和广播节目编排基本计划时,必须咨询审议机构。

5. 因广播事业者播出不真实的节目而受到权利侵害的本人或直接关系人,如从广播当日起三个月内提出请求,广播事业者不许拖延,要认真调查事实真相，如调查结论是节目违背真实，必须在下结论起的两日内使用同等广播设施和相同的方法进行订正广播。

6. 为了能通过视听或其他方法进行确认，广播事业者在该广播节目广播后的三个月内必须对其进行保存。

7. 广播事业者不经许可，不准许接收其他广播事业者的节目进行再播出。

8. 广播事业者进行国内广播，一旦遇到暴风、暴雨、洪水、地震、大规模火灾以及其他灾害发生或有可能发生时，必须播出对防灾和减轻灾害有用的广播。

另外，1997年《广播法》重新修订时，又增加了规定：

9. 电视广播应尽可能多地设置字幕节目和解说节目。

10. 在向广播节目审议机构报告订正广播的实施状况等事项时，应就审议机构的议事概要进行公布。

二、自律体制

日本广播电视事业者的“编排广播电视节目自由”受《广播法》保障，同时《广播法》又规定广播电视事业者必须自主地制定“广播电视编排的节目基准”，“广播事业者为审查广播节目要设立广播节目审议机构”。这就说明，法律既保障言论、表现的自由，又要求广播电视担负“自律地确保广播节目适当性”的义务。根据《广播法》第三条的规定，日本各广播电视机构须制定各自的“节目基准”，日本的商业广播电视几乎都是以《商业广播电视联盟广播基准》（以下简称《广播基准》）作为本台的“广播节目基准”。

广播电视机构作为对国民的公共财产——电波进行分配以及使用的事业者，其播出设施的建立需要得到许可。所以，广播电视事业除了“公共性”之外，还具有与其媒体特性相符的极大“影响力”，因此，广播电视担负着比其他媒体更重要的社会使命和责任。

日本商业广播电视作为民营企业，以广告收入进行运营，需要获得经营许可证。它不仅具有“公共性”，而且具有“营利性”，既是报道信息的媒体，又是广告的媒体，承担了更大的“保护视听者（消费者）”的社会责任。

遵照这一媒体特性，为了完成商业广播电视的公共使命，1951年7月成立了日本商业广播电视联盟（The National Association of Commercial Broadcasters in Japan，NAB）。这是日本商业广播电视台的全国性的联合组织。该组织在章程中将“谋求广播伦理水平提高，通过广播事业促进公共福祉”作为首要的目的。按照这一章程规定，商业广播电视联盟自主地制定了《广播基准》，进而又制定了明确广播基准各条款的判断指针和相关法令的《商业广播电视联盟广播基准说明书》(以下简称《说明书》),作为保证广播节目公共性和品质的指导手册。

《广播基准》和《说明书》是日本全体商业广播电视机构共同制定的自主规章基准,具有“广播宪法”的地位。广播基准的运用蕴含在各广播机构拥有的节目“编排权”中。

《广播基准》概要:目的是为了确保广播节目具有一定的伦理(道德)水准,履行广播电视的社会使命和责任,它是日本各个商业广播电视机构需要经常注意和遵守的共同准则,适用于广播节目、电视节目和广告节目。

《广播基准》的正文由前言和18章共144条构成。前85条主要是人权、法律和政治、对儿童和青少年的关照、家庭和社会、教育教养、报道的责任、宗教、暴力表现、犯罪表现、性的表现、奖金和赠品的处理等有关节目的规定。后59条主要是广告的责任,广告处理,广告表现,医疗、药品、化妆品等广告,金融、房地产的广告以及广告的时间标准等有关广告的规定。

此外,1996年,为进一步强化广播电视行业自律,日本广播协会与日本商业广播电视联盟共同制定了适用于公共和商业广播电视机构的《广播电视伦理基本纲领》,在广播电视使命、公共性、良好社会环境的营造、报道的客观公正、语言和图像以及广告经营等方面作出规定。《广播电视伦理基本纲领》在伦理层面,将日本公共广播电视和商业广播电视的基本节目理念加以统一,使之成为规范整个日本广播电视行业的精神纲领。

日本最早的商业广播电台诞生于1951年4月,也就是说商业广播电视联盟成立和《广播基准》的制定发生在日本商业广播电视的诞生时期。《广播基准》的制定充分说明了初创期的日本广播人就已经明确地认识到广播伦理和广播基准对商业广播的重要性,此后又经过了十几次的修订。现在,日本商业广播电视联盟的广播基准审议会成为对《广播基准》的运用进行审议并明确指示自主性准则的最高机构。

三、媒介批评实践

日本的广播电视体制是公共广播与商业广播并存的双轨体制。NHK是日本唯一的公共广播机构,成立于1925年。1951年日本商业广播诞生之前,NHK一直垄断日本广播事业。1950年颁布的《广播法》确立了四项节目编排原则:(1)不得损害公共安全;(2)保持政治上的公正;(3)不得进行歪曲事实的报道;(4)对有争议的问题应从各个不同的角度进行阐述。

NHK作为公共广播电视机构,不仅要符合以上四项基本原则,还要负责向受众播放内容丰富的优质节目,为提高日本国民整体文化水平做贡献。与商业台侧重娱乐性节目相比，NHK 的节目侧重新闻报道和社教类节目。NHK 把向日本民众提供迅速、客观、公正、准确、全面的新闻报道看做是公共广播电视机构应负的责任，因此得到了日本民众的高度信任。NHK 被称为“值得信赖的广播机构”。无论是 NHK 的广播新闻还是电视新闻，都是日本民众最信赖的新闻来源。每当发生重大新闻事件和自然灾害时，日本民众都会自然而然地收听或收看 NHK 的节目。这种长期以来形成的信任度是商业台无法比拟的。据 2001 年 NHK“放送文化研究所”的调查，日本大众对 NHK 的信赖甚至超过了日本政府和国会（参见图 5）。

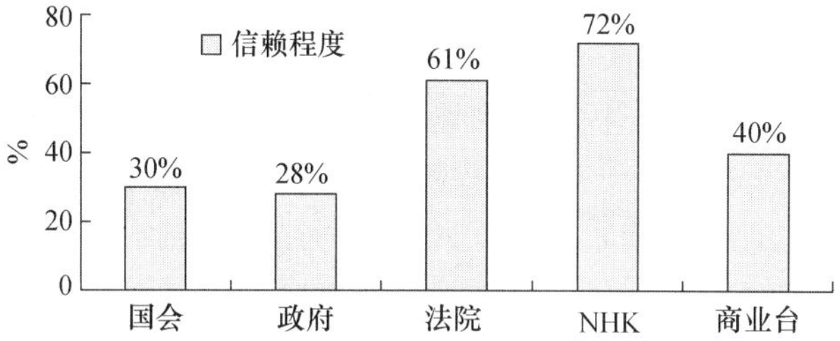

图 5　日本民众对国会、政府、法院、NHK 和商业台的信赖程度调查

摘自《放送研究与调查》，2001 年第 11 期。

NHK 设有节目审议会，包括中央广播电视节目审议会、地方广播电视节目审议会和国际广播电视节目审议会。审议会的委员是代表社会各界的人士。NHK 不奉行收视收听率至上主义。除了播出新闻、电视剧、纪录片节目之外，还要播出大量旨在提高大众文化素养的节目和各种讲座，所以 NHK 认为“视听率并不是评判节目好坏的标准”。一方面，收视收听率只代表了有多少受众接收了节目，这是“量”方面的评价，而作为“质”的评价，受众的满意度是更为重要的指标；另一方面，即使某些节目的收视范围并不广，也不代表它们没有存在的必要，只要它们满足了社会部分群体的需要，具有健康向上的文化意义，就比那些单纯迎合受众低级趣味的节目更有价值。审议会评价节目的时候就以此作为标准，这和追求高收视率和广告效益最大化的商业电视截然不同。

但是在 1992 年，NHK 和商业电视台都相继发生了报道类节目“作假”事件，不但在日本传媒界引起了极大的轰动，还成为引起广泛关注的社会问题。日本广播电视界整体的报道类节目状况受到了大众的责问，这损害了广播电视机构与受众建立的长年信赖的关系。为此，日本国会召见了商业广播电视联盟会会长和 NHK 会长，结果是 NHK 会长在电视里公开道歉，NHK 和商业台共同成立了“NHK、商业广播电视联盟节目伦理委员会”。

事件的起因缘于NHK播出的特别节目①《喜马拉雅深处的禁区·木斯塘王国》,该节目共两集,分别于1992年9月30日(75分钟)和10月1日(45分钟)在《NHK特集》里播出。节目制作小组取得尼泊尔政府的许可(世界上首个被允许进入该地区的外国摄制组),进入与中国西藏接壤的尼泊尔木斯塘地区,在海拔近4000米的高原进行了四十多天的拍摄,节目反映了当地人艰苦的生活、独特的文化和高原的自然环境。日本人生活在世界经济强国,对当地朴实的居民、美丽无比的自然风光、艰苦的生活环境等充满了好奇和关注,节目播出后的反响非常好。

但是,节目播出后四个月,《朝日新闻》②记者就在1993年2月2日的早报的头版头条刊登大篇幅文章,对NHK的特别节目《喜马拉雅深处的禁区·木斯塘王国》的虚假情节进行了揭露。文章这样写道:"作为世界上首家获取到拍摄许可,去年分两次播出的NHK《喜马拉雅深处的禁区·木斯塘王国》的主要部分,经朝日新闻社详尽调查后发现节目中实际存在作假的成分。为了展现当地自然条件的残酷,节目总导演让健康的摄制组成员表演患了高山病的当地人并人为地制造了流沙现象。"文章还指出:"节目中曾说当地'三个月未下一滴雨',而实际上摄制组到达后不久,当地就曾下过雨。""祈雨少年僧侣的小马死去的事实也不存在,而是使用了其他马的尸体来表现的。"

《朝日新闻》揭露NHK的名牌节目作假后,NHK当天就在台内设置了紧急调查委员会,并在事件曝光当天上午10点,召开记者招待会就节目中部分非事实问题向公众道歉,并在NHK午间正点新闻中作了"道歉广播"。

当天的各报纸都以显著的新闻标题如"NHK名牌节目作假"等,进行了大量报道。紧接着大量报纸杂志、广播、电视对NHK的作假事件进行了严肃的批评。

> 比起商业广播有绝对信赖优势的NHK,在它的报道名牌节目里进行虚假表演,NHK你让我失望。(《每日新闻》)
>
> 纪录片的生命就是事实,歪曲事实,欺骗观众,作为媒体人是不能原谅的。(《读卖新闻》)
>
> NHK代表日本媒体最高的行为举止,必须明确责任。(《日本经济新闻》)

当天晚上7点和9点的正点新闻播出了NHK特别节目"歪曲事实的报道",在节目中NHK的会长亲自道歉。4日晚上7点的新闻前,播出了2分30

---

① NHK特别节目在《NHK特集》里播出。《NHK特集》开播于1976年,是著名的纪录片栏目。NHK与CCTV合拍的《丝绸之路》、《黄河》就是在该栏目里播出的。

② 《朝日新闻》是日本三大报纸之一,创刊于1879年,发行量继《读卖新闻》后位居日本第二。

秒的“关于NHK特别节目木斯塘的订正与道歉”，就节目中与事实相悖处和不真实的表现进行了六点说明。

▲ 违背事实问题点
① “三个月滴雨未下”→实际上下了小雨
② “少年僧侣的马死去”→不是少年僧侣的马
③ “兼任国境警备的警备兵”→实际是警察
▲ 不真实的表现
① 流沙的镜头→人为制造
② 落石的镜头→人为制造
③ 高山病的镜头→人为表演

在此事件发生的2月3日到2月5日仅仅两天，NHK视听者中心就接到了2652通关于节目的电话。内容分类如下：

▲ 要求解除与NHK的收视合同、不交收视费………………26%
▲ 要求NHK谢罪和处分NHK………………21%
▲ 丧失对NHK的信赖感………………17%
▲ 激励NHK………………9%
▲ 其他………………25%

（数据摘自日本放送协会：《20世纪放送史》，日本印刷株式会社2001年版）

从受众反馈的统计数据中可以看出，日本的视听者对NHK的信赖度和对收视费制度产生了怀疑和不支持态度。

NHK的这一事件严重影响了电视界。在此之前，日本的商业电视台曾发生多次“作假”事件，而此次作为公共电视台的NHK也如法炮制，引起全日本社会的强烈反响，成为一段时间内讨论的话题。NHK立即组成了“木斯塘紧急调查委员会”，对节目的采访和制作过程进行了两周的调查和验证，并向印度和尼泊尔地区派遣了两位在节目制作和采访方面富有经验的管理人员。调查结果以《NHK木斯塘采访报告》的形式于2月17日发表。报告书中首先就节目中的作假表现进行了说明。当天晚上10点，NHK用了15分钟在电视节目里播出了调查报告，之后NHK会长亲自在电视中道歉，这在日本电视史上是极其罕见的。川口会长是这样说的：“今年是日本电视开播的40周年。一方面电视在不断地发展，而另一方面我们的制作人却越来越懒惰和傲慢，越来越陷入收视率和效率万能主义，应该谦虚地进行反省。”

包括会长在内的七人分别受到了减薪、降职、停职等处分。会长减薪20%

六个月，节目总编导停职六个月。

针对20世纪90年代NHK和商业台相继发生的作假等违背媒介伦理的事件，1997年5月，NHK与日本商业电视联盟接受相关政府部门与社会大众的提议，共同设置了“广播电视人权委员会机构”，并在此基础上组建了“广播电视与人权等权利委员会”(BRC)。2003年7月，BRC与设有“广播电视节目委员会”“青少年委员会”的“广播电视节目提升协议会”合并，组建成立专业的广播电视行业自律机构“广播电视伦理和节目质量提升机构”(BPO)。

从BPO官方网站的介绍可以看出，BPO是由NHK和商业广播电视联盟联合设置的第三方机构，其经费主要来源于NHK、商业广播电视联盟及其成员单位。其宗旨是“处理广播电视投诉和道德问题，以保护受众的基本人权，同时确保广播电视的言论和表达自由”①，其主要工作职责是“验证观众指出问题的广播电视节目或播出，向整个广播电视行业或者特定的广播电视台传达意见和见解，以公开发布的方式，促进广播电视行业自律和广播电视质量的提升”②。

虽然日本各电视台都有相对完备的自律机制，也存在专业的第三方机构BPO的监督，但是日本广播电视行业违背媒介伦理的丑闻依旧频发。2007年1月7日，由关西电视台制作、在富士电视台一档生活信息节目中播出的纳豆减肥报道，引发了社会强烈反响，曾一度使得纳豆脱销。但最终该节目被查明数据、采访均为造假。在日本政府和社会大众的压力之下，NHK和商业广播电视联盟于2007年5月对BPO进行改革，解散原先的“广播电视节目委员会”，由新设的“广播电视伦理检证委员会”取代。

“广播电视伦理检证委员会”根据被指出有问题的节目，调查BPO的采访和制作方式以及节目内容，通过审议、审理，讨论、检查节目是否存在伦理层面的问题，并公开发表审议的结果，其目的是提升广播电视节目伦理水平、提高广播电视节目质量。委员会的成员由与电视台无利益关联的社会其他各行业的人员组成，历届委员有律师、大学教授、作家、导演、漫画家、评论家，等等。根据“广播电视伦理检证委员会”的《委员会运营规则》第8条，“委员会的审查目标为广播电视节目内容中是否存在广播电视伦理问题，将问题概述为‘建议’或‘意见’，并向相关广播电视机构及其广播电视节目理事会通报、公开宣布。此外，一并向BPO的成员报告、通报详细信息。”③截至2019年8月，广播电视伦理检证委员

① https://www.bpo.gr.jp/? page_id=912，检索日期：2019年8月16日。
② 同上。
③ https://www.bpo.gr.jp/? page_id=903，检索日期：2019年8月16日。

会共发布“意见”“建议”29次。[①]

四、媒介批评体制和实践特点分析

综上所述，从日本的广播电视制约和监督机制体系及其实践中，我们可以发现它的以下特点：

1. 日本的媒介监督和媒介批评，是在法律的基础上实施开展的。在遵守《宪法》的基础上，《广播法》和《电波法》等组织法向广播电视事业者提供了具体的法律约束，这使得媒介的他律和自律都有法可依。

2. 日本商业广播电视行业组织是和商业广播电视同时诞生的。这说明初创时期的商业广播人就已经明确地认识到媒介伦理道德规范对于商业广播的重要性。日本的广播体制实行双轨制，即公共广播和商业广播并存的体制。NHK作为在日本享受极高权威和信誉的公共广播电视机构，已积累了丰富的广播媒介职业伦理道德的经验，其办台的基本理念对商业广播电视的运作无疑产生了重大影响。换言之，日本商业广播电视制定的自律条例，如《广播基准》和《商业广播电视联盟广播基准说明书》，是在继承NHK的广播伦理精神财富的基础上，根据商业广播电视特点对广播自律所做的进一步发挥和创新。

3. 从媒介自律组织的权利来看，“绝大多数国家的评议会只有裁决权而无处罚权。新闻评议会的评议结果不具有强制力”[②]。而日本的媒介自律组织则不同，它既有裁决权又有处罚权，可对违反新闻职业道德的媒介或个人予以警告、记过、罚款、降职、开除会籍等处罚。1992年NHK和商业电视朝日电视台的作假事件，导致包括NHK会长在内的多人分别受到减薪、降职、停职的处分，朝日电视台公开道歉并处罚有关人员。这就证明，日本媒介自律组织及相关的章程条例，具有很大的权威性。有人称《广播基准》和《说明书》作为日本全体商业广播电视机构共同制定的自主规章基准具有“广播宪法”的地位，看来并不为过。

4. 从日本媒介批评的实践运作来看，其自律和他律相结合的特点不仅仅体现在开展批评时依据的原则和理念上（如既根据法律，又依据行业伦理规范等），还体现在具体运作的方式上。从对NHK和朝日电视台作假事件的揭露、批评和处罚来看，批评者既来自受众、社会舆论乃至国会，又来自大众传播业内。NHK的《木斯塘王国》作假事件，就是由《朝日新闻》所揭露，紧接着无数的报

---

① https://www.bpo.gr.jp/?page_id=3707，检索日期：2019年8月17日。
② 黄瑚：《新闻伦理学》，新华出版社2001年版，第53页。

纸、杂志、电视、广播对 NHK 的作假事件进行了严厉谴责和批评。1994 年 3 月 5 日，朝日电视台的《独家新闻》节目自揭本台播出的新闻《死刑犯的器官被买卖!?》的内容与事实不符，并追究本台的责任，引起了日本广播电视界广泛的关注。这些现象当然不乏掺杂着竞争激烈的传媒市场常见的“炒作”手法，也不排除一些媒介存在着相互攻讦的恶意竞争手段，但在客观效果上，这种来自媒介业内的批评和自我批评，对于监督媒介违规，对于维护新闻传媒法律和职业道德规范，无疑具有比来自外界的批评和监督更有效、更直接、更内行的优势。

第三节　当代英国媒介批评实践

一、法律监督机制

英国现行法律保障新闻出版和言论自由权，政府不直接掌控任何新闻媒体，也没有新闻预审制。英国传媒为社会提供了一个活跃的报道、评说和辩论的平台，并保持着“自由独立”的传统。英国新闻业在报道和评论公众事务时，与普通公民享有同样的自由权。对媒介的监督主要来自两个方面：一是法律的，一是行业的。英国并没有专门的新闻法，其他法律中的相关条款构成约束新闻业的法律原则。它们主要指对跨报业、广播业和电视业所有权的相关限制，对报业产权转移的规定，对法院审理过程的限制，以及新闻界人士出席地方当局会议的权利等。

1990 年英国的《广播法》对电子媒体所有权做出了详细规定，以防商业电台和电视台产权过分集中。非欧共体国家机构被禁止在英国购买媒体产权，而英国的全国性报纸可以在商业性的卫星直播电视频道、“三频道”和“五频道”中，或者全国性商业电台和地方性商业电台中拥有少量份额的股份；公共通信公司不得在上述电子传媒机构中控股；任何政党和地方政府也不允许持有电台、电视台营业执照。该法还对节目的品位、真实性和平衡等问题做出原则规定；并授权政府对覆盖英国的外国卫星直播电视节目进行监督，对不符合该法律规定水准的节目采取必要的封杀措施。

英国有关藐视法庭罪、官方保密法和诽谤罪的法律规定，也与新闻业密切相关。媒体未经许可获得和发表官方信息，如国防或外交方面的重要消息等，都属违法。涉及法庭审理过程的评论，如可能妨碍司法公正，或有可能影响判决，都将会被禁止发表。此外，政府官员和媒体代表还组成了“国防、报业和广播业顾问委员会”(The Defence, Press and Broadcasting Advisory Committee)。该委员会认为,在特定情况下,媒体披露某些信息会危及国家安全。因此,委员会自1993年7月起,通过国防部建议通报(The Defence Advisory Notices),向媒体发布须注意的报道口径细节。媒体也可以就有关刊播把关的问题向委员会秘书咨询,这一职务通常由退役的高级军官担任。不过,委员会秘书的建议并无法律强制力,是否采纳取决于媒体自己的判断。

在总体上,个人指控媒体最多的是诽谤案件。这类诽谤指控如果成立,相关媒体的老板、督印人、总编辑及印刷商和发行商都须负责。法律对媒体广告也有限制,如禁止刊播某些娱乐广告、某些药品广告和有奖促销广告。知识产权也受到法律的保护。英国法律规定:报纸和杂志必须在报刊上印明印刷者的姓名和出版地;所有出版的报纸、杂志必须送大英博物馆存档备查。

1991年,英国加入欧洲两个跨国界广播机制:一个是欧共体广播规定,另一个是欧洲跨国界电视公约组织。根据相应规定,各签约成员国必须取消对其他成员国节目的转播限制,并遵守广告、赞助、暴力和性内容节目的播出标准。

二、媒介自律机制

英国报刊投诉委员会是英国新闻界自律的重要机构。报刊投诉委员会(Press Complaints Commission,PCC)是1991年成立的,用来取代原有的报刊委员会(Press Council)。当时,国会和公众都对某些报界从业人员的不良风气,如侵犯隐私权和报道失实等,表示极大关注;而当时的报刊委员会并未发挥强有力的作用。成立报刊投诉委员会的目的就是为了保证报纸和期刊从业人员加强自律,遵循业界人士共同制定的行业行为规范准则,提升媒介的专业运作水准和改善媒介的社会道德形象。委员会的经费来源于各报社、杂志社所交的会费款,委员会成员来自报纸和杂志的主编以及业外其他人士。他们负责受理有关投诉,并向编辑们提供相关建议,以使问题得到及时解决。委员会定期公布投诉内容和解决结果。如果争执双方不能达成共识,委员会将正式裁决。

报刊投诉委员会于2003年3月5日重新修订和批准了《编辑行为规范准则》(The Code of Practice)(以下简称《准则》),并付诸执行。[①]《准则》主要对新闻采访和报道活动做出规定,要求所有报刊从业人员必须符合最高的专业和职业道德标准,并列出了标准的尺度。制定该《准则》的目的是为了保护个人权利,同时也保障公众的知情权。《准则》是行业自律的基石。报刊主编和出品人必须确保所有员工以及给他们刊物的供稿人都严格遵守《准则》的规定。若要

① 参见 http://www.pcc.org.uk/cop/practice.html。

使得到普遍赞同的《准则》真正得以贯彻，根本之点在于，全体从业人员不仅需要"照章办事"，更要秉承其精神实质。作为报刊主编，尤其需要与报刊投诉委员会密切配合，及时处理各种有关投诉案件。任何受到报刊投诉委员会批评的出版物，必须在显著位置全文刊布委员会的批评。

《准则》共列出17个类项的内容，分别涉及准确性、回应机会、隐私、骚扰、对于悲伤或震惊事件的处理、儿童、性犯罪案件中的儿童、偷听装置、医院、报道犯罪案件、冒名、性犯罪案件中的受害者、歧视、财经新闻报道、匿名消息来源、向刑事案件证人付费以及为获得情况向罪犯付费等方面的问题。《准则》对上述17类问题都分别做了具体规定和说明。例如，报刊必须极力避免发布不准确、误导和歪曲的资讯内容，包括图片。一旦发现犯有上述过失，必须迅速地并以相应的显要方式进行更正。当报刊报道失实时，有关个人或机构提出的回应要求如果合理，必须给予他们公开发言的机会。任何个人及其家庭、健康和通信隐私都有受到尊重的权利。如果未经同意就将公民的个人私生活公之于众，报刊必须能充分证明这种做法的合理性。未经同意就使用长镜头拍摄的人们在私人场合的照片是不能接受的。记者绝对不可以通过恐吓、骚扰、纠缠方式获取或者试图获取信息或图片；不得在被拒绝后继续以打电话、提问题、追踪或拍摄等方式纠缠他人。报刊主编必须确保不使用任何有违上述规定的信息材料，即便它们来自其他的信息采集渠道。对于涉及个人悲痛或不幸事件的报道，必须征得同意，并注意处理方式和表现出同情心。儿童在校的学习应不受侵扰；在父母不同意或不在场的情况下，不得采访或拍摄16岁以下儿童。不论法律禁止还是不禁止，报刊都不得指名道姓地指出性侵犯案件中的任何16岁以下的儿童，不论他们是受害人还是证人。记者不得窃听或者偷录个人电话或谈话，并将其发表。到医院采访和拍摄必须向医院有关负责人员亮明身份，进入非公共开放的区域，必须获得批准。报刊必须避免在未经同意的情况下，在报道中提及嫌犯或罪犯的家属或友人的姓名，特别要避免任何可能对儿童造成伤害的做法。记者不得以假冒方式获取或者试图获取信息、图片等资料。在性暴力案件的报道中，不可公开具体受害者的姓名，除非有合乎法律的理由依据。报刊不得对任何人的种族、肤色、宗教信仰、性别，或者身体、脑力方面的缺陷表示出歧视。财经记者不得利用先期获得金融经济资讯为自己谋私利，或先期透露给他人。记者有不披露匿名信息来源的道德责任。记者不得向证人付费或许诺付费，以换取信息，除非嫌犯被无罪开释。主编不得为了获取信息，向任何可能成为法庭证人的人付费或允诺付费，除非有关信息的公开发表事关公众利益，并且通过合理的安排使得付费行为不会影响到该证人的证词和审判结果。不得为了获得情况、信息或图片而直接地或通过中间人间接地向罪犯或者其同伙付费，除非有关信息必须公之于众，并且除付费购买外别无他法。

报刊投诉委员会是一个独立机构，专门处理公众对于报刊编辑内容的投诉。该委员会宣布，其面向公众的服务是免费的、快速的和方便的；并允诺大多数投诉都可以在32个工作日内得到答复，而且投诉方无须支付分文费用。

2002年，该委员会总共处理了2630宗投诉案，比上一年有所下降。其中56.3%涉及报道的准确性问题，23.5%涉及对隐私的侵犯。在投诉人中，91%是普通人士，来自受公众关注的人物的投诉只占3%，而机构和公共团体的投诉占6%左右。[①] 所有投诉都依据《编辑行为规范准则》进行了调查。委员会本着对投诉高度重视的态度，尽快处理和调解各方投诉。由于效率比较高，在2002年全年，委员会只正式裁决了36宗投诉，是历年来最少的，这说明行业自律作用的加强。在处理投诉的同时，委员会还回答大量公众的电话，内容涉及查询委员会工作和职业行为准则的内容等。2002年，委员会共接听7250个电话、传真或电邮查询，这表明委员会与公众沟通的管道日渐畅通。

报刊投诉委员会自认为，其工作的成果凸现了有效的和独立的自律管理，可以发挥出超乎任何法律或法规形式管控的力量。它认为，法律管控对于支付不起相应诉讼费用的公众成员毫无意义，并使得投诉的问题难以得到及时的纠正。而报刊投诉委员会对投诉问题一经查实，就可以迅速纠正，并且免费。

英国新闻界内除了报刊投诉委员会以外，还有其他类似的协调监管机构。就广播电视业来说，不同的机构处理不同广播电视机构的投诉问题。比如BBC有自己的内部架构系统，其理事会是最高级别的投诉处理者。英国BBC设有“BBC节目投诉部”（BBC Program Complaints Unit）。如果受众发现其节目有不公正或者失实之处，或者有严重违反公认准则的地方，即可向该部门投诉，后者将就此投诉展开认真的调查。受众可以直接给该部门写信，说明要反映的具体情况。该部门承诺在收到来信的10个工作日之内答复；如果调查需要更长的时间，BBC也会及时通知投诉者。投诉人如果对投诉部的答复不满意，可以要求由BBC理事会理事组成的节目投诉上诉委员会进行复议。该上诉委员会将对一些类别的投诉进行审议，主要是一些关乎公共利益的重要投诉案例。BBC定期出版投诉公告，记录和报告投诉委员会的工作情况，以及上诉委员会的裁决。其他电视公司由独立电视委员会（The Independent Television Commission）管理这方面的问题。对非BBC的广播电台的管理和投诉，由无线广播局（The Radio

① 参见http://www.pcc.org.uk/about/reports/2002/stats.html。

Authority)处理。

广播投诉委员会(The Broadcasting Complaints Commission)主要受理因广播或电视节目而受到侵害的个人所提出的投诉,例如个人在节目中受到不公正的待遇,或者隐私受到侵犯。不过,投诉者必须是在所投诉的节目中直接涉及的个人或独立机构。如果委员会决定立案调查,被投诉者必须配合,出具书面解释,必要时还要举行听证会。委员会的裁决一般以书面形式公布。

广播标准委员会(The Broadcasting Standards Council)主要处理涉及道德内容的问题。它专门监看广播电台和电视台节目和广告,以防其中暴力、性、色情和污言秽语等出格内容出现和泛滥。委员会也受理观众和听众投诉。它在接到投诉后,有权要求播出者提供相应的节目录音、录像和文字说明,以及相应的解释。委员会每月将投诉调查和裁定公之于众。标准委员会还对外国对英广播和电视节目进行监听、监看,并将有关投诉和调查报告转呈政府有关部门,由后者决定应对措施。委员会下属一个强大的研究调查网络,对受众态度的调查尤为重视。它在全国各地举行受众座谈会,征求各方面对广播的意见。

1984年以前,所有的独立电视台和广播电台都由独立广播管理局管理(Independent Broadcasting Authority,IBA),后来有线广播局(The Cable Authority)加入。1988年,广播标准委员会成立,确保电视内容的"品味与正派"(Taste and Decency)。BBC自1922年成立以来,就一直自行管理它自己的事务。

广告标准委员会(Advertising Standards Authority)接受和处理报刊广告方面的投诉,但是不包括电视和广播中的广告投诉。①

第四节　当代资本主义国家媒介批评实践特点与评析

作为制衡和约束媒介的一种重要手段,媒介批评在西方资本主义国家的大众传媒监督机制中,发挥着重要的作用。根据上述对美、日两国媒介批评和监督机制的介绍,结合英国等其他资本主义国家媒介批评的实践运作,我们对其特点作如下总结和评析:

第一,当代西方资本主义国家的媒介批评,是当代资本主义新闻事业的一个组成部分,其理论基础是资产阶级的"新闻自由"原则。

从约翰·弥尔顿提出的"言论出版自由"口号,到法国资产阶级革命提出的《人权宣言》,从美国宪法第一修正案条款,到日本《宪法》第二十一条的规定,资

① 参见 http://www.mediator.online.bg/eng/bc-adr.htm。

本主义新闻事业的理论基础和实践运作，都是建立在“新闻自由”这个理念之上的。当资本主义经济处于自由竞争时期，新闻的自由主义理论更是占据着主导的地位。这种理论认为：“在报章杂志上，各种意见都可以自由发表，随着各种不同观点相互不断进行争斗，公众将能够从一片喧闹声中识别出真伪。应当有一个思想自由市场，政府不得对它进行干预，要让五花八门的真理与谬论为获得人们的视听而自由竞争。”① 正是基于这种“观点的自由市场”的理论认识，西方资产阶级的媒介批评著述，绝大多数以鼓吹和捍卫新闻自由为目的，以政府、大企业、大财团、媒介托拉斯乃至公众对新闻自由的干预和破坏行为为主要批评对象。美国一些知名的新闻媒介批评家撰写的批评著作，如本·巴格迪坎的《媒介的垄断》，就是一本揭露美国垄断财团如何控制媒介的专著。从当代美国网络媒介批评的内容可以看出，无论是对政府、广告商控制媒体的批评，还是对新闻审查制度、联邦通讯政策不合理性的抗议，归根结底都是为了维护媒体的独立性和声音的多元化。

第二，资本主义国家的媒介批评，和资产阶级新闻职业道德规范有着密切的联系。在资本主义市场经济逐步走向成熟阶段，新闻自由主义理论转向社会责任理论后，媒介批评的价值取向亦发生了相应的转向。

在资本原始积累过程中，由于对资源、劳动力和剩余价值的过度榨取，造成了掠夺性的恶性竞争。马克思在《资本论》第1卷第24章中，以大量的历史事实指出：所谓资本原始积累就是劳动者与劳动资料相分离的过程，这种剥夺的历史是用血和火的文字载入人类编年史的。他概括地说，资本来到世间，从头到脚，每个毛孔都滴着血和肮脏的东西。在剩余价值转化为利润的过程中，资本家为了追逐利润，什么缺德的事都干，甚至不惜犯罪，不怕上绞刑架。资本家为了追逐利润，不仅在生产过程中拼命榨取剩余价值，而且在产品上采用以次充好、卖假货、掺假等卑劣手段追求更大的利润。这无异于谋财害命，危害了整个社会的利益。

资本主义原始积累时期的这种掠夺性的残酷竞争，发展下去无疑会危及和毁灭资本主义制度。为维护现存社会制度，保护资本主义社会的整体利益，资产阶级不得不寻求法制、道德等手段来对资本主义的市场经济进行规范。社会经济发展的趋势要求建设良好的职业道德，这是历史发展的逻辑，资本主义也不能例外。随着资本主义市场经济逐步走向法制化、规范化，与之相适应的规范商业竞争行为的各种职业道德应运而生，新闻职业道德也是在这样的历史背景下产

① 〔美〕约翰·赫尔顿：《美国新闻道德问题种种》，刘有源译，中国新闻出版社1988年版，第11页。

生的。20 世纪初，由于报纸的商品化趋势愈来愈明显，为争夺读者市场，赢得广告市场，给报纸的老板带来更大的利润，报纸展开了激烈的竞争。为迎合部分读者的低级趣味，一些报纸大量描写色情、暴力，甚至捏造消息欺骗读者。这引起了大多数读者的不满，也妨碍了社会的安定。一些新闻界人士提出了新闻传播的社会责任问题，并提出应制定新闻职业道德规范，以便抑制黄色新闻的泛滥，避免使用不正当竞争手段给报纸带来相互残杀的恶果。

"二战后的几年中，'社会责任'骤然间在美国的各个大小机构中成为群起而追之的目标，时隔不久便普及世界各国，为人们竞相追求。"① 在这种新闻理论的影响下，媒介批评的价值取向发生了转向。人们关心媒介在享受新闻自由的特权时，应该承担什么样的社会责任。1947 年发表的哈钦斯委员会报告——《一个自由而负责的新闻界》，是媒介批评价值取向发生转变的重要标志。该报告指出："定期的出版物浩如烟海，充塞其间的是一连串繁杂的故事和图片，与各地活生生人们的典型生活毫不相干。其结果不外乎无聊、平淡、曲解和永无休止的误解……这些出版物强调的是别出心裁，而不是普遍典型，是耸人听闻而不是富有意义。这些刊物只顾忙于刊登这类琐事，以至于公民得不到他们所需要的信息和时事来表现他们对社会所承担的责任。"② 鉴于此，哈钦斯委员会提出建议，新闻界应当承担更大的责任，而见闻广博的公众应当采取更多的行动，监督新闻传播的责任。半个多世纪以来，在社会责任理论指导下建立起来的当代媒介监督机制，组成了一个庞大而又严密的媒介批评网络。以上对美国、英国和日本媒介监督机制的介绍，就是充分的证明。

第三，资本主义国家的媒介批评实践既有法律的依据又有完备的体制支持，故而在发挥监督媒介的功能方面，具有极大的优势。

日本新闻界对 1992 年发生的日本广播协会和朝日电视台新闻报道作假事件的批评，有力地说明了这一特点。

第四，重视对公众的媒介素养教育。

美国的媒介批评者认为，公众不应该仅仅阅读媒介批评的文章，更应该成为行动者，参加到对媒体的评判中，并把意见和想法反映给大众媒介，而公众参与批评的前提条件是他们具备基本的媒介素养；另一方面，批评者也认为，要想提高媒体报道质量，避免偏颇报道的出现，提高新闻从业人员的基本素质也是非常必要的。因此，开展媒介素养教育就成为美国媒介批评实践中最重要的内容

① 〔美〕J. 赫伯特・阿特休尔：《权力的媒介》，黄煜、裘志康译，华夏出版社 1989 年版，第 207 页。
② 同上。

之一。

美国的媒介批评网站很注重对公众媒介素养的培养，他们会在自己的网站上刊登指导公众发现媒体中的问题、开展正确的媒介批评的文章，或者提供相关方面的网址链接。

如，FAIR 网站的“媒介行动”（Media Activism）板块有一个栏目叫“媒介行动必备”（Media Activism Kit），这个专栏就是教授公众在批评媒体时要注意的原则、方法和技巧等。

第五，媒介监督组织和新闻学术机构是当代资本主义国家媒介批评的主要力量。

在当代美国媒介批评的实践中，媒介监督组织和新闻学术机构有着丰富的媒介批评经验，如 FAIR 创办于 1986 年，而哥伦比亚大学新闻学院创办《哥伦比亚新闻评论》也已经有四十多年的历史，它们开展媒介批评的形式多样化，在发动和组织公众参与媒介批评方面具有说服力，是媒介批评的主要力量。而且美国的媒介监督组织之间还保持着非常紧密的联系，在它们的网站上还能够找到其他组织的链接，像 FAIR 的网站上就提供了自由新闻组织（Free Press）①、数字民主中心（The Center for Digital Democracy）②、美国媒体事务（Media Matters for America）③等多家带有媒介监督性质的组织的网页链接。

前述日本的商业广播电视联盟、英国的报刊投诉委员会，作为媒体行业内组织，在扮演监督媒体的自律角色方面，均发挥了很大的作用。

第六，西方资本主义国家的一些从事媒介批评的知识分子或团体组织，在其著述和观点中，能够摒弃阶级的偏见，冲破“国家利益至上”的观念束缚，勇敢地批判发达资本主义国家对内提供有偏见的新闻，以蒙蔽民众，对外实行新闻、文化侵略的新殖民主义政策，形成“国际新闻信息传播的不平衡”状态，并强烈呼吁建立“世界传播新秩序”，为遭受侵害的发展中国家和人民申诉权利。这种媒介批评的声音，是正义的呼声，是希望全世界和平共处的声音，是进步的批评，它符合世界和时代发展的历史潮流，因而获得了全球范围，特别是发展中国家和人民的广泛响应和支持，具有极大的理论和实践价值，也具有极为旺盛的学术批评

① 美国的一家无党派媒介监督组织，致力于让更多的公众参与到重要媒介事务的讨论中，主张建立非营利性质的、独立的民主媒体。

② 美国的一家主张为公共利益服务的非营利性组织，主张保持网络时代的开放性和多样性，鼓励多制作非经营性的和公众感兴趣的节目。

③ 美国的一家以网络为平台的非营利基金会，有计划地审视各类媒体的报道可信度，挖掘不精确、不确实、不可靠的新闻或评论，努力消除媒体报道乱象。

的生命力。

第七,资本主义国家的媒介批评,如同资本主义国家的新闻自由一样,发挥的作用又是非常有限的。每当资本主义制度的根本利益受到挑战或威胁时,如同新闻自由一样,媒介批评的监督制约作用就被忽略,甚至遭到抹杀。从这种意义上说,媒介批评和新闻自由一样,不过是资产阶级"民主政治"的花瓶和点缀而已。

下面就是能够说明这一事实的典型事例。

2003 年 3 月 20 日,美英联军不顾世界舆论的强烈反对,在不经联合国安理会授权的情况下,悍然出兵伊拉克,发动了第二次海湾战争。由于新闻媒体经常披露对美、英发动这场战争的决策者的批评,对伊战争持续两周后,自诩"新闻自由"样板的美英媒体,终于受到了政府的"修理"。美国两位有名的战地记者的报道先后被封杀,曾因越南战争和首次海湾战争战地报道而获奖的彼得·阿内特于 3 月 31 日被美国全国广播公司和微软全国广播网(MSNBC)解雇,因为他在伊拉克国营电视节目中说,美国的伊拉克战争计划已"失败"。另一名随军采访的美国电视记者菲尔·斯麦克被美军部队从伊拉克驱逐,军方指责他的战地报道太具体,危害了美国部队的安全。与此同时,英国广播公司的战时报道也受到了公开的批评。英国工党主席里德指责 BBC 的报道就像在为阿拉伯做宣传。在巴格达市场爆炸现场做报道的 BBC 记者奥马尔,被指责像"巴格达的朋友"。英国外交大臣斯特劳 4 月 1 日专门在英国记者协会做了犹如政治动员的长篇讲话,反复强调战时新闻记者的社会责任。

战争之初,当美国放开随军记者限制条件,热炒新闻透明之时,路透社记者曾写过一篇题为《美国将怎样控制战争新闻》的文章。文章指出,美国有一个很有效的通讯机器,能适时地指导新闻覆盖整个伊拉克战争。BBC 驻美国的记者说,美国的右翼电台清谈节目以及诸如福克斯新闻网等有线电视网络有关伊拉克战争的报道充满了爱国主义和支持美国的腔调,如果有人试图提出批评意见的话,他几乎就会被当成卖国者。战争开始后,英国《卫报》的一篇文章,指责战时的新闻发言人为了政治目的而说谎。作者感慨:我们该从哪里了解事实真相?[①]

---

① 参见《看伊拉克战争中遭政府修理后美英媒体的表现》,http://news.sina.com.cn/w/2003-04-03/0522978812.shtml。

第五章　五四新文化运动时期的中国媒介批评

五四新文化运动时期是中国近现代史重要的转折时期，是中国革命史从旧民主主义革命转入新民主主义革命的时期，是中国近代文化史上以民主、科学为核心的思想启蒙时期，也是中国新闻史上理念和业务新旧交替的重要时期。“中国新闻事业新的历史时期也由此开端。以报刊为主要阵地的新文化运动的发生和发展，是贯穿这个时期新闻史的一条主线。”[①] 五四新文化运动时期的中国媒介批评是这一时期中国新闻传播活动的组成部分，也是新文化运动的组成部分。五四新文化运动时期的中国媒介批评，是中国现代媒介批评的开端。[②]

第一节　五四新文化运动时期中国媒介批评的时代背景

五四新文化运动时期，中国的政治、经济、文化等领域都发生了深刻变革。

一、政治经济背景

政治方面，自从1840年鸦片战争之后，外国资本主义侵入中国，使中国社会内部发生了重大的变化，逐步形成了一个半殖民地半封建社会。1911年爆发的辛亥革命，推翻了清王朝的专制统治，但革命的果实被以袁世凯为首的北洋军阀所窃取。袁世凯为复辟帝制而屈服于日本帝国主义的压力，接受意在灭亡中国的“二十一条”，中国的民族危机空前严重。而在南方，1917年孙中山在广州成

---

① 方汉奇主编：《中国新闻事业通史》第2卷，中国人民大学出版社1996年版，第1页。

② 五四运动史专家、美籍华人学者周策纵在《五四运动史》一书中写道：“关于‘五四运动’的起讫时期是一个弄混淆了的问题。‘五四运动’这个名词往往被作者们滥用。它有时是指紧接在‘五四事件’以后的几个月，有时是指以后的几年；另外一些作者们认为这一时代始于1915或1916年，终于1923年。还有一些作者则把‘五四时代’延长到1925年，因为那年发生的‘五卅惨案’成为另一个时代的开始。陈独秀在他一篇1938年写的文章里，甚至认为‘五四时代’一直延长到‘现在’，在本书（指《五四运动史》周策纵著，笔者注）里，由于我认为‘五四运动’是个多面性的现象，所以没有把它的起讫日期作严格的断限。”本书作者在研究五四新文化运动时期的媒介批评现象时，亦发现媒介批评活动及其影响实在难以具体日期来限定，所以取其始于1915年《新青年》创刊，止于1926年《新青年》终刊。

立“护法军政府”,公开和北洋政府对抗,中国政局形成了南北对峙的局面。在1919年的“巴黎和会”上,列强欲将德国在山东的特权转让给日本,这个消息成为引发五四运动的导火索。

经济方面,第一次世界大战期间由于各帝国主义国家忙于战争,暂时放松了对中国的侵略,这为中国民族资产阶级的发展提供了有利条件。中国民族资本主义取得短暂的繁荣。但是好景不长,中国民族资本主义工业很快又落入萧条的境地。究其原因,一是“当时的军阀政府并不利用这种时机兴办工业。袁世凯、段祺瑞的政府从外国得来的大量借款都用于军政费用,特别是用以扩充军队。当权的大小军阀、官僚手中积累的财富,或用于购置田产,或用以从事商业投机和高利贷剥削,或存于外国银行。他们一般地对于办工业是没有兴趣的”①。二是民族工业的短期繁荣既然只是利用了帝国主义暂时放松对中国侵略的间隙,所以当帝国主义势力卷土重来的时候,民族工业向前发展的趋势立刻就被打断了。有经济史研究者指出:“惜我国工业基础未固而欧战即已告终。民国九年(1920年),中国国外贸易为先前未有之巨额,然查其进出口货,进口增六分之一,出口反减少六分之一。外货又来,经济压迫又来,经济压迫之幕又开。国人居此恶劣环境之下,不知振刷精神,亟谋补救,反于此时争设交易所与信托公司等投机事业,想谋意外之财,置本业于不顾,结果皆遭惨败。停厂者有之,杀生破家者有之,遂酿成民国十年(1921年)之经济恐慌。”② 在半殖民地半封建的中国,民族工业在第一次世界大战期间的繁荣景象以后再也没有出现过。这充分表明了封建主义的腐朽落后和帝国主义的侵略压迫是阻碍中国民族资本主义发展的根本因素。不摆脱半殖民地半封建的社会关系,中国的国民经济根本不可能得到正常的发展。这种状况导致了中国民族资本主义非常脆弱,同时具有革命性和妥协性。中国资产阶级经济上的两面性在政治和文化上也有反映。五四新文化运动时期这种政治经济背景下的中国媒介批评,呈现出“新旧之争”和“新新之辩”的复杂局面。

二、文化背景

以1915年9月陈独秀在上海创办《青年杂志》为发端,一批知识分子在思想文化领域发起了影响深远的思想启蒙运动——新文化运动。新文化运动的基本内容是提倡民主,反对封建专制和旧伦理道德,要求平等自由、个性解放;提倡科学,反对尊孔复古思想和偶像崇拜,反对迷信,要求以理性与科学判断一切;提

① 胡绳:《从鸦片战争到五四运动》,人民出版社1981年版,第949页。

② 龚骏:《中国新工业发展史大纲》,转引自胡绳:《从鸦片战争到五四运动》,人民出版社1981年版,第950—951页。

倡新文学,反对旧文学,开展文学革命和白话文运动。

新文化阵营内部并非整齐划一,在如何对待中国革命的现状和前途以及如何对待中西方文化等问题上,各派知识分子各持己见。五四运动后,以"问题与主义"之争为标志,原来以反封建为旗帜的知识分子阵营开始分化。以胡适为代表的支持改良主义的知识分子希望用渐进的手段改造落后的中国,而以李大钊、陈独秀为代表的一部分知识分子已经接受了马克思主义。此外,在当时中国思想界影响较大的还有无政府主义、基尔特社会主义和文化保守主义等。五四新文化运动,既是一场促成中国思想文化大解放和大繁荣的运动,又是一场包罗万象、庞杂多元、良莠不齐的文化运动。作为新文化运动组成部分的媒介批评,也深深地打上了新文化运动的时代烙印。

三、传媒背景

五四新文化运动时期是中国近代新闻传媒事业繁荣和发展的时期。袁世凯败亡后,在新文化运动的推动下,特别是在五四爱国运动的推动下,新闻事业呈现出波澜壮阔的发展态势。这种发展态势表现为以下几个方面:

第一,五四新文化运动期间,中国的报刊出版事业有了很大的发展,仅在1919年,"一年中全国涌现的新思潮报刊达400余种"[①]。这为媒介批评提供了物质基础。

第二,这些大量涌现的新刊物为五四新文化运动推波助澜,发挥了强有力的社会舆论先导作用。"这些新期刊最大的功效之一在于它们介绍年轻的中国知识分子给一般大众,并且作为他们之间的桥梁。这些知识分子在后来的几十年里多成为社会、政治或文学方面的重要人物。事实上,'五四事件'以后的'期刊热',在发展中国群众舆论和培养新知识分子定型方面,是一种划时代的现

① 方汉奇主编:《中国新闻事业通史》第2卷,中国人民大学出版社1996年版,第1页。

关于五四新文化运动期间中国究竟出版了多少种报刊,史家的说法不尽一致。蒋梦麟在1919年底写道:"自从五月以后,大约有三百五十种周报出版,都是学生或同情学生的人士主编的。这些周报通常印在一大张纸上,有半张日报那样大,中间折起来,变成四页。"杜威在1920年初从北京报道说:"据说两年前只有一两种试验性的,用白话文写的期刊,今天却有三百多种。自从去年五月以后,学生已经开始出版许许多多期刊,都是白话文的,而且都是用普通人能明白的语言讨论问题。"王苣章说:"在一九一九年新文学革命开始以来的四年内,有三百种学生杂志出版,其中只有一两种不是白话文的。"不过他又声明:"有些作家说有四百多种。"胡适在1922年说过,1919年至少有400种白话文期刊出版。后来有一位作者列举650种期刊,都是在1919年至1927年期间出版的。这不包括政府出版物、报纸副刊及许多学校行政当局出版的东西。据周策纵估计:"五四时期,即1917到1921年这5年间全国新出的报刊有1000种以上。"以上资料引自〔美〕周策纵:《五四运动史》,岳麓书社1999年版,第261页。

象。”[①]这一特点表现在媒介批评方面,则是涌现了一批利用新刊物宣传新思想、新文化,批判腐朽、反动、落后的封建制度和思想,批判封建军阀对新闻自由的摧残,批判封建主义卫道士及其封建保守报刊的思想家。同时,在这些思想家的影响和鼓动下,群众性的媒介批评在旧思潮和新思潮、旧报刊和新报刊的大激战中,也发挥了重要的影响。

图 6　1915 年 9 月 15 日陈独秀在上海创办的《青年杂志》

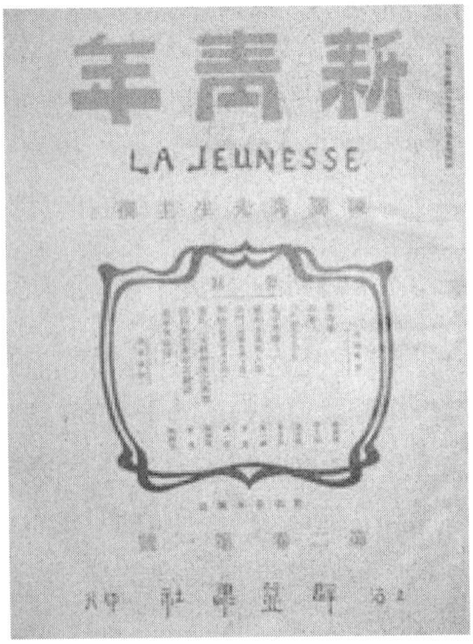

图 7　1916 年 9 月 1 日《青年杂志》更名为《新青年》

第三,报刊新阵线的形成和新旧思潮之激战,形成了五四新文化运动时期媒介批评的高潮。以《新青年》为旗帜,五四新文化运动时期涌现出了一大批宣传新思潮的报纸和期刊,其代表性的报刊有:《每周评论》、《湘江评论》、《星期评论》、《钱江评论》、《国民》、《新潮》、《晨报》、《京报》、《国民公报》、《民国日报》、《时事新报》等。这些报刊或“重在批评事实”,将思想文化斗争和现实政治斗争联系起来,反映了新文化运动的新趋向;或“重在阐明学理”,注意开始宣传马克思主义和社会主义思潮;或重在鼓吹新文学,发表新小说、新诗歌。这样,就形成了一个宣传新文化的报刊新阵线。但这种情况遭到了封建保守派的反扑,从而形成了新文化运动的倡导者们和封建保守派势力之间,以报刊为主要阵地开展的新旧思潮的大激战。“这一场被称之为‘新旧思潮大激战’的斗争,其实在思想

① 〔美〕周策纵:《五四运动史》,岳麓书社 1999 年版,第 263 页。

理论上并没有怎么展开,倒是新旧两个阵线在各自的报刊上显示了自己的实力。这场斗争实质上是新文化力量争取思想自由和言论自由的斗争。”[①] 这场斗争形成了五四新文化运动时期媒介批评的一次高潮。

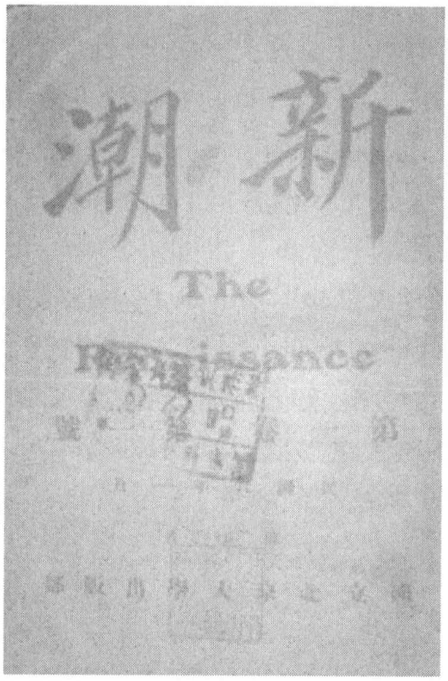

图8　1919年1月出版的《新潮》杂志是北京大学学生组织的新潮社所编辑的刊物

第四,私营报纸和小报大量发展。五四新文化运动时期因第一次世界大战的关系,中国的资本主义经济有过短暂的繁荣和发展,这给私营报业的成长带来了有利条件。在上海、广州等资本主义经济较为发达的大城市,以《申报》、《新闻报》为代表的一些私营报纸事业趋于活跃,在报纸企业化、现代化方面,迈开了重要步伐。五四新文化运动时期,小报也大量发展,出版种数达到历史上最高峰。以上海“四大金刚”[②]为代表的一批小报,取代了清末民初文艺小报的主导地位。私营报业在军阀混战的夹缝中,依靠企业化经营的手段,力图获得经济上独立之地位。但由于兵连祸结,政局迭变,为避免在政治动乱中遭受摧残,这些私营报刊大都在政治上很保守。戈公振在《中国报学史》一书中慨叹:“民国以来之报纸,舍一部分之杂志外,其精神远逊于清末。盖有为之记者,非进而为官,即退而为营业所化。故政治革命迄未成功,国事窳败日益加甚。从国体一方面

---

① 方汉奇主编:《中国新闻事业通史》第2卷,中国人民大学出版社1996年版,第34页。

② 所谓“四大金刚”,是指当时影响较大的四家小报——《晶报》、《金刚钻》、《福尔摩斯》、《罗宾汉》。

观,当筹安时代,号称稳健之报纸,多具暧昧之态度,其是否有金钱关系虽不可知,若使无民党报纸之奋不顾身,努力反抗,则在外人眼光中,我国人之默许袁氏为帝,似无疑义。”[①] 而在经营策略上,为商业利益驱动,一些低级趣味甚至黄色下流的广告也常见报端。小报的内容则以鸳鸯蝴蝶之类为主旨,而黄色小报则如同浑浊的黄浪席卷社会。这类小报打着“专揭社会黑幕,指示人生迷途”的旗号,大量登载谈论吃喝嫖赌经验和两性生活的文章,迎合读者的低级趣味。以上情况,恰恰和五四新文化运动时期激情澎湃、狂飙突进式的期刊潮形成了鲜明的对照。对这类无政治方向、低俗和腐朽报刊内容的批判,是五四新文化运动时期媒介批评的一个鲜明主题。

第五,五四新文化运动时期也是外国无线电广播和电影等新的传媒传入我国的时期。西方列强在侵略和掠夺中国的各种手段中,利用无线电技术和广播、电影对中国的政治、军事、经济、文化施加影响,是其中重要且最为先进的一种。当时,“在华外人,深觉中国人之易欺,乃各自装设电台……或以军用为名,或借报告气象为辞,擅收电报,扰乱空间秩序,无所忌惮。其间迭经交涉,或则顽抗,或则狡赖,卒无结果”[②]。对外国侵略者利用无线电广播干涉我国电信主权,利用电影歪曲中国人形象,进行文化侵略的批判,是五四新文化运动时期媒介批评活动中颇具特色的一项内容。

第六,五四新文化运动时期新闻事业的蓬勃发展,促进了新闻学研究和新闻教育事业的兴起和发展。1918 年 10 月,北京大学新闻学研究会成立。这是中国第一个系统讲授新闻课程,并集体研究新闻学的团体,被称为中国“报业教育之发端”[③]。“民国九年,上海圣约翰大学于文科中,设立报学系。民国十年,厦门大学成立,列报学于所设八科之一。民国十二年北京平民大学,民国十三年北京国际大学与燕京大学,民国十四年上海南方大学等,又先后设立报学系。最近上海光华大学与国民大学成立,亦有报学课程。至是,报学乃在教育上占一位置,诚可喜之现象也。”[④] 新闻教育事业的兴起和发展,推动了新闻学研究,特别是新闻理论研究的发展。媒介批评理论作为新闻传播学的一个分支,也随五四新文化运动时期新闻学教育和研究的发展而开始萌芽。在徐宝璜的《新闻学》、邵飘萍的《实际应用新闻学》和戈公振的《中国报学史》这三部奠定了我国新闻学研究基本框架的著作中,都有媒介批评的内容。五四新文化运动后期中国新

① 戈公振:《中国报学史》,生活·读书·新知三联书店 1955 年版,第 196 页。
② 王崇植、恽震:《无线电与中国》,文瑞图书馆 1931 年版,第 91 页。
③ 戈公振:《中国报学史》,生活·读书·新知三联书店 1955 年版,第 259 页。
④ 同上。

闻实践的发展和新闻学的奠基，为中国的媒介批评实践从自发型走向自觉型，提供了初步的理论指导。

第二节　五四新文化运动时期中国媒介批评的实践

五四新文化运动时期的媒介批评实践作为新文化运动的一部分，本质上是一种反封建的思想武器。新文化运动的倡导者们利用这个武器开展的批评，有以下几个方面的表现：

一、新旧之争——对封建主义文化报刊的批评

（一）倡导言论出版自由，揭露和批判北洋军阀压制和摧残新闻舆论

五四运动前夕，中国经历了辛亥革命之后的一段黑暗的时期，袁世凯当上民国临时大总统后，竟逆时代潮流而动，上演了一场复辟帝制的反动闹剧。为压制反抗的思想和舆论，袁世凯政府捕杀进步报人，捣毁、封闭报馆，酿成了著名的"癸丑报灾"。北洋政府在1912年到1914年间，公布了一连串的法律和命令，以限制人民的权利，这包括《戒严法》、《治安警察条例》、《预备戒严条例》、《报纸条例》和《出版法》。根据这些法律和条规，总统或地方的军事领袖可以宣布"戒严"；可以干涉人民的人身自由，以及居住、言论、集会、结社、通信、迁徙、财产和企业等自由权利；警察有权控制所有政治性或社会性的结社，以及出版物。

以李大钊、高一涵为代表的具有法学和政治学背景的知识分子，从法理和政治学原理的角度，揭露了封建军阀和守旧势力压制新闻出版言论自由的反动性和腐朽性，论述了言论出版界的自由对于促进社会进步和保障人权的重大意义。早年曾在日本学习法律的李大钊，针对袁世凯《天坛宪草》规定的"国民教育以孔子之道为修身大本"，指出"是语也，不啻将教授自由、言论自由、出版自由、信仰自由隐然为一部分之取消，势必有大奸匿怀挟专制之野心者，秘持其权衡，而议坛诸公，未能烛照其奸，诚为最可痛惜之事。"①

作为五四新文化运动的旗手，陈独秀对言论出版自由问题非常重视。他在论述法律和言论自由的关系时指出："法律是为保守现在的文明，言论自由是为创造将来的文明。现在的文明，现在的法律，也都是从前的言论自由对于他同时的法律文明批评反抗创造出来的。言论自由是父母，法律文明是儿子，历代相传，好像祖孙父子一样……法律只应拘束人民的行为，不应拘束人民的言论，因

① 《李大钊全集》第2卷，河北教育出版社1999年版，第433页。

为言论要有逾越现行法律以外的绝对自由，才能够发见现在文明的弊端，现在法律的缺点。”[①] 这是陈独秀对言论自由的精辟的论述。

如果说陈独秀的上述言论是一种带有激进民主主义色彩的激情呐喊，那么五四新文化运动时期另一位新文化运动的重要成员——高一涵，则从政治学的角度，理性地剖析了思想自由、言论自由问题。有人认为：“为中国出版言论界注入西方政治法权的理念，高一涵应该算是一位引路人。”[②] 作为五四新文化运动时期北京大学政法专业的教授，高一涵有着丰富的报刊舆论界从业经验，他对言论自由的理解，可以说在当时达到了历史上的新高度。在《共和国家与青年之自觉》这篇文章中，他系统分析了自由在“共和国家”这一制度设计中的精义，并高度评价了舆论自由对于自由和共和国体的重要意义。他在文章中指出：“(共和国家是)合万众之生以为生之创造团体，此团体非他，即国家之本体是已。”基于这一“民本”思想，民众有责任造成“共同舆论”，这样才能真正筑成“国体之基础”。他号召：“凡具独立意见皆得自由发表，人人所怀之意向、祈求、感情、利害，苟合于名学之律，皆得尽量流施而无所于惧，无所于阻。”[③] 在他看来，思想和舆论自由不仅仅是共和国公民天然的权利，更体现了公民内在精神的自由程度。可以说，他对言论自由的理解和思考已经上升到了哲学价值观的高度。

高一涵在《新青年》第5卷第6号发表的《非君师主义》这篇文章里，从现代政治学学理出发，论证了在共和政体下，总统应该是国民公仆，指出现代民主法治国家不能干涉个人信仰和道德操守，批判了1918年11月24日颁发的《大总统令》中提倡所谓“国民道德”的悖谬。他认为：“国家不能干涉个人道德，所以宪法上必有信仰自由、言论自由、思想自由等等之规定……主人的道德，须由主人自己培养，不能听人指挥，养成奴性道德。”[④] 在《读弥尔的自由论》一文中，高一涵写道：“我们自读书以后，久已晓得英国是个自由的国家。弥尔生在世界上第一个自由的国家，还痛骂英国习俗专制，舆论专制；倘若生在中国，不知又怎样痛骂了？中国古代思想，不用说是定于一尊的了；就是到民国成立以后，此风犹相沿未改。我见湖南有一位老先生，去年在北京著一篇议论，见中国‘言论庞杂’，他就忧虑了不得。要把所有的报馆，一齐封禁，叫政府专请几个人，来办一

① 陈独秀：《法律与言论自由》，载《新青年》第7卷第1号，1919年12月1日。

② 参见六月生：《〈新青年〉时期高一涵新闻思想研究》，http://stujune.blogchina.com/blog/869909.html。

③ 高一涵：《共和国家与青年之自觉》，载《青年杂志》第1卷第1号，1915年9月15日。

④ 高一涵：《非君师主义》，载《新青年》第5卷第6号，1918年12月15日。

个报馆。他还夸口说这是统一思想的第一个善法子,现在无第二人能想出来的。列位想想,比较汉武帝'尊儒术,罢黜百家'不还厉害么?"[①]

高一涵对言论出版自由的认识和思考,不仅仅停留在言论、思想自由与共和政体之关系,与塑造现代公民精神之关系的层面上,也不仅仅止于抨击封建势力和反动军阀对言论自由的压制和摧残的层面上,他还从西方现代政治法权、人权的角度,对言论自由和法治的关系、和人权的关系进行了深刻的探讨。他依据西方哲学中的"人本主义"精神,认为"人"之可尊敬,"人之所以为人",是因其具有"自主自用之资格,惟其此资格也,故能发表独立之意见。此人品之第一义也。亦即舆论正当之源泉"[②]。他提出正当的舆论有三种类型,即"多数之意见,少数之意见及独立之意见是也"[③]。"共和国家之本质,即基于小己之言论自由。"[④]"专制国家之舆论,在附和当朝,共和国家之舆论,在唤醒当道。专制时代之舆论在服从习惯,共和时代之舆论在本诸良心,以造成风气。"[⑤]在此认识基础上,高一涵进一步指出:在共和体制下,对于舆论自由的保障,须创造出法治和平等的条件,这些条件有三:"(一)须有敬重少数意见与独立意见之雅量,不得恃多数之威势,抹煞异己者之主张。(二)多数舆论之起,必人人于其中明白讨论一番,不得违性从众,以欺性灵。(三)凡所主张,须按名学之律,以名学之律为主,不得以一般好恶为凭。共和国家,所以能使人人心思才力,各得其所者,即由斯道。政府抹煞他人之自由言论,固属巨谬,即人民互相抹煞自由言论,亦为厉禁。何则,不尊重他人之言论自由权,则一己之言论自由权已失其根据。迫挟他人以伸己说,则暴论而已矣,非公论也。屈从他人,违反己性,则自杀而已矣,非自卫也。故曰,欲造成真正舆论,惟本独立者之自由意见,发挥讨论,以感召同情者之声应气求。"[⑥]综上所述,我们可以看出:高一涵强调的是英美式的以宪法保障人权的法治下个人自由特别是言论的自由。

对于高一涵关于舆论自由的这些见解,有人评论道:"他的观点已经和现代媒介法的原理有了神似之处,即既要确保媒体业界发挥社会监督者的作用,同时又要防止其滥用言论自由等权利危及国家或个人的合法权益。民初废止了压制报刊言论的《大清报律》,而《临时约法》中关于报刊出版的法律条文遭到反对也

① 高一涵:《读弥尔的自由论》,载《新青年》第4卷第3号,1918年3月15日。
② 高一涵:《共和国家与青年之自觉》,载《青年杂志》第1卷第1号,1915年9月15日。
③ 同上。
④ 同上。
⑤ 同上。
⑥ 同上。

被剔除。全国业已形成共倡言论自由的风气,同时报界也处于无法可依的混乱局面中。这反过来又助长了报刊虚浮谩骂之风,或者假借革命之强势舆论压制个体意见,或者假借反革命之强权压制报刊言论,联系到这一时代背景,我们不得不慨叹他已经成为了历史的前行者。”①

经过五四运动的洗礼,1920 年 8 月 1 日,胡适、李大钊、蒋梦麟、高一涵等七人联名在《晨报》上发表了《争自由的宣言》,这篇文章对北洋政府颁布的《治安警察条例》、《出版法》、《报纸条例》、《管理印刷业条例》等压制新闻自由的法规进行了深刻而全面的批判,宣言指出北洋政府《报纸条例》是把“日刊、周刊、旬刊、月刊、年刊和不定期刊的言论自由放在警察官署手里”,“实际上是把个人意见和社会舆论的发表权寄附在警察官喜怒之下,思想既不自由,舆论也不能独立,约法上言论自由的规定还有什么效力!”《争自由的宣言》最后明确指出,以上诸法律“应立即废止”,并提出包括言论自由、出版自由在内的四种自由“不得在宪法之外更设立置限的法律”②。

五四新文化运动的先驱们,不但从理论上阐述言论出版自由的重要意义,而且在现实斗争中,亦直面反动势力压制、扼杀新闻舆论自由的黑暗现实,敢于抗争,因而这一时期争取新闻自由的媒介批评充满了激扬的战斗性。

在五四爱国运动中,北京和上海的一些报刊如实报道了学生示威游行的情况,并支持学生的爱国行动,但新闻界的爱国风潮受到帝国主义和北洋政府的联手镇压。五四运动发生后的十几天内,北洋政府以“有碍时机”为由,禁止市民、学生集会游行,并查禁“攻击日人,排斥日货”和“登载青岛交涉签字”的报馆。

外国人办的报纸《益世报》也被查封,编辑潘蕴巢被拘捕,京师警察厅则每晚派人到《晨报》、《国民公报》报馆检查稿件,未经批准一律不准刊载。为“遏乱源”、“正风俗”起见,把那些“妨害治安、败坏风俗”,“专以鼓吹社会革命、无政府、同盟罢工、共产等邪说为宗旨”的《进化》杂志、《民声丛刊》、《工人宝鉴》、《太平》等印刷品一律查禁。③

上海租界由于各国势力的矛盾,向来没有统一的新闻法规,这时也匆匆要制定、颁布新闻法规。1919 年 7 月下旬,国民党机关报《国民日报》被公共租界总巡捕房指责为“煽动人心,扰乱治安”、“公然鼓吹暗杀”,勒令停刊两天。

面对北洋政府和帝国主义的迫害,进步的新闻舆论界进行了激烈的抗争。

---

① 参见六月生:《〈新青年〉时期高一涵新闻思想研究》,http://stujune.blogchina.com/blog/869909.html。

② 胡适等:《争自由的宣言》,载《东方杂志》第 17 卷第 16 号,1920 年 8 月 25 日。

③ 参见《查禁“妨害治安”的集会出版之经过》,载《每周评论》,1919 年 6 月 1 日。

《每周评论》于1919年6月1日在“国内大事述评”专栏中刊载了《查禁“妨害治安”的集会出版之经过》一文，揭露了北洋政府勾结日本帝国主义压制同情和支持五四运动的新闻舆论的反动嘴脸。同一天的《每周评论》第三版刊载了李大钊的文章——《危险思想与言论自由》。李大钊写道：“思想本身，没有丝毫危险的性质。只有愚暗与虚伪，是顶危险的东西。只有禁止思想，是顶危险的行为。”“思想自由与言论自由，都是为保障人生达于光明与真实的境界而设的。”李大钊接着讽刺日本公使散布的中国人鼓吹爱国是无政府主义的谬论。针对北洋政府以“鼓吹社会革命、共产邪说”为由查禁进步报刊的暴行，李大钊指出：“禁止人研究一种学说的，犯了使人愚暗的罪恶。禁止人信仰一种学说的，犯了教人虚伪的罪恶。”他认为：“禁止思想是绝对不可能的。因为思想有超越一切的力量。监狱、刑罚、苦痛、穷困，乃至死杀，思想都能自由去思想他们，超越他们。这些东西，都不能钳制思想、束缚思想、禁止思想。这些东西，在思想中全没有一点价值，没有一点权威。”

他还揭露北洋政府的后台是帝国主义，“我如今才晓得东交民巷里有我们的太上政府”，“你居然敢干涉我们的言论自由”。[①] 对于淞沪警察厅取缔印刷办法，把《临时约法》上的出版自由权完全剥夺的倒行逆施，进步的舆论界予以痛斥。邵力子指出：“这种阻碍文化、侵害自由的法例，在现今平民政治的世界，是断乎不应该有的。”他依照法理，揭露淞沪警厅的违法行为：“想不到一个淞沪警察厅厅长，竟把上海看做‘徐家的特别区域’一般，公然定出一种特别取缔办法来。真是胆大极了！他自己先犯了法，人民为尊重法律的缘故，也没有服从他乱命的道理。”邵力子为此呼吁：“吾人为尊重出版自由计，更为尊重国家立法权计，对于淞沪警察行动的取缔印刷所办法，万万不能承认！”[②]

五四运动的兴起，促进了全国民众的大联合。北洋政府和帝国主义的迫害，激励新文化运动的知识分子们同仇敌忾。1919年6月11日，陈独秀因支持学生爱国游行，分发《北京市民宣言》被捕，他被监禁了83天。《北京市民宣言》中写有包括罢免徐树铮及其他亲日官员、废除北京警察总部、保证市民有绝对言论及集会之自由的要求；同时提出警告说，如果政府拒绝接受这些要求，市民应该采取“直接行动，以图根本之改造”[③]。

① 李大钊：《太上政府》，载《每周评论》第23号，1919年5月26日，署名“常”。
② 邵力子：《出版自由和立法权》，载1919年7月14日《民国日报》“时评”专栏。
③ 〔美〕周策纵：《五四运动史》，岳麓书社1999年版，第252页。

面对北洋政府镇压学生运动、悍然逮捕陈独秀的罪恶行径，新文化运动的领袖们以各种方式表示抗议和谴责。北京大学校长蔡元培为支持学生爱国运动而愤然辞职。1919 年 6 月 11 日夜，胡适在得知陈独秀被捕的消息后，写了一首题为《威权》的诗，刘半农当时也写了一首长诗《D—诗》，主题和胡适的相似，也是向反动当局抗议的。邵力子在 1919 年 7 月 23 日的《民国日报》"时评"专栏中写了《忘了陈独秀在狱里么》一文，声援陈独秀。李大钊在陈独秀获释后，则写了《欢迎独秀出狱》的诗，刊载在 1919 年 11 月 1 日出版的《新青年》杂志上。诗中写道：

你今出狱了，
我们很欢喜，
他们的强权和威力，
终竟战不胜真理。
什么监狱什么死，
都不能屈服了你；
因为你拥护真理，
所以真理拥护你。

你今出狱了，
我们很欢喜，
有许多的好青年，
已经实行了你那句言语：
"出了研究室便入监狱，
出了监狱便入研究室。"
他们都入了监狱，
监狱便成了研究室；
你便久住在监狱里，
也不须愁着孤寂没有伴侣。

（二）倡言科学，批判宣扬鬼神"灵学"之类的迷信

五四新文化运动，是高举"民主"、"科学"两大旗帜进行的一场不妥协的反对封建专制和迷信愚昧的思想启蒙运动。作为这场运动的一个重要组成部分——五四新文化运动时期的媒介批评，贯穿着民主、科学与封建迷信、专制、愚昧搏击的一根红线。五四运动前夕，复古的思想舆论界除了掀起一股尊孔逆流

之外,“设坛扶乩”、宣扬鬼祟神怪的“灵学”也大行其道,危害人民尤其是青年人的思想。

1917 年秋,上海中华书局陆费逵、俞复等人开设“盛德坛”,组织灵学会,并从 1918 年 1 月起出版《灵学丛志》,公开宣扬“鬼神之说不张,国家之命遂促”。《灵学丛志》的内容荒诞不经。据该志记载,所设之乩坛为“盛德坛”,由孟轲主坛,庄周、墨翟二人为之辅,下置“四秉十六司”。某日“圣贤仙佛”临坛时,各有题诗,庄周诸子居然能作七绝诗,孟子会书法,李登讲音韵能知 Esperanto(世界语)之发音。更为奇怪的是吴稚晖去问音韵之学,竟有陆德明、江永、李登三人降坛,大谈其音韵。

为揭露灵学会和《灵学丛志》的封建迷信实质,新文化运动的倡导者们,发表了一系列文章与其展开针锋相对的论战。《新青年》第 4 卷第 5 号刊载了陈独秀的《有鬼论质疑》。

文章指出:“吾国鬼神之说素盛,支配全国人心者,当以此种无意识之定数观念最为有力。当今士大夫,于科学方兴时代,犹复援用欧美人之灵魂说,曲征杂引,以为鬼之存在,碻无疑义,于是著书立说,鬼话联篇,不独己能见鬼,而且摄鬼影以示人。”文章写道,在科学未能解释鬼神是否存在的情况下,应采取质疑的立场,“主张无鬼之先,对于有鬼之说多所怀疑”。文章采取八问的形式,如“或云鬼之为物有形而无质耶?夫宇宙间有形无质者,只有二物:一为幻象,一为影像;幻象为非有,影则其身亦为非有。鬼既无质,何以知其非实有耶?此不可解者四也。”文章利用有鬼论存在的不能自圆其说、逻辑混乱的矛盾,对其进行逐一批驳。

同一期的《新青年》,还刊载了陈大齐的《辟“灵学”》一文。文章从自然科学和社会科学(人的生理、心理现象)两方面入手,分析了扶乩留下的谶语乃人之肌肉筋脉动作之故的生理原因,并从潜意识的病理学角度,阐释了人产生幻觉的原因,驳斥了灵学关于神鬼的谬说。作为一篇讨伐“灵学”的檄文,《辟“灵学”》对灵学的批判进一步深入到对封建文化毒害的讨伐上。在讨论乩书为何常常言某鬼到者时,陈大齐认为,这正所以表现中国人之劣根性。“中国人之天性,喜为古人之奴隶,以能做奴隶为荣,而以脱离古人羁绊为耻。是故‘非先王之法服不敢服,非先王之法言不敢道’……此种奴隶根性,处处流露。今日言道德者,犹高标‘三纲五常’之说,言家庭者,犹以‘五世同堂’为荣。处奴性极深之社会,而又不能自拔于流俗,于是不敢稍越范围,自立一说,但知依附古人之言,遂以造成顶冒招牌之现象。扶乩者中国人也,而又为奴性极深之人,其下意识之安得不为奴性所束缚,而假冒古人之招牌以自欺欺人耶。吾故敢断言,扶乩时之书某鬼到者，出于人冒鬼牌，是中国人第一拿手好戏，不足深怪者也。至如《灵学丛志》中所载颜曾诸人能作七绝诗，孟轲能作大草，则狐狸尾巴早现出来，更何所用其怀疑哉！”① 这等酣畅淋漓的批判文字，揭示了鼓吹灵学的深层次的社会文化心理，讨伐的锋芒直指统治中国几千年的封建文化，以及由这种文化培养出来的愚昧卑琐的国民人格。五四新文化运动的启蒙者们的思想是何等的深刻！这些思想，即使在今天看来，仍然焕发着时代的光彩！

就在陈独秀《有鬼论质疑》、陈大齐《辟“灵学”》的文章发表后，《新青年》第5卷第2号，刊载了署名易乙玄《答陈独秀先生〈有鬼论质疑〉》的文章。文章仍然承袭着所谓历代贤哲主张有鬼论的陈词滥调，对陈独秀的《有鬼论质疑》进行驳难。另外，为蛊惑舆论，蒙混视听，宣扬灵学的人还胡诌什么“他心通”、“天眼通”等现象具有科学依据，并以此为由，为玄学鬼论辩护张目。②

为反击替灵学辩护的谬论，陈独秀对易乙玄的驳难一一进行了批驳。同时，刘叔雅亦在《新青年》第5卷第2号上刊文《难易乙玄君》，对易乙玄的有鬼论进行了批判。刘叔雅在文章最后总结道：时下灵学盛行，是因为政治黑暗，内外交困，国人对现实绝望灰心，因此纷纷弄鬼信神。而乩坛所害，足以阻碍科学之进步，堕落消磨民族精神。

纵观这场有鬼论和无鬼论、玄学和科学之争，可以发现，实质上这是一场民主、科学与封建专制、迷信愚昧之争。参加这场争论的新文化运动阵线一方，除了陈独秀、陈大齐、刘叔雅之外，还有钱玄同、刘半农、易白沙、汤尔和等人。他们从各自的研究领域出发，或根据音韵学知识驳斥玄学扶乩妄谈音韵时暴露的种种谬误，或根据现代医学知识驳斥玄学倡言“丹田”、“三焦”之说有违现代解剖学之常识。这场论争的结果，被邵力子评价为进步主义的胜利。他写道：“科学尚未精进，而先提倡鬼学，愚实认为进步主义之敌。前读《新青年》、《辟灵学杂志》文，叹为先得我心。今又闻精武摄影部向自称能摄鬼影者挑战，尤为狂喜。我国能否不亡，必视进步主义之能否普及，非仅昔人作无鬼论比也。”③

（三）反对封建复古思潮，批判封建保守报刊

五四新文化运动时期中国的媒介批评，就其形式而言，主要是对报刊的批评。因而倡导新文化运动的报刊与封建主义保守报刊之间的斗争，是贯穿这一

① 陈大齐：《辟“灵学”》，载《新青年》第4卷第5号，1918年5月15日。

② 参见王抚五：《鬼相与他心通》，载《新青年》第6卷第4号，1919年4月15日。文章中所说的“他心通”、“天眼通”，类似今日所谓隔墙测字等“特异功能”的把戏。

③ 邵力子：《进步主义》，载1918年10月2日《民国日报》“时评”专栏。

时期媒介批评实践的主题。

新文化运动对封建主义保守报刊的批判,可以1919年五四运动为界划分为两个阶段。

1. 1919年五四运动之前对封建保守报刊的批判

"辛亥革命之后,皇帝没有了,'学而优则仕'的旧封建路途不再那么正规。但政局一塌糊涂,思想异常混乱,控制相对放松,意识形态似乎成了空白。一方面,旧的体制、规范、观念、风习、信仰、道德……都由于皇权崩溃,开始或毁坏或动摇或日益腐烂;另一方面,正因为此,强大的保守顽固势力便不断掀起尊孔读经、宣扬复辟的浪潮,想牵引局面恢复或倒退到'前清'时代去。"[①] 在这样的历史背景下,以《新青年》、《国民》、《每周评论》和《新潮》为核心的新文化报刊阵营和封建报刊阵营进行了激烈的论战。其中影响较大的两次论战分别为:陈独秀在《新青年》杂志上撰文批判康有为的君主立宪主义主张;《新青年》与《东方杂志》,李大钊、蔡元培、陈独秀等新文化运动领袖人物与封建守旧派人物刘师培、辜鸿铭、林琴南等人之间展开的"新旧思潮大论战"。这两次大论战以后者更具代表性。

早期资产阶级维新派领袖人物康有为,在辛亥革命后,思想上和政治上日趋保守。《不忍》杂志是他阐述政见和复古思想的主要阵地。

"《不忍》于民国二年(1913年)二月出版于上海,由康南海主撰。志在以孔教为国教。"[②] 该刊刚一问世,康有为就以封建卫道士自居,提出了"人心之堕落"、"政治之窳败"、"教化之陵夷"、"纲纪之灭亡"等十不能忍。[③] 就在张勋复辟之际,康有为在《不忍》杂志上发表《共和平议》和《与徐太傅书》两篇鼓吹复辟君主制的文章,说中国不宜实行"民主共和",而应实行"虚君共和"(君主立宪)。陈独秀在《新青年》上连续发表了《驳康有为致总统总理书》、《驳康有为共和平议》等文章。文章指出:"乃近从友人求得第九、十两期合本《不忍》杂志读之,见有《共和平议》及《与徐太傅书》,一言民主共和之害,一言虚君共和之利,不禁大失所望。"[④] "辛亥以还,且于国人流血而得之共和,痛加诅咒,《不忍》杂志,不啻为筹安会导其先河,天下之敬爱先生者,无不为先生惜之。"[⑤] 陈独秀批评了康有为将民初政局的乱象归罪于民主共和的谬论。陈独秀认为社会危机

① 李泽厚:《中国现代思想史》,东方出版社1987年版,第9页。
② 戈公振:《中国报学史》,生活·读书·新知三联书店1955年版,第189页。
③ 参见李润波:《故纸遗音——早期报刊收藏》,浙江大学出版社2004年版,第29页。
④ 陈独秀:《驳康有为共和平议》,载《新青年》第4卷第3号,1918年3月15日。
⑤ 陈独秀:《驳康有为致总统总理书》,载《新青年》第2卷第2号,1916年10月1日。

图9 《不忍》杂志的封面设计可谓颇费心思,水中有一人眼看要被奔来的鳄鱼伤害,惊恐万状,高台一穿长袍学人不忍其遭难,从上垂下一条绳索或者是腰带,欲救其脱险。这幅图设计之用心显然是为紧扣刊名,寓意作者不忍看到“离经叛道”的芸芸众生的危险处境而欲搭救之。

的根源是由于君主制度背后的文化和社会基础在作怪。在他看来,只有彻底地批判封建专制的思想观念,才能实现真正意义上的民主共和。

第一次世界大战爆发后,西方一些思想家面对残酷的战争和日益尖锐的社会矛盾,精神陷入迷惘之中。他们企图从所谓“东方文明”中寻找出路。中国一些维护封建文化的人见到西方人对“东方文化”的礼赞,重新活跃起来,他们援引西方学者的言论,再次鼓吹被新文化运动批判过的“名教纲常”。一时间,封建复古思潮泛起,《东方杂志》就是当时宣传这种思想的代表性刊物。

1918年上半年,《东方杂志》在第15卷第4号、第6号上,接连发表了日本《东亚之光》杂志译文《中西文明之评判》、钱智修的论文《功利主义与学术》、伧父的论文《迷乱之现代人心》等文章。《中西文明之评判》一文,大量引征德国学者台里乌司评论辜鸿铭著作的观点,大肆鼓吹中国传统文化中的纲常伦理。《东方杂志》这些文章的主要论点可以综合为:(1)自西洋混乱矛盾文明输入,破坏吾国固有文明中之君道臣节,名教纲常,遂至国是丧失,精神界破产,国家将至灭亡。(2)今日吾人迷途中之救济,非保守君道臣节名教纲常之固有文明不可。(3)欲保守此固有文明,非废无君臣之共和制不可。倘废君臣大伦,便不能保守君道臣节,名教纲常,便不能救济国是丧失,精神界破产,国家灭亡。[①]

面对这股封建复古主义的逆流,《新青年》连续刊载了陈独秀写的《质问东方杂志记者——东方杂志与复辟问题》、《再质问东方杂志记者》两篇文章,对这股封建复古主义思潮予以坚决的反击。在逐一驳斥《东方杂志》所载上述文章的种种谬论时,陈独秀把批判的锋芒重点指向中国封建社会独尊儒术带来的思想禁锢问题。他写道:"中国学术文化之发达,果以儒家统一以后之汉魏唐宋为盛乎?抑以儒家统一以前之晚周为盛乎?儒家不过学术之一种,倘以儒术统一为国是为文明,在逻辑上学术与儒术之内包外延何以定之?倘以未有独创异说为国是为文明,将以附和雷同为文明为国是乎?则人间思想界与留声机器有何区别?"[②]他接着追问:"请问此种文明此种国基,倘忧其丧失忧其破产,而力图保存之;则共和政体之下,所谓君道臣节,名教纲常,当作何解?谓之迷乱,谓之谋叛共和民国,不亦宜乎?"[③]面对《东方杂志》文章提出的希望中国有强力者压倒一切主义主张,恢复思想统一局面的妄想,陈独秀讥讽道:"然则洪宪时代,颇有此等景象,伧父君曾称快否?"陈独秀与《东方杂志》记者的论争,表面上看似乎是欧美自由、民主思想与中国封建传统思想孰优孰劣的学术之争,但究其本质,都是涉及中国究竟应该保留君主专制还是实行民主共和政体的大是大非问题。正因如此,陈独秀在《再质问东方杂志记者》一文中开篇即说:"记者信仰共和政体之人也,见人有鼓吹君政时代不合共和之旧思想,若康有为,辜鸿铭等,尝辞而辟之,虑其谬说流行于社会,使我呱呱坠地之共和,根本动摇也。"他和《东方杂志》记者的论争,也是"以《东方杂志》载有足使共和政体根本动摇之论文"[④]为由的。

《东方杂志》与《新青年》论战的硝烟未散,1919 年 2 月,反对《新青年》主张的桐城派古文家林纾(琴南),在皖系军阀控制的上海《新申报》上发表了他蓄意编造的小说《荆生》。该小说用影射的手法,污蔑攻击新文化运动,并企图借用反动统治权力达到摧残新文化运动的目的。接着,他于 3 月 18 日在北京《公言报》上发表了给蔡元培的信(《致蔡鹤卿太史书》),露骨地为封建伦理和老八股辩护。林琴南文章的发表是文化思想领域中的斗争进一步尖锐化的标志,也是北洋政府和封建复古派相互配合加紧迫害新文化运动的表现。正在这个时候,

① 参见陈独秀:《再质问〈东方杂志〉记者》,载《新青年》第 6 卷第 2 号,1919 年 2 月 15 日。

② 陈独秀:《质问〈东方杂志〉记者——东方杂志与复辟问题》,载《新青年》第 5 卷第 3 号,1918 年 9 月 15 日。

③ 同上。

④ 陈独秀:《再质问〈东方杂志〉记者》,载《新青年》第 6 卷第 2 号,1919 年 2 月 15 日。

北京政府公然对北京大学施加压力,一方面通过反动报纸散布北京大学“驱逐”陈独秀、胡适、钱玄同等进步教授的谣言,一方面利用御用议员在国会提出所谓“弹劾”教育部的议案,胁迫北大校长蔡元培辞职。某些地方军阀官僚,如江苏省省长也“训令”各县知事转令各学校校长严禁学生购阅“主张破除吾国旧有伦教,毁裂吾国固有文学,以期改造新社会”的出版物。① 为反击封建顽固派的挑战,《每周评论》第12期(3月9日)全文转载了小说《荆生》,并在编者按语中指出,这是“想借武力政治的权威来禁压”新文化运动。同期的《每周评论》转载了李大钊在《晨报》上发表的《新旧思潮之激战》一文。该文说:“须知中国今日如果有真正觉醒的青年,断不怕你们那伟丈夫的摧残;你们的伟丈夫,也断不能摧残这些青年的精神。”蔡元培也于4月1日在《公言报》刊出《致〈公言报〉并答林琴南君函》,申明他办大学的主张是“循思想自由原则,取兼容并包主义”,实际上也就庇护了新文化运动。在已经经过几年反封建宣传的新闻界,舆论更是倒向新文化运动一边。《每周评论》第12期、第19期两次辑录的《对于新旧思潮的舆论》,即收有全国15家报纸,27篇支持《新青年》,抨击北洋政府干涉思想学术自由的评论文章,一些报刊主张要继续批孔,革新思想,鼓励新文化运动的宣传再接再厉。

为回答封建复古势力对新文化运动的非难,《新青年》第6卷第1号发表了由陈独秀执笔的《本志罪案之答辩书》。文章写道:“他们所非难本志的,无非是破坏孔教,破坏礼法,破坏国粹,破坏贞节,破坏旧伦理(忠、孝、节),破坏旧艺术(中国戏),破坏旧宗教(鬼神),破坏旧文化,破坏旧政治(特权人治)这几条罪案。这几条罪案,本社同人当然直认不讳。但是追本溯源,本志同人本来无罪,只因拥护那德莫克拉西和赛因斯两位先生,才犯了这几条滔天的大罪。要拥护那德先生,便不得不反对孔教、礼法、贞节、旧伦理、旧政治;要拥护那赛先生,便不得不反对旧艺术、旧宗教;要拥护德先生又要拥护赛先生,便不得不反对国粹和旧文学。”因此他宣称:“我们现在认定只有这两位先生,可以救治中国政治上、道德上、学术上、思想上一切的黑暗。若因为拥护这两位先生,一切政府的迫害,社会的攻击笑骂,就是断头流血,都不推辞。”

2. 1919年五四运动之后对封建复古文化报刊的批判

1919年的五四运动,标志着反帝反封建的斗争从思想文化运动层面走向了社会运动层面。随着马克思主义的传播和社会主义思潮的涌动,同时,也在启蒙和救亡图存的双重主题变奏的复杂时代背景下,新文化运动的统一战线开始趋

① 参见《新青年》第6卷第4号,“什么话”专栏,1919年4月15日。

向分裂。

新文化运动后期，反对新文化的力量重新集结，1921 年以后，一些学者以对东西文化以及一些西方哲学理论的研究为基础，形成了一个新的反对新文化运动的派别。反映在报刊领域，便是以《学衡》、《教育潮》（续出）等为代表的文化保守主义。

《学衡》创办于 1922 年 1 月，吴宓主编，主要撰稿人有梅光迪、胡先骕等，他们都是美国哈佛大学的留学生，深受该校比较文学系教授、新人文主义代表人物白壁德的影响。五四新文化运动后期，围绕《学衡》杂志而形成的“学衡派”，鉴于一战以后欧洲科学主义思潮衰退，工具理性受到普遍怀疑的状况，在抗衡科学主义的偏颇、重建精神价值体系的追求中，开展了一系列有关文化复古主义的批评。“学衡派”认为：科学技术的高速发展，科学主义思潮的盛行，造成了人文精神失落与颓败，要扭转这一趋势，必须回归传统，以重建精神价值体系。因此，在五四新文化运动后期，《学衡》“在文化教育界形成了一个以该刊为中心的倡导文化复古主义和折衷主义的思潮”①。

《学衡》创刊不久，便亮出了和新文化运动较劲的挑战牌。对于新文化运动的倡导者，《学衡》记者竭尽攻击之能事。一则说他们非思想家，乃诡辩家，非创造家，乃模仿家，非教育家，乃政客。再则说他们排斥异己，入主出奴，门户党派之见牢不可破，不容他人讲学，而欲养成新式学术专制之势，利用国民不懂西文弱点，乃大出其风头。三则说他们不知发扬固有文化，融合中西，只是崇拜西洋偶像，以骇世眩俗。为回应这等挑战，费觉天在 1922 年 3 月 31 日的《晨报》副刊上发表文章——《请问〈学衡〉记者》。文章写道：“我国自与欧美交通以来，几次丧地辱国，大家遂知固有文化不足以适应新时代，乃相率倡为‘维新’运动，从事于政治、经济、法律等等底改革，结果竟有辛亥革命酿成今日军阀的世界。若是少数有识者，又知单挂着个‘共和’招牌，而铺子里所卖的货，还是袍套、靴帽，君为臣纲，父为子纲，宜乎其有张勋复辟，洪宪皇帝出现（这都是《新青年》第 1、第 2、第 3 卷陈仲甫所论列的话）。于是又进一步，要从事于文学、哲学、道德、教育等等思想底改革，这就是时下流传的所谓‘文化运动’……在那黑夜沉沉，大家正在不知天高地厚，高谈法制改革之时，其能首先叫门，惊醒支那人底清梦的，要打破三纲五常、桐城派、玄学的自是陈独秀、胡适之，而非可一笔抹煞。”文章在驳斥《学衡》记者上述对新文化运动倡导者们的诋毁后，为新文化运动辩护道：“请问读者诸君，更要问‘学衡’记者，你们是否承认中国应当改革，要改革是否要社会、个人、思想、制度全部更动，如果承认单从社会、制度上下手，而将个人和

① 甘惜分主编：《新闻学大辞典》，河南人民出版社 1993 年版，第 324 页。

思想抹煞,是无济于事,那蔡孑民他们‘叫门’这点,姑不论其处心,是由于沽名弋利,还是由于救世为国,但就结果上看,总未可厚非。况人家在‘五四’时代,固已受尽惊涛骇浪,百折千磨。”

鲁迅、邵力子等人也对这些文化复古主义报刊进行了尖锐的批判。鲁迅在1922年2月9日的《晨报》副刊上发表了《估学衡》一文,这是鲁迅在五四新文化运动时期媒介批评的名篇。文章开篇写道:“夫所谓《学衡》者,据我看来,实不过聚在‘聚宝之门’左近的几个假古董所放的假毫光;虽然自称为‘衡’,而本身的称星尚且未曾钉好,更何论于他所衡的轻重的是非。所以,决用不着校准,只要估一估就明白了。”

接着鲁迅用辛辣的笔调讽刺了刊载在《学衡》杂志上的几篇不通的文章。鲁迅总结道:“总之,诸公掊击新文化而张皇旧学问,倘不自相矛盾倒也不失其为一种主张。可惜的是于旧学并无门径,并主张也还不配。倘使字句未通的人也算是国粹的知己,则国粹更要渐惶煞人!‘衡’了一顿,仅仅‘衡’出了自己的铢两来,于新文化无伤,于国粹也差得远。”鲁迅的这段冷峻凌厉的文字,带有叫阵的气势。

五四新文化运动时期的新文化报刊《教育周报》曾受到邵力子的特别关注,而在新文化运动落潮时,《教育周报》(续出时改名为《教育潮》)却全面倒退了。邵力子对逆转的《教育潮》进行了批判和分析,讽刺它从一份新文化杂志蜕变成了“骈圣贤之学,行狗彘之事,借会通之名,诱意志未定之青年”①的封建复古派大杂烩。除邵力子的批评文章外,还有陈望道发表了《一落千丈的〈教育潮〉》,沈玄庐发表了《潮落潮生的〈教育潮〉》,对《教育潮》进行批判。

这些批评一方面继续沿着新文化运动反封建的主流方向前进,另一方面,由于对手实力的变化,这些媒介批评发生了变化——理性的增强和自省意识的出现,正是这些变化导致了理性的媒介批评观念在五四新文化运动时期的萌芽。

二、新新之辩——新文化报刊内部的批评与自我批评

如果将五四新文化运动时期的新旧文化斗争描述成对中国传统文化的破坏与维护的话,那么新文化阵营内部的分歧就是建设怎样的新文化以及如何建设的问题。五四新文化阵营内部论争的实质是关于中国新文化的建设方式和建设目标的论争,这种新新之辩相比阵营对峙、立场分明的新旧文化的斗争要复杂得多。譬如,五四新文化运动后期,在新文化阵营的内部,既存在着马克思主义和

① 邵力子:《批评浙江省教育会续出的〈教育潮〉》,载1920年10月25日《民国日报》“评论”专栏。

形形色色的非马克思主义思潮的论争，又存在着各种非马克思主义思潮之间的论争。要将五四新文化运动时期中国媒介批评新新之辩的图景勾勒清晰不仅极其困难，而且也超出了本书的篇幅范围。因此，下文删繁就简，只介绍五四新文化运动时期媒介批评中新新之辩的几个突出现象。

（一）马克思主义和形形色色的资产阶级社会思潮的论争

"十月革命一声炮响，给我们送来了马克思列宁主义"[①]，也给新文化运动注入了新的血液。《新青年》就是在反映中国革命逐渐进入新民主主义阶段的过程中，自身逐渐变成了宣传马克思列宁主义的刊物。而引导这场变革的先驱便是中国共产党的创始人之一李大钊。第一次世界大战结束，在一片"公理战胜强权"的欢呼声中，李大钊在天安门广场发表了《庶民的胜利》的演讲，肯定苏俄十月革命"是20世纪中世界革命的先声"[②]。后来他又在《新青年》杂志上发表了《布尔什维主义的胜利》，宣传苏俄十月革命和布尔什维主义就是"革命的社会主义"，并告诉人们"俄国的革命，不过是使天下惊秋的一片桐叶罢了"，"试看将来的环球，必是赤旗的世界"[③]。

由于李大钊加入《新青年》编辑部，《新青年》的社会主义因素逐步增长。他将《新青年》第6卷第5号编为马克思研究专号，发表了《马克思学说》、《马克思学说批评》、《俄国革命之哲学的基础》、《马克思传略》、《我的马克思主义观》等文章。经过五四运动的洗礼和马克思主义的传播，《新青年》从第7卷第1号开始，发生了办刊宗旨和编辑方针的转变。该号的《本志宣言》宣告："我们相信世界上的军国主义和金力主义，已经造了无穷罪恶，现在是应该抛弃的了。"第7卷第1号之后的《新青年》放弃了以前只注重学理输入，不问时事政治的宗旨，开始在输入新学理、新思潮之外，关心现实问题，关注国内外时事政治。如第7卷第1号刊载了《新银行团问题》、《长沙社会面面观（社会调查）》等文章，并设专节介绍湖南的"新文化运动"。这一时期的《新青年》，仍然还是社会主义和无政府主义并存，马克思主义与实验主义共舞的园地，其思想驳杂，莫衷一是，但社会主义思想已经显出主流的迹象。

受《新青年》杂志的影响，各地的一些新潮刊物，也开始注重宣传社会主义，注重社会改造运动。如《新湖南》周刊的内容，从第7号开始就与以前大不相同，其《宣言》宣告办刊宗旨为："一、批评社会；二、改造思想；三、介绍学术；

① 《毛泽东选集》第4卷，人民出版社1991年版，第1471页。
② 李大钊：《庶民的胜利》，载《新青年》第5卷第5号，1918年10月15日。
③ 李大钊：《Bolshevism的胜利》，载《新青年》第5卷第5号，1918年10月15日。

四、讨论问题……”再看第7期的内容，重要的文章有《社会主义是什么？》、《无政府主义是什么？》、《工读主义》等，这都是五四运动之后出现的新气象。

1920年，第7卷的《新青年》又利用庆祝“五一”国际劳动节的机会，发表文章，宣传马克思主义。

为扩大马克思主义的宣传，1918年12月22日，陈独秀等又创办了《每周评论》，而在天津领导学生运动的周恩来创办了《天津学生联合会报》、《觉悟》，毛泽东在湖南创办了《湘江评论》。这些刊物的出现进一步促进了社会主义、马克思主义宣传。

1923年6月，《新青年》改组为季刊，成为中国共产党中央的理论性机关刊物。至此，《新青年》作为宣传马克思主义和社会主义的主阵地呈现在世人面前。

就在《新青年》逐渐转变为宣传社会主义的刊物的过程中，体现着五四新文化运动统一战线的《新青年》编辑部，逐渐发生分裂。编辑部的一些成员就马克思主义、社会主义思想和其他社会思想或学术思潮等问题发生了争论。这些争论扩散到整个思想舆论界，引起了除《新青年》杂志之外的其他报刊媒介的反应。因此，一场围绕马克思主义和形形色色的社会思潮而展开的思想论争，通过媒介批评的形式激烈地开展起来。

纵观这场思想论争，主要有以下四个方面的表现：

1. 马克思主义和实用主义的论争

以李大钊为代表的初步接受了马克思主义思想的知识分子和以胡适为代表的信奉实用主义和改良主义的知识分子之间，开展的“问题与主义”之争是这场论争的具体表现。就在李大钊发表了《布尔什维主义的胜利》之后，胡适在《新青年》上连续发表了两篇文章——《不朽》（1919年2月，第6卷第2号）和《实验主义》（同年4月，第6卷第4号），前者主要宣传他的政治上的“淑世主义”①，后者宣传他的哲学上的实用主义。1919年7月20日，胡适在《每周评论》上发表了《多研究些问题，少谈些“主义”》，宣扬实用主义哲学，主张一点一滴地改良社会，反对宣传马克思主义和社会主义。李大钊连续撰写了《再论问题与主义》、《由经济上解释中国近代思想变动的原因》等文章予以反驳。李大钊认为：“问题与主义，有不能十分分离的关系。因为一个社会问题的解决，必须靠着社

① 淑世主义，一译“改善观”。这是西方的一种伦理学与社会学学说，英国女作家乔治·爱略特提出，后为美国的詹姆斯发挥。这种学说认为对现实的一切既不能全盘肯定，采取乐观的看法，也不能全盘否定，采取悲观的态度，主张逐渐改正现实世界中的缺点。这实质上是一种主张渐变的改良主义学说。

会上多数人共同的运动。那么我们要想解决一个问题,应该设法使他成了社会上多数人共同的问题。要想使一个社会问题成了社会上多数人共同的问题,应该使这社会上可以共同解决这个那个社会问题的多数人,先有一个共同趋向的理想主义,作他们实验自己生活上满意不满意的尺度。"[①] 接着,他对于社会主义的作用做了进一步的阐释:"大凡一个主义,都有理想与实用两面……在别的资本主义盛行的国家,他们可以用社会主义作工具去打倒资本主义。在我们这不事生产的官僚强盗横行的国家,我们也可以用他作工具,去驱除这一班不劳而生的官僚强盗。"[②] 针对胡适提出的一点一滴地解决社会问题的改良主义,李大钊提出:"我们应该承认遇着时机因着情形或须取一个根本解决的方法。"[③]

此时的陈独秀,思想上正处于由激进的资产阶级民主主义者向马克思主义者过渡的时期。对于马克思主义、社会主义和实用主义等各种相互对立的思潮,他仍然采取"兼容并蓄"的主张。这种庞杂、混淆的思想状况,既体现在由他执笔的第7卷第1号的《新青年》宣言上,也体现在他的《新文化运动是什么》(《新青年》第7卷第5号)一文中。为回应胡适提出的"新思潮的意义",在回答"新文化运动是什么"的问题时,陈独秀一方面运用资产阶级民主主义的思想,如"科学主义"精神来解释新文化运动,以继续反对封建复古主义的逆流,继续反对反科学主义、反西方文明的"国粹主义",另一方面又开始运用马克思主义的观点解释文化现象,呼吁新文化运动与社会改造运动结合,与政治斗争结合。"新文化运动要影响到别的运动上面。新文化运动影响到军事上,最好能令战争止住,其次也要叫他做新文化运动的朋友,不是敌人。新文化运动影响到产业上,应该令劳动者觉悟他们自己的地位,令资本家要把劳动者当作同类的'人'看待,不要当作机器、牛马、奴隶看待。新文化运动影响到政治上,是要创造新的政治理想,不要受现实政治底羁绊。"[④] 陈独秀的这些思想,已经明显地表现出他已经告别了《新青年》创刊时期只注重"学理的灌输,不过问时事政治"的立场,也明显地表现出他和自我标榜"二十年不谈政治"的胡适之间,在哲学观点、政治态度和学术旨趣上的分歧。

2. 马克思主义和基尔特社会主义的论争

五四运动揭开了中国人民反帝爱国运动的新一页,也造成了"民众的大联合"。1919年6月3日,中国工人阶级举行了政治大罢工,工人阶级作为一支独

---

① 李大钊:《再论问题与主义》,载《每周评论》,1919年8月17日。
② 同上。
③ 同上。
④ 陈独秀:《新文化运动是什么》,载《新青年》第7卷第5号,1920年4月1日。

立的政治力量登上了历史舞台。从此,中国的工人运动开始和马克思主义结合,"劳动运动"的呼声弥漫全国,马克思主义在中国的传播进一步深入,创立中国共产党的准备工作开始了。这种情形在《新青年》上得到了深刻的反映。1920年5月1日,《新青年》第7卷第6号出版"劳动节纪念"专号,这表明《新青年》杂志已经确立了社会主义办刊方向。就在以《新青年》为旗手的新潮刊物大力宣扬马克思主义和社会主义的时候,一批资产阶级、小资产阶级思潮,如"新村主义"、"基尔特社会主义"、"工团主义"、"合作主义"、"泛劳动主义"等等,纷纷打着"社会主义"的旗号,与马克思主义展开论争,其中以基尔特社会主义与马克思主义的论争影响最大。

基尔特社会主义是舶来品。基尔特是英文"Guild"的音译,即行会。所以,又译作行会社会主义。它是20世纪初到第一次世界大战前后,在英国工人运动中兴起的一种资产阶级改良主义思潮,其创始人和代表人物有潘蒂、霍布逊、柯尔、罗素等。

基尔特社会主义的基本思想是主张把中世纪的基尔特精神和方法恢复起来,通过工人与工厂的经营管理人员联合,对企业实行自治;从而逐步地实现企业公有、产业自治,废除工资制度;进而和平地用基尔特社会主义代替资本主义制度。所以,基尔特社会主义的基本精神就是搞阶级调和、劳资合作,反对无产阶级革命和无产阶级专政。①

五四新文化运动时期,中国接受和鼓吹基尔特社会主义的代表人物有梁启超、张东荪、张君劢等。他们利用《时事新报》、《晨报》②和《解放与改造》③等报刊宣传基尔特社会主义思潮,反对马克思主义。这些报刊在政治上与研究系④有密切关系。张东荪在一篇介绍基尔特社会主义的文章中说:"我认为近代的改造运动中,以此说为最妥善,所以首先把它介绍过来。"⑤

基尔特社会主义在中国的扩大宣传,是借罗素来华"讲学"之机发动的。罗

① 参见高军、王桧林、杨树标主编:《中国现代政治思想评要》,华夏出版社1990年版,第181页。

② 《时事新报》于1911年由1907年创刊的《时事报》和1908年创刊的《兴论日报》改组合并而成。五四运动时出副刊名《学灯》,与先后同时的《民国日报》副刊《觉悟》、北京晨报《副镌》、京报《副刊》同被称为"新文化运动中的四大副刊"。但这四种副刊的立场和对新文化运动的贡献却是很不一样的,每一个副刊也不是从头至尾立场一致的。这四种报纸中,《晨报》和《时事新报》都与研究系有密切关系。

③ 《解放与改造》半月刊创刊于1919年9月,主要负责人是张东荪,自称"新学会"出版,出版宣言便标出了改良主义的口号,出版一年之后更名为《改造》,由梁启超写发刊词,把改良主义的方针更具体化了。

④ 研究系是以梁启超为代表的一个政派,其前身是袁世凯执政时的进步党。成员主要是清末的立宪派分子,一贯执行改良主义政策,在五四运动以后,这一派中的一部分人开始假借社会主义之名来反对社会主义,以后便发展成为以张君劢、张东荪为代表的"国家社会党",即"民社党"。

⑤ 张东荪:《罗塞尔的"政治理想"》,载《解放与改造》第11卷第1号,1919年9月1日。

素是20世纪初英国著名的唯心主义哲学家，曾是费边社成员，鼓吹过社会民主主义，后又宣扬基尔特社会主义，主张阶级调和、劳资合作。1920年由梁启超出面，以“讲学社”和北京大学联合的名义，聘请罗素来华“讲学”。

罗素在华的“讲学”中，攻击十月革命，说布尔什维克“做出许多谬误的事体来，尤以反对农民的手段为甚”。他说，“我对于将布尔什维克的方法和目的，介绍到西方国家去那种尝试，极其关心。但是我相信这是完全无用的尝试。”① 他抹杀中国的阶级差别，反对阶级斗争。他说：“实业不发达，普通小工人、地主、商人，在经济上立足的机会，相差不很远。”② 因此，在中国“现今所需要的是道德的进步；人们应当讲恕道，学容忍，不然，全世界人人吃苦，人人受罪，一切的文明便从此要灭亡了。”③ 他还说：“今日的世界最危险的是两件事体，就是（一）爱国主义，与（二）阶级战争。”④ 这就是说，他不仅反对中国人民进行国内阶级斗争，而且也反对中国人民进行反帝斗争。因此他“劝告”中国，“暂不主张社会主义，当开发中国资源……应当从教育入手。”⑤

罗素来华的“讲学”，满足了中国基尔特社会主义者的愿望。他们附和罗素的思想和言论。首先跳出来的是张东荪。他陪同罗素讲演从湖南回到上海后，在1920年11月6日的《时事新报》上发表一篇题为《由内地旅行而得之又一教训》的时评，重弹罗素的调子。他说：“救中国只有一条路，一言以蔽之，就是增加富力。而增加富力就是发展实业。因为中国唯一的病症就是贫乏。”⑥ 张东荪认为发展资本主义是救中国的唯一出路。但是张东荪看到五四运动后社会主义思潮已成为社会主流思潮，公然宣传资本主义已不合时宜，于是诡辩他原也是主张社会主义的，但“中国的情形是多数人求为抬轿的而不可得”⑦，因此，“第一步当使社会上无此种求生不得之人，则始有抵抗能力。他日尽归类于劳动资本之两大阶级而有阶级战争，则进一步矣。”⑧ 他认为如果社会不发展到这一步，“社会主义之说决不能入人之耳而动其心”⑨。于是他提出了要社会主义者让

---

① 罗素：《中国向自由之路》，载《罗素五大讲演：社会结构学》附录（一），北京新知书社1922年版，第11页。

② 同上书，第45—46页。

③ 同卜书，第79—80页。

④ 同上书，第78页。

⑤ 罗素：《一九二〇年在“新学会”欢迎会上的答词》，载《罗素月刊》第1期附录。转引自高军、王桧林、杨树标主编：《中国现代政治思想评要》，华夏出版社1990年版，第188页。

⑥ 张东荪：《由内地旅行而得之又一教训》，载1920年11月6日《时事新报》。

⑦ 同上。

⑧ 同上。

⑨ 同上。

开,让资本家来“发展实业”的主张。

张东荪这篇文章发表后,梁启超、蒋百里、蓝公武、彭一湖等信奉基尔特社会主义的人纷纷发表文章附和。归纳中国基尔特社会主义的政治思想,主要有以下五个方面:(1) 鼓吹基尔特社会主义的政治理想与社会改造原理;(2) 歪曲中国的社会阶级关系,反对传播科学社会主义;(3) 鼓吹发展资本主义是中国的唯一出路;(4) 提倡阶级调和与劳资合作;(5) 宣扬分阶段进入社会主义,即认为资本主义是不可逾越的阶段,而社会主义只是遥远的理想。①

基尔特社会主义思想受到了陈独秀、陈望道、李达等人的严厉抨击。《新青年》从第8卷第4号起,连续刊载了多篇论文,批判基尔特社会主义思潮。时为上海共产党组织的负责人陈独秀在给罗素的公开信中指出:“近来中国有些资本家的政党的机关报,屡次称赞你主张:中国第一宜讲教育,第二宜开发实业,不必提倡‘社会主义’,我们不知道这话真是你说的,还是别人弄错了呢?我想这件事关系中国改造之方针很重要,倘是别人弄错了,你最好是声明一下,免得贻误中国人,并免得进步的中国人对你失望。”② 他在《独秀复东荪先生底信》中一针见血地指出,“先生不主张谈主义”,“何以先生自己仍然大谈而特谈甚么‘使中国人都得着人的生活主义’、甚么协社主义、甚么基尔特社会主义和甚么资本主义呢?”③

《新青年》从第8卷第4号起,连续刊载了多篇论文,驳斥梁启超、张东荪的观点。刊登在这一号上的陈独秀写的综述——《关于社会主义的讨论》,辑录了陈望道、邵力子等人批评张东荪的文章。陈望道在《评东荪君底“又一教训”》一文中,首先抄录了张东荪在《解放与改造》第1卷第7号上发表的《我们为什么讲社会主义》的观点:“社会主义乃是一种人生观与世界观——而且是最进化最新出的人生观与世界观。”④ 陈望道接着质问张东荪:“这样看来,可见东荪君认社会主义是改造人生的一切态度一切方法底总名了。既然认社会主义四个字包括改造人生的一切态度和方法,那便只可说,要得着‘人的生活’只有高唱社会主义。为什么时评上却说:‘……苟不把大多数人使他得着人的生活而空谈主义必定无结果。’这话怎讲?东荪君!你现在排斥一切社会主义……却想‘开发实业’,你所谓‘开发实业’难道想用‘资本主义’吗?你认为‘救中国只有一条

① 参见高军、王桧林、杨树标主编:《中国现代政治思想评要》,华夏出版社1990年版,第197—212页。

② 陈独秀:《独秀致罗素先生底信》,载《新青年》第8卷第4号,1920年12月1日。

③ 同上。

④ 陈望道:《评东荪君底“又一教训”》,载《新青年》第8卷第4号,1920年12月1日。

路’，难道你居然认定‘资本主义’作唯一的路吗？……你曾说‘社会主义是改造人的全体生活’，现在你既然旅行过一番，晓得了‘大概都未曾得着人的生活’，为什么不把你那‘改造人的全体生活’的‘社会主义’再行赞美，鼓吹，反而忍心诅咒呢？”① 邵力子在《再评〈东荪君底“又一教训”〉》一文中，也指出：“开发实业，不用社会主义作基础，我敢断言都会底表面愈发达而内幕愈愁惨，得着东荪君所谓‘人的生活’者愈是少数，而腹地也愈要穷到极点。在资本主义下面，都会实是罪恶底渊薮。”②

各地共产党组织的成员在《新青年》和《共产党》等刊物上连续发表文章，对张东荪、梁启超等人的基尔特社会主义思想从理论上进行了系统的批判。李达在上海发表了《社会主义革命商榷》和《讨论社会主义并质梁任公》，李大钊在北京发表了《中国的社会主义与世界的资本主义》，何孟雄在北京发表了《发展中国的实业究竟要采用什么方法？》，陈独秀在广州发表了《社会主义批评》，蔡和森在法国写了《马克思学说与中国无产阶级》。这些文章批判了张东荪、梁启超等人对社会主义的歪曲，揭露了他们的伪社会主义的真面目，分析了中国社会状况和阶级关系，驳斥了“只有发展资本主义，才能使中国增加富力”的观点以及他们鼓吹阶级调和、反对阶级斗争、反对建立无产阶级政党、反对进行社会主义运动的理论。这样，当时站在拥护马克思主义的立场上参加这场论争的人，便在基本观点上驳斥了基尔特社会主义思想，保卫了科学社会主义，消除了在传播马克思主义道路上的障碍。

3. 马克思主义与无政府主义思潮的论争

20世纪初，无政府主义开始传入中国，并有着广泛的影响。当时一些留学日本和法国的学生或反清的流亡者，出版了一些专门宣传无政府主义的刊物，如刘师培等在日本创办的《天义报》和《衡报》，李石曾、吴稚晖等在法国出版的《新世纪》等，张继还在日本举办过讨论无政府主义的“社会主义讲习会”，此外辛亥革命以后，中国的著名无政府主义者师复又组织了晦鸣学社，出版了《晦鸣录》（后改名《民声》）和其他宣传无政府主义的书籍。到了五四新文化运动时期，无政府主义思想在小资产阶级知识分子中有了进一步的发展。北京大学就曾有过实社、奋斗社等无政府主义组织，出版了《自由录》、《工人宝鉴》、《进化》、《奋斗》等宣扬无政府主义思想的刊物。上海、南京、广州、武汉、常熟、长沙等地也出现过类似的团体和刊物。

---

① 陈望道：《评东荪君底“又一教训”》，载《新青年》第8卷第4号，1920年12月1日。
② 邵力子：《再评〈东荪君底“又一教训”〉》，载《新青年》第8卷第4号，1920年12月1日。

在众多的无政府主义流派中,以克鲁泡特金的无政府共产主义在中国流行最广。“无政府共产主义者何?主张废除资本制度,改造为共产社会,且不用政府统治者也。”“‘无政府’以反对强权为要义,故现社会凡含有强权性质之恶制度,吾党一切排除之。本自由平等博爱之真精神,以达于吾人所理想之无地主、无资本家、无寄生者、无首领、无官吏、无代表、无家长、无军队、无监狱、无警察、无裁判所、无法律、无宗教、无婚姻制度之社会。斯时也,社会上惟有自由,惟有互助之大义,惟有工作之幸乐。”①

无政府主义思想在一定程度上表达了小资产阶级和广大劳动群众对旧制度、旧社会反动统治的不满,以及对消灭阶级剥削和压迫的愿望。在五四时期,一些进步知识分子因不满意为帝国主义侵略辩护的“弱肉强食”、“优胜劣败”的社会达尔文主义,也曾利用克鲁泡特金的“互助论”与之斗争。但总的看来,无政府主义思想由于企图用人类“互助”进化的说教来代替和取消阶级斗争,同时灌输给人以“无政府”的所谓“共产社会”的虚妄幻想,从而把小资产阶级的革命热情引入阶级调和的歧途,为马克思主义在中国的传播造成了极大阻碍。《新青年》、《共产党》、《先驱》、《少年中国》等杂志发表了大量文章,和无政府主义思潮展开了激烈的论争。

在论争中,初步具有共产主义思想的知识分子有力地驳斥了无政府主义者反对政治、反对马克思主义的国家学说和无产阶级专政的言论,阐述了无产阶级领导人民大众进行革命斗争,夺取政权和建立政权的重要性。他们根据马克思和列宁的理论说明:“国家是阶级支配的一个机关,是一阶级压迫他阶级……的机关”,它是社会发展到一定阶段的产物,是“阶级的冲突和经济的利益不能妥协的一个证据。”②“只有被压迫的生产的劳动阶级自己造成新的强力,自己站在国家的地位,利用政治、法律等机关,把那压迫的资产阶级完全征服,然后才可望将财产私有、工银劳动等制度废去,将过去不平等的经济状况除去。”若是像无政府主义者那样“不主张用强力,不主张阶级战争,天天不要国家、政治、法律,天天空想自由组织的社会出现”,就是再过一万年,“那被压迫的劳动阶级也没有翻身的机会。”③所以初步具有共产主义思想的知识分子公开宣称:“我们共产主义者,主张推翻有产阶级的国家之后,一定要建设无产阶级的国家;否则,革命就不能完成,共产主义就不能实现。……我们的最终目的,也是没有国家的。不过

---

① 《师复君传》,载《进化》第1卷第3号,转引自丁守和、殷叙彝:《从五四启蒙运动到马克思主义的传播》,生活·读书·新知三联书店1979年版,第212页。

② 李达:《马克思派社会主义》,载《新青年》第9卷第2号,1921年6月1日。

③ 陈独秀:《谈政治》,载《新青年》第8卷第1号,1920年9月1日。

我们在阶级没有消灭以前，却极力主张要国家，而且是主张要强有力的无产阶级专政的国家的。阶级一天一天趋于消灭，国家也就一天一天失其效用。我们的目的并不是要拿国家建树无产阶级的特权，是要拿国家来撤废一切阶级的。"①

在这场论争中，初步具有共产主义思想的知识分子还就无产阶级专政的国家和资产阶级专政的国家的本质区别、生产和分配理论、自由和法律权威以及建立什么样的政党等问题和无政府主义者展开论战。这场论战坚决驳斥了无政府主义者对苏俄的诬蔑，保卫了无产阶级专政的思想，强调了走十月革命道路的重要性，区别了马克思主义和无政府主义思潮，并明确地指出了中国应该建立共产主义政党，而不是无政府党，这就有力地推动了马克思主义的传播。但是这次论战也存在明显的缺点，主要是没有从世界观的角度根本否定无政府主义思潮，一些争论流于烦琐，缺乏战斗力和鲜明的立场。

4. 马克思主义与唯心主义人生观的论争

从 1923 年起，中国的思想界展开了一场所谓"科学与人生观"的论争。论争是在以胡适、丁文江为代表的"科学派"与以张君劢、梁启超为代表的"玄学派"之间展开的。张君劢是一个柏格森主义者，他宣扬人的意志自由，认为不可能对人生观做科学的解释。他认为人生观与科学的不同在于以下五个方面："一曰，科学为客观的，人生观为主观的。二曰，科学为论理学为方法学所支配，而人生观则起于直觉。三曰，科学可以分析方法下手，而人生观则为综合的。四曰，科学为因果律所支配，而人生观则为自由意志的。五曰，科学起于对象之相同现象，而人生观起于人格之单一性。"② 张君劢宣扬的这种玄学的人生观，引起了地质学家丁文江的反驳。他在《玄学与科学——评张君劢的"人生观"》一文的开篇讥讽道："玄学真是个无赖鬼——在欧洲鬼混了二千多年，到近来渐渐没有地方混饭吃，忽然装起假幌子，挂起新招牌，大摇大摆的跑到中国来招摇撞骗。你要不相信，请你看看张君劢的'人生观'。"③ 文章接着从"人生观能否同科学分家、科学的智识论、科学与玄学战争的历史、欧洲文化破产的责任"等方面，对张君劢的玄学进行了全面的驳斥。张君劢不甘示弱，又在《晨报》副刊以连载的方式，发表了长篇大论的文章——《再论人生观与科学并答丁在君》，由此展开了一场旷日持久的科学与玄学的论争。由于丁文江驳斥张君劢的思想武器是"存疑的唯心论"，因而不足以彻底驳倒玄学的人生观。这样，两个唯心主

① 施存统：《我们要怎么样干社会革命？》，载《共产党》第 5 号，1921 年 6 月 7 日。
② 张君劢：《再论人生观与科学并答丁在君》，载 1923 年 5 月 6 日《晨报》副镌。
③ 丁文江：《玄学与科学——评张君劢的"人生观"》，载 1923 年 5 月 3 日《晨报》副镌。

义派别在一起论争，自然也就没有结果。当时有人作如此评论："张君劢先生和丁在君先生为了这个问题（科学与人生观——笔者注），打了一个月的恶战，并且引起许多人加入战团，于是战线因之而延长，战地亦因之而扩大，所争论的问题，愈弄愈复杂了。一直到了旧历的端阳佳节，还没有打得一个决定的结果出来，或者纵令打到无限年的端阳佳节，也不能有一个决定的结果出来！"①

这场唯心主义的内战，引起了陈独秀和瞿秋白等人的注意。他们敏锐地认识到，对这场论争予以历史唯物主义和辩证唯物主义的分析和批判，是宣传马克思主义哲学思想的好时机。1923 年 12 月，《新青年》季刊第 2 期发表了陈独秀的《科学与人生观序》。他批评"科学派"之所以没有战胜，是"因为有一种可以攻破敌人大本营的武器，他们素来不相信，因此不肯用"。他所谓的武器就是历史唯物主义。他认为"丁在君不但未曾说明'科学何以能支配人生观'，并且他的思想之根底，仍和张君劢走的是一条道路"。文章结尾说："我们相信只有客观的物质原因可以变动社会，可以解释历史，可以支配人生观，这便是'唯物的历史观'。我们现在要请问丁在君先生和胡适之先生：相信'唯物的历史观'为完全真理呢，还是相信唯物以外像张君劢等类人所主张的唯心观也能够超科学而存在？"

瞿秋白在《新青年》季刊第 2 期发表了哲学论文——《自由世界与必然世界》。针对张君劢的"科学为因果律所支配，而人生观则为自由意志的"这种唯心主义观点，指出社会现象同样有客观的规律，并根据"自由与必然"这一对辩证唯物主义的范畴的原理，解释了自由意志的问题。他指出："'自由'实在是能克制自然及自己，然必以知悉自然的必要为根据；所以'自由'本是历史发展之必然的产物……人类离自然而独立自由，完全在于探悉自然界的公律。人类历史的发展里，人若欲求得自由，欲求脱离社会现象之'自生自灭性'的压迫，而进于自由处置社会现象的威权，亦必须探悉社会现象里的'必然'的因果律。空言意志自由，甚至于否认因果律以立意志自由——那简直是自相矛盾。"这给张君劢的唯心主义的自由意志观以沉重打击。为批判胡适、丁文江的实用主义哲学和"存疑的唯心论"观点，瞿秋白在《新青年》季刊第 3 期上发表了《实验主义与革命哲学》一文，指出胡适的"多研究些问题，少谈些主义"，便是要"工人阶级不用管什么社会主义，怎样能解决你们目前的难题便怎样做去算了。于是大家蒙着头干去……"，使工人阶级跟着资产阶级走，而"不至于'妄想'"。他指出实验主义是"改良派"，他引用实验主义的创始人詹姆士的理论并加以批判，指出：

① 王星拱：《科学与人生观》，载 1923 年 7 月 9 日《晨报》副镌。

“对于实验主义,不但没有绝对的现实,并且也没有客观的现实,其结果完全是唯心论的宇宙观”,“实验主义带着科学方法来到中国,其实这是一个历史的误会”。因此,他进而反驳了一种认为实用主义与马克思主义很相近的误解和混淆,从理论上指出了马克思主义哲学唯物主义的辩证观点和实用主义的“有益”观点的本质不同,也指出了在实际应用上马克思主义指向革命,而实用主义则指向妥协。

这两期《新青年》上还发表了若干阐述马克思主义哲学的根本观点的文章,这些文章也是与所谓“科学与人生观”论争中的问题有关的。

(二)对帝国主义文化侵略的批判

19 世纪中叶,外国报纸作为帝国主义侵略中国的文化工具进入中国,正如毛泽东指出的:帝国主义列强“对于麻醉中国人民的精神的一个方面,也不放松,这就是它们的文化侵略政策。传教,办医院,办学校,办报纸和吸引留学生等,就是这个侵略政策的实施。其目的,在于造就服从它们的知识干部和愚弄广大的中国人民。”① 反对帝国主义侵略、挽救民族危亡是五四爱国运动的目的,因此,对外国报纸新闻文化侵略的批判本应是五四新文化运动时期媒介批评的重要内容。但在五四新文化运动时期众多媒介批评的文章中,却鲜见对外国报纸的批判。

造成五四新文化运动时期对外国报纸批评缺席的原因较为复杂。其一,新文化运动的矛头主要是对准封建主义,早期新文化运动的倡导者们使用的反封建武器,主要是西方资产阶级的“民主”、“自由”、“科学”、“人权”理论。五四前期新文化运动的先驱们大量引进西方的学术和政治思想,帝国主义、殖民主义的理论也打着“新学”的旗号一并涌进中国。这时候的中国思想界,是西方各种思潮的跑马地,良莠不分,照单全收,是这一时期新潮报刊的立场和表现。其二,当时国内大部分资产阶级民主主义者没有认清帝国主义的真面目,许多知识分子还对帝国主义抱有幻想,没有认清帝国主义是中国革命的敌人。加之当时中国报业不甚发达,外国报纸貌似客观、中立的报道迷惑了很多国人。因为上述原因,直到五四新文化运动后期才出现零星的对外国报纸的批评。1922 年邵力子撰文指出,对外国人谬论的屏绝或纠正是舆论界的责任之一,“我国舆论界有一弱点,即对于外国人论议我国政局的文字特别看重”,“认为外国人说的话总不会错”。他在文章中还明确指出了外国报纸的危害:“在中国的外国人,不要说他们有了特殊的作用讲的话是靠不住的,就是单纯的观察也有几个能得事实的

① 《毛泽东选集》第 2 卷,人民出版社 1991 年版,第 629—630 页。

真相?"①

与鲜见对外国报纸批评的现象不同,五四新文化运动时期对帝国主义利用新兴的电影和无线电广播开展文化和新闻侵略却多有凌厉和深刻的批判。

20 世纪初,电影进入中国。对于帝国主义利用这种新媒体散布对华人的歧视,舆论界进行了猛烈的抨击。五四新文化运动时期著名的戏剧家陈大悲,在《晨报》等报刊上,发表文章抨击外国电影的文化侵略。在《万恶的侦探长片》一文中,他用了三个醒目的副题:

▲ 美国资本家底愚民政策
▲ 中国新式强盗底教科书
▲ 流毒不亚于鸦片与吗啡

文章写道:"自从阎瑞生在法庭亲口招认从电影中学得新奇的匿赃方法之后,侦探长片底教人作恶久已为一般关心社会道德的人所注意。现在除了那班怀着鬼胎的小报棍甘心为虎作伥之外,凡稍具有常识的朋友无不切齿于那班'奇中奇''险中险'的侦探长片。舆论界底笔诛墨讨已是屡见不鲜,而'侦探长片'四个字毕竟不失为号召座客的广告'优点',这到底是什么缘故呢?"② 陈大悲从影院老板只顾牟利,罔顾社会公德的经济原因和"弱肉强食"、"欺贫谄富"、腐败落后而容易造成铤而走险的社会原因,以及外国资本主义的殖民政策等多个层面,分析了这种"新式强盗教科书"为何能在中国大行其道。1921 年 11 月 6 日的《晨报》副镌,还发表了汪仲贤的《犹太小花脸与中国恶人》的影评。文章把美国舞台上贬损犹太人和电影里丑化中国人的现象作了对照。文章揭露道:"近来那种糟蹋中国人的影片渐渐的加多了,运到中国来开映的也不少,我们常常在影戏场里看见拖长辫的恶人出现,可怜中国人非但不想法子洗刷这种民族的大辱,反而兴高采烈地去拍手赞美。"文章对于帝国主义者利用电影侮辱华人的侵略本性,以及华人麻木愚昧的国民劣根性,都有较为深刻的批判。

另外,《晨报》副镌、《民国日报》副刊《觉悟》、《新青年》、《每周评论》等报刊在"剧评"、"电影"、"星期讲坛"、"随感录"等专栏,经常刊载批评外国电影的评论文章。

从 20 世纪初外国无线电广播进入中国后,围绕着空间主权和秩序问题,一直存在着激烈的斗争。

---

① 邵力子:《舆论界责任之一——对于外国人的谬论须屏绝或纠正》,载 1922 年 8 月 29 日《民国日报》"言论"专栏。

② 陈大悲:《万恶的侦探长片》,载 1921 年 10 月 30 日《晨报》副镌。

日、英、美诸国在中国无线电领域内的掠夺活动，既互相勾结，又你争我夺。他们忽而欲各自独霸中国的无线电利益，忽而又企图“国际共管”中国的无线电事业，闹得不可开交。帝国主义列强的这种侵略行径，引起中国社会舆论和爱国人士的强烈谴责。

中国的舆论揭露帝国主义列强的上述行为是妄图“把持中国国际通讯，使我国之国际喉舌永远受外国钳制，其用心之毒，概可想见”①，抨击北洋政府借款购买英国无线电机是“以重价拾人之唾遗”②。北洋政府有关当局自知与美国签订合同是丧权辱国，迟迟不敢公布。直到1924年6月，美国单方面公布后，才为国人所知。著名爱国报人、中国共产党秘密党员邵飘萍办的《京报》于1925年2月连续译载有关材料，揭露美国利用无线电对中国进行侵略的用心所在。文章指出：“关于国防一层，吾人断难认为无线电合同为有利。盖美国欲侵略东北，非有敏达消息之利器，乌能将渺茫之太平洋联络一气，指挥如意。将来檀香山、旧金山、哈尔滨、上海、斐列滨（菲律宾——笔者注）电柱林立，高入云际，与夫太平洋海面美国军舰所装之无线电台相呼应，东发西接，彼动此知，军事之灵敏，已大不利于吾国，何况商业上之得失。反观吾国，要隘之处，多被他人监视，容间谍而庇暗探，一旦国家有事，则军机枢要，已风布于海外，岂不殆哉。”③

中国共产党人和进步的社会舆论界、爱国人士站在一起，为反对帝国主义列强对中国无线电事业的掠夺和企图“国际共管”中国无线电事业的阴谋作了坚决的斗争。1924年，以周恩来为代表的中国共产党旅欧组织领导广大旅法华人，开展了一场“反‘共管’保主权”的爱国活动。周恩来在《赤光》杂志上先后发表《列强共管的步骤》、《无线电台果将实现共管了》两篇文章，揭露了美、日、英企图“共管”我国无线电台的阴谋。李大钊在中共机关刊物《向导》上发表《新闻的侵略》一文指出：“最近如日、美争在中国建无线电台，亦是利用传播敏捷消息的便利，在平时图操纵中国的金融、商业，战时亦利用以供军事通讯，帮助中国一派军阀得到胜利。”④

（三）对新文化报刊泡沫现象的反省

反对旧道德、旧文学的新文化运动是一场社会文化变革，其摧枯拉朽的气势给当时的社会思想文化领域带来了巨大的震荡，西方自然科学和社会科学知识被大量引入，并广泛登载于报刊上。在文学领域，几千年占据中国文学正统地位

---

① 王崇植、恽震：《无线电与中国》，文瑞图书馆1931年版，第87页。
② 同上书，第85页。
③ 张太冲：《中美无线电问题》，载1925年2月5日《京报》。
④ 李大钊：《新闻的侵略》，载《向导》第71期。

的文言文学逐渐被充满生命力的白话文学所代替,新文学刊物大量涌现,新文学的规则开始建立。新思潮的勃发带来了新闻出版的繁荣,介绍西方自然科学和社会科学知识,以及刊载新文学作品的报刊在各地如雨后春笋般出现,形成了中国近现代新闻史上又一次办报高潮。

然而,过急的变革难免出现粗陋,过快的发展难免产生泡沫。新文化运动也出现了泡沫和草率的现象。这一方面体现在"批判中国旧传统时,新知识分子们很少对其进行过公正的或者是同情的思考"①,另一方面,当时为国家前途命运而焦虑的新知识分子过于盲目和急躁,在接受和应用西方文化时缺乏必要的辨析和适应性改造。

新文化运动中的这些不足反映在报刊领域,就是五四新文化运动时期办报高潮中出现的新文化报刊泡沫化现象,其主要表现是报刊数量的激增和报刊内容的粗制滥造。在新文学报刊中,由于白话文学代替文言文学的过程并非一蹴而就,而且新文学的规则和标准当时还很不成熟,再加上新文学本身的通俗性和大众性,致使新文学报刊的泡沫现象尤为突出。

新文化报刊高潮中的这些不良现象引起了新文化运动倡导者们的关注,1919 年五四运动之后,对新文化报刊泡沫化现象的反省在新文化阵营内部形成了一股潮流。

首先是一些报刊书籍出版方面的专家对这种现象提出批评。郑振铎在第 7 号的《新社会》发表文章——《一九一九年的中国出版界》。文章综述了这一年出版界的情况,重点批评了存在的问题,他指出:"就定期出版物上讲,他们的种类虽多,专门研究的却绝无仅有;他们的言论固然都很正当新颖,但是多是辗转得之别的杂志,都是出之于直觉,有实在的研究根底的却绝少。因之,我对于他们虽然乐观,我还恐怕他们成为'春雨后的菌'吓。"他认为:"总而言之,一九一九年的中国出版界,虽然很热闹,而可以总评一句话,就是浅薄,无科学的研究。"

臧启芳在 1923 年 8 月 8 日和 9 日的《晨报》副镌"论坛"专栏,以连载的方式发表了长篇论文——《出版与文化》。文章比较了欧美和中国出版界的状况,指出中国的出版界存在诸多弊病,如"懒惰而好名"、"趋时而贪财"、"崇拜偶像"、"不致实际"、"抄袭剽窃"、"译书错误"等。这些批评虽然指出了新文化报刊书籍的许多泡沫现象,但也存在偏颇,有些说法甚至与事实不符。

陈独秀在第 7 卷第 2 号的《新青年》上发表了《新出版物》一文,从新出版物

① 〔美〕周策纵:《五四运动史》,岳麓书社 1999 年版,第 507 页。

的性质、特色和宗旨三个方面批评了新文化报刊的泡沫现象。

在这篇文章里,陈独秀阐明了包括报刊在内的新出版物在整个新文化运动中的地位和性质:“出版物是文化运动的一端,不是文化运动的全体。”他对当时在大城市办刊物成风的现象提出了批评,“北京上海同时出好些同样的杂志,人力上财力上都太不经济了”。陈独秀还从民族性的角度批评了新刊物内容定位雷同的现象,“现在许多人都只喜欢办杂志,不向别的事业的方面发展,这也是缺少创造力的缘故”。陈独秀认为办杂志,尤其是办开启民智、推动社会发展的杂志是一件严肃的事,他批评了当时办报高潮中一些人滥竽充数、借办刊物欺世盗名的做法。

三、新闻道德批评

西方国家从资本主义时代起,报界首先经历了政党报纸时期,这是因为在资产阶级革命成功以后的一段时期,由于国家的基本政治体制和许多政策尚未确定,各阶级和各利益群体都要为自身赢得更多的革命果实而进行宣传,在结社自由和新闻自由的条件下,人们的热情集中在政治问题上。在这种情况下,政党报刊成为报刊的主体,即便是商业化报刊,也带有明显的政治倾向。19 世纪 30 年代,政党报纸被大众化报纸取代,逐渐退出了历史舞台,大众化报纸在激烈的市场竞争中最终发展成黄色报刊。1900 年前后,黄色新闻在西方新闻界达到了泛滥的顶峰。黄色新闻的泛滥引起有识之士的关注,新闻界的道德自律观念应运而生。

在中国,由于民族资产阶级的弱小、封建势力的强大和帝国主义的干涉,资产阶级报业的发展进程远没有西方这么清晰。辛亥革命后,代表封建势力和帝国主义的各派军阀纷纷在中国政坛粉墨登场,军阀混战、南北对峙,政治上的党派林立导致了派系报纸的繁荣。与此同时,北京、上海等地资本主义经济的短暂繁荣催生了一些私营大报,在这些商业化的报刊上,黄色新闻现象已经初见端倪。新文化运动中,新闻道德观念作为西方新闻观念的一部分传入中国,被徐宝璜、邵飘萍、戈公振等新闻学专家所接受。“政党报纸”、“黄色新闻”、“新闻自律”等新闻观念在西方产生于不同发展时期,但在五四新文化运动时期,这些现象却同时并存于中国报业中。

对五四新文化运动时期派系报刊立言偏私的批评,对私营报业出现的新闻失实、淫秽广告的批评,共同构成了这一时期报业道德批评的主要内容。

(一)对党派报纸依附权贵的批评

对党派报刊的批评在五四新文化运动时期的媒介批评中占有重要地位。在新文化运动中接受了西方独立自由观念的资产阶级知识分子所持的是客观、公正的新闻观念，他们对北京、上海派系报纸立言偏私，互相攻讦、谩骂的现象进行了激烈批评。

1. 对北京的政党报刊的批评

五四新文化运动时期，北京是北洋军阀统治的中心，各派军阀政客在这里争权夺利，兵连祸结，岁无宁日，北京成为当时党派报刊的聚集地，这些报刊随着当权者控制舆论的松紧而旋起旋落。

1916年，袁世凯在众叛亲离中病亡，黎元洪继任民国大总统，段祺瑞任总理，中国似乎又恢复了共和制度。北洋军阀政府下令解除报禁，废止《报纸条例》，以"宣达民隐，提携舆论"，北京新闻界开始复苏。据统计，当时新增的报刊有七十余家，最显著的是政党报刊的复活。国民党系统各派出版的报纸主要有《甲寅日刊》、《中华新报》、《东大陆民报》三家。由进步党人组成的宪法研究会(研究系)不仅恢复出版了《国民公报》，还创办了《晨钟报》。

1917年6月，张勋复辟，北京报界遭受冲击，短短几天，《国民公报》、《东大陆民报》等四家报纸宣布停刊，《晨钟报》一度移至天津出版，接着，段祺瑞"马厂誓师"，"再造共和"，进而扩充势力，结成安福系。安福系控制着《公言报》、《新民报》、《国是报》等报刊，这些报刊完全为段氏集团代言。有人讽刺《公言报》是"段氏之影片，段党之留音器"，此外，安福系还把持着北京报界联合组织。有人这样批评北京报业当时这种为人所收买的状况："一时都下报纸，十九为安福部收买。有敢批其逆鳞者，无论有无党派，皆擅自封闭。"①

1918年9月，因披露段祺瑞政府出卖主权向日本人借款的消息，包括《晨钟报》和《国民公报》两家报纸在内的京津十余家报纸、通讯社被查封。

《晨钟报》/《晨报》这种因所依附派系得势或失势而起落的命运在当时的政党报刊中很有代表性。几起几落的命运和残酷的现实教育了北京报人，在《〈晨报〉发刊词》中，他们用激烈的言辞，分析总结了当时报业的种种黑暗现实。

《〈晨报〉发刊词》首先批判了当时报纸的两种"生存之道"：第一种是卖身求荣型，"彼权要所欲云云，新闻则标为抨击焉、赞颂焉，知其所讳而为之弥缝辩护焉，若是者其业隆"。第二种是明哲保身型，"力避权要之忌，置大事于不论不议，而专以娱乐诙谐之谈，博众欢而卖文字，若是则亦有幸存不仆者"②。而那些高瞻远瞩、危言谠论、发挥新闻本能的报纸，反而"为权要所睚眦"，为社会所冷遇，在这种被《发刊词》喻为"新闻界之噩梦"的残酷现实下，那些具有社会责任

① 雄少豪：《五十年来北京报纸之事略》，载《中国近代报刊发展概况》，新华出版社1986年版，第436页。

② 《〈晨报〉发刊词》，载1918年12月1日《晨报》。

感的报纸也只能灰心短气、卷舌不欲声了。

2. 对上海的政党报刊的批评

生活在政治漩涡中的北京报人从政治角度批评政党报纸立言偏私、新闻报道毫无客观公正的现实,而上海的报人则从经济角度剖析报纸依附权贵的原因。

当时上海的《时事新报》和《新闻报》两家报纸都对报纸"经济独立"和"言论独立"之间的关系发表过观点相似的文章。在《本报五千号纪念辞》中,《时事新报》的主办者认为,在产业幼稚的中国,不可能依靠广告来维持一份报纸,于是"办报者非于营业收入以外别求不可告人之收入","受金钱之补助,自然要受该方面势力之支配"。"吾侪为欲保持发言之绝对的自由","与各方罪恶的势力奋斗。"①《新闻报》也认为"办报之第一难关,即经济自立",但在当时的中国,报纸的经济独立却是"言之非坚,行之维难",无奈之下只能"仰给于外界,受人豢养,立言必多袒庇,甚至颠倒黑白,淆乱听闻",这样又必被读者抛弃,造成广告收入更少的恶性循环。

影响报纸超党派独立地位的外界因素主要是政治压迫和广告牵制。五四新文化运动时期的北京和上海,由于特殊的政治经济地位,恰好使这一硬一软两个因素得到了充分展示。戈公振曾在《中国报学史》中对五四新文化运动时期中国报刊的状况进行过这样的总结评论,道出了这一时期报刊的两难处境:"受军人利诱威胁之蹂躏,舆论颠倒,道德堕落。""自好者流,幡然觉悟,改向本身努力,以求经济之独立。然商业色彩太浓,渐失指导舆论之精神。"②

面对报纸的立言偏私,五四新文化运动时期的资产阶级报人与之进行了坚决斗争,他们所持的客观、公正、自由、超党派的新闻观念在斗争中表达得非常鲜明。当然,绝对自由的、超党派的言论到今天为止都是无法实现的,但五四新文化运动时期资产阶级自由主义报人的这种新闻理想,作为与北洋军阀作斗争,争取新闻自由,反对言论压制的思想动力,在当时反对封建主义和帝国主义的斗争中发挥了巨大的历史作用。

(二) 对新闻失实与报纸失责的批评

"有闻必录"曾一度是资产阶级新闻界用来标榜客观、公正的口号,在五四新文化运动时期,这一口号也成为报界的信条。五四新文化运动时期的新闻学者徐宝璜和邵飘萍从新闻真实和媒介责任的角度,对当时新闻界信奉的"有闻必录"口号予以了批评。

徐宝璜在《新闻学》一书中对"新闻"所下的定义是"多数阅者所注意之最近

① 《本报五千号纪念辞》,载1921年12月10日《时事新报》。

② 戈公振:《中国报学史》,生活·读书·新知三联书店1955年版,第354页。

事实也”,所以那些“凭空杜撰闭门捏造之消息,均非新闻”①。徐宝璜依据“新闻须为事实”的理论批驳了众多的新闻失实现象:一是因采访能力不足造成的新闻失实,二是迎合社会恶劣心理,捏登猥亵内容,三是受权势和金钱的威逼利诱,登载谣言以混淆是非。这些新闻失实的现象造成报纸失信于读者,违反了新闻职业道德,也使报纸应该承担的社会责任无所归依。徐宝璜依据“新闻须为事实”对“有闻必录”进行了批判,他认为“因若信一二人之传说,而不详加调查,证其确否,径视为事实而登载之,将致常登以讹传讹之消息”②。

1919年,安徽一女校遭军人蹂躏,北京的《益世报》、上海的《时事新报》两个多月后才发表评论,徐宝璜认为在这件事上新闻界因抱持所谓的“有闻必录”而失掉了自己的责任。在一篇题为《新闻记者不要忘了自己的责任》的文章中,徐宝璜分三层对“有闻必录”的后果进行了分析:首先,如果“有闻必录”,那么就可以借口“未闻”而“不录”,这就为记者推托对弱小者提供舆论帮助的社会责任制造了借口;其次,对于“所闻”,不加调查也“必录”,常常造成新闻失实,而使他们名誉受损;最后,如果一旦“有闻”就“必录”,而不加选择,常会造成报纸侵害他们的隐私权。③

邵飘萍也认为“有闻必录”为记者逃脱新闻失实责任提供了借口,是人格低下、泯灭良知的“无责任心的表示,乃最易流于不道德之‘专制的’恶习”④。

徐宝璜和邵飘萍作为中国早期的新闻学者,从新闻真实和社会责任的角度对“有闻必录”进行批判,这对中国新闻理论的建设具有重要的意义,因为这使中国的新闻理论创立伊始就具有新闻道德的内容,从而有别于西方早期资本主义时期自由放任的自由主义新闻理念。

袁世凯当权期间借助《东方杂志》、《灵学丛志》等封建迷信杂志制造复辟舆论,又在思想文化上采取了高压政策,造成了社会思想真空,使“猥糜之小说,艳冶之杂志,乘虚而入”,给青年的思想造成了极大损害,邵力子对此痛心疾首道:“数年来书肆玻璃所陈列者,内容姑不认,第一瞻其封面,辄为丑态百出之美人画,询其顾客,则皆青年学子也。”⑤

社会思想文化的进步不仅需要少数文化领导人的呐喊和推广,还需要广大青年的积极参与,而专制统治对思想文化的钳制使“青年学生之余力,游衍无所

---

① 余家宏、宁树藩等编注:《新闻文存》,中国新闻出版社1987年版,第290页。
② 同上。
③ 参见徐宝璜:《新闻记者不要忘了自己的责任》,载1919年12月23日《晨报》。
④ 余家宏、宁树藩等编注:《新闻文存》,中国新闻出版社1987年版,第436页。
⑤ 邵力子:《跋〈学生潮〉》,载1919年6月27日《民国日报》。

归”,只好在淫秽、色情读物上玩物丧志。在腐化得令人窒息的社会空气中,《新青年》横空出世,其“不谈时政”,专注于思想文化建设的宗旨在当时挽救了一批青年,正是由于青年的广泛参与,新文化运动在其后才轰轰烈烈地开展起来。

邵飘萍、李大钊、邵力子等人还批评了当时报界不关心下层民众的不良现象。1922 年,李大钊在北大新闻记者同志会成立大会上,发表演说表示:“现在新闻界,遇着‘督军的举动’或‘阔人的一言一行’,都是用大字排在前几版,那穷人因穷自尽,或其他种种因为受环境压迫发生不幸的结果,社会上很大的变故,反用小字,排在报的末几版不注意的地方。”①

邵飘萍《实际应用新闻学》的第 10 章——“新闻价值减少之原因”,可说是中国现代新闻史上最早的关于媒介道德批评的学术专章。这一章所批判的“含有广告的意味——欲借新闻之面具而利用报纸为之宣传”、“揭发人之阴私者——将他人之家庭秘密,闺房私语,皆载于报纸”、“有害社会风俗者——秽亵与残忍”②三项内容,即使在当下也仍有很强的警示意义。

五四新文化运动时期上述对私营报纸缺乏新闻道德的批评,以及徐宝璜等人提出的“新闻记者的社会责任”的概念,如同西方新闻职业道德产生的情形一样,也是报业市场化的负面影响发展到一定程度后新闻业内部自省的结果。这种自省,也如同“新闻救国”的理想一样,是当时新知识分子试图拯救民众精神的心理在新闻领域的体现。

(三) 对不良广告的批评

广告是私营商业化报纸的主要收入来源,充足的广告能使报纸经济独立,而经济独立又是资产阶级报人取得言论独立地位的基础,但在实际操作中,私营报社编辑部门和发行部门分离的原则以及报纸经营者的唯利是图常使广告的作用产生异化。

五四新文化运动时期的北京、上海,随着私营报业的繁荣,淫秽色情的不良广告开始充斥一些私营报纸的版面,不仅对社会造成了很大危害,也损害了报纸本身的声誉,这引起了社会的关注,相关的批评开始见诸报端。

与五四新文化运动时期对媒介其他不良现象的批评相比,对报纸不良广告的批评有一个显著特点,即批评主体的一致性。对淫秽色情广告的批评不仅来自新知识分子阵营,还来自旧军阀政府,其声讨的一致性在思想倾向多元、价值观林立的五四新文化运动时期显得尤为突出。

① 李大钊:《在北大新闻记者同志会成立大会上的演说词》,载 1922 年 2 月 14 日《晨报》。
② 余家宏、宁树藩等编注:《新闻文存》,中国新闻出版社 1987 年版,第 458 页。

1916年10月,北洋政府专门颁发了限制淫秽广告的法令《内务部通咨各省报纸批评图画广告等项时涉淫亵应设法劝戒文》。该法令认为报纸是社会的教科书,所有内容包括广告和附张,都应该担负其责,但是"观京沪各报纸,每有批评图画不尽正当者,而以广告一项为尤甚,甚至鬻导淫之药,缀猥亵之词,尺幅之中,层见叠出"。法令还指出,大量的淫秽广告造成了三项恶果:一是使阅报者轻视报纸,最终失去读者;二是成为诲淫之工具,有伤社会风化;三是报纸流传他邦,增益外人诟病。①

除了来自官方的对淫秽广告的批评,民间学者对色情、庸俗广告的批评也很多。五四新文化运动时期,黄色书籍、黑幕小说等低俗读物曾一度在社会上泛滥,败坏了社会风气,消磨了青年斗志,而报纸为了生存和赢利,对黄色书籍、黑幕小说的广告控制不严,对低俗读物的泛滥起了推波助澜的作用。这些不良广告自然引起了以社会思想启蒙为己任的新知识分子的批评。徐宝璜批评这些广告中"诲淫之药品,冶游之指南"的内容和报纸附张中的"妓寮"广告会"损本身之价值,亦失阅者之信任",并将刊登此种广告称为"贱者之所为,与敲诈同为不德也"②的行为。

广告本是资产阶级报业为拒绝政治压迫和金钱控制,保持私营报纸言论独立而采取的手段,但广告本质上的赢利性又使其必然地异化成一个独立于新闻报道之外的传播品,对私营报刊的这个悖论,当时的新知识分子已经有所认识。沈玄庐就曾用诙谐幽默的语言描述过广告价值观与新闻价值观分裂的现象:"同在一张纸面上,一边说禁烟,一边这个公司那个公司的香烟广告,拳头般大的字,威风凛凛的占据着几大幅的宝贵纸面","一边说戒烟、禁赌,一边什么三星、五星,什么正券、义券、副券,排排接接争取引起读者注意","我也相信世上没有鼓吹烟酒、赌博的记者,只是为了几文广告费,维持他那几幅纸面,使一般宣传家自己打自己的嘴巴。"③

资产阶级报业所奉行的编辑部门和广告部门分离的原则虽然可以杜绝广告新闻,保证报纸言论的独立地位,但这种机制也使编辑部门所遵守的社会责任对广告缺乏约束力。广告的自由度过高,尤其是五四新文化运动时期脆弱的工商业无力支撑健康、规范的广告市场,这就使新闻和广告之间价值体系分裂的现象表现得尤为突出。沈玄庐在文章最后将这种现象归咎为"广告的罪恶"、"金钱

---

① 参见刘哲民编:《近现代出版新闻法规汇编》,学林出版社1992年版,第100页。

② 余家宏、宁树藩等编注:《新闻文存》,中国新闻出版社1987年版,第288页。

③ 沈玄庐:《烟、酒、赌与广告》,载1920年2月15日《星期评论》。

的罪恶”、“生活的罪恶”。

五四新文化运动时期的媒介批评虽然对不良广告进行了深刻批判，但私营报纸的不良广告是由资本主义报纸本质上的赢利性决定的，广告价值体系与新闻价值体系的分裂是资本主义私营报业的一个基本矛盾，因此，对如何消除不良广告，他们表示出无奈，当有读者向《觉悟》主编邵力子提出取消报纸上的淫书告白（指广告——笔者注）时，邵力子虽然非常认可，却也只能无奈地表示“各报编辑、营业两部完全分立，取消淫书广告，‘主笔’即以为然，亦无从为负责之答复也”①。

四、新闻业务批评

第一次世界大战爆发后，中国民族资本主义经济的短暂繁荣给私营报业的发展带来了有利条件，北京、上海等一些经济较为发达的城市，私营报业趋于活跃，《申报》、《晨报》等报纸成为销数较多的大报。但是由于政局的混乱和帝国主义的侵略，中国民族资本主义的基础非常脆弱，中国私营报业发展也必然困难重重，因为“政治上、社会上一切设备均尚未脱离幼稚腐败之可怜境域。报纸为一切事物之缩影，自不能单独发展而不受环境之束缚”②。

在报业实践领域有所发展的同时，新文化运动所提倡的西方现代办报理念和办报方式为中国报人所接受，他们不满中国报业发展的现状，力图通过学术研究和办报实践来促进报业的进步，徐宝璜、邵飘萍和戈公振就是其中的突出代表。

徐宝璜留美期间学习新闻学，邵飘萍和戈公振都有多年报业从业经验，这三位接受了西方自由主义新闻理念的新知识分子，面对当时中国军阀混战、新闻事业水平幼稚的状况，一方面积极从事报业实践，另一方面积极开展新闻学术研究和新闻教育工作，力图从理论上推动当时中国的新闻实践。

私营报业的局部繁荣和西方现代办报理念的引进催生了中国现代新闻学。徐宝璜的《新闻学》、邵飘萍的《实际应用新闻学》和戈公振的《中国报学史》三部著作的问世，奠定了中国现代新闻学的学科框架，三部著作中有大量对五四新文化运动时期报业不良现象的批评。这三部著作不仅是我国新闻学的奠基之作，也是我国现代史上最早的学术化的媒介批评，其重点集中在报业的业务层面。

---

① 邵力子：《取消淫书告白》，载1918年11月7日《民国日报》副刊《觉悟》。

② 余家宏、宁树藩等编注：《新闻文存》，中国新闻出版社1987年版，第385页。

有人曾对五四新文化运动时期中国新闻业务的缺陷做过这样的归纳总结：

第一，记者职业素质低。“不知确实而随意编选者有之，知不确实而故意拨弄者有之，数月前事实尚为新闻登载者有之，一条新闻重登数次者亦有之。”记者“代政府宣传，为政客利用”，缺乏起码的常识。

第二，新闻报业不成规模，销数少。“上海有三万五万的，内地人听说便要拖出舌头，平常的报纸，日销数千，已不为少，等而下之，连一天印三十份二十份的都有。”

第三，技术条件差。大多数报馆自己没有印刷所，印刷专业化水平低。

第四，整个社会还没有建立起“表现在新闻记者身上便是正义之敏捷的宣传，表现在一班人身上便是辨别、承受和帮助正义的宣传”①的传播和反馈体系。

在这些现象中，记者道德水平低下、业务素质不高、宏观报业市场混乱等是徐宝璜、邵飘萍和戈公振等最为关注的。

（一）对记者素质的批评

邵飘萍、徐宝璜、戈公振三人都认为缺乏合格的新闻记者是阻碍新闻报业发展最主要的原因。邵飘萍认为：“我国新闻界之最大缺憾，即苦无外交记者之才，尤苦无社会新闻外交记者之人才。”②

徐宝璜在给邵飘萍《实际应用新闻学》所写的序言中也认为，要解决中国新闻报纸立言偏私、党派色彩浓烈的弊病，最切要的事就是“添设访员”和“立新闻学校”，培养合格的新闻记者以壮大报社的采编力量。

戈公振在《中国报学史》中也承认当时报纸不能代表舆论的最大原因就是“缺乏专门人才”，他认为当时在报界服务的人，不是科举之人，就是学法政出身，这些人都抱着“学以为仕”的传统心理，“视报纸为过渡宝筏”，这些不良思想造成新闻记者缺乏起码的职业精神。

而且当时在报界工作的访员，大多数缺乏专业的新闻素养和专业的新闻写作能力训练，他们对新闻写作的倒金字塔结构、新闻价值的提炼、新闻的时效性、新闻与言论的关系等基本新闻业务技能缺乏认识和掌握，所以，除了职业道德，记者的业务素质也成为徐宝璜等人的批评对象。

五四新文化运动时期，深度报道的观念还没有出现，徐宝璜等新闻学者所认同的是短、平、快的新闻写作手法。因此，徐宝璜对当时报纸的写作和编辑状况批评道：“吾国访员，仍多用旧法编辑新闻，致新闻之精彩常被埋没。即长至数

---

① 《介绍诺斯克立夫的意趣》，载1921年11月15日《晨报》副镌“杂感”专栏。

② 余家宏、宁树藩等编注：《新闻文存》，中国新闻出版社1987年版，第428页。

千言，亦不分段落"，"最可怜者，为一种报纸，对于新闻，毫不加以组织。同一新闻，因数通信社均有报告，遂不计重复而均列载之。"①

新闻是易碎品，这在当时的西方新闻业界已是常识，但当时中国新闻界的时效性意识并不强。徐宝璜从学理的角度，根据新闻是"多数阅者所注意之最近事实"这一新闻定义，对当时报纸上的消息缺乏时效性进行了批评，"过去已久之事，皆属旧闻，虽有多数报纸用之以塞篇幅，然不能因此遂谓之为新闻也"②。

徐宝璜等人主张客观、公正的新闻报道手法，认为新闻和评论应该分开，因此，对当时报纸在新闻报道中加入主观评论的做法，徐宝璜持坚决批评的态度，"常见吾国报纸往往将原来五六行即可登完之新闻，'特别放大'，加入很多意见，与利用社会弱点之议论，成一篇洋洋千言痛快淋漓之大文章，是证明其不知新闻为何物也"③。

（二）对新闻市场畸形繁荣的批评

除了着眼于记者道德素质和业务素质的微观层面的批评外，徐宝璜等人还对五四新文化运动时期个别城市报业市场畸形繁荣的现象提出了批评。五四新文化运动时期，北京、上海由于具有分别处在政治、文化和经济中心的优势，私营报纸数量和销量都有所增长，形成了商业化的报业市场，但由于经济环境的不规范、不成熟以及政治环境的骤松骤紧，五四新文化运动时期中国报业市场并不健康。

在北京，1916 年袁世凯亡故后，新闻舆论界一度复苏，但短时间内报馆数量的激增却有悖于经济学规律，造成了报业市场的恶性竞争。

李大钊运用供求关系原理对此进行了批评，"报馆本来性质，在于营业，即为营业，则经济学上需要供给之原则，不可不一顾也。报馆愈多则供给愈增，即需要愈少。吾国民之普通知识，本极缺乏，供以文明国通常之报纸，已虞其销路之太狭，而今吾国都市中之报馆，其数乃远越乎各国"④。

李大钊当时所持的还是资产阶级客观、公正、超党派的办报理念，所以他认为报馆要取得独立的地位，必须取得经济上的独立。但当时的中国社会对报纸这一文化产品的消费能力不高，在这种情况下，报馆过多必然造成信息供过于求，大多数报纸便不能依靠自身的发行和广告赢利，李大钊正是从这个角度批评报馆过多使报纸经济不能独立，不得不依附权贵，"仰人鼻息，以供其驱策之

① 余家宏、宁树藩等编注：《新闻文存》，中国新闻出版社 1987 年版，第 332 页。
② 同上书，第 292 页。
③ 同上书，第 291 页。
④ 李大钊：《新现象》，载 1916 年 9 月 4 日《晨钟报》。

用"。

五四新文化运动时期中国报业市场供过于求的情况只是局部的，就宏观而言，当时中国报纸的数量并没有满足需求。戈公振就曾用统计法对比过中国和日本的报业发展状况，"日本人口仅七千六百万，有报纸四千五百种，我国人口四万三千六百万只有报纸二千种"①，戈公振用数据说明，当时中国的报业市场并未出现供过于求的现象。

以上这些从新闻学、经济学、统计学等学科角度所进行的媒介批评，尤其是散见于徐宝璜、邵飘萍、戈公振三人的新闻学著作中的媒介批评文字，已经体现出明显的学理性、科学性特征。

第三节　五四新文化运动时期中国媒介批评的特点

五四新文化运动时期，中国媒介批评总体上呈现庞杂多元的特点。但是在庞杂多元的媒介批评现象后面，我们仍能发现其主要的特点，以下就其五个主要特点作分析。

一、启蒙运动的先导

五四新文化运动是一场反帝反封建的思想启蒙运动。而五四新文化运动时期的媒介批评，是这场伟大启蒙运动的先导。

自鸦片战争以来，中国封建社会闭关自守的国门，被列强的炮舰打开，割地赔款、落后挨打的惨痛现状，刺激着中国一些先进的知识分子寻求救亡图存的真理。兴办报刊，开放言禁，就是他们要求探索真理的重要途径和方法。从太平天国后期领袖之一洪仁玕在《资政新篇》中提出"上下情通，中无壅塞弄弊者，莫善于准卖新闻篇或设暗柜也"②，把报纸看做是实现中央集权领导和民间公议沟通的桥梁，是实行清明政治的手段，到洋务派人物郑观应认为"允许自由地创办各种报纸，是中国变法自强的一个重要方面"③，再到戊戌变法、辛亥革命，直至五四前夕，梁启超、于右任、章太炎、黄远生等资产阶级民主主义者关于"言论独立"的思想主张和办报实践，直至孙中山接受章太炎等废止"暂行报律"的建议，实行保护新闻自由的遵守宪法之政策，这都是中国资产阶级知识分子在逐步接

---

① 戈公振：《中国报学史》，生活·读书·新知三联书店 1955 年版，第 359 页。

② 洪仁玕：《资政新编》，转引自胡太春：《中国近代新闻思想史》，山西教育出版社 1987 年版，第 27 页。

③ 胡太春：《中国近代新闻思想史》，山西教育出版社 1987 年版，第 48 页。

受西方新闻自由理念时使之付诸实践的表现。

辛亥革命虽然推翻了清王朝，但袁世凯复辟帝制的惨痛教训让陈独秀等人悟出了政权的更替不能代替思想、伦理变革的道理，他们认识到需要对中国的民众作法国式的资产阶级思想启蒙。这种启蒙，是开启民智、改造国民精神的“最后之觉悟”①。这种启蒙，不再是手段、方法，而是目的。为了给启蒙运动开辟言路、倡导言论出版自由，批判封建反动势力和北洋政府压制摧残新闻舆论的媒介批评，自然地成为启蒙运动的先声。

针对代表着封建意识形态的报刊开展猛烈抨击，对新闻出版自由作深刻的法理证明和理想的激情呼唤，五四新文化运动在反对封建主义腐朽的思想伦理道德时，表现出了彻底的、不妥协的革命性，使得争取言论出版自由的口号，不再是党争的工具，而是启蒙思想本身一个重要的组成因素。这个口号被初步具有共产主义思想的知识分子们接过来，为马克思主义在中国的传播扫除了道路上的障碍。

五四新文化运动时期的媒介批评作为启蒙运动的先导，不仅仅表现在对言论自由、思想解放的呼唤和捍卫上，也表现为马克思主义在中国的启蒙。

李大钊与胡适于1919年发生的“问题与主义”之争，其表现形式是一场报刊之间的思想论争，但究其实质，却是初步接受了马克思主义的知识分子利用这场思想论争，在向知识界和广大民众作马克思主义的启蒙宣传。

一度流行的实用主义哲学，不过是五四新文化运动时期思想大潮中的一种流派而已。在这一时期，除了科学社会主义即马克思主义之外，还有基尔特社会主义、无政府主义、新村主义、泛劳动主义、工读主义以及合作主义等。这些思潮不仅仅是教室里的演讲和案头上的读物，而且还是一部分热血青年的社会实践活动，但这些实践往往以失败而告终。五四新文化运动时期由少年中国学会的领导人王光祈所倡办的工读互助团，在经历了三个多月的“乌托邦”式的工读互助实践之后，终因经济困境而不得不解散。这种严酷的现实给立志于社会改造的新知识分子们提出了一个严峻的问题：娜拉式的个体反抗没有出路，群体理想的现实构建也归于失败，那么，出路究竟在哪里呢？

这是新知识分子极其苦闷的思想探索时期，黑夜沉沉中，俄国十月革命的胜利，送来了马克思主义。李大钊、陈独秀在逐步接受马克思主义的同时，致力于马克思主义在中国的启蒙。为了回答中国社会改造的出路和方法究竟是什么的问题，李大钊在与胡适关于“问题”与“主义”之争的论争中，作了明确的说明：

---

① 陈独秀：《吾人最后之觉悟》，载《青年杂志》第1卷第6号，1916年2月15日。

“依马克思的唯物史观,社会上法律、政治、伦理等精神的构造,都是表面的构造。他的下面,有经济的构造作他们一切的基础。经济组织一有变动,他们都跟着变动。换一句话说,就是经济问题的解决,是根本解决。经济问题一旦解决,什么政治问题、法律问题、家族制度问题、女子解放问题、工人解放问题,都可以解决。可是,专取这唯物史观(又称历史的唯物主义)的第一说,只信这经济的变动是必然的,是不能免的,而于他的第二说,就是阶级斗争说,了不注意,丝毫不去用这个学理做工具,为工人联合的实际运动,那经济的革命,恐怕永远不能实现。”① 陈独秀不久也强调区分空想社会主义与科学社会主义的意义。他指出:“在全社会底一种经济组织、生产制度未推翻以前,一个人或一团体决没有单独改造底余地。试问福利耶以来的新村运动,像北京工读互助团及恽君的《未来的梦》等类,是否真是痴人说梦?”② 所有这些,说明原以伦理觉悟为“最后觉悟”的新文化运动的斗士们,这时已经要求用马克思主义的阶级斗争学说来教育群众、组织群众进行阶级斗争,推翻旧制度,以取得“经济问题”的“根本解决”。

马克思主义在中国的启蒙和传播,唤醒了在黑暗中摸索的一大批先进的知识分子。曾经从杭州专程去北京参加工读互助团的施存统后来回忆道:“我从此觉悟:(一)要改造社会,须从根本上谋全体的改造,枝枝节节地一部分的改造是不中用的。(二)社会没有根本改造以前,不能试验新生活,不论工读互助团和新村。”他在总结这段教训之后提出“我们因此更信共产主义”。③

二、思潮论争的武器

如前所述,五四新文化运动时期的思潮论争,主要是通过媒介批评的形式进行的。换言之,媒介批评是五四新文化运动时期思潮论争的重要武器。五四新文化运动时期的各种思潮,大体都拥有自己的报刊,因而思潮论争的形式,往往是通过代表不同思潮的报刊之间的论争来体现的。这种现象主要有以下三个方面的表现。

一是新旧思潮通过各自的报刊展开论争。这方面的论争,阵线分明。主要有《不忍》、《东方杂志》、《学衡》等一批保守主义的报刊与《新青年》、《每周评论》、《新潮》等代表新文化运动的新潮报刊之间的论争。新旧思潮论争持续的

① 李大钊:《再论问题与主义》,载《每周评论》第35号,1919年8月17日。
② 陈独秀:《关于社会主义的讨论》,载《新青年》第8卷第4号,1920年12月1日。
③ 施存统:《“工读互助团”底实验和教训》,载《星期评论》(劳动纪念号),1920年5月1日。

时间长，而且经历了多次的反复，论争甚为激烈。有几个回合的搏斗，已经超越了思想论争和学术辩论的范畴，酿成了北洋政府直接运用威势来进行干预、镇压的丑行。即使在这种情况下，新文化运动的倡导者们也毫不退缩，他们用笔和报刊作为投枪和阵地，勇猛地予以反击，表现出战士大无畏的牺牲精神。

二是新思潮之间通过各自的报刊展开的论争。五四新文化运动时期是思潮泛滥的时期。新思潮之间，常常就不同的信仰、学理、观点展开激烈的论争。

这些新思潮，大都办有自己的报刊，我们可以列举五四新文化运动时期一些著名的新潮报刊为例。①

报刊名称	创刊日期	出版地点	立　场
《新青年》(月刊)	1915 年 9 月	上海	独立
《太平洋》(月刊)	1917 年 4 月	上海	独立
《每周评论》	1918 年 12 月	北京	独立
《新潮》(月刊)	1919 年 1 月	北京	独立、学生
《国民》(月刊)	1919 年 1 月	北京	独立、学生
《新教育》(月刊)	1919 年 1 月	上海	独立
《星期评论》	1919 年 6 月	上海	国民党机关刊物
《少年中国》(月刊)	1919 年 7 月	上海	少年中国学会
《建设》(月刊)	1919 年 8 月	上海	国民党机关刊物
《解放与改造》(半月刊)	1919 年 9 月	上海	进步党机关刊物，后来(1920 年 9 月 15 日)更名《改造》(月刊)
《少年世界》(月刊)	1920 年 1 月	上海	少年中国学会

这些不同立场，或体现不同党派观点的新潮刊物之间，常常因不同学理、观点和主义，展开论争。如代表研究系的进步党机关刊物《解放与改造》(后更名为《改造》)与《新青年》、《民国日报》等杂志就社会主义问题展开过激烈的论争。

新思潮的论争不仅仅体现在政治和社会领域，也体现在新文学运动领域。《新青年》提倡的新文化运动使文学革命取得了胜利。但是随着新文化运动统一战线的逐渐破裂，如同文化和政治运动一样，文学革命也向不同方向发展。1921 年 1 月 4 日在北京成立的文学研究会，其文学主张是提倡“人的文学”。具体说，文学研究会主张文学的目的应当是为了人，而不是“为文学”。“文学是种工作，而且又是于人生很切要的一种工作。”② 改革后的《小说月报》和新创立

① 〔美〕周策纵：《五四运动史》，岳麓书社 1999 年版，第 262 页。
② 《文学研究会宣言》，载《小说月报》第 12 卷第 1 号，1921 年 1 月 10 日。

的《文学旬刊》(后改为《文学周报》)是这个团体的主要刊物。最初提出“为人生的文学”这个口号,既是为了反对“文以载道”的传统文学理论,也是为了反对“礼拜六派”对文学的轻浮态度。① 后来,文学研究会的“为人生的文学”与创造社的“为艺术而艺术”的文学艺术主张之间,发生了激烈的论争。论争主要通过《小说月报》、《文学旬刊》和创造社的刊物《创造季刊》、《创造周报》开展。

三是不同的思潮通过同一报刊展开的论争。这种情况在五四新文化运动时期普遍存在。为了开展有效的论争,以引起社会的关注,许多杂志和报纸开设了类似“读者来信”、“问题争鸣”等专栏,刊载争鸣的文章,如《新青年》杂志的“通信”、“随感录”、“什么话”等。有时候,为引起争论,一些新潮杂志还运用了唱双簧的特殊手段。例如,为引起社会对《新青年》提倡白话文、提倡文学改良主张的注意,由《新青年》编辑部成员钱玄同化名“王敬轩”,在《新青年》第 4 卷第 3 号上发表了反对文学改革的文章——《文学革命之反响》。结果,这件事引起了保守派思潮的附和,指责和攻击文学改良运动,将关于白话文学的激烈争论进一步推向高潮。另外,同一份刊物,也会因编辑方针的变化、主编的更换,带来不同的刊物面貌,并由此引发激烈的思想论争。1919 年 6 月,陈独秀因参加五四运动而被捕,胡适取得了《每周评论》的主编权。他在 7 月的《每周评论》上发表《多研究些问题,少谈些主义》的文章,由此引发了“问题与主义”之争。

同一刊物刊载不同观点的文章以引起争论的现象,既是一种编辑策略和手法,更是五四新文化运动时期自由主义新闻理论观点在新潮报刊办刊方针上的体现。这种现象常常发生在宣称自己持独立编辑方针立场的报刊上。有人评论,《新青年》杂志的“通信”专栏“是中国杂志中首次出现的一个有效而真正自由表达公意的场所,很多重要的问题和观念都曾在此得到严肃的讨论和发展”②。因此,从更深层次上看,这还是五四新文化运动时期提倡民主、科学、自由的精神和理念,在媒介批评实践中的体现。

三、指导思想的多元

五四新文化运动时期中国媒介批评总体上呈现出庞杂多元的特点,导致这一特点的决定性因素则是媒介批评的指导思想多元化。

五四新文化运动时期是一个百家争鸣、思潮迭起的时期。在“这个过渡时代,人们的思想、感情和行为,尤其是政治党派立场和人生观,变动得特别快速和

① 《礼拜六》是这派在上海出版的通俗刊物,登载一些轻浮小说和没有文学价值的散文。

② 〔美〕周策纵:《五四运动史》,岳麓书社 1999 年版,第 100 页。

突兀,连他们自己也非初料所及"[①]。粗略地对五四新文化运动时期主要的思想和流派罗列如下:(1) 守旧思想:保皇主义、君主立宪主义、封建复古主义;(2) 新潮思想:民主共和主义、资本主义、现实主义、功利主义、自由主义、个人主义、达尔文主义、无政府主义、实用主义、三民主义、社会主义、马克思主义等。这新旧两大类思想,通过报刊论争形成的新旧思潮大激战,形成了五四新文化运动时期两军对垒、阵线分明的媒介批评的高潮。而新思潮内部的媒介批评,则因情况复杂,呈现出庞杂多元的情形。从指导思想的角度分析起来,有两种主要的情况:一是多种思想和主义指导下的媒介批评,如持社会主义立场的批评、持实用主义立场的批评、持无政府主义立场的批评等,此情况前文已有叙述。二是新思潮的代表性人物,本身存在思想、信仰、感情、立场上的前后变化,这是五四新文化运动时期媒介批评呈现出矛盾、庞杂、多元特点的又一个重要原因。以五四新文化运动的旗手——陈独秀为例。他在接受马克思主义之前,是一个激进的资产阶级民主主义者。五四新文化运动初期,他的思想是自由主义、民主主义、科学主义、实用主义共存的大杂烩。"五四时期之初,这些思想对中国知识界的领袖们的批判性思维都起着不同程度的作用,但现实主义与功利主义是其中影响最为深广的。陈独秀在《青年杂志》的发刊词中就提倡实利的而非虚文的生活态度,推崇约翰·弥尔和孔德。"[②] 五四运动期间,他逐渐接受社会主义思想和马克思主义,但实用主义的思想对他仍有很大的影响。1919 年 12 月出版的第 7 卷第 1 号《新青年》发表了《新青年杂志社宣言》,这篇由陈独秀执笔的"宣言",就是一篇充分体现指导思想多元、庞杂且政治主张矛盾的办报宗旨的文章。在这篇宣言中,既有社会主义思潮的影响,又有自由主义思想的表露;既有对唯物主义的认识,又有对实用主义的推崇。在"问题与主义"之争中,陈独秀宣称正如行船必须定方向一样,社会改造必须受主义的指导。但他同时认为,进步和社会改造不可能在短期内一蹴而就,而是靠"一点一滴一桩一件一层一层渐渐的消灭去"[③]。

这种思想多元、矛盾发展的情形,在毛泽东青年时期同样有明显的表现:"在这个时候,我的思想是自由主义、民主改良主义、空想社会主义等思想的大杂烩。我憧憬'十九世纪的民主'、乌托邦主义和旧式的自由主义,但是我反对军阀和反对帝国主义是明确无疑的。"[④] 这些思想,对毛泽东编辑出版《湘江评

---

① 〔美〕周策纵:《五四运动史》,岳麓书社 1999 年版,第 10 页。
② 同上书,第 416 页。
③ 陈独秀:《主义与努力》,载《新青年》第 8 卷第 4 号,"随感录"专栏,1920 年 12 月 1 日。
④ 〔美〕埃德加·斯诺:《西行漫记》,董乐山译,生活·读书·新知三联书店 1979 年版,第 125 页。

论》、《新民学会会员通信集》等刊物有一定的影响。他一度主张运用实验主义的方法，对长沙的劳工问题作切实的社会调查。

五四新文化运动时期媒介批评指导思想的多元化特征，一方面表现为媒介批评在宏观上呈现为通过报刊开展的庞杂矛盾的思想论争，以及形形色色的办报办刊宗旨和立场，另一方面，从微观上看，对同一种媒介现象，由于指导思想的不同，批评的角度和得出的结论也不相同。例如，五四新文化运动时期新潮刊物如雨后春笋般涌现，但新出版物常常不能按期出版。这是一种不良的媒介现象，其原因既有主观因素也有客观限制。主观方面如陈独秀在《新出版物》中批评过的，一些出版者缺乏职业精神和职业素养，借办新刊物赶时髦，在艰难环境下当然难以坚持；客观方面则是物质条件缺乏和北洋军阀压制新闻自由。但也有批评者从唯心主义的立场出发，认为造成出版物出版延期的原因是中国国民的劣根性，是“老朽民族的夸大和倦怠的精神”的体现，而且牵强附会地与日本作比较，认为日本杂志之所以能定期出版是因为其“速成的民族性”，而且错误地认为日本“小女孩背洋娃娃，是早熟的标志”，“日本人精神(心理)方面和身体方面是一样的早熟”。[①]

四、从自发走向自觉

五四新文化运动时期中国媒介批评的实践绝大部分属于自发型。“自发型”有两层含义：第一，五四新文化运动时期的媒介批评实践作为新文化运动的一部分，本质上是一种反封建斗争的思想武器，批评媒介不良现象只是形式，根本目的是推动思想文化变革；第二，五四新文化运动时期是中国媒介批评理论的萌芽期，五四新文化运动前期，开展媒介批评缺乏有效的批评理论的指导，虽然也有少数明确以“报刊批评”名义开展的媒介批评，但从媒介批评的学理上看，仍然较为薄弱，这种情况到五四新文化运动后期有所变化。引起变化的原因有以下两个方面：

第一，随着新闻学研究的兴起和不断深入，奠定中国新闻学科基础的三部著作相继问世，即徐宝璜的《新闻学》、邵飘萍的《实际应用新闻学》、戈公振的《中国报学史》。这三部著作开始用新闻专业主义的理念和眼光，系统地开展媒介批评。徐宝璜在《新闻学》一书的“自序”中指出：“吾国之报纸，现多徘徊歧路，即已入迷途者，亦复不少。此书发刊之意，希望能导其正当之方向而行，为新闻

① 《出版物的愆期和早产》，载1921年2月21日《民国日报》副刊《觉悟》。

界开一新生面。”[①] 邵飘萍在《实际应用新闻学》一书中对“有闻必录”的新闻观的批判，对记者素养的阐释，极有见地。戈公振在《中国报学史》第五章“民国成立以后”的报刊“结论”中，对民国以来我国报刊存在的种种弊端，如政治上畏缩委顿，封建迷信大行其道，黑幕小说流行，庸俗下流报刊充斥坊间等作了严厉的抨击，并深刻地分析了这些现象产生的原因。

第二，五四新文化运动时期民主化的批评气氛和学理化的批评思想是促使媒介批评从自发走向自觉的两个直接推动力。

“民主”是五四新文化运动的两大思想旗帜之一。经过《新青年》等新文化报刊的倡导，民主意识在当时的思想文化界已经深入人心。在报刊的编辑出版领域，民主办报意识逐步增强，编者和读者之间的互动活动增多。编者开始重视读者的意见，虚心接受读者的批评，读者意见和声音频频出现在报端。

《星期评论》是五四运动中孙中山领导出版的刊物，在新文化运动中注意研究社会主义，介绍世界和中国的劳工运动。在发刊词一开头，《星期评论》就明确提出了征求读者批评的办刊理念，“我们也创了一种报，也应该把我们的主义和趋向写了出来，请天下人看，求天下人批评”[②]。1919 年 6 月 8 日出版的第 1 号上，《星期评论》的编者刊发了《批评与自我批评》一文，文章明确表示“我们一面用自己的观察，批评世界上的事事物物，一面并且希望诸君要批评我们的批评”。这已经体现了媒介批评是“批评的批评”的哲学思想。另一份新文化刊物《新社会》也有相同的办刊理念，郑振铎在《新社会》的发刊词中写道：我们的言论“究竟对不对，是不是最好的、最精密的、最有效力的，则有待于大家的批评了”。新文化刊物的编者自信、开放的民主作风成为当时自觉的报刊批评意识的重要催生剂。

报刊批评思想的另一个推动力是当时社会批评领域和文艺批评领域中批评思想的成熟。新文化运动是一场摧枯拉朽的社会文化批判运动，在这场因迫切的救亡图存目的而显得过于激烈的社会运动中，对传统文化应有的分析和鉴别被简化成了全盘否定的批判狂潮。五四新文化运动后期，这种有失理性的批判狂潮开始引起部分知识分子的反思，在这种反思中，理性的、建设性的批评思想诞生了。

上海《民国日报》副刊《觉悟》是五四新文化运动时期的四大副刊之一，在四大副刊中社会主义倾向最为鲜明。1920 年 10 月 20 日，《觉悟》创办了《批评》专

---

① 余家宏、宁树藩等编注：《新闻文存》，中国新闻出版社 1987 年版，第 281 页。

② 《〈星期评论〉发刊词》，载《星期评论》，1919 年 6 月 8 日。

号，其《发刊词》对批评的特点、方法、态度和目的进行了科学阐述，并明确将“批评”和“批判”区分开，从而提出了正确的批评思想：“我们不承认‘毁誉褒贬’叫批评，我们不承认‘一往怀疑’叫批评，我们不承认‘不曾研究’叫批评”，我们所倡导的是“批评的研究、研究的批评”，“批评的目的定批评的视角，以批评的精神，科学的方法，怀疑的态度，勇猛大无畏地估量、分析、化验人类社会上种种事务，明是非、定好恶、贤贤、黜不肖。”

1920年10月25日的《觉悟》上刊登了署名倪鸿文的一篇文章，指出“批评系主观客观结晶的新物质”，从而进一步从辩证唯物主义角度阐明了批评的主客观性，这篇文章还明确区分了批评和谩骂：“谩骂是消极的”，“批评是积极的、进取的”，并指出了批评和自我批评同时开展的重要性，“人人在范围内敢批评，人人在范围内领受批评。”这些论述表明，理性的、建设性的“批评”的概念在五四新文化运动时期已经形成，这为媒介批评思想的诞生提供了直接的思想养料。

文艺批评是媒介批评在“批评”家庭中的近亲，五四新文化运动时期文艺批评思想的建立，为媒介批评思想的诞生和媒介批评实践的开展提供了良好的范例，尤其值得一提的是沈雁冰的文学批评。

沈雁冰是我国现代文学批评的先驱，“对于文艺批评的作用和效力，在我国现代文艺理论界，沈雁冰也可说是最早加以系统阐释的，而且他自己也是最早的和较成熟的文学批评家”①。从1920年至1922年，沈雁冰撰写了一系列关于文学批评的文章，对文学批评的职能、范围、标准、特点等做出了初步论述。对于文学批评，沈雁冰不仅有理论建树，而且在实践方面，他于1920年全面改革了《小说月报》，结束了鸳鸯蝴蝶派十几年占据《小说月报》的历史。

五四新文化运动时期鸳鸯蝴蝶派的文学作品在很多私营报纸上连载，是私营报纸吸引读者的重要手段。因此，对鸳鸯蝴蝶派作品的批评既是文学批评，同时也是媒介批评。

上述的两大原因，催生了五四新文化运动时期媒介批评理论的萌芽。

媒介批评的本质是价值判断，即依据一定的立场、标准和方法，对大众传播活动的是非、善恶、美丑等做出评判，目的在于指明大众传播活动的发展方向，促进其良性发展。

理论来自实践，五四新文化运动时期直接对媒介批评进行理论阐释的文字虽然不多，但建设性的、理性的、以价值评判为特征的媒介批评观念在五四新文

① 郝雨：《中国现代文化的发生与传播》，上海大学出版社2002年版，第157页。

化运动时期已经萌芽。

1920 年 7 月 14 日《觉悟》的“通讯”栏内，刊登了朱瘦桐的文章，建议《觉悟》专设一个以“批评现近出版的书报及讨伐那些冒牌的东西”为主旨的“书报批评”专栏，主编邵力子在给他的复信中阐述了自己开展媒介批评的态度：“只要社会能继续扩展好学的心理，自然一方面对于好的书报，能踊跃欢迎，鼓励他们的兴趣；一方面对于坏的书报，能逐渐淘汰，促进他们的改善。什么冒挂招牌的话，是不必说的。”①

邵力子将“建设性”作为设立“书报批评”专栏的宗旨之一，反对将“书报批评”专栏建成一个依仗“新文化”大旗开展文化斗争的阵地。

此外，在邵力子主编的《觉悟》上，能发现他撰写的大量的媒介批评文章，并且具有较高的质量。五四新文化运动时期邵力子在媒介批评方面取得的成就与他本人的新闻学专业背景及在新文化运动中大量的报刊实践密切相关。邵力子 1907 年东渡日本学习新闻学，1915 年，他和叶楚伧创办了后来成为国民党机关报的《民国日报》，邵力子任主笔十年，他还兼编学术性较强的《觉悟》副刊，同时又在上海师范学院和复旦大学授课。新闻学的专业背景，使邵力子对报界的变化发展尤为敏感；丰富的新闻从业经验，使他对媒介现象有极强的洞察力；而学术研究经验则提高了他从事媒介批评的学理性。邵力子可被称为五四新文化运动时期开展自觉型媒介批评的代表性人物。

五、形式上丰富多彩

五四新文化运动时期媒介批评内容庞杂，高潮迭起，媒介批评形式多种多样，丰富多彩。这里仅仅从刊载的形式来看，就有以下几种。

1. 新闻学著作的有关章节

如前所述，徐宝璜、邵飘萍、戈公振等人的新闻学著作，均设有专门章节批评不良的媒介现象。

2. 报刊的“发刊词”、“宣言”、“答辩书”等

这些“发刊词”、“宣言”、“答辩书”，常常在阐发办报办刊的宗旨、宣扬本报本志立场的同时，开展媒介批评。

3. 报刊的专论

这些专论如按新闻文体分，则有政论、时评、社论等；从文艺体裁上分，则有

---

① 邵力子：《专设〈书报批评〉栏的要求》，载 1920 年 7 月 14 日《民国日报》副刊《觉悟》“通讯”专栏。

剧评、影评、杂文等。

4. 报刊的专栏

五四新文化运动时期报刊的专栏是开展媒介批评的最重要阵地。《新青年》的“通信”、“随感录”,《每周评论》的“随感录”,《民国日报》副刊《觉悟》的“通讯”、“书报批评”等是脍炙人口的名专栏。而在众多的开展媒介批评的名专栏中,《新青年》的“随感录”专栏最具特色。首先,这个专栏主要采用杂文的形式,针对报刊、戏剧、电影、通俗文艺、大众文化思潮等现象,展开讨论和批评。鲁迅先生在《新青年》的“随感录”中撰写了大量的杂文,其中许多涉及媒介批评的内容。其次,“随感录”中的一些杂文,文笔犀利,嬉笑怒骂,皆成文章,具有强烈的战斗性。同时,由于其文体形式活泼、语言风趣幽默等特点,又具有很高的艺术性。鲁迅先生以“唐俟”的笔名,发表于“随感录”上的一些杂文,堪称媒介批评文章的艺术典范。这里有必要摘录他的一段杂文以作例证:

> 民国八年正月间,我在朋友家里见到上海一种什么报的星期增刊讽刺画,正是开宗明义第一回,画着几方小图,大意是骂主张废汉文的人的。说是给外国医生换上外国狗的心了,所以读罗马字时,全是外国狗叫。但在小图的上面,又有两个双钩大字“泼克”,似乎便是这增刊的名目;可是全不像中国话。我因此很觉这美术家可怜。他——对于个人的人身攻击姑且不论——学了外国画,来骂外国话;然而所用的名目仍然是外国话。讽刺画本可以针砭社会的痼疾,现在施针砭的人的眼光,在一方尺大的纸片上,尚且看不分明,怎能指出确当的方向,引导社会呢?
>
> 这几天又见到一张所谓“泼克”,是骂提倡新文艺的人了。大旨是说凡所崇拜的,都是外国的偶像。我因此愈觉这美术家可怜,他学了画,而且画了泼克,竟还未知道外国画也是文艺之一。他对于自己的本业,尚且罩在黑坛子里,摸不清楚,怎能有优美的创作,贡献于社会呢?……①

5. 报刊的补白和广告等

报刊上的一些带有专栏性质的补白,一些书刊广告,也是开展媒介批评的阵地,如《新青年》的“读者论坛”、“什么话”、“书报介绍”、“新刊一览”等。《新青年》的“什么话”在当时是非常有影响力的一个小专栏性的补白,其内容常常被一些报刊转载。“什么话”短则寥寥数语,长则一小段文字,记载一些报刊上发表的奇谈怪论,或者所谓的政客名流们在公开场合的谬论。这里不妨举一例:

① 鲁迅:《随感录》(46),载《新青年》第6卷第2号,1919年2月15日。

> 八年二月十一日广州《华国报》上有一条时评，题目叫做“女子缠足与道德”，是一个署名叫迅雷的所做，其言曰：“近日私娼如林，秘密卖淫之风甚炽。论者皆谓女子道德堕落所致，斯固然矣，而不知尚有一原因焉。则天然足之关系是也。二十年前，士夫大倡女子不缠足之议，社会翕然宗之，解除女子之缚束，屈指至今，十余年来之女孩，皆已长成，行动自由，为父母者，管束之所不及。此近日女子卖淫之多，所以倍于昔时也。乃恍然于往者女子缠足，非徒饰美观，其用意欲严加缚束，以为防闲，此义可深长思也。虽然，假如有人复行提倡女子依旧缠足，乃足以维持风俗，矫正淫风，立论虽是，其不为舆论所呵斥者几希。故明知女子卖淫之行为，半由天然足所致，而亦无术可以挽救之也，可胜慨哉。”①

从上例可以看出，“什么话”摘录报纸上的这一段怪论，是给舆论当靶子用的。

第四节　对五四新文化运动时期中国媒介批评的评价

五四新文化运动时期是中国思想史上最辉煌、最壮美的时期，这是一个“重新估定一切价值”的时期，以陈独秀、李大钊、蔡元培、胡适等人为代表的启蒙思想家所从事的价值重建运动，“无疑深及了中国现代化最艰难，最根本的一环。从重建价值、人格塑造、人性批判到传统价值的现代变革、语体革命，以及美术音乐革命，婚姻与家庭革命等等，启蒙思想家在信仰、知识、意识形态诸层面上展开的细密的命题，不仅具有旷日持久的原创魅力，而且将不断使历史学家们为自己无法完整描述其意义而深感愧疚。”② 对于五四新文化运动时期的中国媒介批评，同样会因为它的宏大与深刻而难以完整地描述和精当地评说。本书只能对五四新文化运动时期中国媒介批评取得的主要成就及存在的缺陷作粗浅的总结和评价。

一、五四新文化运动时期中国媒介批评的成就

五四新文化运动时期中国媒介批评取得的成就是巨大的，择其要者有以下四个方面：

① 《新青年》第6卷第2号，“什么话”专栏，1919年2月15日。

② 许纪霖、陈达凯主编：《中国现代化史》第1卷，上海三联书店1995年版，第321页。

1. 开创了中国现代媒介批评的先河

五四新文化运动时期是中国现代史的发端。五四新文化运动时期的媒介批评,是中国现代媒介批评的发端,它给五四新文化运动之后的中国现代媒介批评以广泛而又深远的影响。这些影响首先表现在五四新文化运动时期的媒介批评所秉承的哲学思想和社会思潮方面。

五四新文化运动时期,自由主义和社会主义是两大社会思潮。这两大社会思潮在启蒙和救亡的双重主题变奏中交替发挥作用。五四新文化运动时期的社会主义思潮,经过和无政府主义、基尔特社会主义等各种思潮的论争后,在马克思主义的科学指导下,成为引导社会运动的主潮。社会主义思潮影响下的媒介批评,也从20世纪20年代由李大钊、陈独秀、瞿秋白、毛泽东等中国共产党的创始者倡导,到30、40年代由瞿秋白、鲁迅、邹韬奋等人实践,从而成为中国现代媒介批评的主潮。受社会主义思潮影响的媒介批评,其哲学指导思想是辩证唯物主义和历史唯物主义,其批判的对象是代表着帝国主义、封建主义利益的反动报刊及其所反映的意识形态,其大的实践行为是20世纪20年代后期直至整个30年代的反文化"围剿"和30年代至40年代的抗战和投降、文化专制和反专制、新闻言论封锁和反封锁等一系列新闻文化斗争。中国现代史上受社会主义思潮影响的媒介批评,属于新民主主义文化的一部分,结成了在无产阶级领导下的人民大众反帝反封建文化的统一战线。

中国现代史上影响巨大也至深的另一股思潮,即自由主义思潮,也是影响中国现代媒介批评的重要哲学伦理思想。自由主义和社会主义"在现代化价值取向上所形成的巨大差异构成了它们各自不同的价值面貌和精神历程"[①]。自由主义作为一种社会思潮,"究其本质而言,是一场充满悲剧意蕴的知识分子运动;这场运动对中国现代化进程的深刻影响广泛辐射到中国社会和历史的各个层面。其中,它对中国现代新闻传播思想,特别是在价值建构和实践操作上所施加的影响,尽管有着深刻的悲剧性,然而,它所提供的经验和教训对于我们今天认真地回顾和反省百年来的现代化历史,却是有着重要的学术研究价值和文明寻求意义"[②]。翻开中国充满了屈辱和苦难的近现代史,在饱受外国列强的欺凌和压迫的残酷现实面前,洋务运动推行"师夷之长技以制夷"的"器物改良"策略,但"器物"层面的改良无济于事,先进的知识分子开始进一步探索西方的制度和观念,开展了一场影响至深的伦理、道德、思想观念层面的启蒙运动。而这

① 张育仁:《自由的历险——中国自由主义新闻思想史》,云南人民出版社2002年版,第1页。
② 同上书,第1—2页。

场旷日持久的思想启蒙运动，就是以西方资产阶级自由主义思想为圭臬的。这场以自由主义为核心的思想启蒙运动自严复开始，中经五四新文化运动时期陈独秀、李大钊、蔡元培、胡适、鲁迅等一大批新文化运动的主将们策动、呼应、呐喊，从而形成了中国现代史上自由主义思潮的顶峰。自由主义思潮在哲学观上推崇的科学主义，在伦理观上推崇的个人主义，在历史观上推崇的社会进化论，在经济发展观上推崇的自由放任主义，在五四新文化运动时期陈独秀、李大钊、胡适、鲁迅、钱玄同、高一涵、刘半农等人的媒介批评思想和实践中，都有着巨大而深刻的影响和表现。这种自由主义的媒介批评思想和实践，对中国现代媒介批评有着深刻的影响。“如果说严复以后中国近现代自由主义者都是其思想的传人的话，那么中国自由主义真正能坚持到底的，也就是严复关于思想自由与言论自由的理想。”① 这股自由主义思潮指导和影响下的媒介批评，在五四新文化运动时期达到顶峰后，因救亡图存的现实需要、因社会主义成为主潮、因国共两党十年的纷争、因国民党实行“一党专政”的政治压迫等异常复杂的内因和外因，有极大的回落，但其余波却扩及了整个20世纪30年代到40年代，40年代中期甚至有潮涨的气象。表现在新闻传播理论领域，则是戈公振、任白涛等新闻思想家不仅在著述中强化了徐宝璜、邵飘萍等先驱者的超党派新闻理论，而且更有着思想史意义上的延伸和拓展。表现在新闻实践方面，则是“新记”《大公报》“不党、不卖、不私、不盲”的宣言和实践，是黄远生、史量才、张季鸾、成舍我、徐铸成、储安平等一大批人怀抱自由主义办报理想，不为高官厚禄所诱，不为暴力威胁所动。这股自由主义的媒介批评思潮，所表现的长达一个多世纪的悲壮的抗争精神，具有深远的历史和现实意义！

这些影响表现在五四新文化运动时期的媒介批评秉承的立场、范畴等批评思想上。“媒介批评是一种学术立场，也是学者的一份社会责任和一种良知。”② 五四新文化运动时期的媒介批评，受启蒙运动的启发和引导，表现的是对国家和民族命运的深切忧虑，是对人的个性解放、人格尊严、思想自由的终极关怀，是对民众痛苦的呼喊和慰藉，是对野蛮反动威权和落后腐朽意识激烈批判的战斗精神。其批评的范畴和指向，已越过新闻传播领域，向着文化、政治、法律、伦理等上层建筑意识形态的广袤空间拓展。它对中国现代和当下的媒介批评思想和实践的影响之深远是不言而喻的。

这些影响还表现在批评形式上。五四新文化运动时期的媒介批评，其表现

① 胡伟希等：《十字街头与塔》，上海人民出版社1991年版，第27页。
② 李岩：《媒介批评——立场、范畴、命题、方式》，浙江大学出版社2005年版，代序。

形式多种多样、丰富多彩。就其刊载的形式而言,其专论和专栏形式,自五四新文化运动之后,不仅有所继承,而且有所发展。以邹韬奋主编《生活》周刊为例,他在该刊第2卷第47期起,开辟了“小言论”专栏,每期一篇,用“最生动、最经济的笔法”①写作。“小言论”针对广大读者最关心和最焦虑的社会问题发表意见,用简洁通俗的语言和犀利的文笔,写下了一篇篇针砭时弊和批评反动报刊、揭露国民党政府压制新闻舆论的文章。就其运用的文体而言,五四新文化运动时期,鲁迅在《新青年》、《晨报副镌》等报刊上开创的媒介批评杂文文体,从20世纪20年代末到30年代以后,有极大的影响和深远的赓续。“到了30年代,在反文化‘围剿’中,杂文成为最令人瞩目的文体,为报纸副刊广泛采用。黎烈文主编的《申报·自由谈》、聂绀弩主编的《中华日报·动向》和谢六逸主编的《立报·言林》,都以刊载杂文为特色,受到读者的欢迎。许多杂志,如《北斗》、《太白》、《涛声》以及《论语》、《人世间》等,都把杂文放在重要地位。1935年5月,以刊载杂文为主的《杂文》杂志创刊。一些杂志的短论专栏,如《生活》周刊的《小言论》和《新生》周刊的《老实话》刊载的时事评论,多数属于杂文。在30年代的中国文坛上,出现了报刊杂文风行的局面。”② 其间,“以鲁迅为首,团结了一批优秀的杂文作者,其中有当时已享盛名的郭沫若、茅盾和当时还是文学青年的徐懋庸、唐弢,他们以杂文为战斗武器,同国民党的文化“围剿”作斗争,同帝国主义、封建主义和各种错误思想作斗争,他们的杂文是战斗的‘阜利通’(feuilleton,文艺性的论文),是30年代报刊杂文的主流,拥有众多的读者。”③

2. 营造了百家争鸣的思想自由和学术民主气氛

五四新文化运动时期的媒介批评,作为新文化运动的一个组成部分,为营造百家争鸣的思想自由和学术民主气氛,做出了很大的贡献。这一时期在多种社会思潮影响下的媒介批评,不仅仅在思想观念的宏观层面上呈现出百家争鸣的繁荣景象,而且在对具体媒介现象开展批评的微观层面,也常常表现出注重学理、鼓励探讨的特点。例如对于像“黑幕小说”这类有争议的媒介文化现象,《新青年》、《每周评论》等报刊采取学术探讨自由、平等的原则,在刊物上刊载不同的观点以展开论争。《新青年》第6卷第2号发表了周作人批判黑幕小说的《论“黑幕”》、《再论“黑幕”》等文章,同时也发表了杨亦曾为黑幕小说辩护的文章——《对于教育部通俗教育研究会劝告勿再编黑幕小说之意见》。双方就黑

① 《韬奋文集》第3卷,生活·读书·新知三联书店1955年版,第80页。
② 方汉奇主编:《中国新闻事业通史》第2卷,中国人民大学出版社1996年版,第561页。
③ 同上书,第563页。

幕小说"是否与近世文学之潮流相合？是否与近世社会思想之潮流相合？是否与人生问题相违背？是否与道德相冲突？"等问题展开了认真严肃的讨论。这无疑从一个侧面体现了《新青年》注重学理探讨、启发青年思想的宗旨，也是五四新文化运动倡导的民主、科学精神在媒介批评实践中的具体表现。通过广泛争鸣，阐明学理，争论的双方即使不能达成共识，却也活跃了学术讨论的气氛，创造了百家争鸣的环境。

3. 推动和反思新文化运动

"二十年前的五四运动，表现中国反帝反封建的资产阶级民主革命已经发展到了一个新阶段。五四运动的成为文化革新运动，不过是中国反帝反封建的资产阶级民主革命的一种表现形式。"①

随着先进的知识分子逐渐接受马克思主义、社会主义思潮战胜形形色色的资产阶级思潮而逐渐成为社会思潮的主流、广大中国人民反帝反封建思想觉悟逐渐提高，五四新文化运动时期的中国革命发生着从旧民主主义到新民主主义的转变。如果说上述因素规定着五四新文化运动的内容和前进的方向，那么作为新旧思潮之间、新思潮内部之间的激烈斗争的表现形式——报刊论争，即媒介批评，则是推动新文化运动向前发展的一种十分重要的形式。这个结论，是从五四新文化运动时期媒介批评发展过程的总结中获得的。我们不妨再简略回顾一下五四新文化运动时期的媒介批评。

1915 年 9 月 15 日，陈独秀在上海创办《青年杂志》，标志着五四新文化运动开始，其间经历了新思潮对尊孔复辟逆潮的批判、对北洋政府和封建势力压制摧残言论思想自由的批判、新旧道德之争、文学革命之争、新旧思潮大激战、东西文化问题论战、科学与玄学之争、"问题与主义"之争、关于新文化运动性质和方向的争论等。所有这些发生在思想文化领域中的大论战，无一不是通过以《新青年》杂志为代表的新文化运动报刊之间，以及新文化运动报刊与封建保守报刊之间的论争而开展起来的。

五四新文化运动时期的中国媒介批评有力地推动了新文化报刊的繁荣，而对新文化报刊出现的弊端，媒介批评也作了理性的反思。

在激烈的思想文化变革中，粗陋和庞杂是难免的，五四新文化运动时期青年学生中间出现了过于热衷办新刊的现象，白话刊物、新文学刊物层出不穷，这导致了新刊物质量下降，宣传内容粗糙，宣传方式方法低劣，刊物印刷出版不成熟等问题。对这些新文化报刊泡沫现象，陈独秀、孙伏园等人进行了反思。

① 《毛泽东选集》第 2 卷，人民出版社 1991 年版，第 558 页。

媒介批评通过对媒介现象做价值判断来促进媒介发展，进而推动社会进步。五四新文化运动时期大量涌现的新文化报刊是新文化运动的主要阵地，所以这一时期媒介批评对新文化报刊的推动和反思，实际上也就是对新文化运动本身的推动和反思。

4. 促进了马克思主义在中国的传播

五四运动之前的新文化运动，是一场在中国开展的资产阶级思想启蒙运动。在五四新文化运动的肇始期，陈独秀、李大钊等人还只是激进的资产阶级民主主义者，他们的思想兼容着自由主义、实验主义和社会主义。五四新文化运动前期，以陈独秀创办《新青年》为标志，最早喊出的口号不是“民主”和“科学”，而是“人权”和“科学”，显然陈独秀这个新文化运动的倡导者，在开展启蒙运动时，引进的是法国式的资产阶级自由主义思想。在“真理和法律面前人人平等”的理想召唤下，陈独秀等人对维护中国封建社会等级森严的纲常伦理，展开了猛烈的抨击。前述高一涵对言论自由进行的法理剖析中，已深刻地表露了尊重和保护个人权利，保护独立意见不被多数人的意见，或者说不被“舆论暴力”所压迫的先见之明。

正是由于五四运动之前的新文化运动，是一场由激进的民主主义者领导的资产阶级思想启蒙运动，因此在运动之初，出于启蒙的目的，启蒙思想家们把批判的对象更多地指向了封建主义，而对帝国主义的批判和反对，在很大程度上被忽视了。这种情况，只有到西方帝国主义列强进一步侵略、瓜分中国的残酷现实摆在中国人民面前的时候，只有到马克思列宁主义传播到中国的时候，只有到新生的俄罗斯苏维埃政权宣布放弃沙俄强加给中国的一切不平等条约和特权的时候，只有到初步具有了马克思主义思想的先进知识分子开始领导这场运动的时候，批判的对象才发生变化，即由反封建转变为反帝反封建，新文化运动的性质也转变为由无产阶级领导的反帝反封建的文化运动。

五四新文化运动时期李大钊、陈独秀、瞿秋白等人在传播马克思主义时所使用的方法中，媒介批评是重要的一种。纵观五四新文化运动时期马克思主义在中国的传播情况，可以发现，每发生一次马克思主义、社会主义思潮与各种非马克思主义、非社会主义思潮的论争，马克思主义在中国的传播就在中国大大地前进了一步。这种论争的主要形式就是媒介批评。当俄国十月革命的炮声给中国送来马克思列宁主义的消息时，李大钊在《新青年》等报刊上发表了著名的演讲词和论文——《庶民的胜利》、《布尔什维主义的胜利》，批驳了当时流行于各种报刊上的“公理战胜强权”、“欢呼威尔逊大总统”的论调。这是五四新文化运动时期最早运用马克思主义观点来解释第一次世界大战胜利的原因的文献，也是最早为俄国十月革命胜利欢呼的文献。五四运动爆发后，随着新文化运动性质的改变，新文化运动的统一阵线开始分裂，胡适在《每周评论》上发表的《多研究些问题，少谈些主义》，引起了李大钊与他展开的一场关于马克思主义与实用主义的大论争，这场论争也促使陈独秀的思想转变到马克思主义这边。这场论争大大加速了马克思主义在中国的传播进程。之后发生的东西方文化的论争和科学与玄学的论争，都成为初步具有共产主义思想的知识分子利用媒介批评的方式宣传马克思主义的契机。

二、五四新文化运动时期中国媒介批评的缺陷

1. 对传统文化简单地全盘否定

五四新文化运动以摧枯拉朽之势，对盘踞中国几千年的封建伦理道德展开了猛烈的批判，其立场的坚定性和斗争的坚决性是史无前例的，表现了启蒙思想家们大无畏的革命精神，它的历史功绩不容抹杀。但是这场运动也存在很大缺陷。正如毛泽东同志指出的，那时候新文化运动的许多领导人物，还没有马克思主义的批判精神，流行着严重的形式主义的方法。“他们对于现状，对于历史，对于外国事物，没有历史唯物主义的批判精神，所谓坏就是绝对的坏，一切皆坏；所谓好就是绝对的好，一切皆好。”① 那时候，“全盘西化”的思想在新文化运动中占有相当显著的地位。五四新文化运动在批判中国传统文化时，很少有新潮人物对传统文化作公正的评价。他们认为“几千年来社会的停滞给改革留下了许多障碍。为了清除这些障碍，就会不可避免地过分攻击整个传统并低估传统的价值。这样，儒家学说和民族遗产中的许多优秀成分被忽视或者避而不谈”②。新文化运动对中国传统文化全盘否定的态度造成当时一些青年对传统文化认识的隔膜或感情上的疏远，从长远看不利于人们对传统文化中优秀成分的继承和吸收。

五四新文化运动时期的媒介批评作为新文化运动的一部分，也不可避免地带有上述的缺陷。五四新文化运动前期以《新青年》为旗帜的新潮报刊，对封建伦理道德和孔孟思想发起猛烈批判时，赢得了全国思想界和舆论界的巨大反响和回应。如果说这一景象是启蒙的需要，是时代的召唤，那么随着思想文化的探讨越来越趋于理性和细致，随着新文化运动统一战线内部的一部分成员开始重新估定传统文化价值，提出“整理国故、再造文明”的主张，新文化运动对传统文

---

① 《毛泽东选集》第3卷，人民出版社1991年版，第832页。
② 〔美〕周策纵：《五四运动史》，岳麓书社1999年版，第507页。

化的攻击和批判也越来越式微。就拿五四运动之后“学衡派”的复古主义思潮来说,时过几十年后的今天,我国学术界对“学衡派”所持学术观点的历史价值和当下意义,又在重新作正面和积极的评价。

2. 多元化批评思想带来的混乱和谬误

五四新文化运动时期多元化思潮的泛滥,一方面给思想界、舆论界带来了百家争鸣的繁荣气象,另一方面也带来了庞杂混乱的现象。在这种文化背景下的媒介批评,其批评思想,除了有积极正面的成就之外,也存在许多混乱和谬误。如胡适的实验主义在当时影响很大,他对当时新文化报刊过多、刊物定位雷同的批评虽然正确,但他同时认为刊物在自认为“拿得出证据”的前提下可以持任何主张,这一前一后的观点显然自相矛盾。

五四新文化运动的代表性人物,如陈独秀等,早期的思想十分庞杂,既受自由主义的影响,又有对社会主义朦胧的认识,既相信社会进化论,又开始接受历史唯物主义,既以资产阶级激进民主主义者的精神开展对封建文化、军阀统治的斗争,又常常显露出受当时官方正统思想影响的时代局限。作为五四新文化运动时期的思想启蒙家之一,陈独秀只是停留在观念层面上为资产阶级的民主、科学、自由而奔走、呐喊,而没能把新文化运动切实地转变为一场由人民群众广泛参与的社会运动。他不能正确看待人民群众在创造历史、改变世界中的伟大作用,相反,常常以悲天悯人的口吻教训民众,甚至用所谓西方文明来讥讽民众愚昧、无知。在对待义和团运动的问题上,陈独秀在发表于《新青年》第5卷第5号的《克林德碑》一文中,分析了义和团运动兴起的五个原因,其见解未能超出当时官方正统思想的局限。他将义和团运动亦视为祸国殃民的运动,放大了义和团运动的封建迷信色彩,抹杀了义和团运动反帝图存的民族革命精神和历史功绩。陈独秀的这种见识远不如孙中山先生,甚至还不如和他同时代的一些中国留日学生。①

3. 自由主义批评思想带来的悖谬

如前所述,五四新文化运动时期的媒介批评思想和实践,始终在不同程度上受到自由主义思潮的影响。有人对中国自由主义新闻传播思想的历史作用和意义作了如下的评价:“中国的启蒙主义思想家在报刊实践中引入西方的自由主

① 光绪二十七年(1901年),中国留学生在日本横滨出版的杂志《开智录》上发表了一篇题为《义和团有功于中国说》的文章。文章认为,义和团的斗争之勇使得企图瓜分中国的列强不能不有所顾虑:“今虽败师逐北,溅血横尸,然其‘勇’之一字,未尝不轰全球人之耳,电全球人之目也。外人于此,则平日唱兵力瓜分、和平瓜分之议,或涂红圈绿线于支那(中国)地图谓某地为某国势力范围之企图,亦未胆敢如前之猖獗耳。”详见胡绳:《从鸦片战争到五四运动》,人民出版社1981年版,第650—651页。

义思想观，从工具理性到价值理性的双重视角试图改良中国的专制极权主义政治，进而把中国社会推向西方那样的政治文明体制。从客观上讲，它的确有着顺应世界潮流的积极的一面，特别是反对和摧毁封建专制主义，呼唤个性解放、精神自由，培养独立人格，追求民主政治以及发展资本主义等方面，有着不可抹杀的历史功绩。在具体的理论探索和指导方面，尤其是在反对封建专制新闻统治政策，争取思想和言论自由，主张建立民主政治体制下的新闻法治秩序，认为言论自由必须建立在经济自由之上，倡导建立新闻从业者的职业道德规范等方面，也有着积极的借鉴和参照意义。"① 这个评价，也同样适用于五四新文化运动时期自由主义的媒介批评思想和实践。

虽然自由主义思潮在五四新文化运动前期占有主导地位，但是在五四新文化运动后期未能发展为主潮。这一方面是由当时"政治救亡的主题又一次全面压倒了思想启蒙的主题"②的国情所决定，另一方面也和自由主义思潮本身的局限有关。"自由主义对中国社会的总体设计未能充分满足中国近代社会变革的历史要求，历史水平不向它倾斜自有其内在理由。20 世纪中国在实现现代化的进程中，按其自身的逻辑在运行着，任何以为中国只能按西方国家的某种模式跻身现代行列的理论，都不免是一种教条式的空想。"③ 但是在中国，自由主义的媒介批评思想和实践却获得了悲剧性和喜剧性的双重结果。其悲剧性的结果如前所述，它成为鼓励一代又一代怀抱自由主义理想的报人们前仆后继的信仰，但是其结果总是逃脱不了悲剧性的命运；其喜剧性的结果，则恰恰和上引的关于西方的理论难以适应中国国情的结论大相径庭。因为在西方，自由主义新闻观念是导致黄色新闻泛滥的重要思想动因；而在中国现代新闻史上，渲染色情、暴力等低级庸俗内容亦是中国报业的一个明显的弊端。中国现代报业在这方面和西方现代报业的先驱们的巧合，不能不说是西方自由主义报刊理论在中国现代新闻实践中的一份意外收获。

---

① 张育仁：《自由的历险——中国自由主义新闻思想史》，云南人民出版社 2002 年版，第 18—19 页。

② 李泽厚：《中国现代思想史》，东方出版社 1987 年版，第 32 页。

③ 胡伟希等：《十字街头与塔》，上海人民出版社 1991 年版，第 344 页。

第六章　当代中国媒介批评实践

我国有着悠久的新闻传播历史，以新闻媒介及从业者为对象的批评也由来已久。我国的媒介批评实践丰富，特别是中国无产阶级新闻事业的发展，培养了一大批优秀的无产阶级新闻工作者，也造就了大批媒介批评实践者。改革开放以来，尤其是进入到新世纪，我国大众传播业在面对加入 WTO 所带来的严峻挑战面前，更进一步认识到提高大众传媒品质和从业者素质的重要性。在当下大众传播业出现商业化运作和新闻法制尚不健全的情况下，业内外关于加强"媒介自律"和"记者操守"的呼声日渐高涨，媒介批评渐入高潮。

第一节　新中国媒介批评发展历程

在新中国成立以来的五十多年中，媒介批评走过了一条曲折发展的道路。中国当代新闻事业的发展，可划分为四个时期："一、基本完成社会主义改造时期(1949.10—1956)；二、开始全面建设社会主义时期(1957—1966.4)；三、'文化大革命'时期(1966.5—1976.10)；四、社会主义现代化建设新时期(1976.10—　)。"[①]作为新闻传播活动的一个组成部分，媒介批评的发展也可相应做如下划分。

一、发展期(1949—1956)

第一阶段的媒介批评，与新中国成立伊始百废待兴，全面向苏联学习的形势相适应，主要是学习苏联新闻宣传经验和理论。中国共产党从开展武装斗争转为执政，以虚怀若谷的心胸担当起社会主义建设事业的宏伟历史使命。因此，从总体上来看，这一时期的媒介批评是积极健康的，发扬了中国共产党批评与自我批评的传统，体现了马克思主义实事求是的精神。以《人民日报》为例，从 1950 年 1 月开始，在"文教栏"(第 5 版和第 6 版)开设了"新闻工作"、"人民园地"、"人民文艺"、"图书评论"等专栏，进行新闻学和大众文化研究，开展积极的媒介

---

① 方汉奇、陈业劭主编：《中国当代新闻事业史 1949—1988》，新华出版社 1992 年版，第 2 页。

批评。在1950年1月4日第5版“新闻工作”专栏开栏时，附有《人民日报》编者的话：“中国人民的新闻事业正在创造的过程中。我们的新闻工作者虽然有许多人已经在各种不同的地区和不同的情况下作过不少时间的新闻工作，积累过一些经验，但是这些经验并没有好好地总结起来。我们正在进行的工作，也不断产生新的经验，提出新的问题。总结这些经验，研究和答复这些问题，这就是本刊的基本任务。”

文章还说：“在讨论我们工作中的经验和问题的时候，我们有一个便利的条件，这就是可以大量地利用我们的先进国家苏联的经验。”因此，“新闻工作”专栏开栏的第一篇文章是黎澍的《斯大林与党报工作》。该专栏从1950年1月开栏，到10月改为“新闻出版”专栏期间，每月分两日设置，内容涉及新闻工作的性质、任务、方向、功能等理论问题，报纸的消息、述评、通讯的写作等新闻业务问题和“关于纠正新闻文字中几种技术上的通病”等技术问题。作品以译介苏联的新闻理论和业务经验为主逐渐过渡到“以我为主”。

1950年4月22日，《人民日报》刊载了《中国共产党中央委员会关于在报纸刊物上展开批评和自我批评的决定》，全国各地掀起了一个利用新闻传媒开展批评的高潮，报纸的自我批评也蓬勃地开展起来。《人民日报》不仅在“新闻工作”专栏发表批评文章，同时，在“人民园地”、“图书评论”等专栏也发表批评文章。1950年6月7日，《人民日报》在“新闻工作”专栏发表《报纸述评：贯彻正确的批评和自我批评》，文章说：“在中共中央《关于在报纸刊物上展开批评和自我批评的决定》和新闻总署《关于改进报纸工作的决定》发表以后，各级党委和人民政府对于执行这两个决定都作了很大的努力。仅从报纸上读到的便已经有上海、南京、浙江、辽西等省市的党委会或人民政府关于贯彻这些决定的指示。在各地党委和政府的领导下，全国重要报纸的批评和自我批评已经开始加强了。报纸用很大的篇幅来登载批评性的稿件。《长江日报》、《河北日报》、《山东大众日报》、《新湖南报》、《浙江日报》、《绥远日报》、《云南日报》、《松江日报》等已改组了他们的副刊，以主要篇幅刊载读者的批评和建议的来信，或把副刊整个改称‘读者来信’，如《河北日报》。读者来信在报纸上所占地位的扩大，也证明了批评和自我批评的展开业已提高了读者的政治积极性。”文章总结了上述成绩后，对报纸开展批评存在的不足作了检讨和批评。文章认为：“许多报纸的批评还没有充分展开；还没有注意更经常地针对当前最重要问题作集中的突出的批评，有零碎琐细而又不敢放手的现象。造成这种现象的原因是多方面的，主要的是我们的报纸工作者对于贯彻正确的批评和自我批评的努力不足。”文章将不足归纳为三个方面：一是报纸工作者和通讯员有一些不正确的认识，他们因为怕得罪人,怕"影响工作",不敢进行批评;二是有的报纸工作者和通讯员缺乏对批评和自我批评的认真负责的态度,不敢对批评的稿件担负完全的责任;三是有些工作人员对批评和自我批评缺乏正确的认识和态度,对报纸的批评采取了压制、抗拒,甚至报复的态度。

一些报纸开始检查自身的业务问题,提出改革的设想和措施。《新湖南报》于1950年5月30日刊登了《新湖南报关于会议新闻报道的检讨》一文,认为自己在会议新闻报道上存在着很大的缺点:一是"报纸上的会议新闻数量很多,所占的篇幅很大"。二是"会议新闻报道往往忽视了那些与人民生活有密切关系的会议内容,而用最大的力量去报道会议过程本身"。文章还检讨了造成会议新闻多的原因,提出了改进报纸工作的意见和措施。

此外,新华社也就"目前通讯社工作中的两个问题"给各分社写信,对报道中存在着缺乏全国观点以及分社的活动方法和组织形式不尽合理的缺点作了自我批评。[①] 电影界也就"新闻纪录片不受社会重视,发行放映等方面都有严重缺点"进行检查和批评。[②]

1956年,《人民日报》根据中共中央的决定,首先进行了改版,以便进一步探索社会主义新闻工作的规律。为了搞好改版工作,《人民日报》首先进行了广泛的调查研究工作。他们广泛征求读者的意见,报社各部门和各记者站纷纷走访各省领导人和各界知名人士,在各省市召开有新闻、宣传、文艺、文教界人士和一般读者参加的各种类型的座谈会。许多读者纷纷响应报社的号召,投书陈述自己对改进《人民日报》的意见。仅从1956年4月到6月,一些省市委领导人,中央和地方的新闻单位、作家、教授及一般职工给《人民日报》写信357件。报社本身也总结了《人民日报》进城改为中共中央机关报后的经验教训,研究了国内外重要报纸的历史和现状。[③]

这一时期,文化领域内的三次批判运动也给媒介批评带来了极大的影响。这三次批判运动是:(1) 1951年初—1952年下半年关于电影《武训传》的批判;(2) 1954年开始的关于《红楼梦研究》和胡适派资产阶级唯心论思想的批判;(3) 1955年2月—1955年7月对胡风的批判。这三次运动以报刊、广播、电影作为阵地,由思想文化领域开始,波及全国政治生活领域。这三次失误的文化批

① 《目前通讯社工作中的两个问题——新华通讯社给各总分社、分社同志的信》,载1950年7月5日《人民日报》第5版。

② 《新闻纪录片不受社会重视,发行放映等方面都有严重缺点》,载1950年6月6日《人民日报》第7版。

③ 参见张涛:《中华人民共和国新闻史》,经济日报出版社1996年版,第106—107页。

判运动,对当代中国媒介批评理论与实践产生了极大的负面影响。其后很长一段时期里,一条"左"的思想路线在媒介批评领域里始终占据着主导地位。

从总体上来看,新中国成立以来第一个时期所开展的媒介批评,是健康向上的。它和我国的政治经济形势相配合,是新中国成立初期党内实行民主制度、党外实行协商制度,政治清明,国家逐渐从战争的创伤中得以恢复,并迅速转入社会主义建设事业,人民心情舒畅,以主人翁的态度参政议政,畅所欲言的政治局面在新闻事业中的表现。这一时期以报纸为主开展的媒介批评活动,有许多经验值得发掘,有许多成绩值得总结,也有许多失误和教训值得检讨和反思。

二、失误期(1956—1966)

从1957年到1966年,我国进入全面建设社会主义时期。这十年,我国的新闻事业建设有了很大的发展,但也有严重的挫折和失误。这一时期,我国的新闻事业已完成了社会主义改造,从所有制上新闻事业已经全部归国家所有。毛泽东于1957年6月14日谈道:"在社会主义国家,报纸是社会主义经济即在公有制基础上的计划经济通过新闻手段的反映,和资本主义国家报纸是无政府状态的和集团竞争的经济通过新闻手段的反映不相同。"① 这是对我国新闻事业性质的经典式概括。十年间,随着我国社会主义建设进入高潮,新闻事业和各行各业一样,取得了巨大的成就。媒介批评和思想战线其他领域一道,经历了繁荣—失误的发展过程。

1956年11月,中国共产党中央委员会召开了八届二中全会,决定在1957年开展全党整风。

1957年3月,毛泽东在全国宣传工作会议上讲话,宣布"百花齐放、百家争鸣"是一个基本的长期性的方针。至此,新闻媒介对"鸣放"做了大量的报道。报纸、广播开展批评与自我批评的活动开始进入新一轮高潮。但是在整风过程中,出现了比较复杂的情况。中共中央在《关于整风运动的指示》中认为这次整风运动,应该是一次既严肃认真又和风细雨的思想教育运动,而极少数资产阶级右派分子乘机鼓吹所谓"大鸣"、"大放"、"大民主",向中国共产党和新生的社会主义制度放肆地进攻。1957年5月15日,毛泽东写下了《事情正在起变化》一文,发给党内高级干部阅读。这篇文章分析了当时的形势,部署了反右派斗争的步骤和策略。文章在分析右派的进攻策略时,着重分析了他们在新闻战线上的企图和观点。在这场波及全国的反右运动中,党组织开展对少数资产阶级右

① 《建国以来毛泽东文稿》第6卷,中央文献出版社1992年版,第508—509页。

派分子猖狂进攻的批判和斗争是十分必要的。但不妥的是，毛泽东错误地估计了右派分子的数量、范围，将这场斗争扩大化，尤其是在反右斗争的策略上所实行的“引蛇出洞”方法是错误的。采用这种方法使中国共产党的形象和威信受到了影响，“损失是难以估量的”①。由于将反右斗争扩大化，一大批学有专长，对中国共产党和社会主义怀有真挚感情，希望通过参加整风运动，帮助党和政府改进工作中的错误缺点的正直知识分子，乃至一些干部、工人、军人、学生等，被无辜扣上“右派”的帽子，或被定性为“有资产阶级右倾思想”遭受打击。新闻界是这次反右运动的重灾区。仅以《新湖南报》为例，在反右运动中，从社长到编辑、记者，共有五十多人被打成右派，占全社编采人员的三分之一，酿成惊动全国的《新湖南报》反右冤案。

反右斗争严重扩大化对新闻事业领域造成了不幸的后果：一是在整风“鸣放”过程中，大部分关于反右派的宣传无限上纲，乱扣帽子，严重混淆了思想问题与政治问题、学术问题与政治问题的界限。这些“左”的错误在当时的新闻单位中司空见惯，但许多新闻工作者很难予以认识，即使有所觉察，也不敢实事求是，反“左”稿子难以见报。二是自中华人民共和国成立以来，中共中央提倡的利用报刊广播开展批评与自我批评的生动局面不复存在。

三、异化变质期（1966—1976）

十年“文化大革命”是新中国的一场文化浩劫。在这场文化浩劫中，媒介批评异常活跃，但此时占主导地位的媒介批评已经沦为林彪、“四人帮”一伙篡党夺权，迫害广大干部和人民群众的工具，异化为“造反派”胡作非为、无法无天的批判的武器。

在“文化大革命”中，文化界、新闻界大批优秀的工作者遭受残酷迫害打击，有些甚至含冤死去。林彪、“四人帮”一伙在新闻领域提出了一系列荒谬的理论，如“事实要为政治服务”等。中国共产党经过长期建设的新闻事业遭到严重破坏，新闻工作的基本规律遭到践踏。林彪、“四人帮”的倒行逆施，受到了人民的抵制和唾弃。

四、恢复繁荣期（1976—　）

1976 年 10 月粉碎“四人帮”，1978 年党的十一届三中全会召开。在这次会议上，中国共产党总结了历史的经验教训，恢复了实事求是的优良传统，把党的

---

① 张涛：《中华人民共和国新闻史》，经济日报出版社 1996 年版，第 144 页。

工作重点和全国人民的注意力转移到了社会主义现代化建设上,并确定了改革开放的路线。所有这些举措,都表明我国社会主义事业迎来了新生。

和各行各业一样,我国的新闻事业在"文化大革命"的废墟中重建。新闻规律重新被探讨,中国共产党的新闻工作优良传统也得到了恢复,媒介批评也开始重新走上实事求是的马克思主义的思想路线。从形成的大的批评思潮来看:有1978年开展的"实践是检验真理的唯一标准"大讨论;有1981年批评电影文学剧本《苦恋》而引起的反对资产阶级自由化的斗争;有1983年开始的讨论人道主义和异化问题而引发的清除精神污染运动;有1986年处理学潮和对资产阶级自由化的批判;有1989年平息政治风波后新闻舆论界的反思,等等。上述这些思潮运动,和新闻舆论界密切相关,是改革开放新时期媒介批评在思想文化领域中发挥作用和影响的结果。这里面有成功的经验,也有因失误而导致舆论导向错误的沉痛教训。

第二节　当前中国媒介批评实践的特点

1992年,邓小平发表视察南方谈话,我国进入新一轮改革开放、建设社会主义现代化的高潮。总结当下的媒介批评实践,我们可以发现以下一些基本特点:

一、形成中国特色社会主义媒介批评体制

和西方资本主义国家新闻事业以私有制为主体的情况不同,中国的新闻事业属于国有,政治上接受中国共产党的领导,行政和业务上接受党委和政府部门的管理。中国社会主义新闻事业始终强调坚持鲜明的党性原则,这和西方资本主义新闻事业标榜自己是"超阶级"、"超党派"的"第四种势力"有着根本的区别,因此当前中国的媒介批评具有鲜明的社会主义特色。这个特色首先表现在其构成的体制上。

中国社会主义媒介批评实践,其主流是在中国共产党和政府的领导下开展的。具体运行体制是:

1. 由党委宣传部门、政府主管新闻事业的各职能部门建立的一套完整的阅评制度

为加强对新闻传媒舆论导向的引导,中宣部、各省市党委宣传部都建立了阅评小组,对全国各地的报刊、书籍、广播电视节目、互联网络的内容进行审读,以褒扬先进,批评错误。中宣部新闻局定期编辑印行"新闻阅评",并挑选一些阅评文章在内部刊物《内部通信》刊登。如2003年第7期的《内部通信》,在其专

栏“新闻阅评”中刊登文章《中央电视台〈感动中国〉专题创意新效果好》。文章对中央电视台连续播出的“感动中国2002年度人物”评选活动专题节目提出了表扬，认为该节目“发掘了社会生活的亮点，体现了昂扬向上的正气，引导了人们的价值取向，所评出的人物可敬、可亲、可信、可学，社会效益上佳”。阅评员撰写的绝大部分文章是批评性的。如某一期的“新闻阅评”以《中学生杂志竟“教”学生“早恋”》为题，批评一本以中学生为对象的杂志在某一期里夹有“爱情试题”，试题是“遇到喜欢的男孩子，你应该……对方并非你喜欢的，但如果约你的话，你会……”等。阅评小组的批评文章呼吁：“有关部门应该管管这些中学生杂志，别污染了孩子们幼小的心灵。”

国家广播电影电视总局和各省市广播电影电视厅局，也建有视听评议制度。此项工作的性质和任务与中宣部系统的阅评工作类似，不同的是评议的对象主要是广播电视。视听评议小组定期编辑内部刊物《视听评议》，给有关领导和中央三台（中央人民广播电台、中央电视台、中国国际广播电台）提供参考意见。《视听评议》除了在宏观上注意观察广播、电视、电影的舆论导向之外，还有一大批文章主要是就广播电视宣传业务作的批评指导。如2001年第17期《视听评议》刊载了一篇题为《天气预报广播应当念得慢一些》的文章，文章写道：

> 广播中的话现在越说越快，似乎谁也拦不住，特别是广播中的广告。快不可怕，也可以理解，可怕的是发音吐字不清，让人听不明白。
>
> 最近听北京一家电台的天气预报，听的是“北京：零下五摄氏度到二十度”。我当时大吃一惊，怎么大冬天的会到二十度呢？后来听到其他地方的预报才知道问题出现在哪里了。广播中，播音员说的是“二摄氏度”，但是由于念得太快，“摄”字念得不清楚，于是造成了“二十度”的误解。再仔细深究，又发现行文也有问题。这里说的“二摄氏度”是零上呢，还是零下呢？如果是零上，应当念“零上二摄氏度”才对，否则，“二摄氏度”就和“五摄氏度”一样，同属于前面所说的“零下”的范畴之内，是零下二摄氏度。
>
> 天气预报对于播音员来说，是一个难度不大的节目，正因为如此，重视不够。但愿我们的编辑和播音员能够重视这一大众非常重视的节目，编辑好、广播好，使人听得清楚明白，不要引起异议。

由于所提问题针对性强，对实际工作有很大帮助，因而被批评的电台、电视台以及一些节目、栏目的负责人，常常会给以回馈，或对批评表示接受，对建议给予采纳，或对他们认为可以商榷的问题予以理解和探讨。

2. 由党委宣传部门和新闻出版、广播影视部门建立的对媒介的管理制度党委宣传部和国家各级新闻出版局、广播影视局,对新闻事业实行双重管理制度。这些部门或以单独,或以联合的名义,通过“通知”、“意见”、“规定”的方式,对新闻单位进行指导、约束。

1993年7、8月间,一场大规模的、自上而下的反对有偿新闻的运动在全国范围内展开。这场运动的特点是,新闻界第一次开始以整体的名义向有偿新闻宣战。是年7月31日,中共中央宣传部、国家新闻出版署联合向各省、自治区、直辖市党委宣传部、新闻出版局及中央各新闻单位发出《关于加强新闻队伍职业道德建设、禁止“有偿新闻”的通知》。《通知》指出:“近年来,新闻队伍中出现了违反职业道德准则的问题,一些新闻单位和新闻工作者,利用采访和报道搞‘有偿新闻’,甚至向被采访和报道的单位、个人索要财物。这种不正之风损害新闻工作信誉,腐蚀新闻队伍,必须坚决制止。”《通知》还提出了五项具体要求。

1997年1月23日,中共中央宣传部、国家广播电影电视部、国家新闻出版署、中国记协等四个部门联合召开全国新闻系统电视电话会议,发布了《关于禁止有偿新闻的若干规定》。

2000年6月,中共中央宣传部和国家新闻出版署联合制定了《关于建立违纪违规报刊警告制度的意见》,对报刊出现的以下违纪违规问题提出警告:

(1) 否定马列主义、毛泽东思想、邓小平理论的指导地位,造成恶劣的社会影响;

(2) 违背党的路线、方针、政策,出现严重的政治错误;

(3) 泄露国家秘密,危害国家安全,损害国家利益;

(4) 违反民族、宗教政策,危害民族团结,影响社会稳定;

(5) 宣扬凶杀、暴力、色情、迷信和伪科学,思想导向错误;

(6) 传播谣言,编发假新闻,干扰工作大局;

(7) 党委宣传部门和新闻出版行政管理部门认定的其他严重错误。①

除了上述党委宣传部门和政府主管部门的批评监督和管理外,新闻事业的行业组织的监督、管理、批评,也对新闻媒介起到了约束作用。中华全国新闻工作者协会(简称中国记协)是我国大陆新闻界目前的最高行业组织,是中国共产党领导的全国性的新闻工作者的人民团体。

中国记协的前身为1937年11月8日在上海成立的中国青年新闻记者协会。1949年7月在北京组建中华全国新闻工作者协会筹备会,胡乔木任主任,胡愈之、廖承志任副主任。中国记协筹备会和工人、青年、妇女等15个全国性人

① 转引自汤李梁主编:《把握舆论导向七百例》,人民日报出版社2001年版,第437页。

民团体、民主党派共同发起组织了中国人民政治协商会议，并推举12名新闻界代表独立组团参加了首届全国政协会议。同年9月，筹备会被国际新闻工作者协会接纳为会员。1954年成立了中华全国新闻工作者联谊会。1957年3月14日，联谊会召开中国新闻工作者第一次代表会议，宣布正式成立中华全国新闻工作者协会，会议通过了《中华全国新闻工作者协会章程》。1966年“文化大革命”开始后，中国记协被迫停止活动。

自20世纪80年代恢复活动以来，中国记协在中国新闻界广泛开展了多项具有积极意义的工作：(1) 组织新闻界评奖活动。1980年，中国记协发起组织了新中国成立以来首届全国好新闻评选活动。1991年以来，陆续举办中国新闻奖、范长江新闻奖、韬奋新闻奖、全国“百佳”新闻工作者奖和中国新闻名专栏奖等评选活动。这些奖项经中宣部批准为新闻界常设全国性最高奖。(2) 开展多种业务培训活动，提高新闻从业人员专业素质。(3) 组织开展丰富多彩的新闻业务交流、专题采访和新闻学术理论研讨活动，推动新闻改革，促进新闻界多出精品，多出人才。(4) 制定中国新闻工作者职业道德准则，推动新闻界行业自律，维护新闻工作者合法权益。(5) 履行中国同外国政府签订的新闻交流协议，积极开展新闻界民间互访活动，加强同港澳台新闻界的联系和沟通，推动“一国两制”的实现。(6) 组织新闻界开展各种公益活动和联谊活动。

作为全国新闻工作者的最高行业组织，中国记协把开展媒介批评和监督活动当作一项重要的工作内容。

1986年，中共中央宣传部新闻局、中国记协开始着手草拟一部全国性的新闻工作者职业道德行为准则。1987年9月，中共中央宣传部、国家新闻出版署和中国记协等有关部门推出了两项全国性的新闻职业道德建设的举措。一是《中国新闻工作者职业道德准则(草案)》。这一《准则(草案)》的主要内容有八个方面：(1) 社会责任；(2) 真实全面；(3) 客观公正；(4) 遵纪守法；(5) 坚持真理；(6) 廉洁奉公；(7) 增进友好；(8) 团结协作。二是中共中央宣传部、新闻出版署、中国记协于当年9月9日联合召开有关新闻职业道德建设的座谈会，提出了《关于纠正当前新闻界不正之风的几点意见(草稿)》。会议指出：当前应该明确划分几条界限：第一，不得搞各种形式的“有偿新闻”；第二，记者不得利用采访之便索贿、受贿；第三，要划清新闻与广告的界限，专业新闻采编人员不得从事广告经营活动并从中提成，新闻单位也不得向专业广告经营人员发放记者证。

1991年1月，中华全国新闻工作者协会第四届理事会第一次全体会议在北京召开。会议一致通过了新中国成立后第一个统一的、适用于全国所有新闻工作者的职业道德行为规范——《中国新闻工作者职业道德准则》。《准则》明确要求中国新闻工作者“发扬党和人民的新闻事业的优良传统，坚持新闻为社会主义服务、为人民服务的基本方针，抵制资产阶级腐朽思想的影响，反对违背社会主义道德的行业不正之风，加强职业道德修养”。《准则》基本内容共八条：一是全心全意为人民服务；二是以社会效益为最高准则；三是遵守法律和纪律；四是维护新闻的真实性；五是坚持客观公正的原则；六是保持廉洁奉公的作风；七是提倡团结协作精神；八是促进国际友好和合作。

此《准则》于1994年4月进行了修订，1997年1月进行了第二次修订。基本内容是：(1) 全心全意为人民服务；(2) 坚持正确的舆论导向；(3) 遵守宪法、法律和纪律；(4) 维护新闻的真实性；(5) 保持清正廉洁的作风；(6) 发扬团结协作精神。

针对近年来出现的新闻业界违规违纪的行为主体已不仅是新闻工作者，还包括新闻媒介这一现象，从2002年年初，中国记协开始考虑制定《新闻行业自律公约》，并拟成立新闻行业自律评议会。2002年4月18日，中国记协在京召开行业报自律与改革发展研讨会。中国记协常务副主席徐心华在会上指出：“诚信是新闻媒体的立身之本，所以必须严格要求。当前新闻界正面临改革发展的大好时期，我们一定要抓好新闻界的行业自律，严禁有偿新闻。”① 中国人民大学新闻学院教授郑保卫在会上说：“我们现在提出行业自律非常必要，非常及时，日前中国记协维权处召开了一个座谈会，想通过制定一个新闻行业公约来规范行业行为，促进新闻行业的良性发展，这说明大家已经充分认识到：行业自律和新闻单位的兴衰息息相关，十分重要。当前一些违背新闻工作者职业道德的现象时有发生，要规范这些行为，只靠记者本人是不够的，很有必要制定媒体行业自律公约。”② 在2002年7月20日的《中华新闻报》上，郑保卫又以《新闻评议会的建立与运作》为题，撰文介绍了国外新闻评议会的机构性质、职权范围、经费来源、仲裁依据、人员构成、运作程序等一系列问题，并呼吁由中国记协牵头，在充分调查论证的基础上着手筹备组建全国性的新闻评议会组织，使之成为新闻界强化行业自律的一种有效组织形式。在专家教授和新闻界的呼吁下，中国记协于2002年4月份开始调研，并拟出《新闻行业自律公约》草案。

在我国，各省、市、自治区都有新闻工作者协会，广播电视行业还有广播电视协会，如中国广播电视协会，就是我国广播电视行业的最高行业组织，其职能与性质和中华全国新闻工作者协会相类似。

---

① 徐心华：《抓好自律　促进改革发展》，载2002年4月20日《中华新闻报》第1版。
② 郑保卫：《加强自律　深化改革》，载2002年4月20日《中华新闻报》第2版。

3. 新闻媒介内部建立的批评监督机制

除了来自宣传部、政府管理部门和行业组织的监督、批评外,我国的新闻媒介内部绝大多数建立了自我监督、批评的机制。从党委系统来看,各新闻单位一般都设立了纪律检查部门,一旦发现党员干部违反党纪和新闻工作者职业道德,则给予批评教育,乃至组织处分。如中共中央纪委办公厅发[2002]6号文件——《广播电视播出机构中的共产党员违反宣传纪律党纪处分暂行规定》,共列举了18条规定,并由纪律检查部门执行。新闻单位设有群工部,负责处理受众来信,或设置热线电话,有条件的新闻单位还设有受众调查机构,如中央电视台的央视—索福瑞调查中心。这些机构根据受众对报纸、广播、电视节目的批评反馈,做出改革、调整。一些新闻单位还办有公开或内部的刊物和报纸,以开展批评。如《中华新闻报》,这份报纸被称为"媒体人的媒介",以报道新闻界动态、介绍新闻传播学术成果、开展媒介批评为职责。

新闻媒介的这些自我监督机制,和前面叙述的监督批评机制相配合,往往能收到好的效果。1985年6月,中国记协在南京召开全国新闻业务经验交流会。与会者一致认为,搞"新闻广告"和名目繁多的赞助,损害了新闻工作的声誉和新闻真实性原则,建议全国记协尽快制定《记者守则》,为新闻从业人员制定行为规范。一些地方性的新闻机构立即采取实际行动,比全国性新闻机构先行了一步。1986年1月2日,《浙江日报》在第1版刊登《本报启事》,率先公开呼吁广大读者对浙江日报社记者的职业道德进行监督。《启事》称:"本报编辑部要求各地党组织、广大干部和群众,把你们所了解的本报记者和其他工作人员的具体表现(包括好的和不好的),写信告诉我们。来信的内容是:(1)本报记者联系群众好不好?(2)本报记者的采访作风是不是艰苦深入?(3)本报记者所写的报道有没有失实?(4)本报记者或工作人员有没有以稿谋私的行为和其他不正之风?"《启事》刊出后,立即引起了浙江省内外读者的关注,许多基层单位和群众以负责的态度给报社写信,仅4个月就达871件之多,其中有表扬,有批评,也有建议和希望。对于浙江日报社的这一举措,《人民日报》于当年1月31日在第1版发表评论《赞这样的〈本报启事〉》,予以赞扬和推广。此后,各报纷纷效法浙江日报社的做法,呼吁读者批评监督。

1997年1月23日,中宣部等四单位联合召开全国新闻系统电视电话会议,发布了《关于禁止有偿新闻的若干规定》和《关于加强新闻工作者职业道德建设、建立接受社会监督制度的公告》。全国各地新闻媒介纷纷响应。

4. 来自社会的自发的,或有组织的批评监督

广大人民群众对媒介的自发的,或有组织的批评监督,是我国媒介批评实践

的一个十分重要的方面。这些批评的机制组成灵活多样,丰富多彩。有的是个人行为,出于对新闻传媒的关心和对社会的责任,有的是以协会组织的形式,同道者组织起来,对媒介作监督和批评。开展批评的方式也是多种多样的。主要有以下形式:(1) 读者、听众、观众来信,对报纸、广播、电视、电影、网络提出表扬、批评或建议。(2) 受众热线电话参与。主要是对广播、电视节目提出批评意见。(3) 设置批评网站,通过 BBS(电子公告栏)、QQ 网络聊天等互联网络手段进行实时的媒介批评,此方式目前正方兴未艾。(4) 在报纸、杂志和学术期刊上发表文章,如影剧评、节目评介、报纸点评、时评、短评、论文等。(5) 到广播、电视台或互联网站直接参与节目,发表言论。(6) 组织开展听音会、读报会,组织开展评议会。(7) 民间组织的评奖活动。如电影界的"百花奖"、电视界的"金鹰奖"等。

二、专业性与非专业性批评相辅相成

中国媒介批评实践来自于两个方面,一是专业性的,二是非专业性的。

专业性的批评主要由来自学术界、文学艺术界、新闻界的专业人士开展。其特点主要有:系统性和理论性强,一般具有学术研究价值。如 2001 年出版的北京大学教授王岳川的《中国镜像——90 年代文化研究》一书,其中对先锋音乐(摇滚乐、MTV)的批判,对广告以及当代影视的批判,具有深刻的文化反思色彩。首都师范大学教授陶东风,也是我国学术界较早关注大众文化批判的有影响的批评家。他的"歪批广告"系列,可以说是对当代广告的文化批判。

近年来另一个值得注意的现象是:一些人文社会科学专业的博士、硕士研究生以期刊、广告等大众传媒和大众文化现象为批评对象撰写学位论文。如北京师范大学中文系 98 级硕士研究生余琼的硕士学位论文:《当代女性身体的童话命运——解读女性时尚杂志中的女性视觉形象》。该文通过对女性时尚杂志中若干女性图片的读解,揭示出图片中隐匿的性别偏见与歧视,由此探讨女性时尚杂志存在的诸种矛盾及其原因。

2003 年 3 月,中国人民大学新闻学院博士生张殿元的博士学位论文《广告文化批判研究》,从广告文化批判史、中西广告文化批判评析、广告文化批判实践等多个方面对广告这一大众文化现象作了全面的批评,这是一篇讲求学理,并时时闪烁着思想火花的文章。在新闻传播学界能以这种批判的立场来解析当下的媒介以及广告现象,是难能可贵的。该论文立论宏阔,对广告的批评具有独到的见解。其中"广告文化对艺术审美价值的消解"一节,尤为精彩。所述四种"消解"(广告时尚对审美风格的消解、广告仿像对审美意象的消解、广告功能性对审美表现性的消解、广告当下性对审美距离感的消解①）可谓切中了广告作为“伪审美对象”（本书作者拙见）的要害。

非专业性的批评常常来自于人们自发的媒介批评行为。这些批评的形式多种多样，上文已作了介绍。另外，非专业性的批评虽然不出于专业人士，常常缺乏系统性、理论性和学术性，但是它们来自于生活，来自于实践，因此常常具有针对性强，能迅速引起人们的共鸣、社会的反响和媒介的重视之效果。1995年12月18日，《人民日报》头版头条刊登了苏州市一位女工写给苏州市委书记的信，信中揭露黄色VCD给她的16岁孩子带来的危害。来信向全社会提出了一个严肃问题——在我们社会主义国家里，难道竟能坐视那些黄色出版物侵蚀毒害我们的青年一代吗？这封来信引起了全社会的反响，也引起了国家最高领导层的关注。江泽民同志于1996年1月24日在全国宣传部长会议上的讲话中，专门提到这封信，并说“常委们谈起这件事，都感到心情沉重”②。

三、电视批评成为热点

自20世纪90年代以来，电视在我国的影响日益增强，甚至有“第一媒体”之称。1997年，中央电视台总编室组织部分省、市电视台进行了第三次全国电视观众抽样调查。这次调查结果表明，中国电视从1992年到1997年五年间，取得了超常的发展。“截至1997年6月，我国电视观众已达10.94亿人。全国拥有电视机3.17亿台，城市平均能收看到的节目套数达15套，农村平均能收到6套。我国电视覆盖区域内已有34.5%的家庭加入了有线电视网。”③调查还表明：“电视是人们获知新闻信息的主渠道。人们对三大传媒的接触率高低排序依次为电视、报纸、广播。在人们的闲暇时间里，时间占得最多的是看电视，其次是做家务和照顾小孩。”④在电视影响力日益增强的同时，人们对于它带来的负面效果也深感忧虑，对电视的批评也越来越尖锐。获得2000年度中国广播电视新闻奖报刊奖一等奖的评论《庸俗如病毒》⑤，是业界对电视节目日益遭受商业化侵蚀的批评。

---

① 参见张殿元：《广告文化批判研究》，中国人民大学博士学位论文，2003年3月，第135—144页。
② 江泽民：《在全国宣传部长会议上的讲话》，载1996年1月25日《人民日报》第1版。
③ 罗明、胡运芳主编：《中国电视观众现状报告》，社会科学文献出版社1998年版，序言。
④ 同上书，第3—4页。
⑤ 彭国元：《庸俗如病毒》，载2000年12月9日《湖南广播电视报》第7版。

庸俗如病毒

彭国元

《参考消息》日前爆出新闻:电视发明家约翰·贝尔德的女儿黛安娜因对英国电视荧屏充斥色情、暴力不满,拒看电视。她说:“离婚、随便的性关系、裸体、谩骂在时下电视里出现得太多。我父亲如在世也不会喜欢电视里播放这些东西。”

无独有偶。一“好事者”前不久对我国二十多家电视台某晚黄金时段的节目作过粗略统计:11个台播的是历史故事,长辫子男人和大脚板女人正在勇敢地恋爱与打斗;7个台在“非常快乐”,主持人得意地无聊打趣,嘉宾目中无人地勾肩搭背;5个台里大款的夜生活正酣;只有一个台是现实题材,可剧中下岗职工的女儿还是学坏了。

或许黛安娜拒看电视带有某种情感因素,或许“好事者”的“抽查”有点偶然,也尽管《还珠格格》、《快乐大本营》等也还可圈可点,但只要直面现实,我们便会发现庸俗已成为当今不少电视剧和综艺节目的一大“时尚”,且呈潜滋暗长之势。在“要气死历史学家”的壮胆声中,一些电视剧玩起了“戏说一个皇帝、演绎一个宰相、编造一个皇后”之类的把戏,深刻与理性受到嘲弄,媚俗与浅薄博得喝彩。一些综艺节目一味追求“过瘾”和“刺激”,请一些不男不女的嘉宾,做一些不文不雅的动作,说一些不三不四的话题,呈现出一种拒绝其文明教化作用而纯粹供人消遣的低俗肤浅化倾向。此怪现象已引起中宣部、国家广电总局的高度重视和广大观众的普遍不满。

当然,庸俗制造者们的“精明”“路人皆知”:挖空心思赚收视率,绞尽脑汁进“孔方兄”。但是,他们忘了:远离生活、疏远英雄、躲避崇高、放弃责任乃“守土失责”,是对电视文化的背离。

电视是当今最重要的舆论工具,以健康向上、高品位的精品力作武装人、引导人、鼓舞人、陶冶人是电视从业人员的神圣使命。制造庸俗、传播庸俗,有如病毒侵蚀人的肌体,日久便会长出“病灶”来。当然,要拒绝电视庸俗、消除“顽疾”,除主管部门拿出得力“处方”、电视从业者自重自律外,观众朋友也不妨多服一点“抗病毒口服液”。

随着电视批评实践的不断深入,学术界开始考虑电视批评理论的建设问题。一些电视批评理论研究方面的论文开始见诸报章、杂志。例如《电视研究》杂志在1998年第1期刊出《电视批评的批评》(作者徐荃乐),论文对电视批评的取向进行了探讨;《南方电视学刊》在1999年第3、第4期陆续刊出《加强电视批评是提高节目质量的重要手段》(作者尹桂馥、申生)、《电视批评理论的滞后与缺失》(作者解玺章)等论文,都是电视批评理论研究领域的成果。

另外,一些电视批评的专著也开始出版问世。如欧阳宏生的《电视批评论》(中国广播电视出版社2000年)、时统宇的《电视影响评价》(新华出版社1999年)、张锦力的《解密中国电视》(中国城市出版社1999年)等。《电视批评论》共13章,33万余字,这是我国第一部把电视批评作为一门学科并系统进行研究的理论著作。它从研究电视批评的性质、作用入手,考察了中国电视批评发展的历史、现状和趋势,阐释了电视批评的理念、美学思想及特征,提出了电视批评家应该具备的基本素质;在批评方法的具体论述中,作者运用了社会学、结构主义、心理学、系统论、控制论、信息论等社会与自然学科的研究成果,分析并阐述了电视作品、电视现象、电视思潮的评判研究方法;在此基础上,该书还从电视批评的选题切入,具体描述了电视批评的评析过程和基本类型,论述了中国特色社会主义电视批评原则。

2001年12月由上海学林出版社出版的《在媒介与大众之间:电视文化论》(陈龙著)一书,是继《电视批评论》之后的一部电视批评理论专著。不同于前者的是,该书对电视的研究,走的是一条从媒介研究到电视文化研究的路径。作者在该书的序言中写道:"值得一提的是,我国的电视研究现状并不十分理想。最突出的问题是缺乏学理化的研究。大量的研究著作还停留在对电视基础知识的介绍上。有一些著作开始系统地研究电视文化的有关问题,但没有理论的支撑,也缺少方法论的引导。这使得很多著述者对电视的研究处在以感性认识来理解,来阐述的层次。"作者呼吁"应当加强电视文化的学理化进程"。

四、网络批评迅速崛起

中国早期的门户网站,在借鉴国外网站经验的基础上,利用网络互动性的优势,在网上开设了各种不同主题的BBS(电子公告牌)或chat room(聊天室),使得网友能够在网上自由讨论关心的话题,表达自己的意见和看法。这些讨论的内容之一就是对于网络媒体和传统媒体异同和优劣的争论,以及对传统媒体热点事件、音乐、影视剧等的交锋、批评。一些网站的BBS或聊天室甚至出现了专门的"网络批评"专栏,为网民即时对网站或者传统媒体品头论足提供了讲坛。这些自发出现在网络讨论区的评介媒体的声音,成为国内开展网上媒介批评的开端,而最早的网上媒介批评作品也多以随意、不固定的状态散见于各种BBS和聊天室中。

随着中国互联网向更多人提供全功能服务,传统新闻媒体亦从1995年开始,纷纷建立起最初的网络版、电子版形态,进入互联网传播领域。不过,国内真正的新闻传播专业网站的发展,滞后于传媒实践。直到1999年7月才出现了第一个新闻传播学术网站——“中国新闻传播学评论”,它由浙江在线、新浪网、浙江大学新闻传播学院、新闻实践杂志联合主办(网址 www. cjr. com. cn)。

该网站除了及时报道国内新闻传播学研究成果以外,还特别关注网络新闻传播研究动向,为此开设了焦点话题、业界新闻、个人频道、新闻业务研究、网络传播研究、传播译作中心、学子读网等栏目。其中的“学子读网”和“网络传播研究”专栏登载了许多评论网络媒体的文章,带有网络批评的性质。“中国新闻传播学评论”网站的特色在于建立了二十余位学者和传媒界人士的学者个人频道,将他们的论文、文章,甚至专著放置在这一平台上。而其中具有媒介批评性质的个人频道就有三个,它们分别是“大洪视点”、“老魏说法”和“新媒体观察”。所以,“中国新闻传播学评论”应该说是国内最早关注网络媒介批评的新闻传播学术网站之一。

“中国新闻传播学评论”网站建立后,在互联网迅速发展、新闻传播学教育和科研日益繁荣的背景下,国内又相继诞生了一系列由新闻教育机构、传统媒体或者行业内人士建立的学术网站,新闻传播专业网站达到了一定规模。据网上搜索结果统计,如今各类新闻传播专业网站已增加到近百个,其中有媒介批评性质的网站就占半数以上。它们中有的收录媒介批评的文章,有的开辟了媒介批评的栏目,有的设立了专门的媒介批评频道和个人网页,还有的以社区、论坛的形式讨论媒介现象,开展媒介批评。

这些网站中有代表性的包括清华大学国际传播研究中心(www. media. tsinghua. edu. cn)网站,它除了翻译一批国际媒介批评学术文章之外,还开辟了“当代中国媒体批评”、“当代美国媒体批评”、“李希光批评”、“阿超论坛”等媒介批评频道,发表了众多媒介批评的文章和论文,从专家角度进行严谨、犀利的媒介批判。中央电视台网站——央视国际,专门开辟了“电视批判”频道,定期展开“电视批判”论坛和“大学生谈电视”论坛,邀请专家学者针对电视文化进行多角度的探讨。

在各种类型的新闻传播专业网站中,有媒介批评功能的专业网站达到二十余家,主要包括:中国新闻传播学评论(www. cjr. com. cn)、央视国际网站(www. cctv. com)、中国新闻研究中心(www. cddc. net)、中华传媒网(www. mediachina.

net)、传媒观察(www. owmo. net)、我写新传播资讯(www. woxie. com)、紫金网(www. zijin. net)、视网联(www. chinatv-net. com)、千龙新闻网(news. qianlong. com)、第四媒体(www. no4media. com)、媒体竞争研究(www. cwmedia. org)、广告人 & 传媒人社区网(www. g999. com)、中国新闻人网(www. xinwenren. com)、视听纵横:网络与传播学研究(stzh. tvnet. com. cn)、报纸观察(www. my9w. com)、今传媒(www. mediatoday. cn)、新闻前哨(xwqs. cnhubei. com)等专业网站。

从最早一些网站掀起对新闻媒体宣扬伪科学的批评、对网络道德以及影视作品的批评等,到如今各大新闻传播专业网站建立,利用网络开展媒介批评正在走向规范化和系统化,我国的网络批评已经后来居上,成为中国媒介批评实践的重要组成部分。尤其是近几年,新闻传播学术网站及时推出内容鲜活、形式多样的批评文字,也使得媒介批评在网上的影响力不断扩大。以下我们简要分析互联网上开展媒介批评的情况。

1. 批评对象的分析

由于各大新闻传播学术网站风格定位不同,它们的媒介批评所关注的问题也就各有侧重。通过对媒介批评网站批评对象的分类,可以发现目前的网络批评,主要集中在对报刊、广播电视、电影、网络的批评上。以下就具体网站、频道、专栏和讨论区,按照批评对象的不同,分别加以归类描述:

(1) 针对报刊的批评。最典型的就是由陕西省委宣传部、陕西省新闻出版局主办的《报刊之友》(现改为《今传媒》)网络版,它于 1999 年开设"报刊批评学"栏目,开展有关办刊审读和媒介批评学理论的研究,如今经过对栏目的进一步完善,这个网站更加突出了报刊媒介批评的特色,彰显审读刊物的个性,关注报刊批评案例实践。另外,很多新闻传播学专业网站也开设了专门针对报刊的批评专栏或论坛。设立专栏的有:千龙新闻"评报论刊"专栏、我写新传播资讯网站"经济观察报传媒评论"专栏、媒体竞争研究网站的"成都报业评论"等。设立专门论坛的有:IT 写作社区的"评报论刊"和报纸观察网的"报人论坛"等。

(2) 针对广播电视的批评。目前开展电视批评最权威的网站是央视国际网站,它很早就开辟了"电视批判"频道,设立"问题聚焦"、"电视批判"论坛、"大学生谈电视"论坛等主要板块,明确提出"电视文化的网上文化批判"的栏目定位,它们在网上追踪中国电视发展焦点,吸引电视人、专家学者、观众共同探讨电视文化、电视现象,通过网友、专家、电视人"理性的思考、建设性的批判",发现当前电视文化中的问题,探讨解决问题的策略。同时,在其他大部分有"媒介批评"性质专栏的专业网站里,虽然没有专门开设电视批评的专栏或论坛,但是各种批评电视热点的文章或帖子随处可见,网上的电视批评总体状况应该说十分活跃。目前国内专业网站对于广播的批评,还没有独立的专栏、频道,但是相关批评文章散见于各类媒介批评栏目和论坛中。

(3) 针对网络的批评。网络作为一种新型媒体,一出现就引起了人们对它的关注。而在网上展开的针对网络媒体的批评也非常多,不少网站专门设立了讨论网络发展、批评不良网络传播现象的个人网页、频道、专栏和论坛。其中引人关注的有:中国新闻传播学评论网站的"大洪视点"、"老魏说法"、"新媒体观察"、"龙眼看网"个人网页;我写新传播资讯网站的"网络传播";紫金网的"网络传播"频道;中国新闻传播学评论的"学子读网"、"网络传播研究";电子传媒观察的"新媒体"专栏;IT 写作社区的"品网"论坛;等等。

(4) 针对电影的批评。电影批评在新闻传播学专业网站上的分布状况和广播类似,基本是以零散、随机的方式存在于各类批评专栏和论坛里。尤其值得一提的是视网联专家视点的"尹鸿专栏",这个专栏的"学术视野"板块,收录了清华大学教授尹鸿的许多电影评论文章,具备电影批评专栏的雏形。

除了部分网站专门针对报刊、广播电视、网络、电影等展开批评,其他多数专业网站杂糅这几种批评对象,形成综合的"媒介批评"频道、专栏或论坛,例如紫金网的"媒介批评"频道、清华大学国际新闻传播研究中心的"当代中国媒体批评"、第四媒体网站的"传媒观察"、传媒观察网站的"清华学子媒介批评"等专栏。

2. 批评内容的分析

以下按照批评媒体、批评作品、批评现象的分类,对媒介批评内容加以归类分析:

(1) 批评媒体行为

针对媒体热点事件的批评:如东周刊事件、两会的报道、"霍金热"、"科学热"、记者考"证"热,等等。

针对媒体人的批评:如对违规记者的批评。

针对媒体弊病的批评:如对新闻炒作造假问题,地方媒体的舆论监督问题,传媒权力的滥用问题,媒体的道德自律问题,诚信问题,媒体的浮躁、浅薄、煽情、夸大、追逐色情报道问题,媒体炒明星隐私现象,新闻腐败问题等的批评。

(2) 批评媒体产品

针对媒体栏目、节目的批评:如央视"春节联欢晚会"、湖南卫视"超级女声"等。

(3) 批评媒介现象

当前主要针对的是大众传媒的庸俗化问题。例如:

传媒研究网(www.mediaresearch.cn)2005年7月29日刊载了陈积银的文章——《警惕娱乐化、庸俗化新闻的后现代主义倾向》。文章指出:媒体的娱乐化、庸俗化会导致媒体告知功能的丧失与社会责任感的下降;媒体的娱乐化、庸俗化会导致媒体出现愚民化报道的倾向;媒体的娱乐化、庸俗化会导致媒体的公信度下降。该文作者认为:传媒应明确和维护自己的社会公器角色,成为为公众服务的信息平台,而不是成为只顾经济效益而忽视社会效益的赚钱工具。传媒属于社会上层建筑的特性依然没有改变。

3. 网络媒介批评与纸质媒介批评的异同

20世纪90年代以来,传媒界的变化加快了中国媒介批评的开展。新闻界的有偿新闻现象,引发了职业道德与行业规范的大讨论;传媒滥用监督之权,也导致受众对媒体权力过大的质疑;传媒炒作之风日盛,八卦、黄色新闻的泛滥,引来了人们对新闻界庸俗、浅薄、煽情化倾向的关注。传媒界的这些不良现象,引发了媒介批评的活跃。

随着网络媒体的发展,网络媒介批评也日益兴旺,如今已成为国内媒介批评的重要力量。从20世纪90年代中期BBS里零散、个别的批评声音,到后来登载专家规范的批评文章,再到如今出现规范、系统的媒介批评专栏、网页、频道,成为独立、专业的批评力量,网络媒介批评的影响不断扩大,发展势头也大有赶超传统媒体批评的态势。

和传统媒介批评类似,网络媒介批评在批评内容上,同样离不开媒介事件、行为和媒介产品。但由于批评载体的不同,相比报刊、专著的媒介批评形式,网络媒介批评呈现出一些特点和优势。

(1) 网络媒介批评更加及时、快速

相关的媒介事件发生后,网络媒介批评可以即贴即发,达到最快的传播速度,获得先声夺人的批评效果。例如伊拉克战争爆发的第一天,许多新闻传播专业网站上就出现了对于不同媒体报道伊拉克战争的评论文章和帖子。而由于传统媒介批评大多数是新闻学术报纸、刊物上的印刷文字,诸如《中华新闻报》、

《新闻战线》、《中国记者》等，由于印刷周期限制，在批评的时效性上比不上网络。

(2) 网络媒介批评增强了互动性和参与性，促进了批评声音的多样化

网络的开放性给各种人群提供了发表个人意见的场所，尤其是传媒论坛，批评者不再像传统媒体那样，局限于少数业界人士和专家学者，更多的普通人有了发表意见的机会。在网络这个平台上，媒介批评成为多元互动的公共空间，可以尽可能吸纳更多人的参与。因此，同一个焦点、热点，基于参与者不同的背景和立场，产生的意见也就更加多样。

(3) 网络媒介批评的形式更加自主、灵活多样

传统的媒介批评多数以论文形式出现，注重批评的学理性，形式比较单一。网络媒介批评可以有感即发，所以相对更加自主，成为个人化的随机行为。它对新闻事件、热点话题的反应非常迅速，批评的形式也更加灵活多样，既可以是严谨的论文，也可以是带有更多随意性和主观色彩的帖子、回复。浏览各种媒介批评网站的批评文章，就可以发现，其中有不少是网友和非专业人士的作品，虽然有些幼稚或不够理性，但其鲜活的观点以及独具一格的文字表达方式使得媒介批评不再高高在上，而是更加贴近普通人。

(4) 网络媒介批评的视野和范围更加开阔和广泛

传统的媒介批评多数在业内人士中展开，强调批评的理论水准，批评的范围一般根据栏目的不同而严格区分；而在网络媒介批评中，由于批评空间的无限扩大、批评者身份的多样化，批评的范围和对媒介事件的观察角度都更为丰富、广泛，批评也更加具体，并力求批评的大众化。

总体来说，网络媒介批评，尤其是在一些论坛中的批评，虽然少了学术性，多了主观性、尖锐性、随意性，但作为一种全新的、鲜活而积极的批评形式，网络媒介批评引发了普通民众对于媒介事件的关注，一方面使受众的批评声音得到充分表达，另一方面也推动了媒介批评的进一步发展。

五、媒介批评出现商业炒作苗头

陶东风曾撰文对当下的文化批判做过这样的评论："当前的文化批判文章给人这样的一种印象，即大义凛然、言辞偏激、情绪激昂、义愤填膺，唯独缺少学术品格与理性精神，似乎文化批判就是情绪越激昂越好、倾向性越极端越好，至于理性精神与客观态度倒是无关紧要的。与此相关的另一个假象是：写文化批

判文章容易极了，似乎一个初通文墨之人，只要有激情，有‘良心’，有正义感，文笔犀利且书写快捷，就能够写出优秀的文化批判文章，而且是以一天上万字的速度（美其名曰‘短、频、快’）。不客气地说，像这样的文化批判在今日大有泛滥成灾之状，呈现出严重的泡沫化趋势。”[1] 王君超认为媒介批评也存在这样的泡沫化趋势。他在《媒介批评——起源·标准·方法》一书中，结合对近几年知名度很高的电视批评文章——《新周刊》1998 年第 8 期刊登的组合文章《弱智的中国电视》的评析，指出这一组系列文章用“克隆”、“垃圾”、“罐头”、“目无对象”、“性倒错”、“不说人话”等煽情化的标题来形容中国的电视，是一种缺乏客观标准的非理性指责，“唯独缺少学术品格与理性精神”。[2] 更有甚者，一些媒介批评文章，为吸引读者的眼球，获得轰动效应，不惜采取谩骂、恐吓和人身攻击的下作方式，对一些具有高知名度的媒体、栏目、节目或演艺人员进行贬损、污辱，完全丧失了媒介批评的科学品质和批评媒介时弊、提升大众文化的功能，反而沦为商业化炒作的作俑者。

当下一些打着“社会纪实”幌子的庸俗报刊，假借“批评”之名，对国内某些电视娱乐化现象进行商业炒作式的谩骂攻击，如一家杂志给某电视机构随意加上“侵犯‘人’权罪”、“贩假罪”、“糟蹋语言文字罪”、“扰乱经济秩序罪”、“损害民族形象及公共健康罪”等五大罪状。这种以编造的罪名制造危言耸听的舆论的做法，不仅败坏了媒介批评的名声，而且也反映了编者和作者在法律上的无知或冒险。有些文章甚至对一些节目主持人进行尖酸刻薄的人身攻击，作者还大言不惭地自诩为“一代名骂”。这种泼皮骂街式的所谓“批评”，实在是败坏了“批评”的名声，陷入了靠骂名人和名牌来提高自身知名度，以争取更大刊物发行量的恶性商业化炒作之中。

第三节　实践总结和理论启示

粗线条地梳理了我国当代媒介批评的发展历程，我们可以从中发现以下一些规律和特点。

第一，新中国成立初期，中国共产党及时将工作的重点由过去的战争状态转向医治战争创伤，恢复生产，并着手实行社会主义改造。这是一个万象更新的时

① 陶东风：《文化批判的批判》，载《电视艺术》1996 年第 6 期。
② 王君超：《媒介批评——起源·标准·方法》，北京广播学院出版社 2001 年版，第 259 页。

期，中国共产党的开明政策，广泛的政治协商民主制度，为报刊、广播开展批评和自我批评提供了良好的环境。党和政府以及人民群众利用报刊广播开展批评和自我批评，揭露工作中的官僚主义、贪污浪费等不良和腐败犯罪现象，又进一步净化了社会风气，树立了中国共产党作为执政党的良好党风。这说明营造一个良好的舆论环境，对于社会主义建设事业是非常有利的。而开展健康的媒介批评，则有利于建设一个良好的舆论环境。20 世纪 50 年代的社会主义改造时期，报刊广播响应中共中央关于利用报刊开展批评与自我批评的决定，在开展批评的同时，开展对自身新闻宣传中存在的种种缺点和错误的批评，这为营造良好的舆论环境打下了基础，有力地配合了“三反”、“五反”、抗美援朝和社会主义改造等一系列运动的开展。

第二，在疾风暴雨式的阶级斗争已经过去，人民内部矛盾上升为主要矛盾的全面建设社会主义时期，毛泽东错误地估计了形势，反右斗争扩大化的失误，阻塞了言路，中国共产党领导下的报刊开展批评与自我批评的优良传统遭到了破坏，媒介批评沦为无休止的政治运动和阶级斗争的附庸。失去独立品格的媒介批评，无法履行监督媒介的职责。而失去监督的媒介，如同失去监督的权力一样，会产生因滥用而导致异化的后果。反右斗争扩大化的结果是破坏了民主集中制的原则。林彪、“四人帮”一伙，为实现其篡党夺权的阴谋，窃取了新闻舆论宣传大权。“文化大革命”时期的媒介批评，已异化为对文化的大批判，党的新闻舆论宣传机构，异化为林彪、“四人帮”篡党夺权、排除异己、镇压人民群众、打倒革命老干部的帮凶工具，写下了中国新闻事业史上黑暗的一页。这个沉痛的历史教训值得人们作深刻的反思。

第三，考察新中国成立以来的媒介批评，我们会发现：媒介批评和社会思潮、政治运动是互动的。一方面，历次重大的政治运动和社会思潮都会对媒介批评产生深刻的影响，它们决定着媒介批评的价值取向、批评标准和批评方法；另一方面，对大众传媒和文化的批评，又常常成为引发重大政治运动和形成社会思潮的契机。从反面的教训来看：无论是新中国成立初期关于电影《武训传》的批判，还是“文化大革命”初期对新编历史剧《海瑞罢官》、《北京晚报》副刊“燕山夜话”的批判，引出的都是文化领域的斗争和激烈的政治运动。从正面的经验来看：无论是 20 世纪 70 年代末关于《光明日报》刊载的真理标准问题大讨论，还是自 80 年代初以批评电影《苦恋》开始而引发的反对资产阶级自由化思潮的运动，都从正反两个方面说明了上述这种带有规律性的现象。这种现象告诉我们:媒介批评,其性质是社会批判和政治斗争在文化领域内的表现。换言之,媒介批评是社会批判和政治斗争以文化批判的方式,通过媒介手段的表现。当暴力革命不被当作社会变革的主要手段时,文化革命就会上升为促使社会发生变革的主要手段。从这个意义上说,在当代,意识形态领域内的文化斗争是社会变革的助产士,而媒介批评则是文化革命的助产士。无论是卢卡奇的"物化"理论,还是葛兰西的"文化霸权"学说,无论是法兰克福学派的社会批判理论,还是英国当代文化研究思潮,这些根据对西方资本主义和苏联、东欧模式的社会主义进行观察而总结形成的西方马克思主义理论经验,对于今天我们观察和分析新中国成立以来我国政治、经济、文化领域的思想斗争,同样具有深刻的启示意义和广泛的借鉴作用。

第四,在致力于经济发展、建立社会主义市场经济体制的新形势下,媒介批评正发生着价值取向和批评标准的转向。在我国大众传播媒介产业化的过程中,需要有强大的监督和批判力量对媒介进行制约。媒介批评应继承批判的精神和独立的品质,切不可沦为媒介商业炒作的寄生物。

第五,要改变当下媒介批评存在的肤浅、缺少原则、散乱无序,乃至因利益驱使而误入歧途的种种弊端,需要我们建立完善的媒介批评保护机制,改善开展媒介批评的舆论环境,建设有中国特色的社会主义媒介批评理论。这既是我国媒介批评实践的现实要求,也是我国大众传媒事业发展的历史和现实的要求。

附文

"成功人士"与广告中的消费偶像

陶东风

以研究大众文化见长的法兰克福批判理论家洛文塔尔曾经专门讨论过美国社会大众偶像的历史变迁以及相应的大众价值观念的变化。他的方法是对于美国20世纪流行杂志中的人物传记进行抽样调查与历史比较研究。结果发现:20世纪初期的20年中,传记主人公绝大多数是生产偶像,他们来源于生产性的生活领域,如工业界与自然科学界。体育界、演艺界与娱乐界的人士——所谓"消费偶像"——非常罕见。洛文塔尔分析说,这些传记主人公之所以被称为"生产偶像",是因为他们所体现的是一种个人奋斗的价值取向与人生观念,他们身上体现的是资本主义初期的价值观,他们证明了一种"机会向每个人开放"、"社会底层的人通过个人奋斗可以爬到上层"的心理,发挥着"教育典范"的社会作用。从40年代开始,流行杂志中的传记人物转向"消费偶像",主要是娱乐界人士,如体育明星、演艺明星,他们是些电影界、夜总会与舞厅的头面人物。他们不过是取媚于消费者的商品。洛文塔尔还认为,这个过程表明,在40年代,消费已经取代生产成为人们日常生活兴趣的中心,也表明物质消费取代精神生活、追求享乐与舒适取代劳动与创业成为人的生活目标。洛文塔尔的研究从20世纪头20年开始,但是可以想见的是,20年代集中体现于传记中的生产偶像以及与此相关的价值观念绝非无源之水,它实际上已经延续了相当长的一段时间,甚至在欧洲移民初入美国的时候即已成为人们生活观念的中心。这在很大程度上可能归功于鼓励创业、理性经营但制约消费、抵制奢华的新教伦理(参见《洛文塔尔的消费偶像观》,《国外社会科学》1998年第1期)。

在中国,生产偶像向消费偶像的转化以及相应的大众生活观念的改变是以快得多的速度完成的,差不多可以说是"一夜之间"完成的。在80年代初期与中期,中国的主要媒体中的偶像性人物是陈景润、乔光朴、陆文婷等生产性偶像,他/她们身上体现的是一种个人奋斗与积极进取的生产性伦理(当然,这些大众偶像式的人物主要是通过文学作品塑造的,因为广告在当时还处于非常幼稚的起步阶段,消费性的流行杂志也非常罕见)。但是到了80年代末,特别是90年代,充斥于各种大众流行报刊(比如《时尚》、《女友》等)的封面人物与传记主人公几乎一律都是消费偶像——演艺界的各种明星。

消费伦理的迅速流行当然也反映在广告中。广告不仅参与了消费偶像的塑造与消费伦理的推广,而且它本身也必然依托于消费伦理。一个有意思的统计数字是:在1983年上海电视台所播出的广告中,生活资料类的广告占34%,日用品的广告占50%。到了1988年,前者的比例下降到2%,而后者的比例则上升到61%。而在今天的商业广告中,日用品特别是奢侈品的广告更呈现出压倒性优势。生产伦理让位于消费伦理于此亦可见一斑。

著名演员濮存昕做的恒基伟业商务通广告就是宣扬消费主义意识形态的典型文本。镜头之一:身穿白衬衫的濮存昕在拼命地挤公共汽车,突然腰间的BP机响了,他只好逆着上车的人流又拼命挤下车去找公用电话;镜头之二:濮存昕开着小面包车,拿着手机指挥建筑工地上的工人干活;镜头之三:老板办公室中的濮存昕,正在用恒基伟业商务通查询,美丽动人的女秘书为他送来一杯咖啡,两人相视而笑;镜头之四:濮存昕正开着奔驰回家,娇妻(刚才的那位秘书)出门恭迎,濮存昕一手拿着商务通,一手拥着娇妻,享受着无比的欢乐与幸福。此时屏幕上出现一行字:"呼机,手机,商务通,一个都不能少。"

这个广告在几十秒钟内编造了一个"成功"男士的故事,同时也制造了"成功人士"的模式或配方:年龄大多在35岁—45岁之间,身体微微发福,满面红光,有车有房,更有美女相伴。问题在于,这些"成功"人士的"成功故事"根本不包含他/她的个人奋斗历程,它是在瞬间神奇地完成的;更重要的是,成功的标志不是精神性的而是物质性的,即是否拥有高档的消费品。与陈景润等80年代"成功人士"形象不同的是,"濮存昕"的成功在于他拥有高级轿车、别墅、豪华办公室以及美妻。或者说,成功的标志是"江山"(这里的"江山"已经不是革命江山,而是商业江山)与美人兼得。科学技术(手机、商务通)在这里也获得了与80年代截然不同的价值含义:它的意义在于带来消费水平的步步上升,以及物质享受程度的步步提高。高科技手段只是通向高消费(这才是广告所渲染的真正的幸福与成功)的敲门砖。换言之,拥有高科技可以使你成为百万富翁,进而自然地拥有你想拥有的一切:名牌车、美丽的妻子、豪华的住宅等。"濮存昕"的成功是用物质价值加以计量的:从BP机,到手机+面包车,再到商务通+豪华办公室,最后是奔驰+别墅+美女(在有些广告中,"成功"与某种商品之间的关系没有被叙述得这么复杂,而是在两者之间简单地画上了等号,比如:"贝克啤酒是每个成功男士都拥有的")。

这就不难理解,这类关于"成功人士"的广告(谎言与神话)都是各种演艺界的明星做的,因为他/她们都是清一色的消费偶像。明星做广告,已经成为一种时尚(我们很少见到有哪个劳动模范或科学家做广告)。除了上面提到的濮存昕以外,还有:刘德华做爱立信手机广告,张惠妹做雪碧广告,黎明做乐百氏纯净水广告，巩俐做爱立信手机广告，赵薇做娃哈哈AD钙奶广告，赵本山做泻痢停广告，葛优、徐帆做南极人内衣广告，章子怡做联想电脑广告，舒淇做山水音响广告，朱茵做力士沐浴露广告，张柏芝做东洋之花美白霜广告，谢霆锋做可口可乐广告，等等。可以说明星离不开广告，广告更离不开明星。由消费明星把消费伦理宣扬得赤裸裸的莫过于王志文做的“派”牌服装广告。他在不同的背景依托下摆出各种姿势，尽情地、多方位地展示自己身上的“派”牌服装，最后说出一个字：“派”。

总之，这些广告宣传的不是艰苦奋斗或进取，而是谁比谁更会消费，谁的消费水平更高。由于明星在今天具有巨大的示范效应，所以，这些广告对于消费者的影响力是不可低估的。据说力士公司最初在中国打市场的时候，在广告形象的选择上颇费心计。最后他们选择了中国人崇拜的外国著名影星娜塔莎·金斯姬作为广告形象，结果证明人们对于明星的崇拜果然可以有效地转移到商品身上。此外还有一些观众谈到自己买某某产品是因为某个熟悉的明星做广告的缘故。

在笔者看来，消费偶像大举占领广告领域证明，在中国，生产性伦理基础是十分薄弱的。君不见如今的广告中“至尊至美”、“皇家气派”、“出人头地”等追慕豪华奢侈的用语漫天飞舞，在电视广告的画面上，到处可见金碧辉煌的豪宅，灯红酒绿的豪宴，风驰电掣的名车，它们对于国民经济是否具有拉动作用我们不敢妄加判断，但其鼓吹的文化价值与生活观念却不能说是健康的。（《中华读书报》2001年6月20日，第3版）

第七章　中国媒介批评理论研究

如前所述,我国在五四时期开始出现媒介批评理论的萌芽。但是,直接使用“媒介批评”这个概念,并对媒介批评开展理论研究,却是在20世纪90年代中期。这一现象的出现有着特殊的时代背景。

第一节　中国关注媒介批评理论研究的背景

20世纪90年代以来,我国传媒业进入了快速发展期,在新闻传播业繁荣发展和竞争加剧的同时,也出现了媒体行为的违规和越位现象。“谁来监督媒介”成为传媒业界内外普遍关注的一个问题。因此,媒介批评开始成为我国新闻传播学界的一个热门话题。这一话题的凸显,来自于两个方面的原因:

一、实践的呼唤

市场经济犹如一把双刃剑。它的主导方面是有利于调动人民群众的积极性和创造性,有利于资源按市场需求达到合理的配置,有利于解放生产力。但是市场经济也有容易带来消极、负面效应的一面。譬如说,市场经济的自主性和功利性原则,一方面激发了人们的主动性和创造性,给市场带来了生机和活力,为经济带来了发展和繁荣;但另一方面,在客观上容易强化人们的自我利益和小团体利益意识,即重实惠而轻理想,重等价交换而轻奉献,重眼前而轻长远,重局部而轻全局,因而导致人们思想和行为上的倾斜,严重的还会诱发利己主义、拜金主义和享乐主义。究其根源,一方面同我国的市场运行法规还不健全,调节和规范经济关系的社会制约机制尚未确立有关;另一方面,同市场经济容易带来道德滑坡的负面效应也密切相关。对于市场经济容易带来负面效应的问题,西方国家的有识之士也持批判态度。20世纪90年代中期,有舆论认为:“正如资本主义上升时期,出现了批判现实主义思潮、空想社会主义和马克思主义一样,中国社会主义市场经济的建立过程，不可能没有强大的批判资本的思潮和法制加以制约。”[①] 20世纪90年代我国的新闻事业在获得大规模发展的同时，商业化的侵蚀给媒体和从业者带来的负面效应呈日趋严重的局面。走向市场的传媒业面临着新闻道德滑坡和两个效益相矛盾的考验，这表现在以下几个方面：

第一，媒介违规操作，其动机和目的是商业利益的驱使。

1992年报纸扩版潮之际，国家新闻出版署责成各地对报纸执行法规情况进行了大检查，处罚了多起报纸违规事件。一家省级党报的周末版违反规定，脱离正版单独定价、发行，内容不合宗旨，被处罚停刊整顿半年。某行业报违反记者不得拉广告的规定，公然向各地记者站摊派款项，被处以没收非法所得12.5万元的处分。某省一家《家庭与生活报》违反规定，委托不法书商出版精选本，并委派其代表报社到管理部门办手续，骗走批文，非法出版篡改后的精选本，被处以警告和停止出版精选本一年的处罚。[②]

第二，拿新闻报道做交易，有偿新闻泛滥。

一段时期内，新闻业圈里圈外盛传过一首打油诗：“一流记者炒股票，二流记者来回倒(卖)，三流记者拉广告，四流记者拿红包，五流记者写头条。”香港《联合报》1993年5月10日刊登了一篇文章，对种种以新闻报道谋取金钱的表现进行曝光，这种不良现象主要表现在两个方面：

一是记者或编辑从被报道的企业等对象处谋取金钱。如记者参加各行各业的会议，领取“出场费”(红包)；记者发表有关企业、机关的稿件，除了在编辑部领取稿费之外，“大头”是向所报道的单位领取十倍于此的“稿酬”；一批新闻穴头专门为企业组织新闻发布会、记者采访团等，借此向雇主承包大笔费用，从中渔利。

二是新闻单位的编辑部门集体明里暗里地出卖版面，以广告冒充新闻。如按照厂家的具体要求，将广告内容写成新闻稿，致使读者不认为是厂商的自我推销，而是出自媒体的客观报道，而厂方则向分管这个版面的编辑部门支付现金；在各个版面、栏目上挂上“××厂特约刊出”、“××杯征文”的广告，公然宣传、推销××厂的产品，向厂方要“赞助”，由有关人员私分。

第三，为扩大收视(听)率和发行量，不惜降低报刊和节目格调，为迎合市场，牺牲媒介品质和新闻道德。

在市场导向的大潮中，一些新闻传媒随波逐流，不顾社会效益而只顾经济效

① 《中国发展前景预测》，载《视点》1994年第4期。

② 梁衡：《1992年我国报纸事业发展概况》，载《中国新闻年鉴》1993年版，中国社会科学出版社1994年版。

益。对此，有人揭露："有的不是集中精力办报而是设法赚钱，导致内容贫乏，质量低下，甚而情趣低级。对此，有人归纳为——'金色的诱惑'，即迎合人们快快发财的心理；'黄色的刺激'，就是性描写等煽情下流的色情报道；'黑色的压抑'，即行凶杀人放火的社会黑暗面。有的为了所谓的扩大影响，热衷于搞失实报道，以追求'轰动效应'。也有人竟然崇尚'虽不流芳百世，也要遗臭万年'的信条，说什么'不犯错误，不挨通报批评，报纸就出不了名；犯了错误，挨了批评，报纸反而更能吸引读者'。"①

一些广播电视的直播节目，置舆论引导功能和社会责任于不顾，导致"媚俗"和错误导向的现象严重。例如：有的主持人在直播中和熟人聊天调侃，言谈轻浮，引起听众、观众的厌恶和反感；有的直播节目迎合某些人不健康的情趣，或选择一些耸人听闻的话题，或讨论一些不适于在广播电视中传播的问题；有的导播弄虚作假，把有奖竞答的答案事先透露给熟人朋友，欺骗愚弄听众；还有的直播节目不认真把关，出现道德观念上的严重偏差。

第四，"第四媒体"互联网络于 20 世纪 90 年代中期进入中国，并迅速发展为大众传媒，其交互性、隐秘性、个性化、多媒体的传播特性，给新闻传播方式带来了新的变革，同时也带来了一系列涉及新闻传播伦理道德和法律的问题。

"美国匹兹堡大学的马丁·芮姆教授曾经做过一项调查，发现利用互联网传播色情的现象十分普遍。色情材料的消费者无处不在，在全世界 40 多个国家，全美 50 个州的两千多个城市都有色情材料的消费者，其中 98.9% 是男性。这些色情淫秽材料极大地毒化了互联网的空气，给上网者尤其是青少年的心灵以毒害。在一些西方国家，某些传播色情的行为甚至受到所谓'言论自由'的保护，只要在网页前面加上一些'警告语'或对浏览者的年龄作限制性的说明（如必须在 18 岁或 21 岁以上），色情材料就可以名正言顺地传递出来。"②

互联网的信息传播不受地域和国界的限制，对此，我国政府对网上色情、暴力内容泛滥的现象十分重视。1996 年 2 月颁布实行的《中华人民共和国计算机信息网络国际联网管理暂行规定》的第 13 条明确规定，从事国际互联网业务的单位和个人"不得制作、查阅、复制和传播妨碍社会治安的信息和淫秽色情等信息"。

互联网上色情和暴力内容泛滥，已成为一个严重的社会问题。2000 年 4 月，我国云南公众多媒体通信网"云南信息港"出现了一个名为"性爱森林"的个人主页，其中非法刊登了 22 篇国家明令禁止的淫秽读物。经云南警方调查，该

① 康荫、雷跃捷：《社会主义市场经济与新闻舆论》，中国广播电视出版社 1995 年版，第 174 页。
② 雷跃捷、辛欣：《网络新闻传播概论》，北京广播学院出版社 2001 年版，第 242 页。

主页系四川某机关职工杨某于1999年10月申请建立的,刊登淫秽读物是为吸引网友前往访问主页以赚取网络广告费。被查封前短短的两个月中,该主页累计访问人次达11万。该个人主页已被查封,当事人已被依法查处。①

除了网络色情问题外,互联网还存在许多问题。列其要者有:

1. 网络侵权问题

网络侵权问题主要集中在对知识产权的侵犯和对公民、法人名誉权的侵犯两个方面。

网络侵犯知识产权问题主要包括侵犯软件著作权、侵犯文学作品著作权、侵犯影音作品著作权、侵犯商标专用权和侵犯名称专用权等。

引起人们注意的是网络侵犯著作权问题。据不完全统计,我国发生在1999年的与网络上的著作权有关的诉讼已经有十多起。这些迹象表明,网上信息的著作权问题正在受到重视。

1999年6月,王蒙、张承志、刘震云、张抗抗、毕淑敏、张洁六位作家就网上泛滥的随意登载名家作品、侵害著作权的行为向法院提起诉讼,控告北京世纪互联公司网站"北京在线",对其未经他们同意,擅自将他们已出版的小说搬到网上供人浏览的做法提出了停止侵害、赔偿经济损失和精神损失的要求,这是我国法院审理的第一起网络作品著作权纠纷,引起了社会各界的关注。此案经法院审理,六位作家胜诉。

2001年3月发生的"红颜静"诉"大跃进"案,就是一起涉及利用网络侵犯公民名誉权的典型案例。②

2. 网络诽谤问题

1998年,IT界的一个热点是"恒升电脑"公司状告王洪、中国计算机世界出版服务公司和《生活时报》侵犯名誉权一案。③

3. 网络犯罪问题

利用网络进行违法犯罪活动,是20世纪90年代末以来犯罪行为的一个新

---

① 雷跃捷、辛欣:《网络新闻传播概论》,北京广播学院出版社2001年版,第242页。

② 参见王军编著:《网络传播法律问题研究》,群众出版社2006年版,第158—160页。

③ 该案经北京市第一中级人民法院于2000年12月19日二审判决结果如下:王洪停止在国际互联网上对北京恒升远东电子计算机集团名誉权的侵害,删除全部主页内容,注销网址以及主页有链接的镜像域名,在新浪网、网易等中文站点刊登向北京恒升远东电子计算机集团致歉的声明,声明须经本院审查许可;王洪赔偿北京恒升远东电子计算机集团经济损失人民币9万元;中国计算机世界出版服务公司在《微电脑世界周刊》及《参考消息》上刊登向北京恒升远东电子计算机集团致歉的声明,声明须经本院审查许可;生活时报社在《生活时报》及《参考消息》上刊登向北京恒升远东电子计算机集团致歉的声明,声明须经本院审查许可。

趋势。

4. 网络新闻传播的失实问题

《中国记者》1999年第6期刊登了一篇文章——《警惕“网络新闻”》,文章作者揭露、分析和批判了网络新闻传播中的一些假新闻现象。他曾读到一则“新闻”。这则新闻曾分别以《网上葬礼,为美丽哭泣》、《伊人去,茶室温馨如旧》为题在湖北和辽宁两地很有影响的报纸刊出,这则新闻讲述的是湖北省孝感市一位才华横溢的花季少女张清仪,幼时为哥哥张清峰雨中送伞遭雨淋患病,右肺叶全部切除,十多年来她勇敢地与病魔作斗争,写下大量精美的古体诗词。她先以“马哥”为名上网聊天,后又自现“女儿身”,在网上闲聊栏目“温馨茶室”当主持人。其间,她忍受病痛的折磨,给网友写了大量的信件,把快乐和温馨带给他人。她的才华和热情赢得了众多网友的心,以致她死在键盘前时,全国各地的网友悲痛万分,设立“悼念清仪”网址,为她举行了中国第一个网上葬礼,发表悼念诗文500余篇,有的网友还不远千里到孝感烟灯山公墓去凭吊她。作者读到这篇稿件后,按照稿件提供的线索和细节去寻找,发现内容纯属子虚乌有,新闻素材全部取自于网上!

面对我国大众传播业商业化运作日益严重的局面,业界和学术界从实践和理论两方面提出了加强职业道德建设和开展媒介批评的呼吁并采取相应措施。

1991年1月19日,中华全国新闻工作者协会第四届理事会第一次全体会议一致通过了《中国新闻工作者职业道德准则》(1994年4月和1997年1月两次修订),作为对该《准则》的补充和完善,中共中央宣传部、广播电影电视部、新闻出版署、中华全国新闻工作者协会于1997年1月联合颁布了《关于禁止有偿新闻的若干规定》,强调“新闻单位采集、编辑、发表新闻不得以任何形式收取费用”。中华全国新闻工作者协会同时发布了《建立新闻工作者接受社会监督制度的公告》。《规定》和《公告》发布后,得到了全国许多媒体的响应。一些新闻单位根据本地区、本单位的实际情况,从《准则》的精神出发,制定出了一些更为具体的工作守则或规范措施,如《中央电视台新闻工作者职业道德规范》(1993年6月7日)。《人民日报》坚持开展“树立党中央机关报形象工程”活动,在实行层层承诺制的基础上,进一步抓好践诺。为防止利用记者身份从事经营活动,报社要求已经转做经营工作的原编采人员一律交回记者证。《中国日报》社规定:“采访、编辑、发表新闻不准以任何形式收取费用,各采编部门不许创收,不准设立小金库等。”①

一些新闻媒介还对如何管理新闻从业人员执行《规定》做了细则规定。例如:湖南《三湘都市报》1998 年 12 月 10 日公布的《关于对“广告新闻”的认定及处理办法》中提出:“凡以新闻报道形式或非广告性的文章具体宣传企事业单位形象、产品及与之相关的活动(开业、庆典、推销、新产品技术展示等),此类稿件不论是否私下收取费用,均应认定为‘广告新闻’。”“总编室每日核查本报刊登的稿件,对有广告嫌疑的新闻报道或文章,提交分管副总编或编委审查认定,然后报总编辑确认。”“凡被确认为广告新闻的稿件与文章,均按相同版面、相同字数、相同价格的广告给予罚款,由总编室填写罚款通知单,报总编辑批准后,在当事人奖金中扣除。”②

与实务界的实践相呼应,学术界也呼吁要警惕大众传媒在走向市场化过程中的道德滑坡现象。复旦大学教授陆晔研究了商业性对中国电视新闻传播的渗透问题。她写道:“商业因素的介入,使中国电视新闻传播得以不依赖国家、不吃皇粮而谋求自身的发展,不再旱涝保收,竞争意识、受众意识大大增强,市场经济对于包括信息在内的社会资源的优化配置法则,开始体现在电视新闻传播当中。作为社会化大生产的电视传播,在企业化管理方式引导下,专业化、科学化程度提高,新闻传播质量大有改观。商业因素带来的经济效益,对中国电视新闻传播生产与再生产能力的提高,起到了积极的作用。但是,在看到商业性收入为国家、电视业和受众带来的种种好处的同时,我们必须清醒地认识到,广告、赞助等商业性因素也是极具侵蚀性的。电视新闻传播与所有新闻传播活动一样,应将公正地表述意见、为公众利益负责、为社会进步服务,视作自身崇高的传播理想。电视业的高投入、高消耗较之报刊广播,的确更需要巨额资金的支持,但若把商业原则作为衡量电视新闻的标准,甚至为换取经济利益不惜以牺牲传播理想为代价,必然会导致电视新闻的自我沦丧。在这一点上,西方商业电视曾遭到的社会批评,为我们敲响了警钟!”③

复旦大学教授李良荣在分析竞争给新闻传播业带来积极和消极两方面影响时写道:“新闻媒介生产的是精神产品,一般商品在竞争中自然向价廉物美方向发展,而精神产品则在竞争中会向通俗化,甚至庸俗化方向发展,降低新闻媒介的品位。中国媒介中煽情主义浪头已相当严重,这是不争的事实。广告客户对

---

① 孙旭培、殷莉:《社会主义市场经济与新闻职业道德》,http://www.cddc.net/shownews.asp?newsid=900。

② 同上。

③ 陆晔:《电视时代——中国电视新闻传播》,复旦大学出版社 1997 年版,第 134—135 页。

媒介已造成很大压力。发行量、收视(听)率已成为媒介调整版面的指挥棒,而其背后则是广告的作用。广告不但间接地决定着版面的调整,而且广告客户直接干预版面,甚至直接控制版面,吹捧自己,压制对手,误导消费者的事情时有发生,新闻从业人员的敬业精神、职业道德亟待加强。"①

新闻业界人士也纷纷发表言论,对新闻传媒在走向市场的过程中出现的种种不良现象提出批评。

综上所述,大众传播业的迅猛发展,除了带来信息流通空前活跃、媒介发展一派繁荣的景象之外,更重要的是所生产的媒介产品——大众文化,代表着一定时代和一定社会的思潮和文化走向,在深刻地影响和改变着传统社会的思想、政治、经济、文化、道德、价值。大众传媒在走向市场的过程中因受商业化侵蚀而出现的伦理、道德畸变等一系列问题,引起业界乃至全社会的普遍关注和忧虑,面对这些现象,新闻传播学术界不能不对媒介批评问题予以更强烈的关注。20世纪90年代以来,报刊、广播、电视、电影批评的实践蔚然成风;进入90年代后期,网络媒体在我国迅猛发展,利用网络开展批评成为媒介批评实践的一个新特点。有的站点直接以"传媒观察"、"电子传媒观察"命名,更多的如"IT写作社区"、"e龙西祠胡同"、"第四媒体"等网站,开设"传媒产业瞭望"、"传媒点评"、"网络观察"、"新媒体研究"、"媒体批判"等频道和栏目,批评的触角遍布电视、广播、报刊、电影和网络,批评的锋芒指向当下媒体和大众文化的种种弊端。上述媒介批评实践,有力地推动着我国媒介批评的理论建设向前发展。

二、批判学派的影响

媒介批评在我国学术界凸显的第二个原因是:大众传播学从20世纪80年代初传入中国,经过二十多年的介绍、研究,无论新闻学界,还是新闻实践部门,都自觉或不自觉地运用传播学说中的观点、方法来研究新闻传播现象,从事新闻传播活动。传播学理论的引进,为媒介批评提供了理论依据和实施操作的具体方法。尤其是传播学中的批判学派的理论,为我国大陆学者关注和研究媒介批评问题提供了思想养料。另外,自20世纪80年代以来,国外和港台地区的一些媒介批评理论著述,包括社会批判理论和大众文化批评理论著述,被陆续译介到国内,引起了一些学者和传媒界的高度重视和极大兴趣。择其要者有:从80年代末到90年代中期重庆出版社陆续出版的一套由徐崇温主编的《西方马克思主义丛书》,这套丛书中有德国法兰克福学派代表人物马克斯·霍克海默的《批

① 李良荣:《新闻学概论》,复旦大学出版社2001年版,第229页。

判理论》，马克斯·霍克海默、特奥多·阿多尔诺的《启蒙辩证法》，马尔库塞的《单向度的人》，哈贝马斯的《交往与社会进化》、《交往行动理论》等。另外，有关英国文化研究思潮的著作和论文也逐渐被介绍过来。如《英国文化研究导论》（格雷默·特纳著，唐维敏译，台湾亚太图书出版社1998年版）、《文化研究：霍尔访谈录》（陈光兴、唐维敏编译，台湾元尊文化出版公司1998年版）、《英国的传媒与文化研究》（赵斌，《现代传播——北京广播学院学报》2001年第5、6期）等。台湾地区传播学者们撰写和翻译的有关传播批判理论及媒介批评的著作，如《媒介批评》（黄新生著，台湾五南图书出版公司1992年版）、《媒介分析方法》（阿瑟·伯格著，黄新生译，台湾远流出版公司1992年版）、《电视与当代批评理论》（罗伯特·C.艾伦编，李天铎译，台湾远流出版公司1993年版）、《传播批判理论》（张锦华著，台湾黎明文化事业公司1994年版）等的介绍引进，为我国大陆学者关注和研究媒介批评问题提供了最为直接的参照体系。从实际情况来看，港台地区传播学者们在传播学研究领域的领先，加之同文同宗的文化语言渊源关系，他们有关媒介批评的理论，对大陆学界关注媒介批评理论问题，起到了"触发器"的作用。

第二节　中国媒介批评理论研究的发展概况

中国新闻传播学界开展媒介批评理论研究始于20世纪90年代中期。1995年第4期的《现代传播——北京广播学院学报》发表了该学报主编朱光烈的文章——《批评，从我开始》。文章从分析和批评"这几年帝王将相剧目越来越红，宣扬帝王将相的电视剧成了'一窝蜂'"的现象入手，指出"在大众传播界学术研究内部批评还远远没有形成气候"。文章呼吁："有识之士应当勇敢地拿起批评的武器，大众传播是社会的舆论监督力量，但是我们不能只监督别人而不接受社会的监督，社会监督一方面来自法律，一方面来自媒介批评。"文章接着对"媒介批评"这个概念作了定义性的解释："顾名思义，媒介批评应是以媒介为研究对象的批评。"①

就本书作者目力所及，这是迄今为止，我国报刊文献资料中最早刊载的有关"媒介批评"概念的研究性文字。

1995年第5期的《现代传播——北京广播学院学报》发表了北京电影学院吴迪的《媒介批评：特性与职责》一文。文章从介绍美国媒介批评家罗伯特·L.

① 朱光烈：《批评，从我开始》，载《现代传播——北京广播学院学报》1995年第4期。

萨勇(Robert L. Shayon)关于开展媒介批评意义[①]的简要论述入手，对媒介批评的特性、取向、范围、对象、角度、职责等各个方面作了概要式的介绍和研究，文章的最后部分提出应加强研究媒介批评，将媒介批评提高到关乎文化建设的高度来认识。吴迪的这篇文章，是我国学术界第一次从学理的角度，对媒介批评问题所做的系统的介绍和研究的成果，在我国媒介批评的领域里，具有拓荒和启蒙的意义。

1996年年初，由吴迪倡议，《现代传播——北京广播学院学报》编辑部承办，召开了国内首次媒介批评理论研讨会。《北京晚报》的解玺章，北京电影学院的吴迪、郝建、王志敏，北京广播学院的丁俊杰、徐舫州等人各抒己见，对于媒介的权力以及批评的取向、特性、范畴、角度等问题做了广泛的探索。

1996年，由北京电视艺术家协会主办的《电视艺术》杂志，在第1期至第6期上开设了“媒介批评笔谈”专栏，刊发了一组批评文章。这是我国国内专业刊物上首次以“媒介批评”的名义开设的专栏。

1997年1月7日《新闻出版报》的“传媒评论”专题，邀请刘建明、林之达、哲峰、胡钰等学者发表了一系列文章，分别对媒介批评的必要性、媒介批评的主体和客体、媒介批评的方法以及媒介批评标准等问题进行了初步探讨。

1997年4月，本书作者在拙著《新闻理论》的最后一章，就“引起国内关注的媒介批评的背景”、“媒介批评的对象和特性”、“媒介批评的标准和类别”、“媒介批评的内容和方法”、“国外媒介批评理论简介”等问题做了探讨。在此基础上，本书作者提出了“建设有中国特色的社会主义媒介批评理论”的命题。

1998年年末至1999年，《新疆新闻界》(后更名为《当代传播》)开辟连续性的“传媒评论学讲座”，刘建明撰文提出“建立传媒评论学”的命题。

1998年第5期的《国际新闻界》发表了新闻学博士研究生王君超的文章《媒介批评——历史与走向》，从“史”的角度阐述了媒介批评的理论和实践源头。

近年来，媒介批评理论研究日益获得重视。2000年11月，教育部委托原中国人民大学新闻与社会发展研究中心主任童兵负责起草的《高校“十五”新闻传播学学科研究规划及课题指南(草案)》发布，《指南》将“媒介批评的理论与实践”列入“十五”重点研究课题，归入“21世纪新闻学与传播学理论建构”专题。此后，浙江大学新闻学院和台湾中国文化大学新闻暨传播学院分别将“媒介批评”列入重点研究范围，浙江大学新闻学院还将“媒介批评学研究”作为国家社

---

① 罗伯特·L.萨勇(Robert L. Shayon)认为：“批评大众媒介就是对人类的探索，这在孕育人类命运的意义上，比登月球重要。”

会科学基金项目申报。北京广播学院(现中国传媒大学)新闻传播学院在1998年的教改活动中,把“媒介批评”列入修订后的研究生、本科生教学课程设置中。2002年6月,北京广播学院与韩国汉城大学合作成立的亚洲传媒研究中心,将“大众文化与媒介批评”课题列为重点资助科研项目。

2001年,国内出版了两部媒介批评专著,即刘建明的《媒介批评通论》(中国人民大学出版社)和王君超的《媒介批评——起源·标准·方法》(北京广播学院出版社),这标志着中国大陆媒介批评理论研究取得了突破性的成果。刘鹏认为:“2001年两本媒介批评专著的出版,一方面标志着呼唤多年的媒介批评理论开始逐步确立自己的研究范畴与规范,另一方面也预示我国的媒介批评进入‘预热’阶段。”①

2002年,黑龙江人民出版社出版了肖小穗的《传媒批评——揭开公开中立的面纱》,上海人民出版社出版了潘知常和林炜合著的《大众传媒与大众文化》,新华出版社出版了潘知常和林炜主编的《传媒批判理论》。

2003年,两篇以媒介批评为研究对象的博士论文相继通过答辩。它们分别是复旦大学新闻学院谢静的《建构权威·协商规范——美国新闻媒介批评解读》和中国传媒大学雷跃捷的《媒介批评论》。其后,又陆续有一批以相关内容为题的硕士论文通过答辩。

2005年,苏州大学出版社出版了陈龙的《媒介批评论》、浙江大学出版社出版了李岩的《媒介批评——立场·范畴·命题·方式》。李岩的这部著作从三个方面对媒介批评问题作了研究。第一部分“批评理论与媒介批评”,全面地梳理了符号学、意识形态批判理论、叙事理论、结构主义—解构主义理论、读者反应理论以及文化研究对于媒介批评的理论影响。第二部分“媒介批评的实践范畴”,通过对媒介批评的具体实践活动所作的分类描述,界定了媒介批评的对象、方法和范畴。第三部分“传媒教育理论与实践”,阐释了传媒教育的意义、内容,并借鉴海外的传媒教育实践经验,对在国内开展的传媒教育作了可行性论证。

2007年上半年,又有两部媒介批评研究著作相继面世,分别是:福建人民出版社出版的刘建明等人编著的《西方媒介批评史》和北京大学出版社出版的雷跃捷的《媒介批评》。刘建明等人的《西方媒介批评史》从史的角度对西方的媒介批评理论进行了研究。该书系统地梳理了西方主要资本主义国家的媒介批评思想,重点研究了马克思、恩格斯和列宁的报刊批评思想,详细介绍并评述了富有代表性的西方资本主义国家的著名思想家、学者、学派的媒介批评思想和观点。雷跃捷的《媒介批评》探讨了媒介批评理论中一些有争议的问题,介绍了西

① 刘鹏:《2001年我国的新闻传播理论研究热点概述》,载《新闻记者》2002年第1期。

方媒介批评理论的学术背景和思想资源,梳理了马克思、恩格斯和列宁的媒介批评思想与实践,从实践层面上研究了当代资本主义国家的媒介批评情况,从历史的角度探讨了五四时期和新中国成立后的媒介批评发展情况,整理评述了中国大陆媒介批评理论的研究情况,最后从本体论和方法论两个层面提出了建设中国特色社会主义媒介批评理论的设想。

这十余年来的研究成果形式多样,除了有“长篇大论”的著作、毕业论文等,还有为数不少的短小精悍的期刊论文。根据中国期刊全文数据库(CNKI)统计数据显示,从 1997 年到 2007 年这十年发表的关于媒介批评理论研究的学术论文共计六十余篇。这些文章,从理论、实践、历史、方法等不同维度对媒介批评理论作了或微观或宏观的研究、论述。

2007 年 10 月 27 日,由暨南大学新闻传播学院、广东珠海特区报社主办的“媒介社会与批评精神:2007 首届媒介批评国际学术论坛”在珠海市召开。来自美国、爱尔兰、日本、中国大陆和中国香港地区的六十多名学者与会,就媒介批评及相关问题进行了广泛的讨论和交流。2008 年 11 月 1 日至 2 日,首届“两岸三地媒介批评学术研讨会”在北京召开。会议由中国传媒大学电视与新闻学院、中国传媒大学广播电视研究中心、《现代传播——中国传媒大学学报》编辑部、中国新闻史学会、台湾世新大学新闻传播学院联合主办,中国传媒大学电视与新闻学院具体承办。会议的主题是“关注媒介发展,彰显批评精神,深化学术研究”。来自内地、台湾、香港和澳门地区的 70 余位新闻传播学界、文艺文化学界的专家学者和博士生、硕士生,围绕“媒体失范与媒介批评的责任”、“大众文化与媒介批评”、“媒介批评理论与方法论建设”等 7 个分议题展开了深入的讨论。会后,出版了《大众传播与媒介批评——首届两岸三地媒介批评学术研讨会论文集》。

以上是国内新闻传播学界系统研究西方传媒批判理论,探索中国特色媒介批评理论的一批学术成果,它们为提升中国媒介批评理论研究的学术水平做出了贡献。

第三节　中国媒介批评理论研究的嬗变轨迹

考察我国媒介批评理论研究的嬗变轨迹,有两条平行发展的研究路径:一条是文学理论界在 20 世纪 90 年代后期发生的由传统的文艺学研究转向文化研究,尤其是转向日常生活中的大众文化研究;与此同时,另一条是新闻传播学界发生的由传统的新闻学研究转向传播学研究,尤其是转向传播学中的批判学派研究。对于前者,我们暂且称之为“界外的批评”,而将后者称之为“界内的批评”。虽然这两条批评的路径隶属于两个不同的学科，它们的宗旨、价值取向各不相同，所秉持的方法论乃至使用的批评话语亦有相当大的差别，但是两条不同的批评路径所秉持的知识系统，却在批评理论的统摄下，呈现出合流的趋势。这些不同学科、不同学理的批评理论汇聚成一股媒介批评的思潮，暗合了“条条道路通罗马”的规律，使得20世纪90年代后期以来国内的媒介批评理论，在上述两条学术研究路径所提供的思想支援和理论补给中，逐渐成形并丰富起来。

一、文艺学研究转向文化研究的“界外批评”

文学理论界自20世纪90年代后期发生的由传统的文艺学研究向文化研究的转向，有着深刻的学术背景。

20世纪初，随着俄国的形式主义、英美的“新批评”①、法国的结构主义等流派相继出现，西方的文学理论开始了向语言学的转向。随后半个世纪，文学研究的重心从“外部研究”转向“内部研究”，也就是以文学语言本身为对象开展的文学研究。他们拒斥文学的社会性研究，强调文学的独立性，将文学视作一个封闭的系统，提出文学的自主性问题，极力改变以往社会历史批评的“外部”视角，使文学研究回到文学自身上来。这一转向确实使文学自身的一些问题得到了相应的重视与研究。

然而，割断文学与社会、历史的联系是不符合客观实际情形的，尤其是在传媒迅猛发展、大众文化异军突起的情况下。在这种以消费文化为时代特征的商业浪潮面前，文学艺术研究的纯粹性和封闭性已经成为不现实的奢望。在这种潮流之下，20世纪中后期，随着英国伯明翰当代文化研究学派、美国的新历史主义②等流派的出现，新一轮的文学研究开始“向外转”，即回归历史主义、社会学、作家传记等

---

① “新批评”是形式主义文论派别。20世纪初发端于英国，30年代形成于美国，50年代在美国批评界取得主导地位。直接开拓者是T. S. 艾略特和I. A. 瑞恰慈。细读式批评是新批评派创造的一种具体批评方法，它集中精力于诗歌的语言和结构本身，所以有时能道人所未道。

② 新历史主义是20世纪70年代在英美文化界和文学界逐渐形成，80年代初发展起来的一个重要的文化诗学流派。新历史主义以政治化解读的方式从事文化批评，注意文化所赖以生存的经济和历史语境，并借鉴了西方马克思主义理论、福柯哲学、女权主义的理论，在作品和语境中，将文学作品还原为活生生的历史过程，由此展开文学的文化政治层面的分析。新历史主义理论具有以下特征：(1)“跨学科研究”性，即跨越文学、史学、哲学、政治学、社会学的学科界限，使其具有了多维视野的研究。(2)“文化的政治学”属性，使文学和文学史研究成为论证意识形态、社会心理、权力斗争、民族传统、文化差异的标本。新历史主义带有明显的政治化批评的特征，它在文化思想领域对社会制度所依存的政治思想原则加以质疑，揭示复杂社会状况中文化产品的社会品质和政治意向的曲折表达方式。(3)“历史意识形态性”，即认为文学在文化中具有抗争性作用，而文化变革就是一种文化通过策略向主导意识挑战，进而去“重写文化史”。总体上看，新历史主义反对文学的纯形式分析，强调不能孤立地看待历史和文学史，不能将一个时代的文学与其政治、经济、历史截然分开，而是将文学与非文学加以“综合研究”，力图达到文化政治历史诗学的“重写文学史”目的，标志着20世纪文学研究在经历了社会中心、作者中心、作品中心、读者中心之后，重新注重历史、意识形态、政治解读的“社会中心”。

"外部研究",它们从20世纪80年代开始又成为主潮。这一主潮被称为文化研究。

西方文学理论研究发生的这种"文化研究转向",很快波及并影响了我国的文艺理论界。继20世纪80年代中国文学理论界的"新方法热"中,出现了将形式主义、新批评、结构主义、符号学、叙事学等西方的各种"内部研究"理论引进的局面之后,20世纪90年代后期,我国的大部分文学艺术研究发生了向文化研究的转向。另外,值得注意的是,中国的经济改革,从20世纪90年代邓小平南方视察谈话后,以惊人的速度迅速掀起新的高潮,中国的大众传媒业开始以前所未有的发展速度追赶西方的同业。大众传媒业及其生产的产品——大众文化,亦迅速成为社会的主导文化。面对这种社会现实,中国的文学艺术理论研究者,不得不重新反省文学理论与艺术批评的理论建构和价值取向。有研究者把这种转向置于全球化浪潮中的社会转型这一背景下加以观察:"变化源于当代社会生活的转型。全球化背景随着进一步的开放日益进入我们生活的中心。电子媒质的兴起向纸媒质的一统天下发出强劲的挑战。媒介文化深刻地改变和影响着我们的生活。大众文化走向前台,城市文化快速传播与蔓延,时尚文化大批量复制,采用了浪潮式的运作方式。视像文化占据人们生活的主要空间,在这样一个读图时代里,甚至视像(镜像)已反过来影响纸媒质文化,网络文化正在逐步改变着我们的交往方式。随着社会生产力的迅速发展,人们对文化产品的需求极大增加,人们除了对书籍的需求之外,更增强了对音像、影视、网络艺术等视觉文化产品,对娱乐服务、旅游服务、信息与网络服务的需求。即使物质层次的衣、食、住、行需要,也大大地文化化、审美化了。现实向我们提出了要求,文学必须重新审视原有的文学对象,越过传统的边界,关注视像文学与视像文化,关注媒介文学与媒介文化,关注大众文学与大众流行文化,关注网络文学与网络文化,关注性别文化与时尚文化、身体文化,而文艺学则必须扩大它的研究范围,重新考虑并确定它的研究对象,比如读图时代里的语言与视像的关系,全球化条件下网络文学与文化中的虚拟空间,媒介时代的文学与传播,时尚时代文学的浪潮化、复制化与泛审美化,全球化时代的大众流行文化、性别文化、少数族裔文化以及身体文化。至少电视文学、电影文学、图像文化、网络文学与网络文化应及早进入文艺学研究和文学理论教学的工作程序。"① 改革开放以后,中国大众传媒发展的现实和西方文学理论研究的转向,这内外两方面因素,契合了中国大陆文学艺术研究"向外转"的欲求。

促使国内文学艺术理论研究发生文化研究转向,还有来自当代审美意识发生变化的原因。因为"不管我们是否承认,在今天,审美活动已经超出所谓纯艺术/

① 金元浦:《当代文艺学的"文化转向"》,载《社会科学》2002年第3期。

文学的范围,渗透到大众的日常生活中。占据大众文化生活中心的已经不是小说、诗歌、散文、戏剧、绘画、雕塑等经典的艺术门类,而是一些新兴的泛审美/艺术门类或审美、艺术活动,如广告、流行歌曲、时装、电视连续剧乃至环境设计、城市规划、居室装修等”①。正是这种审美意识的转移和泛化,导致了文艺理论界人士考虑有对经典的“文学”、“艺术”、“美学”概念作重新定义的必要。“日常生活的审美化以及审美活动日常生活化深刻地导致了文学艺术以及整个文化领域的生产、传播、消费方式的变化,乃至改变了有关‘文学’、‘艺术’的定义。这不仅仅是发生在西方发达资本主义社会的现象,我们在中国的许多大城市中分明也可以感受到这种审美的泛化或日常生活的审美化趋势。”② 基于这种认识,文艺理论界反本质主义、反自律性思潮泛起。反本质主义论者认为:本质主义是一种形而上学的思维方法,不是以发展的,而是以僵硬的、一成不变的眼光看待文艺现象和活动,认为文学艺术存在着万古不变的绝对/普遍的本质。导致形成本质主义文艺观的是封闭的自律论文艺学。强调文学艺术“纯洁性”的自律论“现在看来已经很难解释当代文艺/文化活动的变化,尤其是文化与艺术的市场化、商业化以及日常生活中的泛文艺/审美现象。它还导致文艺学在研究的对象上作茧自缚,拒绝研究日常生活中的审美现象与文化现象(比如流行歌曲、广告、时尚等),把它们排挤出文艺学的研究范围”③。文艺理论界反本质主义论者认为:“文艺学研究的当务之急是重建文艺学与现实生活之间的有机的、积极的联系。在这里,自律论文艺学那种局限于文艺内部的所谓‘内在研究’方法已经很难担当这个使命。我们应当大量吸收当代西方的社会文化理论,结合中国的实际,创造性地建立中国的文化研究/文化批评范式,这样才能有效地解释当代文艺与文化活动的变化并对其深刻的社会原因做出分析。这是文化研究/文化批评历史性出场的现实要求。”④

在上述背景下出场的文化研究转向,拓宽了传统文学艺术经典式研究的视野,丰富了它们的研究内涵。它已经极大地超出了体制化、学院化的文艺学研究藩篱,大大地拓展了文艺学的研究范围和方法。这种变化较早地发生在20世纪90年代初期关于大众文化、后现代主义、后殖民主义等的讨论中,后来扩展到更加具体的经验性的个案分析中,如王晓明、陈思和等人关于“成功人士”的讨论,包亚明关于上海酒吧的解读,倪伟关于城市广场的分析,陶东风关于广告的意识形态批判,金兆钧关于流行音乐的批评,金元浦关于电子读图时代的视觉文化的诠释。思

---

① 陶东风:《日常生活的审美化与文化研究的兴起》,载《浙江社会科学》2002年第1期。
② 同上。
③ 同上。
④ 同上。

想文化界一批研究文化问题,尤其是大众文化问题的著作纷纷出版。北京大学中文系教授王岳川于2001年1月出版的《中国镜像——90年代文化研究》一书,站在20世纪90年代中西方文化冲突的前沿,从跨国语境与当代中国文化的关系层面,讨论当代中国文化思潮与文艺美学的多重复杂关系,对90年代纷纭复杂的文化现象和思想症候做了深入剖析,勾画了90年代中国文化研究的总体格局。书中设有"先锋音乐的摇滚化与古典大众化话语"和"大众传媒:全球化消费中的欲望生产"等章节,专门研究了流行音乐、时装、广告、网络文学、影视制品等大众文化形态。此书一经出版,引起了社会的广泛反响。中央电视台的"读书时间"专栏,对该书作了推介和评论。这在一定程度上表明,文化研究开始从学者的书斋走向大众。

在文化研究转向的过程中,国内的思想界引进了一大批海外批判理论著述,为这种"转向"提供了思想资源。20世纪80年代开始译介的德国法兰克福学派的著作,在90年代又再版或重译。一些重要的著述已被引进,它们集中介绍了西方马克思主义和法兰克福学派的社会批判理论、结构主义、后结构主义、现代主义、后现代主义、符号学、女性主义、解构主义以及弗洛伊德的精神分析学和英国的当代文化研究学派理论。这些理论的引入,为我国的人文社会科学研究提供了不同的研究方法和学术视角。

在文化研究转向过程中,我国的文化研究在经历了20世纪80年代"传统文化与现代化"的探讨热潮之后,开始于90年代逐渐引入西方的文化研究理论,从而成就了文化研究的另一个高潮。文化研究作为一种综合理论有别于其他单一的理论诉求,它对媒介批评理论的贡献非同一般。

首先,文化研究对于媒介及其文化的反思和批判,为媒介批评提供了直接的思想养料。文化研究的对象十分宽广,文化工业、消费文化、影视传媒生产和消费、文化全球化理论及文化本土化对全球化的反拨等内容,统统被纳入文化研究的视野。从这个意义上看,文化研究者们开展的媒介文化研究/批评,可以称为媒介批评的"界外批评",它们也算是媒介批评理论的重要成果。如前所述,王岳川的《中国镜像——90年代文化研究》一书中的"大众传媒:全球化消费中的欲望生产"一章,尹鸿的《90年代中国大众文化研究》对大众传媒产品——流行音乐、广告等的研究,都是从新闻传播学外界投射过来的审读视线。

其次,文化研究还为媒介批评理论的研究提供了新的研究方法和视角。文化研究运用了诸多人文与社会科学理论和方法,如语言学、哲学、心理学、人类学、政治学和文艺批评等,这些都是媒介批评理论可资借鉴的方法论资源。

此外,文化研究在中国的演变发展,对于中国媒介批评理论的发展也具有启示意义。考察文化研究在中国走过的道路,会发现一条比较清晰的发展脉络:中国的文化研究者大多走过了一条从简单套用西方的文化研究理论，特别是法兰克福学派的社会批判理论来批判中国的大众文化，转向寻求自己的话语体系进行本土观照的道路，同时，文化研究者们的态度也从对中国大众文化采取主观、感性、激烈的批判转向客观、理性、冷静的分析。我国媒介批评理论的发展同样面临着如何对待西方的媒介批评理论，如何建立有中国特色的媒介批评理论的课题。

有人对20世纪90年代文学研究中发生的文化研究转向现象做出这样的评价和预测："文化研究将会以自身的学科特点和优势影响并带动其他新老学科朝着更加开放、宽松和全球化的方向健康发展。"① 这个预测是颇有见地的。

二、传统学派转向批判学派的"界内批评"

如前所述，媒介批评理论研究的另一条路径，即来自于新闻传播学界的"界内批评"，这是学界将研究重心从新闻学转向传播学，并开始关注传播批判学派的理论结果。

"传播批判研究不是特指某一体系分明的研究派别，而是包含了许多不同的研究流派与主张。较为大家所注意的如德国法兰克福学派的文化工业批判、政治经济学批判、国际传播及新科技影响等领域中的帝国主义批判、女性主义研究、英国的当代文化研究、法国的语意分析及后结构主义批判等，均为批判取向的研究。它们共同的特征是反对美国行为主义取向的量化传播研究，并企图从社会权力结构的运作来探讨媒体在宰制与抗争之间所扮演的角色。它们基本上与马克思理论有所关联，大部分的派别则或多或少地援引当代各家学说，如弗洛伊德及拉康的精神分析、存在主义、现象学、结构主义、语意学、后结构主义、后现代主义等。"②

传播批判理论在20世纪70年代开始受到欧美学者的普遍重视，到80年代已成为传播学研究的主流学派。这可以从一个案例管中窥豹。1983年，美国最主要的大众传播季刊之一《传播杂志》(*Journal of Communication*)出版了一期专刊《发酵中的园地》(*Ferment in the Field*)，主题是批判以行为学方法为主导的实证主义传播研究。专刊广泛邀请各国知名学者撰文发表意见，并肯定了欧洲的传播批判理论。

1985年，国际传播协会(International Communication Association)在夏威夷召

---

① 张平功：《文化研究的兴起与发展》，载《东南学术》2000年第6期。

② 张锦华：《传播批判理论》，台湾黎明文化事业公司1994年版，第1页。

开的年度大会,以“典范对话”为主题,特别邀请英国文化研究学者斯图亚特·霍尔作专题演讲,在挤满几千人的大厅中,霍尔对以量化研究为主的美国主流传播研究进行了猛烈的攻击。令人惊讶的是,演讲完毕后只有热烈的掌声,却无人公开提出质疑。①

国际传播学术界的这种变迁,对我国新闻传播学界亦产生了影响。简要回顾我国改革开放以来的传播学研究,有如论者所述:“自70年代末80年代初传播学正式引入中国以来,传播学在中国走过了一段颇不平静的路程”②,其基本走势是:“20世纪80年代前期:中国经济体制改革的初步探索和传播学的谨慎引入→80年代后期:中国经济体制改革的全面推进和传播学在新闻领域的普及→90年代初期至后期:邓小平南方视察谈话的发表和传播学在中国的重新活跃→社会主义市场经济理论的发展和传播学学科地位的确立。”③

国内引进传播学,是从翻译介绍美国传播学研究成果开始,并深受其影响。虽然在1986年的黄山第二次全国传播学研讨会上,对国外传播学理论的新发展、对美国传统学派和西欧的批判学派进行了分析和评价,但受美国影响的实证主义传播学研究在国内一直占据着主导性地位。这种状况到了20世纪90年代开始有所改变。国内传播学研究对批判学派的介绍增多,并进行了较为深入的评析。1993年出版的《大众传播学总论》(张隆栋主编,中国人民大学出版社1993年版)辟有专章“大众传播学研究的批判学派”,讨论了“批判学派和传统学派的主要区别”、“批判学派各流派的评介”等问题。1994—1995年间,郑州大学新闻系的李彬在《郑州大学学报》、《北京广播学院学报》和《新闻大学》上连续发表了有关批判学派的研究文章,其中包括《略论批判学派的产生和发展》、《政治、经济、文化——一种关于批判学派之理论探究的辨析》和《传统学派与批判学派的比较研究》等。进入90年代后期,一批出国留学的传播学学者归国,国内的传播学研究进一步深入,有关批判学派的理论著述日益增多。如留日归国学者郭庆光的《传播学教程》(中国人民大学出版社1999年版)设有“传播学研究史和主要学派”一章,介绍了批判学派中的“政治经济学派”、“文化研究”、“意识形态‘霸权’”理论等学说流派,并总结了批判学派的一些最基本的特点:“他们都对现行的资本主义制度持否定和批判态度,更多地将传播理论和社会理论结合在一起,着重考察与社会结构和意识形态相关的宏观问题,在方法论上

① 参见张锦华:《传播批判理论》,台湾黎明文化事业公司1994年版,第131页。

② 袁军、韩运荣:《西方传播学引入中国大陆的历程及其启示》,载袁军、胡正荣主编:《面向21世纪的传播学研究——中加传播学研讨会文集》,北京广播学院出版社2000年版,第50页。

③ 同上书,第48页。

以思辨为主,反对实证主义态度。”[①] 留英归国学者赵斌的《英国的传媒与文化研究》(《现代传播——北京广播学院学报》2001 年第 5、6 期)、留法归国学者陈卫星翻译的《世界传播与文化霸权》(法国传播学者阿芒·马特拉著,中央编译出版社 2001 年版)等一批成果均在国内传播学界产生了较大的影响。

中国台湾地区在研究传播学方面,比大陆起步早,收获多。台湾地区译介的传播学著作中,多有介绍传播学批判学派的。有些著作,如《媒介、传播与文化》(詹姆斯·罗尔著,陈芸芸译,台湾韦伯文化事业出版社 2002 年版)、《英国文化研究导论》(格雷默·特纳著,唐维敏译,台湾亚太图书出版社 1998 年版)、《文化、社会与媒体:批判性观点》(米歇尔·格雷维奇著,唐维敏译,台湾远流出版公司 1994 年版)、《文化研究:霍尔访谈录》(陈光兴、唐维敏编译,台湾元尊文化出版公司 1998 年版)等,就是欧美传播学批判学派著作的译本。这些译著传入中国大陆新闻传播学界,对于扩大视野、开阔思路、研究传播学批判学派的思想,无疑提供了有益的参照。

在对中国大陆新闻传播学界关注媒介批评问题影响至深的理论文献中,有两部著作值得提出。一部是台湾传播学者张锦华博士所著《传播批判理论》,另一部是曾任台湾中华电视公司新闻部经理的黄新生博士所著《媒介批评》。《传播批判理论》于 1994 年 5 月由台湾黎明文化事业公司出版,一经出版,便在华人传播学界引起了反响。诚如其“本书简介”所言:“批判理论基于欧洲源远流长的思潮传统,近二十余年来,在传播研究的领域中亦蔚然形成一股极具吸引力的学术流派,但是中文书籍中,几乎没有任何一本深入而有系统的理论性著作,一般学子均苦于难以窥其堂奥。本书作者浸淫批判理论十余年,本书为其研究之菁华。”[②] 该书共分为三部分,首先对批判理论作综合性的评析,然后针对最重要的批判理论学者——葛兰西、阿尔都塞、斯图亚特·霍尔、福柯、哈贝马斯等人与传播批判研究之间的关系作深入讨论,最后则进行方法论方面的探讨。可见,该书是以汉语写成的一本集批判学派成果之大成的理论力作。该书传入大陆后,立即引起传播学界的关注,为日后中国大陆学者研究传播批判学派提供了理论借鉴。其作者自序更是以女性特有的细腻情感,为这本充满了理性思辨的深奥著作,抹上了一道亮丽的感性色彩。中国大陆日后的一些传播批判理论著述,多有对该书资料和观点的援引。[③] 直接触发中国大陆传播学学者们关注和研究

① 郭庆光:《传播学教程》,中国人民大学出版社 1999 年版,第 276 页。

② 张锦华:《传播批判理论》,台湾黎明文化事业公司 1994 年版。

③ 本书作者于 1997 年出版的拙著《新闻理论》的第十章第四节“国外媒介批评理论简介”,所列参考文献,就有张锦华博士的《传播批判理论》。

媒介批评问题的理论著述,当推黄新生的《媒介批评》(台湾五南图书出版公司出版)。该著作在台湾多次再版印刷,可见其发行量颇大。同样,该书于20世纪90年代后传入中国大陆,亦有很大影响。黄新生是一位既有深厚的传播学学术修养,又有丰富的大众传媒从业经验的学者。他的媒介观在该书的"自序"中表达得十分明了生动:

西方有个"国王的新衣"的童话故事,大意是:从前,有一位很讲究服饰的国王,上了两个骗子的当,自以为穿上骗子织成的"新衣",其实是赤裸着身体,到街上游行示众,国王的亲信大臣和街上围观的群众同声赞美那件"新衣",只有一个小孩高声叫道:"国王没有穿衣服!"加拿大的传播学者麦克卢汉解释说,那些亲信大臣和街上的群众受了"制约",无法说出真话,而那个小孩未受"制约",所以能够坦诚地指出事实。

由此,触动我的灵机,使我常常思考一个问题:我们日常所接触、所分享的大众媒介文化是否也受到制约呢?现代的媒介文化,包括广播、电视、电影、杂志、报纸等,有两个基本特性:组织化和货品化。媒介文化是媒介工作者在组织目标和利益指导下,经过集体创作的制式产品,同时,媒介文化也是针对大众市场所制造的文化货品。在组织化与货品化的制约之下,大众媒介供给我们娱乐与资讯,也传播着特定的价值与意识形态。其中固然有些片羽吉光,对我们的生命与生活有所照明,有所启示,令人称道,但更多的是陈影滥象,浮议侈论,像是赫胥黎"美丽新世界"中的"索麻"——麻醉的效药。

所以,我们不能习焉不察,全盘接纳消费大众媒介文化;所以,我们要批评大众媒介。①

黄新生的这本《媒介批评》,体例上共分七篇十六章,前六篇为"导论"、"批判理论"、"政治经济学理论"、"记号学理论"②、"依附理论"、"结构理论",最后一篇为"媒介批评方法"。书中对媒介批判的思想资源和学术背景作了简要介绍,梳理了各种传播批判理论流派的来龙去脉,并就传播批判理论对媒介批评的影响作了分析。最后一篇"方法",则运用批判理论的方法论,对大众传媒,特别是对电视电影媒介,作了具体的分析和批判。

该书的最大特点是理论与实践的结合,一反港台地区的一些社会科学著作容易流于生吞活剥西方,尤其是美国的理论而食洋不化的流弊,在全面介绍、评

① 黄新生:《媒介批评》,台湾五南图书出版公司1992年版。
② 即"符号学理论"(semiology theory),台湾和大陆的译名有所不同。

述欧美媒介批评理论的同时，注意将媒介批评理论引向本土化的方向。例如，他用符号学理论，分析台湾"华视新闻杂志"制作播出的新闻专题片"章能法师的故事"，指出该片运用常见于武侠片中的视觉符号（如大量的仰拍、特写、背景画面）和娱乐片的结构方式，使得新闻节目与娱乐节目不分，不仅损害了电视新闻节目的真实性，而且向观众宣传灌输一套陈词滥调的说教，这种潜藏的意识形态遮蔽了新闻报道的客观、公正、真实的原则，值得质疑和批判。该书的附录部分"'国际新闻'新解"，对美国式的新闻自由理论与实践提出了尖锐的质疑和批驳。附录说："一般人似乎认为，美国制作的国际新闻是对国际事件之客观公正的报道，有助于受众对国际关系或情势之了解。但是，美国记者是否以客观的立场，不偏不倚的角度报道国际事件呢？事实上，美国新闻记者在报道国际新闻（外交新闻或外国新闻）时，除特殊情况外，往往采取美国官方的观点与立场。"①

该书对大陆学者关注和研究媒介批评问题，具有启蒙和引导的作用。前述大陆最早出现的媒介批评研究文献，如吴迪的《媒介批评：特性与职责》一文，就有黄新生关于"媒介批评的取向"等精彩论述的援引。②

纵观国内媒介批评理论研究的发展，尤其是来自新闻传播学界界内的理论研究，会发现其经历了这样的嬗变过程：

零散、自发的研究→系统、自觉的研究；

纸质媒介批评研究→电子媒介批评研究；

新闻学学理的批评研究→传播学学理的批评研究→文化批评研究；

"界外"批评研究与"界内"批评研究的分离→逐渐靠拢乃至合流。

1. 从零散、自发的研究到系统、自觉的研究

国内媒介批评理论的研究最初是非常零散的，而且是自发性的。但是，随着研究的深入、理论研究层次的逐渐提高和研究领域的逐渐扩大，研究开始走向系统化，走向自觉。这主要表现在：

第一，过去，业界和学界人士撰写媒介批评理论研究文章，大多是出于个人兴趣或感悟，缺乏学术研究的组织活动。首次媒介批评理论研讨会的召开，由吴迪一人倡议举行，带有自发的意味。而到 1997 年年初，国内出现了一次媒介批评理论研究的小高潮。其标志就是由国家新闻出版署出版的《新闻出版报》专门组织专家、学者就如何建构"新闻传媒评论学"这一课题进行了系统的研究，从而使得媒介批评理论的研究逐渐走向自觉。

---

① 黄新生：《媒介批评》，台湾五南图书出版公司 1992 年版，第 221 页。

② 黄新生关于媒介批评的取向分为三方面：第一是"评判"（evaluation），第二是"批判"（criticism），第三是"诠释"（interpretation），这对大陆学者研究媒介批评产生了很大的影响。

第二，媒介批评理论的研究成果最初多以论文的形式散见于各类报章、杂志，而且这些论文研究的内容多是媒介批评理论领域中的个别问题，缺乏对媒介批评理论本身系统、全面的研究。但是，自从提出“建立新闻传媒评论学”和“建立有中国特色媒介批评理论”命题以来，有关的研究更为集中了，其显著标志是有关媒介批评的专著——《媒介批评通论》、《媒介批评——起源·标准·方法》、《媒介批评——立场·范畴·命题·方式》的诞生，而且在这些专著及论文中，试图为“建立有中国特色的媒介批评学”构筑学术框架。研究领域已从媒介批评的特性、职责、功能等基本范畴，扩展到媒介批评的起源和发展，媒介批评的立场、范畴和媒介批评的方法论等层面。

2. 从纸质媒介批评研究到电子媒介批评研究

在国内的媒介批评理论研究刚刚起步的时候，学者们的目光还集中在对纸质媒体的研究、批评上，产生了一些研究成果。例如，1994 年起，中国人民大学新闻学院推出了对《北京青年报》、《中华工商时报》、《工人日报》等进行评价的《中国新闻媒介研究丛书》；郑兴东主编了《新闻冲击波——北京青年报现象》；《北京青年报》推出了《我们的经验》；《工人日报》推出了《我们的历史》等书籍。但是，到了 20 世纪 90 年代后半期，研究者们的视线开始从纸质媒介转移到电子媒体。这时候，同样也有一批研究成果面世。譬如，1999 年新华出版社出版了时统宇的《电视影响评析》一书，同年中国城市出版社出版了张锦力的《解密中国电视》，2000 年中国广播电视出版社出版了欧阳宏生的《电视批评论》等。

3. 从注重新闻学学理的批评研究到注重传播学学理和文化批评研究

2001 年国内出版的两本媒介批评专著，被看做是媒介批评的开拓性著作。通读两部著作，会发现存在一个共同的特点，那就是作者都是站在新闻学的学术角度，以新闻学学理的视角来观察和分析媒介批评这一现象。刘建明在《媒介批评通论》序言中认为：“在新闻学领域，一门被忽视的学科正在引起新闻界和新闻研究界的注意，这就是对新闻及新闻媒体批评的研究。”① 他理解的媒介批评学是“引导人们科学地分析新闻作品和媒体活动，让受众正确理解新闻，开导记者从新闻批评的视角把握新闻质量。……它能确立新闻写作和新闻选择的新尺度，构成新闻评阅活动的行为准则”②。

王君超在《媒介批评——起源·标准·方法》一书中写道：“在本书中，笔者重点论述的是‘新闻媒介’——报纸、广播、电视、新闻性杂志、通讯社以及新兴

① 刘建明：《媒介批评通论》，中国人民大学出版社 2001 年版，序言。
② 同上。

的第四媒体，因此，如无特殊说明，本论文中的'媒介批评'实指'新闻媒介批评'。"①

2002 年，由南京大学新闻传播学系潘知常、林炜主编的《传媒批判理论》和合著的《大众传媒与大众文化》、肖小穗的《传播批评——揭开公开中立的面纱》出版。这些媒介批评的理论研究成果，采取了和《媒介批评通论》等两本著作不同的研究视角，即不把媒介批评局限于对新闻传媒的批评，而是遵循欧洲学者所持的传媒批判理论的研究路线，来开展媒介批评理论的方法论建设，并以此与当下中国大陆方兴未艾的传播学学科建设形成良性互动。诚如《传媒批判理论》一书所言："如何推动批判理论的研究进入传播学学科本身，从而打破实证学派在传播学学科中的一统天下，并且在积极汲取批判理论的研究成果的基础上进一步进行传播学的学科建设，或者说，不再从批判理论看批判理论，也不再从实证学派来看批判理论，而是从传播学的学科建设来看批判理论，或者从批判理论来看传播学的学科建设，从而对现行的传播学学科存在着什么不足与缺憾，批判理论的思考可以从哪些方面给传播学的学科建设以深刻的启迪，现行的传播学学科建设借助于批判理论的视野可以在哪些方面加以丰富与深化等方面进行深入的思考，就是一个亟待解决的课题。"② 这种借助西方传播学理论，尤其是借助发轫于欧洲的传播批判理论来审视、反思和建设中国传播学学科的努力，在他们的《大众传媒与大众文化》等著作中得以体现。这些著作从大众传媒的角度切入大众文化研究，用传播批判理论的方法论重新审视报刊、流行书籍、广播、电影、电视、网络等大众传媒，以文化批评的宏阔视野来批判从新闻报道到 MTV、广告、流行音乐、影视制品、网络文化乃至服装、装饰、美容等日常生活中的流行文化，这是站在当前国际学术知识区域前沿，用文化批评学术思想来对媒介批评作全新阐释的尝试。可以预见，媒介批评理论研究于世纪之初在国内学界发生的这种转化，会在新闻传播学界得到越来越广泛的认同。

4. 从"界外"批评研究与"界内"批评研究的分离到两者的逐渐靠拢乃至合流

如果将来自文学、艺术、哲学、社会学界等"界外"的批评研究与来自于新闻传播学界"界内"的批评研究作比较，会发现以下特点：一是"界外"的批评理论研究早于"界内"；二是"界外"的批评研究成果明显多于"界内"；三是"界外"的理论研究在深度和广度方面均超过"界内"；四是在 20 世纪 90 年代，"界外"和

① 王君超：《媒介批评——起源·标准·方法》，北京广播学院出版社 2001 年版，第 8 页。
② 潘知常、林炜主编：《传媒批判理论》，新华出版社 2002 年版，第 385 页。

“界内”的研究基本处于各自分离状态，而到了世纪之交，上述情形开始发生改变。究其原因，一方面是由于来自思想文化界的大众文化批评研究，不仅仅囿于从传媒批评的角度切入，而是出现将传媒批评本身当作本体来研究的趋势；另一方面则是新闻传播学界开展的媒介批评理论研究，逐渐接受来自“界外”的思想资源和理论养分的滋补，使得20世纪90年代中期那种“媒介批评研究少深广、少学术、少知识更新”①的现象有了较大改观。这种“界外”与“界内”研究的合流趋势，在李岩的《媒介批评——立场·范畴·命题·方式》、陈龙的《媒介批评论》、潘知常和林炜的《大众传媒与大众文化》、黄会林和尹鸿的《当代中国大众文化研究》等一批传媒与文化批评研究的著作中，已经明显地表现出来。

第四节 中国媒介批评理论研究评价

由于各种原因，“界外”的批评研究与“界内”的批评研究之间存在着差距，当来自文学、艺术、哲学、社会学界的“大众文化研究已经成为当前学术研究的一大热点”②时，新闻传播学界“界内”的媒介批评研究尚处于“预热”阶段。这在客观上造成了前者成果极其丰富，而后者相对贫乏的局面。限于篇幅和学识的局限，本书作者暂且不对“界外”的批评研究成果作全面地梳理和评价，这个任务留待以后完成。本节的任务，只是对新闻传播学界有关媒介批评的主要成果作简要的评述，并对其存在的主要问题作简要分析。

一、认识逐渐深入

从20世纪90年代中期媒介批评研究进入我国传播学者的视野，至今已有十余年时间。期间，媒介批评研究从无到有、由浅入深、从沙龙式的探讨到学术论文迭出，再到有关专著的问世和学位论文的撰写发表，表明我国新闻传播学界在媒介批评研究领域取得了较大的研究进展，也显示了学界和业界对媒介批评的认识从开始时的朦胧、粗浅到逐渐清晰、深入的发展历程。以下从两个方面加以说明：

第一，面对媒介批评这个陌生的舶来品，一些研究者从媒介批评概念的界定入手，详细、深入地探讨了媒介批评的起源、主体、对象、内容、范畴、标准、形式、方法等基本理论问题，这为媒介批评研究确定了正确的逻辑起点，也为媒介批评

① 吴迪：《改变“三少”、“四无”的批评现状》，载《现代传播——北京广播学院学报》1996年第2期。

② 潘知常、林炜：《大众传媒与大众文化》，上海人民出版社2002年版，第588页。

理论体系的建构打下了基础。

翻阅早期的媒介批评研究文献，人们会发现，对于媒介批评这个概念本身的命名问题，存在许多表面类似的用词，诸如“传媒批评”、“新闻批评”、“媒体批评”、“传媒评论”等，如果不予以分辨，很容易引起误解。概念使用混乱，是研究粗浅的一种表现；概念解释混乱，则是研究粗浅的另一种表现。也有一些研究者用电影批评、电视批评的概念来解释媒介批评。为理顺这些言说，一些研究者采取了从厘清概念入手的方法，深入、细微地探讨了媒介批评的定义。这些定义虽然“在批评对象的界定和解释上都或多或少地存在着名实不符的问题”[①]，但是在媒介批评是对大众传媒开展的批评，它和新闻批评、文艺批评不是同一概念，和电影批评、电视批评、报刊批评既有联系又有区别等这些基本理论问题上，学术界逐渐取得了共识。在此基础上，以媒介批评的起源为历史起点，以媒介批评的定义为逻辑起点，研究者们开始着手建构媒介批评的理论体系。

第二，从关注媒介批评现象的研究到呼唤创立中国特色的媒介批评学，十余年来我国的研究者在不断地探索媒介批评的学理。

国内早期的媒介批评研究来自于对电影、电视和报刊批评的关注，其中对媒介批评研究影响最大的当属电影和电视批评。这可以从两次关涉媒介批评的学术沙龙上窥其一斑。1996 年第 2 期的《现代传播——北京广播学院学报》开设了以媒介批评为主题的学报沙龙专栏，内容主要涉及对电视批评的批评。有专家在专栏指出：“我们对电视批评的不满由来已久，电视批评对于实践的影响越来越小。”因此电视批评要建立“一种新批评话语”，而这种新批评话语就是媒介批评。[②] 1999 年第 1 期的《北京电影学院学报》开设了“‘电影批评的批评’学术研讨会”专栏，一些电影学专家就电影批评不能适应 20 世纪 90 年代电影发展实践的问题，展开了讨论。有专家提出电影属于大众文化，对应电影批评的是媒介批评。因此，电影批评要转向媒介批评。[③] 从以上两场讨论的情况来看，早期的媒介批评研究关注的是媒介批评的现象层面，对理论层面的注意和期待，则是出于学术的直觉。随着媒介批评研究的不断深入，研究者们不断追问和思考这些问题：何谓媒介批评？媒介批评的源头在哪里？媒介批评与相邻的文艺批评、文化批评是何关系？媒介批评的理念、范畴、命题、属性、对象、标准、方式是什么？在不断解答这些问题的过程中，媒介批评理论体系逐渐搭建起来。继本书作者

---

① 谭舒、董天策：《媒介批评：疑问与思考》，载《新闻记者》2002 年第 2 期。

② 参见解玺璋：《一种新批评话语的建设》，载《现代传播——北京广播学院学报》1996 年第 2 期。

③ 参见《“电影批评的批评”学术研讨会会议纪要》，载《北京电影学院学报》1999 年第 1 期。

于1997年提出“建设有中国特色社会主义媒介批评理论”命题之后，王君超提出了“建设有中国特色的社会主义媒介批评学”的构想。刘建明则从媒介批评的主体、规范、标准、方法等基本理论问题入手，探讨了媒介批评学的基本理念，提出了“媒介批评学”的命题，并在此命题下，试图构建媒介批评理论的方法论系统，搭建媒介批评学的学说架构。从此，在上述学术思路的引领下，围绕着媒介批评本体论建设问题，研究者们开展了富有成效的研究工作。

纵观国内新闻传播学界关于媒介批评理论研究的历程，可以发现：其研究思路经过了一条从朦胧到清晰、从直觉到理性的嬗变过程。如果说对电影批评和电视批评现象的批评，是导致媒介批评浮出学术水面的一个重要原因，如果说“建立新闻传媒评论学”的呼吁是对即将来临的媒介批评研究“热”的直觉反应，同时也是新闻传播学界、业界对媒介批评这一概念感到陌生的表现，那么“建设有中国特色社会主义媒介批评学”命题的提出，《媒介批评通论》、《媒介批评——起源·标准·方法》、《媒介批评——立场·范畴·命题·方式》、《建构权威·协商规范——美国新闻媒介批评解读》等一系列研究专著和学位论文的问世，则完成了从扫盲、启蒙到提高、升华的质变过程，这些研究成果对于媒介批评理论研究的贡献，不仅仅在于提出了建立“媒介批评学”的命题，而且在于围绕这一命题，对媒介批评学做了本体论的阐释。可以预见：在不远的将来，媒介批评学这门传播学的分支学科，会在中国的学术研究序列中获得合法的身份。

二、视野不断开阔

在不断寻求新的思想资源和理论根据的过程中，媒介批评研究视野不断开阔。2002年之前，以刘建明、王君超的两部著作为代表的媒介批评研究成果，其研究“重点几乎都集中在新闻传播学的范畴上，注重的是对新闻媒介的批评”①。之后诞生的一些媒介批评成果，则将关注点转向对大众传媒和大众文化的批评。2005年出版的《媒介批评论》、《媒介批评——立场·范畴·命题·方式》两部著作，打破了行业界限，摒弃了从新闻内部生产性运作过程的角度来研究媒介批评的已有做法，把媒介批评研究置于社会文化大背景下进行观照，因此，研究工作在整体上呈现出宏大叙事的特征。在具体的研究对象方面，这两部著作涉及了对新闻报道、体育赛事、电影、电视剧、电视娱乐节目、广告、流行小说、流行音乐和传媒教育的分析批评。

随着研究的不断深入，一些研究者开始致力于研究国外媒介批评理论和实

① 王君超：《媒介批评的现状、机遇与挑战》，载《今传媒》，2005年第10期。

践。2003年,复旦大学新闻与传播学院教师谢静答辩并通过了题为《建构权威·协商规范——美国新闻媒介批评解读》的博士学位论文。论文分析了美国的新闻媒介批评与美国新闻专业主义交互发展的历程:从专业主义的初步确立,到客观性规范的建构,从社会责任论的挑战再到最近的公共新闻学对社会责任论的替代。通过分析,论文揭示了美国新闻媒介批评的贡献和局限。继该篇博士论文之后,又有多篇研究国外媒介批评的硕士论文问世。此外,还有一些研究者开始了媒介批评的历史研究。

除了上述研究者分别从国别史和断代史的角度开展媒介批评史的研究之外,一些关涉媒介批评史的个案研究、人物研究也陆续开展起来,例如前述有关刘自雄、熊珺对欧洲和美国早期媒介批评文献的考证①,谢静对20世纪初美国媒介批评对新闻专业主义建设的贡献的分析②。还有,胡正强发表的《谢六逸,不应被遗忘的新闻批评家》、《梁启超新闻媒介批评实践与思想论略》、《瞿秋白新闻批评实践与思想论略》等文章,对我国媒介批评史上一些有卓越贡献的代表性人物进行了研究,这些研究成果,将对今后的媒介批评史研究产生影响。

三、方法趋于多样

研究视野的开阔,促进了媒介批评研究方法的多样化。近年来的研究成果显示:引进国外人文社会科学理论和思想资源,从不同的学理角度分析媒介批评现象、研究媒介批评理论问题,已成为一种普遍的研究方法取向。刘建明在《媒介批评通论》中,采用了结构主义方法和文本理论,提出媒介批评的方法首先应从新闻客体外部结构对内部结构的作用入手,在解读新闻文本的过程中,寻找新闻的深层含义。李岩的《媒介批评——立场·范畴·命题·方式》一书,全面梳理了符号学、意识形态分析、叙事理论、结构主义、读者反应理论、女性主义理论及文化批评和后现代理论对媒介批评的影响,力图通过对媒介批评的具体实践活动的分类描述,重新界定媒介批评的对象、方法及范畴,该项成果受到了学界的关注和好评。有评论认为:该书从"更为广泛的角度架构媒介批评这一课题的理论、逻辑体系,从而使媒介批评的研究有了更为开阔的研究思路。这一研究

---

① 详见刘自雄、熊珺:《略论"媒介批评"的概念及其起源》,载《湖南大众传媒职业技术学院学报》第2卷第4期,2002年12月。

② 详见谢静:《20世纪初美国的媒介批评与新闻专业主义确立》,载《新闻与传播研究》2004年第2期。

拓宽了新闻传播学的学科范围，提供了一种新的研究方法"[①]。

不同的研究方法，还带来了对媒介批评性质的不同认识。谢静的博士论文从叙事理论和新闻专业主义理论视角解读美国新闻媒介批评。该文分析了媒介批评所具有的叙事性和道德性，并且认为这种性质使媒介批评成为社会角色的对话空间。在把媒介批评视为一种叙事的认识基础上，该文进一步剖析了美国媒介批评的特征，即"作为一种叙事，媒介批评反映了人们对媒介社会角色的期望，体现了对这一私人财产服务公众的要求。同时，媒介批评还是更大的社会叙事的一部分，反映了批评者自身的境遇与立场"[②]。采用这种研究方法，不仅克服了就事论事的局限，而且有利于更深入地理解媒介批评本身。

近年来的媒介批评研究还出现了一种值得注意的动向：在研究者致力于从建设的角度开展媒介批评本体理论体系建构的同时，也开始出现了从批判性的角度来重新审视媒介批评这个新的话语体系的趋向。吴靖、云国强借鉴哈贝马斯的"公共领域"理论，批判性地梳理了学院媒介批评的重要流派，指出现存媒介批评研究范式在关注范围和切入角度上的局限。文章认为，媒介批评的对象应该扩大到所有具有社会文化意义的文本，尤其是通俗文化和边缘文化的文本，而不仅仅限于机构化的大众传媒所制造的话语，批评应以剖析文本所折射出来的权力关系及其变化为切入点，或以解释文本的社会现实意义为目的，而不是拘泥于从既有理论框架推导出对文本的标准解读。这样才能真正体现媒介批评的包容性和公共性。[③]

纵观十余年来媒介批评研究的发展历程，其方法论的运用，主要是引进西方人文社会科学理论，并运用这些理论来解读中西方媒介批评实践和理论问题。这种研究方法取向，带来了问题的两面性：一方面，面对西方的舶来品——媒介批评研究，我们首先要做的工作就是虚心、诚恳地学习和研究外来的媒介批评理论，只有站在国际学术前沿，用最新的学术思想和理论资源来观照媒介批评研究，才能推动媒介批评研究向前发展，这并非用"西方的瓶子装中国的酒"；另一方面，如何将西方的媒介批评理论经过消化、改造，变成能有效阐释中国媒介批评实践的理论，如何在吸收和借鉴当代西方媒介批评理论的同时，以马克思主义

---

① 李岩：《媒介批评——立场·范畴·命题·方式》附录：国家社会科学基金资助项目专家鉴定意见摘录，浙江大学出版社2005年版，第268页。

② 参见谢静：《建构权威·协商规范——美国新闻媒介批评解读》"导言"，http://dlib.cnki.net，中国优秀博硕士学位论文全文数据库。

③ 参见吴靖、云国强：《媒介批评的重构——兼论媒介批评的公共性》，载《现代传播——中国传媒大学学报》2005年第2期。

为指导,建设中国特色社会主义媒介批评理论,确实是摆在我们面前的一个严峻课题。

四、学理依然薄弱

国内新闻传播学界的媒介批评研究,从起步到发展,筚路蓝缕,取得了上述阶段性的成果。但是,对比来自文学界、艺术界、哲学界、社会学界的大众文化批评,对比国外汗牛充栋、流派纷呈、思潮迭起、研究传媒问题精深、思考社会现象辽阔的传播批判理论,我国大陆的媒介批评研究还显得落后,甚至与港台地区的研究成果相比,也有着相当大的差距。一如已有论者所述:"一、理论研究十分薄弱,明显滞后于媒介批评实践的发展;二、研究内容上,存在着'窄化'的趋向;三、对西方媒介批评理论的引进、消化、吸收不够;四、缺乏理想的媒介批评环境;五、媒介批评实践不足。"① 以至于在有人欢呼"媒介批评的春天到来了"之后,倏忽又落得"春归无觅处"的尴尬和落寞。

我国媒介批评理论研究落后的原因何在?这个原因应该从学理上去寻找。纵观我国大陆新闻传播学界的媒介批评理论研究成果,学理不足,学术水准欠佳,难以和国内思想界业已形成的大众文化研究思潮形成对话,更遑论与国外传播批判学派接轨。究其故,这需要从媒介批评理论依据的基础学科——传播学在我国的发展状况着手分析。

美国实证主义取向的传统传播学派在我国占据主导地位,缺少欧洲传播批判理论滋养的我国媒介批评理论,其学术传统和思想资源先天不足。

传播学分为美国传统学派和欧洲批判学派。从理论上讲,我国的传播学研究应该倾向于批判学派,而对传统学派持否定态度。但是,当人们用传播学来回答中国的现实问题时,情况发生了逆转。我们不可能拿那种"不作任何许诺、不显示任何成功,它只是否定"②的批判理论来对待中国的传播现实。而美国为维护现行传播制度而采取行政取向和实证主义方法的传统传播学,理所当然地被我们所挪用。可是,用美国实证主义取向的传播学指导媒介批评研究时,却显得先天不足。P. F. 拉扎斯菲尔德(Lazarsfeld)在1948年分析媒介批评研究的缺失现象时认为,这主要归咎于两个原因:一是媒介批评的对象对批评的抵制,使得针对媒介批评的研究缺少合法性基础;二是学术研究领域对媒介批评的轻视,认

① 王君超:《媒介批评——起源·标准·方法》,北京广播学院出版社2001年版,第308页。
② 〔德〕赫伯特·马尔库塞:《单向度的人——发达工业社会意识形态研究》,张峰译,重庆出版社1988年版,第216页。

为媒介批评现象不值得研究，使得针对媒介批评的研究缺少学术性基础。这从一个侧面反映了美国新闻传播研究的现实——日益向社会科学领域靠拢的新闻传播学术界越来越重视实证的方法和理论的建构，媒介批评这一现象似乎既无益于某一理论的增长，也难以套用实证的方法，所以，媒介批评不能成为研究的主流，当在情理之中。①

另外一个值得注意的现象是：在我国，绝大多数从事传播学研究的人员，不是来自心理学、社会学、政治学、哲学的学者，而是来自新闻学的学者。明白这一点，人们就不难理解，为什么这十几年来，法兰克福学派、当代英国文化研究思潮，包括“文化帝国主义”、“电子殖民主义”等批判理论或批判思潮，主要由文学界、艺术界、哲学界、社会学界介绍、引进和研究，而鲜有新闻传播学界的介入和参与。其结果是，中国的思想文化界借助批判理论丰富的思想资源和学术研究方法，形成了从20世纪80年代的“方法热”，到90年代的“本体热”，再到世纪之交的“文化研究热”等一轮又一轮的批评思潮，而新闻传播学界的媒介批评研究至今尚处于“拓荒期”。

检视当下中国新闻传播学界开展的媒介批评研究，会发现一个矛盾的现象：一方面是严肃的学者们对这门充满着巨大的挑战性并蕴藏无限学术生机的学问心存畏忌，另一方面则是一些人甚至在不知媒介批评为何物的前提下，便大胆放言。“必须承认，在许多场合，‘媒介批评’成了一面增加‘卖点’的金字招牌，这实在是对媒介批评的莫大讽刺。”② 严肃的媒介批评理论研究，应该坚决抵制这种现象！

---

① 参见谢静：《建构权威·协商规范——美国新闻媒介批评解读》“导言”，http://dlib.cnki.net，中国优秀博硕士学位论文全文数据库。

② 王君超：《我国媒介批评的现实与思考》，载《报刊之友》2002年第1期。

第八章　建设中国特色社会主义媒介批评理论

我国大众传播事业的发展呼唤严肃健康的媒介批评,媒介批评实践呼唤媒介批评理论的指导。我国的媒介批评不能全盘照抄西方的批判学派理论,而要有社会主义中国的特色。

第一节　本体论的建设

一、中国特色社会主义媒介批评理论的性质和特征

媒介批评是一种特殊的社会文化批评,它以大众传媒和大众文化为批评的对象。中国特色的社会主义媒介批评理论,就是对中国特色的社会主义媒介批评实践的总结和升华。它是中国特色社会主义文化建设事业的一个组成部分,担负着倡导和建设社会主义精神文明的重要使命。

中国特色社会主义文化建设事业,是以中国特色社会主义文化建设理论为指导的。这个理论有其丰富的内涵。1991 年 7 月 1 日,江泽民在庆祝中国共产党成立七十周年大会上讲话中第一次明确指出:有中国特色社会主义的经济、政治、文化,是有机统一、不可分割的整体。他对有中国特色社会主义的文化建设作了初步论述。他指出:有中国特色社会主义文化建设的指导思想必须是马克思列宁主义、毛泽东思想,这是我们立党立国的根本,也是社会主义文化建设的根本,决定着我国文化建设的性质和方向,不能搞指导思想的多元化;文化建设的方向是为人民服务、为社会主义服务,繁荣和发展社会主义文化,不允许毒害人民、污染社会和反社会主义的东西泛滥;文化建设的方针是"百花齐放、百家争鸣"、"古为今用,洋为中用";文化作品要反映社会主义时代精神这个主旋律,又要多样化,为人民大众所喜闻乐见;文化建设不能割断历史,不能搞民族虚无主义,又要对传统文化加以发展,推陈出新;文化建设不能搞全盘西化,又必须立足本国,充分吸收世界文化优秀成果,"面向现代化,面向世界,面向未来";文化

建设的直接目的是要繁荣和发展文化，创造出无愧于伟大时代的社会主义文化，其根本目的是要培养出社会主义现代化建设需要的“四有”新人，即“有理想、有道理、有文化、有纪律”的新人；文化建设领域很广阔，包括教育、科学、文学艺术、新闻出版、广播影视、卫生、体育、图书馆、博物馆等文化事业的发展以及多种形式的群众文化娱乐活动的开展；在意识形态领域，大量矛盾属于人民内部的思想认识问题，要严格区分和正确处理两类不同性质的矛盾。[①] 这些论述构成了中国特色社会主义文化建设理论的框架体系。

中国特色社会主义媒介批评理论，除了具备上述中国特色社会主义文化建设理论的普遍性之外，还具有自身的特殊性。这个特殊性是由其特殊属性所决定的。那么，中国特色社会主义媒介批评理论有哪些特有的属性呢？

首先，它具有媒介批评理论的本质属性。这个本质属性，就是前文所论述的，就其本质而言，它是一种特殊的文化批评理论。正是由于它具有这样的本质属性，因此，中国特色社会主义媒介批评理论，和西方资本主义媒介批评理论，在理论形态、研究对象、研究方法、研究目的等方面具有不同程度的一致性。换言之，我们建设中国特色社会主义媒介批评理论，是在借鉴和学习西方资本主义媒介批评理论基础之上开展的。这是由媒介批评理论质的规定性所决定的。无视媒介批评理论是西方的舶来品的现实，无视媒介批评理论是对媒介批评实践的总结和升华的基本规律，希图在一片理论的空白上建设中国特色社会主义媒介批评理论，这是虚无主义的乌托邦理论，是对媒介批评理论建设的规律性的否定。

媒介批评理论作为一种特殊的文化批评理论，它和文艺批评、政治经济学批评等邻近领域的批评理论有着本质的差别。这种本质的差别体现在：研究的对象不同、研究的方法不同、研究的目的不同、研究的标准不同，另外，从事研究工作的主体亦不同。具体到媒介批评理论与文艺理论研究的差别，依次简述，有这些方面：第一，媒介批评理论是对以大众文化和大众传媒为批评对象的媒介批评实践的理论总结和升华，它与以研究人类的文艺活动和文艺现象，其中以文学活动和现象为主要活动的文艺理论，有着在研究对象上的差别。第二，虽然媒介批评理论的研究方法和文艺理论的研究方法有许多的相同之处，但由于研究的对象不同，因此，研究方法又有很大的差异。例如，文艺理论以质化研究、定性研究为主，以作家的创作思想、中外文艺现象和思潮为主要对象，对作品的文本解读和分析是其主要方法，而媒介批评理论却是运用质化研究和量化研究相结合的方

① 参见《江泽民文选》第1卷，人民出版社2006年版，第158—162页。

法，开展对媒介批评实践的研究。英国当代文化研究思潮影响下的媒介批评理论，正是采取了这种研究的理路。第三，文艺研究的主要目的，是提升文艺创作和文艺鉴赏的水平，推动文艺活动向健康的方向发展，而媒介批评理论研究，则是要为媒介批评实践提供理论指导，以提升大众文化的质量，匡正大众传媒的时弊，提高国民的文化欣赏和精神文明的水平。第四，正是因为研究的对象、方法和目的的不同，二者的研究标准亦有差别。文艺研究的标准重在提高层面，而媒介批评研究的标准重在普及层面。

其次，它具有中国特色的媒介批评理论的特殊属性。所谓中国特色媒介批评理论，就是民族的科学的社会主义的大众文化和大众传媒批评理论。中国特色媒介批评理论，首先必须是民族的。它包含三个层面的内容：第一，它的立论基础——文化形态必须是民族的。民族文化是一个丰富的整体，包括知识、信仰、艺术、道德、法规、习俗乃至各种习惯。它既是既往民族感性和民族意识的积淀，又是当下该民族时代精神和价值取向的凝结，民族文化反映着该民族成员的思维方式、价值取向、理想人格、伦理观念、国民品性等，它属于“深层次的东西”，它反映民族特定的人际关系和价值关系。[①] 中华民族在长期实践中创造了灿烂的中华文化，孕育了优秀的民族品质和民族精神。中华民族向来重德尚义、自强不息，向来宽容、厚德载物、协和万邦、百家争鸣，向来秉承着真诚炽热的爱国精神和崇高的社会历史责任感，这些精神通过不同历史阶段的积淀和发扬，成为中华民族凝聚力与向心力的结晶，成为推动社会前进的巨大精神力量。但是，我们也应该看到：在全球化浪潮冲击下，中华民族的传统文化也面临着巨大的挑战。当前文化在国际舞台上的竞争具体表现为文化产业的竞争，文化产业是一个涵盖文化艺术业、新闻出版业、广播电视业、网络业、电影业、音像制作业、娱乐业、版权业和演出业在内的庞大体系。我国作为一个文化大国，在国际市场上竞争力还很弱，突出表现在文化产品方面。我国的文化产业不仅生产能力弱，而且文化产品质量偏低，品类不全。我国文化产品再生产中不太重视文化产品的观赏性和艺术性，能引起世界关注的艺术精品屈指可数。我国自主开发的文化产品还很缺乏，视听技术产品市场基本落入外国资本之手，甚至许多国产文化产品具有外国版权。中国人口占全世界人口的20%，但中文网站的数量只占全球网站总量的1%。显然，在这样一种文化生态状况下所生产的一切文化产品，难以在国际文化市场上拥有竞争力和市场份额，难以满足国人日益增长的文化消费要求。入世带来文化市场准入范围的扩大，必将给我国文化产业带来巨大的冲

① 马广先：《经济全球化条件下我国文化发展问题的思考》，载《理论前沿》2002年第17期。

击。在中华民族文化面临严峻挑战和当前我国文化产业处于弱势和落后地位的形势面前,开展积极健康的媒介批评,以提升大众文化的品质,显得更为迫切和重要。我们所要开展的媒介批评,就是要遵循"百花齐放,百家争鸣"的方针,坚持"弘扬主旋律,提倡多样化"的批评原则,对大众文化中优秀的民族文化精粹加以发扬光大,对其中包含的封建糟粕加以批判。中国特色社会主义媒介批评理论,就是要继承中国绵延了两千多年的文学批评史的优良传统,为当下我国的媒介批评实践,提供具有中国特色的理论指导。第二,它的表现形式必须是民族的,具体说,是中国的风格,中国的气派。第三,它的理论来源必须是民族的。具体说,它立根于中国媒介批评实践的历史和现实,从中汲取形成理论的丰富养料。我们应该老老实实、认认真真地学习和研究西方的媒介批评理论,了解各种文化批评思潮对媒介批评实践带来的影响,但是我们学习西方媒介批评理论的成果和理论经验,绝不是要全盘西化,也不是要在西方媒介批评理论的语境下建设我国的媒介批评理论。我们应该坚持"以我为主,拿来为用"的方针,立足于我国媒介批评的现实,兼收并蓄,合理吸取,不断培植和改善本民族的媒介批评实践的土壤,努力建设富有生机和活力的中国特色媒介批评理论。

中国特色社会主义媒介批评理论,还必须是科学的。其科学性体现在以下两个方面:第一,指导思想、研究方法是科学的。中国特色社会主义媒介批评理论,遵循马克思主义的指导思想,在研究中国的媒介批评实践问题时,强调将马克思主义的新闻思想和媒介观与中国新闻传播现实的实践相结合,这种结合,统一于邓小平理论之中。"十四年来,社会主义在中国的新局面和新成就,更使我们从历史的比较和国际的观察中认识到,我们党建设有中国特色社会主义的理论是正确的,是符合最广大人民的利益和要求的。这个理论,第一次比较系统地初步回答了中国这样的经济文化比较落后的国家如何建设社会主义、如何巩固和发展社会主义的一系列基本问题,用新的思想、观点,继承和发展了马克思主义。"① "邓小平理论是指导中国人民胜利实现社会主义现代化的伟大理论。在当代中国,只有把马克思主义同当代中国实践和时代特征结合起来的邓小平理论,而没有别的理论能够解决社会主义的前途命运问题。"② 中国特色社会主义媒介批评理论,是中国特色社会主义文化建设理论的一个组成部分,也是有中国特色的社会主义理论的一个组成部分,它以马列主义、毛泽东思想和邓小平理论以及"三个代表"重要思想作为指导思想,用马克思主义之矢,来射中国的

① 《江泽民文选》第1卷,人民出版社2006年版,第218页。
② 《江泽民文选》第2卷,人民出版社2006年版,第264页。

媒介实践之的,这是它具有科学性的关键所在。第二,中国特色社会主义媒介批评理论,也是一门理论科学。它属于哲学社会科学范畴。媒介批评学是一门亟待建设的新学科。在人文社会科学的大部分领域,批评理论是学术主潮。单就文艺学来看,其学科的基本架构为文艺理论、文学批评、文学史三个分支。这三个分支在研究的范围、对象、任务、功能上都有所不同。近年来,文艺理论界有人对三个分支说提出质疑,认为"上述文艺学的三个分支,从理论上来说,并未构成完整的知识体系"①,还应包括"文学理论史"、"文学批评史"这两个分支。"实际上这两个分支已越来越引人注目,研究成果也越来越多。这样,从理论上说文艺学可能有的分支就不是三个,而是五个,即文学理论、文学批评、文学史、文学理论史、文学批评史。"② 由此可见,文艺批评理论不仅是构成文艺学的一个重要分支学科,而且这个分支学科随着时代的发展在不断丰富和完善。笔者认为:媒介批评理论,是建立在传播学学科基础上的一门新兴学科,同时也是传播学的一门分支学科。中国特色社会主义媒介批评理论,不效仿西方的传播批判理论,具体说,我们致力于建设中国特色社会主义媒介批评理论,而不是建设中国特色社会主义传播批判理论。因此,建设中国特色社会主义媒介批评理论,应纳入到建设中国特色社会主义传播学体系之中。传播学的学科构架为:传播理论、传播史和传播业务。媒介批评理论是传播理论的一个分支学科,而媒介批评史、媒介批评实务则分别是传播史、传播业务的分支。具体可以图示如下:

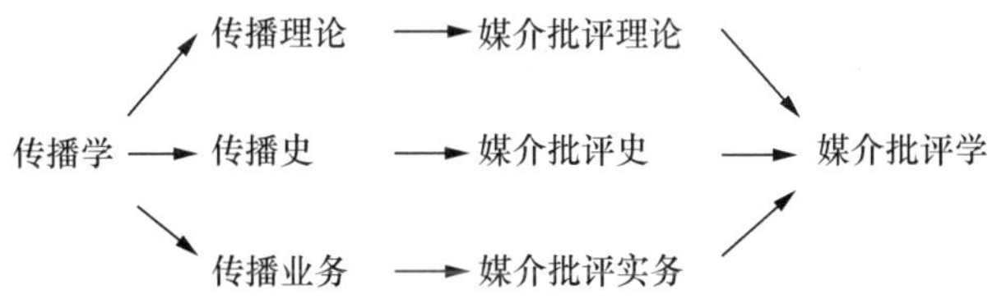

作为中国特色社会主义传播学学科体系的分支学科,中国特色社会主义媒介批评理论、中国的媒介批评史、中国的媒介批评实务,又构成了中国特色社会主义媒介批评学学科体系。这门新兴的学科有着迷人的学术魅力,必将吸引几代学人为之奋斗。

中国特色媒介批评理论,还必须是社会主义的,也就是说它必须具有社会主义文化的性质。中国特色的社会主义文化性质不仅仅和资本主义文化、封建主义文化的性质有着本质的区别,同时也和新民主主义的文化性质有着质

① 童庆炳主编:《文学理论教程》,高等教育出版社 1998 年版,第 4 页。
② 同上。

的区别。

新民主主义的文化性质是反帝反封建的文化。反帝反封建,既规定了新民主主义文化的任务,同时也规定了它的性质。由于反帝反封建的历史任务已经由新民主主义革命所完成,因此,社会主义的文化性质,已不是反帝反封建的文化(虽然在社会主义初期阶段,封建主义和殖民主义的残余意识、资本主义的腐朽意识常常死灰复燃,并有蔓延扩张之势,但占主导地位或者说占统治地位的主流意识是社会主义意识),而是"以马克思主义为指导,以培育有理想、有道德、有文化、有纪律的公民为目标,发展面向现代化、面向世界、面向未来的,民族的科学的大众的社会主义文化"①,其任务是要"建设立足中国现实、继承历史文化优秀传统、吸取外国文化有益成果的社会主义精神文明。"② 中国特色社会主义文化的性质,决定了中国特色社会主义媒介批评理论的性质,那就是它具有鲜明的社会主义意识形态性,这是中国特色社会主义媒介批评理论最根本的社会属性。由于社会主义社会的经济基础和上层建筑的关系同奴隶制社会、封建社会、资本主义社会有着不同的性质和特点,因而作为属于社会主义时期意识形态范畴的媒介批评活动,也就有了自己质的规定性。社会主义社会是从资本主义社会到共产主义社会之间的漫长的历史过程,它中间要经过若干发展阶段,而且在不同的国家和不同的发展阶段上还有许多不同的特点。我国目前正处于社会主义初期阶段,它从根本性质上不同于过去以私有制为基础的社会制度。第一,建立了以公有制为主体的社会主义所有制关系,同时还存在着个体经济、公私合营经济、资本主义经济(包括外资、独资成分),是一种以社会主义公有制为主体的多种经济成分并存的社会结构;第二,建立了以按劳分配为主体的社会主义分配制度;第三,以经济建设为中心,逐步建立起了社会主义市场经济体制;第四,在政治制度上,建立了工人阶级领导的、以工农联盟为基础的人民民主专政,实行共产党领导的多党合作制和政治协商制度;第五,规定了马克思列宁主义、毛泽东思想和邓小平理论以及"三个代表"重要思想在整个国家和意识形态领域的指导地位,强调继承和发展人类所创造的一切优秀文化成果,不断提高人民的思想道德和科学文化素质,建设社会主义精神文明。这些客观存在着的社会主义初级阶段的历史条件和文化环境,决定了中国特色社会主义媒介批评理论的基本性质和主要特征。

---

① 《江泽民文选》第2卷,人民出版社2006年版,第17—18页。

② 同上书,第18页。

二、中国特色社会主义媒介批评理论的任务和地位

中国特色社会主义媒介批评理论的性质和特征，决定了中国特色社会主义媒介批评理论的任务和地位。其主要任务是：

1. 以马克思主义的媒介观作为指导思想，充分吸取国外媒介批评理论有益的思想资源和学术成果，在深入研究中国媒介批评的历史和现实实践的基础上，建立中国特色社会主义媒介批评理论体系。

习近平指出："要加快完善对哲学社会科学具有支撑作用的学科，如哲学、历史学、经济学、政治学、法学、社会学、民族学、新闻学、人口学、宗教学、心理学等，打造具有中国特色和普遍意义的学科体系。"①

如前所述，西方发达资本主义国家的大众传媒和大众文化发达，媒介批评实践和理论亦十分丰富。其传媒批判理论，在各种社会思潮和学术资源的引领和支援下，流派纷呈，学说众多，一些重要的学术成果形成了影响深远的文化思潮和完整的学科体系，如前所述的法兰克福学派的社会批判理论和英国当代文化研究中心的文化研究思潮等。这些批判理论已越过国界和学科界限，成为全球性知识区域的经典理论。在全球化浪潮扑面而来的今天，这一文化现实一方面给中国知识界带来了清新的学术空气，另一方面也给中国的人文知识分子带来了不安和焦虑。我们不可回避这样一个现实问题：面对国外媒介批评理论的繁荣景象，我们能否建立中国特色媒介批评理论？如果答案是肯定的，那么如何建设？本书作者对第一个问题的答案是：中国应该拥有属于自己的原创性的媒介批评理论，这不仅仅是因为中国拥有自己的独创性的媒介体制和媒介文化，而且还拥有自己独创的媒介批评实践。这种独创性的媒介批评实践，深深扎根在中国的大众文化和大众传媒的现实土壤中，并从中国两千多年绵延不断的文化批评传统中吸取思想养料和学术补给，因而它已形成中国特色的媒介批评实践。中国特色的媒介批评实践，呼唤中国特色媒介批评理论的指导，这是时代的需要，实践的需要。作为有责任心的中国知识分子，应该为拉近乃至消弭我国与发达资本主义国家在人文社会科学研究领域的差距做出贡献，这其中就包括拉近和消弭在媒介批评理论建设学科领域的差距。这是中华民族在新世纪实现伟大复兴而赋予从事文化理论研究工作者的历史使命，我们责无旁贷。

理性地回答了第一个问题，我们应更进一步理性地面对第二个问题：如何建设中国特色社会主义媒介批评理论。这既涉及该命题的方法论问题，也涉及中

---

① 《习近平谈治国理政（第二卷）》，外文出版社 2017 年版，第 345 页。

国特色媒介批评理论自身的任务和作用的本体论问题。前者,亦即方法论问题留待下一节专门讨论;后者的本体论问题,试作以下简要回答。

建设中国特色社会主义媒介批评理论的任务之一,是要建立具有鲜明的马克思主义特色的媒介批评理论。这个特色,不是国外媒介批评理论的西方马克思主义特色,而是将马克思主义媒介批评原理与中国的媒介批评实践相结合的特色。我们所要创立的这种马克思主义媒介批评理论,经过几代学人的不懈努力,必定会在世界批评理论的园地显示她独有的理论魅力。

中国特色社会主义媒介批评理论,又是一个开放性的理论体系。它的另一个重要任务,是学习和借鉴西方资本主义国家的媒介批评理论的有益成果,用以指导中国的媒介批评实践。譬如,法兰克福学派的社会批判理论所关注的"工具理性批判",以及对资本主义制度下的大众媒介体制的批判,对于我们关注全球化背景下的西方大众文化对我国文化市场的渗透,对于青少年一代不同程度发生的"哈日"、"哈韩"的文化现象,具有理论的警示作用。当代文化研究思潮关注的种族、性别、地缘政治、亚文化等所谓"边缘化"问题,对于我们审视当下的大众传媒中流行歌曲、广告、新闻、影视剧作品中的娱乐化、反崇高、反美学等现象,都不无启示作用。西方资本主义国家影响巨大的批判理论,其有益于中国媒介批评实践和理论建设的成果,是资产阶级有识之士们严肃探索的心血成果,它具有超越本阶级意识形态束缚的特点,是属于全人类的精神财富,值得我们吸纳,这对于形成博大精深的中国特色社会主义媒介批评理论体系有益。

建设中国特色社会主义媒介批评理论,其目的不仅仅是在世界的媒介批评理论之林拥有自己耀眼的一席之地,更重要的是必须能够解答中国自己的大众传媒和大众文化实践发展中的现实问题。"但是理论一经掌握群众,也会变成物质力量。理论只要说服人,就能掌握群众;而理论只要彻底,就能说服人。"①当前中国人民正在全面建设小康社会,并致力于文化建设和文化体制改革的伟大社会实践,大众传媒和大众文化建设,作为文化建设和文化体制改革的一个组成部分,理应受到中国特色社会主义媒介批评理论的高度重视和关注。唯此,中国特色社会主义媒介批评理论,才能真正做到理论联系实际,把对人民群众的文化实践研究的精神成果,转化为指导人民群众正确开展文化建设的物质力量。

---

① 《马克思恩格斯选集》第1卷,人民出版社1995年版,第9页。

2. 在经济全球化带来文化全球化的趋势面前,建构具有中华民族本土化特点的大众文化话语体系,促进我国大众文化建设的现代化转型。

全球化给民族文化带来了巨大的挑战。在这个形势面前,我们的文化建设还未能找到有效的调适理论作为应对挑战的指导。尤其是我国的大众文化事业,在经过"文化大革命"十年的封闭和破坏后,一经开放和解禁,即以超常规的速度和方式发展,其中全盘接受西方文化影响和复古倒退、重树封建文化残余旗号的两种有害倾向常常呈抬头和蔓延之势。我国当下大众文化的现代化话语体系未能得到建构。我们的荧屏,书籍、音像市场上,充斥着好莱坞模式的电影和美国肥皂剧的白日梦呓,再就是"清史"、"明史"的戏说和帝王将相、才子佳人的风流韵事。中国大众文化的本土化和现代化呈矛盾对峙的悖立状态。所有这些问题,均源于缺少有说服力和阐释力的文化理论指导。"阐释的焦虑"成为当下中国从事文化研究的学者们的一大通病。中国特色媒介批评理论的建设,必须学习和汲取相邻学科——文艺学理论的学科建设的经验,从与现代文学批评理论的历史作用的对比中,寻找自己的历史坐标,明确自己的历史使命。①

3. 作为一种特殊的文化批评理论,中国特色社会主义媒介批评理论的建设,要为处于社会主义市场经济体制建设中的政治、经济、文化事业服务,为转型时期的公民文化素养和精神素质的培养和提高提供理论支持。

文化批评是一个极其宽泛的概念。它涵盖了当代政治学、经济学、文学、人类学、社会学、传播学、心理学等各个学科的研究领域,打破了学科间的学术壁垒,因此具有反学科的特点。文化批评理论,是对文化批评这一学术思潮的理论抽象和总结。媒介批评理论作为一种特殊的文化批评理论,其特殊性在于它就其本质来说,是大众传播和大众文化的批评理论。"它把大众传播视为研究大众文化的主要对象,前者是观察后者的一面镜子。大众传媒既然是大众文化的主要载体,那么,以监督传媒作为职志的媒介批评理论理所当然且责无旁贷地要把大众文化作为自己的评判客体。其目的,是对大众文化和制造生产这些大众文化的传播媒介实施监督评判,以达到引导大众文化方向,推动现代化的健康发

---

① 杨义(中国社科院文学所研究员)指出,现代文学批评理论的历史作用主要表现在四个方面:(1)以自觉的历史理性批判精神,开辟了新文学的新局面,推动中国文学由古典向现代的转型;(2)扶植新的文学流派和文学萌芽,促进新兴文学的发展,推动中国文学的现代化进程;(3)以中外经典文学为参照,积极探索现代中国的实践诗学与小说学,引导中国现代文学精品的产生和现代文学创作的成熟;(4)现代文学批评在广泛吸纳、锐意进取、争论不休、复杂曲折的实践过程中,舒展了丰富的思维角度,为后世留下了可供反复思考的多样性智慧。参见杨义:《中国现代文学批评理论学术研讨会综述》,载《文学评论》2002 年第 6 期。

展之目的。”[1] 中国的大众传媒和大众文化正在大步走向产业化和市场化。这是经济全球化浪潮冲击下的必然选择。“现在,世界许多国家已盯上我国的巨大文化市场,急于抢滩登陆。如果不抓紧发展和壮大我国的文化产业,提高总体实力,很难适应加入世界贸易组织后文化领域的进一步开放和竞争,就会给国外文化产品进入我国留下巨大空间。”[2] 在这里,问题已经提出,但关键是:如何提高我国文化产品在和国外文化产品竞赛时的竞争能力?如果作进一步的追问:走向产业化和市场化的我国文化事业,其根本目的又是什么?当然是满足人民群众日益增长的文化需求,是为了保护、发扬我们的民族文化,是为了保护我们的文化产业市场。但仅仅这些是不够的,其最根本的目的,是邓小平同志已指出的,培养“有理想、有道德、有文化、有纪律”的现代公民。要完成这个历史使命,达到这个根本要求,我们的文化建设事业任务艰巨,真可谓任重道远。市场化和产业化,对于我国文化事业的建设,只是一种现实途径和策略手段的选择而已,它们不是提升我们社会主义文化建设事业的终极目标和唯一手段。文化事业兼具上层建筑意识形态和经济基础产业属性的复杂性,给我们发展文化事业带来了比一般产业要复杂得多的问题。在处理这些问题的时候,邓小平同志关于思想文化战线在面临经济效益和社会效益相矛盾的问题时,要始终以社会效益为最高准则的思想,具有高瞻远瞩的特点。中国特色社会主义媒介批评理论,在具体指导中国的大众传媒和大众文化开展批评监督的实践活动时,应充分吸取西方资本主义国家大众传媒走商业化道路带来诸种弊端的深刻教训,吸取法兰克福学派的思想家们对资本主义市场解构文化生产自身的规律这一诟病的猛烈批判,无论在当下,还是在今后,对于文化领域中的消费主义原则至上和“技术主义理性”至上的现象,应保持高度的警惕!中国特色社会主义媒介批评理论应在总结我国媒介批评历史与现实实践的基础上,发挥理论的前瞻性和指导性作用。中国特色社会主义媒介批评理论建设,应努力发挥建设的功能与批判的精神并举的作用。

4. 作为一门新兴的、边缘化的学科,中国特色媒介批评理论,应为整合文艺学、经济学、政治学、心理学、传播学学科,形成中国特色的文化研究提供来自理论和实践两个层面的学术资源。

“从世界来看,世纪之交的文学发生了从‘语言论转向’到‘文化的转向’。

---

① 雷跃捷:《新闻理论》,北京广播学院出版社1997年版,第267页。

② 刘云山:《高扬先进文化的旗帜,推动中国特色社会主义文化的发展繁荣》,转引自《十六大报告辅导读本》,人民出版社2002年版,第304页。

这种变化源于当代社会生活的转型。"[①] 文化研究热，也波及我国的学术界，其表现是，自 20 世纪 80 年代以来有关"文化热"的讨论持续不衰，90 年代文学界从"方法热"、"本体热"转向"文化研究热"。这种转向以注重研究当代文化、大众文化、边缘文化和亚文化等问题为标志，在研究方法上，提倡一种跨学科、超学科甚至是反学科的态度和研究方法。因此，"我们可以发现，文化研究为我们提供了一种与传统的研究全然不同的，新的学术视野和研究范式"[②]。"文化研究作为目前国际学术界最有活力，最富于创造性的学术思潮之一"[③]，它对人文社会科学各个学科领域的整合，是其颇具时代特征和学术魅力的重要原因。走向现代化和全球化的中国学术，必将受其影响。文化研究这种打破学科间的壁垒，整合各门学科知识的特点，可从人类学与文化研究的关系中管窥一斑。"当代人类学与以往的人文社会科学的贵族化倾向针锋相对，更加关注所谓'精英文化'的对立面即'大众文化'和形形色色的'亚文化'群体，也就是和文化的'大传统'相对的'小传统'。这种平民化的知识取向对于解构文史哲各学科的精英主义偏向，在帝王将相和杰出人物之外去发掘历史和文化真相，具有充分的示范意义。这就给全球范围内的知识构架的重组和学科之间的科际整合提供了有益的借鉴。"[④] 人类学的核心术语"文化"，是人类知识体系重新整合的有效概念工具。"正是'文化'概念的这种全面论和整合论的特征，使它在 20 世纪的后期越出了单一学科的界限，催生出更加具有综合性的跨学科的和反学科的研究新潮流——'文化研究'(Cultural Studies)。"[⑤] 媒介批评理论以大众文化和大众传媒为研究对象，这门新兴的理论科学与人类学有着类似之处。它的一个重要任务，是要为未来有中国特色的文化研究提供理论与实践方面的学术资源。

中国特色社会主义媒介批评理论，是沟通中国特色社会主义传播理论和传播实践的桥梁和纽带。如同文学理论和文学创作的中介是文艺批评一样，传播理论和传播实践的中介，则是媒介批评。它为传播理论提供实践的材料，为传播实践提供理论的指导。它本身又是一门独立的学科，它有自己的理论原则和历史发展过程。在传播学体系中它是一门应用性和实践性很强的科学。

---

① 金元浦：《当代文艺学的"文化转向"》，载《社会科学》2002 年第 3 期。

② 罗钢、刘象愚主编：《文化研究读本》，中国社会科学出版社 2000 年版，第 1 页。

③ 同上。

④ C. Mukerji, M. Schudson, eds., *Rethinking Popular Culture: Contemporary Perspectives in Cultural Studies*, University of California Press, Introduction, 1991, pp. 1—61. 转引自叶舒宪：《人类学与文学——知识全球化、跨文化生存与本土再阐释》，载《文学评论》2002 年第 4 期。

⑤ 叶舒宪：《人类学与文学——知识全球化、跨文化生存与本土再阐释》，载《文学评论》2002 年第 4 期。

第二节 方法论的建设

一、坚持社会主义先进文化的前进方向

中国共产党的十六大报告指出："在当代中国，发展先进文化，就是发展面向现代化、面向世界、面向未来的，民族的科学的大众的社会主义文化"①。社会主义媒介批评理论建设，是社会主义文化建设事业的一个组成部分，它必须坚持社会主义先进文化的前进方向。那么，在建设社会主义媒介批评理论的实践中，如何坚持社会主义先进文化的前进方向呢？

（一）社会主义的媒介批评理论建设要以马克思主义作为指导思想

"牢牢把握先进文化的前进方向，必须坚持和巩固马克思列宁主义、毛泽东思想、邓小平理论在意识形态领域的指导地位。马克思主义深刻地揭示了人类社会历史发展的客观规律，是当代最科学、最先进、最革命的理论，它既以先进文化为基础，又是一切先进文化的旗帜。"② 社会主义的媒介批评理论建设，应自觉地纳入社会主义先进文化建设体系当中，应坚定不移地将马克思主义作为指导思想。这是历史经验的证明和时代发展的需要。

从建设具有中国特色的社会主义媒介批评理论采取的立场和方法来看，马克思主义既是世界观，又是方法论。马克思主义给我们提供了辩证唯物主义和历史唯物主义这一科学的批评方法。恩格斯说："马克思的整个世界观不是教义，而是方法。它提供的不是现成的教条，而是进一步研究的出发点和供这种研究使用的方法。"③ 社会主义的媒介批评理论，就是对大众传播媒介和大众文化所作批评的理论概括。它不同于将早期的、尚处于人本主义思想，并受青年黑格尔派影响的马克思的思想当作马克思主义来加以研究阐释的现代西方马克思主义学派，也不同于大多数的传播批判学派将"意识形态对经济基础或社会结构的能动作用"加以夸大，甚至颠倒意识和存在，上层建筑与经济基础的关系的唯心主义观点。社会主义的媒介批评，应该坚持"经济基础决定上层建筑，上层建筑反作用于经济基础"这一基本原理，将大众传播这种社会意识形态置于一定的经济基础的背景下去加以考察和分析，透过不同的经济制度下的大众文化现

---

① 《江泽民文选》第 3 卷，人民出版社 2006 年版，第 559 页。

② 刘云山：《高扬先进文化的旗帜，推动中国特色社会主义文化的发展繁荣》，转引自《十六大报告辅导读本》，人民出版社 2002 年版，第 293 页。

③ 《马克思恩格斯全集》第 39 卷，人民出版社 1974 年版，第 406 页。

象，去发现不同制度下的大众媒介的本质。

以马克思主义作为中国特色社会主义媒介批评理论的指导思想，是坚持社会主义先进文化方向的首要标准和任务。因此，建设中国特色社会主义媒介批评理论，从实质上说，就是建设当代的马克思主义媒介批评理论，或者更具体地说，就是建设用马克思主义原理同当代中国大众传播实践相结合的媒介批评理论。

另外，马克思、恩格斯、列宁、毛泽东、邓小平等无产阶级革命领袖亲身从事的无产阶级媒介批评实践，以及在实践中形成的媒介批评思想，是建设中国特色社会主义媒介批评理论可资继承的最宝贵的理论遗产，具有直接的指导意义。

（二）社会主义的媒介批评理论建设应坚持“二为”方向

“在当代中国，发展先进文化，就是发展面向现代化、面向世界、面向未来的、民族的科学的大众的社会主义文化。”十六大报告提出的先进文化概念的内涵，是对毛泽东在《新民主主义论》中提出的“民族的科学的大众的文化”思想的继承和发展，也是对邓小平“教育要面向现代化、面向世界、面向未来”思想的继承和发展。这里的“大众的文化”是什么意思呢？就是文化事业要为人民服务的意思。毛泽东在《新民主主义论》中对此作了解释：“这种新民主主义的文化是大众的，因而即是民主的。它应为全民族中百分之九十以上的工农劳苦民众服务，并逐渐成为他们的文化。”“革命文化，对于人民大众，是革命的有力武器。”① 毛泽东《在延安文艺座谈会上的讲话》进一步阐述了文化事业要为人民服务的思想。他指出：“我们的文学艺术都是为人民大众的，首先是为工农兵的，为工农兵而创作，为工农兵所利用的。”② 基于此，他要求文艺工作者“必须有为人民服务的高度的热忱”③。他认为：“一切革命的文学家艺术家只有联系群众，表现群众，把自己当作群众的忠实的代言人，他们的工作才有意义。”④ 他坚信：“人民，只有人民，才是创造世界历史的动力。”⑤

在改革开放的新时期中，邓小平继承和发展了马克思主义经典作家们关于文化艺术事业要为人民服务的思想。他把这一思想以文化艺术在新时期要坚持“两个效益”的标准，并以社会效益为最高标准的原则加以进一步的阐述。他提出：“对人民负责的文艺工作者，要始终不渝地面向广大群众，在艺术上精益求

① 《毛泽东文艺论集》，中央文献出版社 2002 年版，第 43 页。
② 《毛泽东选集》第 3 卷，人民出版社 1991 年版，第 863 页。
③ 同上书，第 1012 页。
④ 同上书，第 864 页。
⑤ 同上书，第 1031 页。

精，力戒粗制滥造，认真严肃地考虑自己作品的社会效果，力求把最好的精神食粮贡献给人民。”①

社会主义是共产主义的初级阶段，社会主义制度是迄今世界上最先进的社会制度。在当代中国，先进的文化是社会主义文化，它是建立在新民主主义基础上的文化。关于这一点，毛泽东在《新民主主义论》中已作了阐述。党的十六大提出：先进文化是“民族的科学的大众的社会主义文化”，规定了当代中国先进文化的性质是社会主义文化。因此，为社会主义服务，既是中国特色社会主义文化事业的任务，也是其宗旨。只有为代表着全体中国人民意志所选择的社会主义制度服务，才能更好地为人民服务。我们的文化建设，最高标准和最终目的，就是为人民服务。而通过为社会主义服务的手段和途径，我们是能够达到这个标准和目的的。

媒介批评是对大众传媒及其产品——大众文化的批评。这里所说的批评，是评价、判断的意思。那么何谓大众文化呢？北京师范大学教授王一川就这个概念作了如下解释：“大众文化是以大众传播媒介（机械媒介和电子媒介）为手段，按商品市场规律去运作的，旨在使大量普通市民获得感性愉悦的日常文化形态。”② 在这个意义上使用的“大众文化”概念，不能代表先进文化。因为“先进文化”还包含民主、科学的意义。另外，先进文化中的“大众”，是指要为大众服务。因此，先进文化是“民主的”、“科学的”且要为人民大众服务的文化。中国特色社会主义媒介批评理论，在指导媒介批评实践中，应以为人民服务、为社会主义服务为宗旨，以社会效益为最高准则，在开展对报纸、广播、电视和互联网络等大众传播及新闻报道、电视剧、电影、广告、流行音乐、畅销书籍等大众文化的批评过程中，激浊扬清，“大力发展先进文化，支持健康有益文化，努力改造落后文化，坚决抵制腐朽文化”③，鼓励和鞭策大众传媒把为广大人民群众所喜闻乐见的、高尚健康的精神食粮奉献给人民大众。

（三）社会主义的媒介批评理论建设应坚持“双百”方针

“百花齐放”是发展艺术的方法，“百家争鸣”是发展科学的方法。这一方针的着重点是发扬社会主义的艺术民主和学术民主，主张在为人民服务、为社会主义服务的前提下，艺术上不同的形式和风格流派可以自由发展，科学上不同的学派可以自由讨论，艺术和科学中的是非问题，应当通过讨论和实践去解决，而不

① 《邓小平文选》第 2 卷，人民出版社 1994 年版，第 211 页。

② 王一川：《大众文化的含义》，载 2001 年 10 月 12 日《文艺报》第 4 版。

③ 《江泽民文选》第 3 卷，人民出版社 2006 年版，第 559 页。

应采取简单的方式去解决。建设中国特色社会主义媒介批评理论，是一项崭新的、需要集中各种智慧、吸取各种有用的理论营养的文化理论建设事业。在这个过程中，不同流派的理论观点，不同的学术见解将沓至纷呈。譬如当前讨论的一些基本的理论问题有：何谓媒介批评？何谓大众文化？大众文化与主流文化、精英文化是何关系？大众传媒有哪些属性？新闻事业性质的二重性如何表述？中国特色社会主义媒介批评理论如何借鉴西方学术成果？走向市场和实行产业化生产和经营的大众文化如何遵循文化生产的基本规律？这些基本的理论问题，是建设中国特色社会主义媒介批评理论的题中应有之义，需要学术界做出精深的探讨。设若没有在"百花齐放，百家争鸣"方针指导下所形成的宽松、和谐、自由、民主的学术气氛，就难以形成各种思想观点、各种学术流派相互切磋、相互碰撞的局面，学术的创新局面也就难以形成。"坚持百花齐放、推陈出新、洋为中用、古为今用的方针，在艺术创作上提倡不同形式和风格的自由发展，在艺术理论上提倡不同观点和学派的自由讨论。"① 我们现在提出建设中国特色社会主义媒介批评理论，重温邓小平同志于 1979 年在中国文学艺术工作者第四次代表大会上的祝词，确实感到具有重要的现实指导意义。

二、坚守兼收并蓄、自主创造的学术品格

中国特色社会主义媒介批评理论，是一个在马克思主义理论指导下的开放的理论体系。兼收并蓄、自主创造，应成为她的学术品格。兼收并蓄，体现在两个层面：

第一，中国特色社会主义媒介批评理论，应充分吸收国外的，特别是西方媒介批评理论的营养。如前所述，媒介批评理论是一个舶来品。我们应该在充分了解、合理改造西方媒介批评理论的基础上，采取"拿来主义"的态度，将其为我所用。"中国应该大量吸收外国的进步文化，作为自己文化食粮的原料，这种工作过去还做得很不够。这不但是当前的社会主义文化和新民主主义文化，还有外国的古代文化，例如各资本主义国家启蒙时代的文化，凡属我们今天用得着的东西，都应该吸收。但是一切外国的东西，如同我们对于食物一样，必须经过自己的口腔咀嚼和胃肠运动，送进唾液胃液肠液，把它分解为精华和糟粕两部分，然后排泄其糟粕，吸收其精华，才能对我们的身体有益，决不能生吞活剥地毫无批判地吸收。"② 在吸收和借鉴来自西方的媒介批评理论时，我们应采取上述的

① 《邓小平文选》第 2 卷，人民出版社 1994 年版，第 210 页。
② 《毛泽东文艺论集》，中央编译出版社 2002 年版，第 40 页。

辩证唯物主义和历史唯物主义的立场。当前国内的媒介批评面临着两种不同性质、不同类型的批评对象:一种是社会主义的大众传媒,一种是资本主义的大众传媒。社会主义的媒介批评,不能采取简单的方式和不加区分的态度。例如,在引进和借鉴西方媒介批评理论时,我们应该谨慎地、有分析地看待西方传播学中的批判学派,有分析、有选择地介绍和借鉴批判学派中的不同流派,其目的,就是要"为我所用"。具体说,批判学派普遍表现的对资本主义的大众传播持激烈批判甚至否定的态度,以及它们对资本主义制度下大众文化作为一种异己的精神力量,对受众起麻痹和虚幻作用的无情揭露和控诉,已经触及了资本主义制度下大众传播的本质,这是我们应该认真学习并着重加以介绍的。随着改革开放的扩大和深入,我们在引进西方先进科学技术的同时,也引进了西方的文化精神产品,包括大量涌进的西方媒介文化产品。我们对这些大量从海上、从空中飘来或飞来的西方媒介文化鲜有具体的、深刻的、严肃的批评。另外,还有相当一部分人对资本主义的媒介可以扮演和充当"第四种权力"的神话坚信不疑,并为之崇拜和向往。在这样的形势面前,多介绍一点西方传播学中的批判学派理论,无疑为我们提供了一面从理论上认识、揭露和批判资本主义媒介制度及媒介文化的镜子,同时也为我们提供了一剂凉药,有助于为西方文化的崇拜热度降温。但是,我们不可用批判学派,如法兰克福学派批判资本主义"文化工业"的方法来对待我们社会主义的大众传播媒介,对社会主义的大众传媒及其产品——大众文化也来一个彻底否定。如果这样,就迷失了社会主义媒介批评的根本宗旨和方向。两种制度下的大众传播所依赖的经济基础不同,因此,其性质、功能、任务和产生的社会效果也就有着本质上的区别。资本主义大众传播媒介的基本矛盾是传播对象的大众化和传媒资源的私人垄断占有,社会主义大众传播媒介的基本矛盾是人民群众日益增长的文化精神需要和这种需要还暂时未能满足的矛盾。由于各自的基本矛盾不同,因而产生的后果也就不同。资本主义社会私人占有或垄断传媒资源的传播制度,带来了两个问题:一是私人占有大众媒介,必然就会将追求经济利益的最大化这一商品生产的目的用于精神产品的生产和传播。这种大众传播的商业化运作的结果是什么呢?资产阶级一些有识之士对电视和电影中的色情、暴力、犯罪情节和镜头泛滥给青少年带来极大危害的批评业已做了回答。二是私人占有或垄断传媒资源,实质上就是占有或垄断宣传舆论工具,形成批判学派所说的资产阶级的"文化霸权"。社会主义的生产资料公有制度规定了大众传播媒介既是党和政府,又是广大人民群众的信息文化舆论工具的性质,因而不存在大众传媒与大众在根本利益上对抗的异化现象。因此,在对两种不同的传播媒介开展批评时,要分清各自不同的传媒性质,采取不同的态度和方法。当然,对当前我们的大众传播媒介的批评,也要加大力度。特别是极少数媒介为了本部门的局部利益、眼前利益,置大众传播的社会责任于不顾,滥播乱放,将新闻当商品做交易,以一些低级、庸俗的东西迎合部分受众的不健康心理的媒介商业化现象,应成为媒介批评的重点。

第二,中国特色社会主义媒介批评理论,还应充分借鉴和吸收相关学科的理论成果。媒介批评理论体系的开放性,是由其研究对象的开放性决定的。媒介批评是对大众传媒和大众文化的批评。当代的大众传媒,已成为当代各种文化形态的载体。报纸、广播、电影、电视、网络、印刷读物、CD、VCD 等已交织成一个当代大众传播网络,科技已成为大众传媒的发展先导。就拿电视来说,高科技不但给电视技术,而且会给电视文化带来革命性的变化。“这其中包括技术层面、文化层面、艺术层面乃至于美学层面,都将发生深刻的革命性的变化。”①

有人预测,随着数字技术引入大众传媒,将会出现“信息技术美学”研究的热潮。这是当代人文社会科学研究与自然科学技术结合产生的新趋势。因此,当代媒介批评理论,须吸取和借鉴自然科学技术的研究成果,包括自然科学的研究方法,如数理统计学方法,来丰富自己的研究方法。另外,大众传媒作为当代文化的主要传播载体,涉及范围极其宽阔,真可谓上至天文,下至地理,政治、经济、文化、科技、军事、教育、艺术等各个领域无所不包。媒介批评必然会介入到上述各个领域中。所以中国特色社会主义媒介批评理论,应广泛吸收哲学、社会学、经济学、政治学、文化学、传播学、新闻学、教育学、心理学、美学、文艺学等学科的最新研究成果,以丰富自己的理论体系,形成不同流派的媒介批评理论,使得中国特色社会主义媒介批评理论的园地中,呈现出百花齐放、流派纷呈的学术繁荣景象。

建设中国特色社会主义媒介批评理论,在注意吸取古今中外人类社会的一切有用的理论成果的基础上,应立足于自主创造。可以这样表述,兼收并蓄、广泛吸纳是手段,而为我所用、自主创造才是目的。中国特色社会主义媒介批评理论的建设工作,是一项前无古人的开创性工作。如前所述,我们不能全盘照抄西方资本主义制度下的媒介批评理论,因为它们不符合中国的国情,不能正确地指导中国的媒介批评实践。

我国媒介批评的实践,为建设中国特色社会主义媒介批评理论,提供了丰富的研究资源。我们自主创造的中国特色社会主义媒介批评理论,应保持如下的学术品格:

① 高鑫:《管窥未来中国电视文化》,载《当代电影》2002 年第 6 期。

1. 实践性

媒介批评理论作为一门理论形态的科学,并不是凭空产生的,也不是个别理论家杜撰出来的,而是从长期的、多种多样的媒介批评实践中总结出来的。中国特色社会主义媒介批评理论,是对当代媒介批评活动实践的总结,它的出发点和基础只能是媒介批评活动实践。先有媒介批评活动实践,然后才会有媒介批评理论的概括,关于媒介批评的概念、性质、功能、主体、标准、方法等一系列基本理论问题,无一不是从媒介批评活动的实践中总结、提炼出来的。实践是检验真理的唯一标准。真正科学的媒介批评理论不但在于这些学说形成之时,而且在于尔后为媒介批评实践所检验之日。所以媒介批评理论的实践性品格,不但在于它来源于媒介批评理论的实践,而且也在于它必须经得起媒介批评活动的实践的检验。由于中国特色社会主义媒介批评理论的实践性品格,所以它总是随着我国当代媒介批评实践活动的发展而发展,它永远是生动的、变化的,而不是僵化的、静止的。改革开放近三十年来,我国的大众传播事业发生了翻天覆地的变化。人们对大众传媒性质的认识,从极"左"路线时期的"阶级斗争的工具"转变为"大众传播媒介",转变为既是为党、政府以及人民服务的新闻信息、娱乐工具,又是为国民经济增值的信息产业。这些观念的变化和体制的转变,无疑对媒介批评实践产生了巨大的影响。而这些影响,又向媒介批评理论提出了一系列的问题。如大众文化的商品性问题,大众传媒的产业化问题,在市场经济条件下大众传媒如何坚持社会效益为最高准则的问题,媒介批评如何转变观念的问题,如此种种,不一而足。这些问题,无一不是改革开放以来大众传播和媒介批评实践提出来的,而对这些理论问题的探讨,又反过来推动、指导、影响了当前的大众传播实践和媒介批评实践。由此可见,中国特色社会主义媒介批评理论的实践性品格,决定了它是一门生机勃勃的科学,拥有旺盛和长久的学术和理论生命力,值得我们理论工作者去作艰苦的探索。

2. 时代性

实践性的品质又规定了中国特色社会主义媒介批评理论的时代性品质,它具有鲜明的时代特征。那么,中国特色社会主义媒介批评理论,怎样才会具有时代性,并体现时代精神呢?这可以从以下两个方面来理解:

第一,必须在研究中国当代大众传媒和大众文化发展情况的基础上,概括当代社会主义媒介批评实践的新经验,回答媒介批评实践中提出的新问题。中国特色社会主义媒介批评理论的时代性品质,从一定意义上看,也就是"面向现代化、面向世界、面向未来"这一社会主义先进文化特质的反映。

第二,必须面对 20 世纪以来各种社会思潮的挑战。20 世纪是人类社会发生巨变的时期。从社会实践层面看:两次世界大战爆发,国际共产主义运动潮起潮落,在曲折艰难的过程中发展,资本主义体系进一步拓展,持续创造着繁荣发展的现实神话;从意识形态领域看:西方资产阶级的谋士们对社会主义前途所作的歪曲描绘,国内思想界少数人对共产主义运动暂时处于低潮而流露和散布悲观失望的情绪,都以形形色色的社会思潮、五花八门的思想学术流派的形式出现。另外,20世纪的西方文论得到惊人的发展。这种发展大致上取人本主义和科学主义两条路线。从法兰克福学派的发展来看,就出现了传统法兰克福学派与新法兰克福学派的对立。在开展批评的方法论上,西方思想界、文化界和学术界创造和使用了许多全新的模式。语言分析方法、结构主义理论、解构的方法、后殖民主义理论、女权主义、符号学等,这些流派众多的批评理论和批评方法,既给坚持以马克思主义作为指导思想的社会主义媒介批评理论建设带来了挑战,同时,也带来了可资合理改造、批判吸收的丰富理论资源。但是,自主创造中国特色社会主义媒介批评理论,高扬当代马克思主义的理论旗帜和当代共产主义运动的实践旗帜,阐明社会主义文化的先进性,引导和提升当代中国的大众文化,是建设中国特色社会主义媒介批评理论的基本任务,也是它所应具有的最基本的理论品格。

3. 科学性

中国特色社会主义媒介批评理论,还应具有科学性的品质。

中国特色社会主义媒介批评理论是一门科学。其科学性首先体现在它是以科学的理论,即马列主义、毛泽东思想、邓小平理论以及“三个代表”重要思想作为指导。其次,媒介批评学是一门亟待建设的新学科,必须吸收其他学科的营养来不断丰富自己。

4. 批判性

如上文所述,我们致力于建设中国特色社会主义媒介批评理论,而不是建设中国特色社会主义传播批判理论。但这并不意味着社会主义媒介批评理论,就可以丧失其媒介批评的批判品质。相反,中国特色社会主义媒介批评理论,应高扬批判的旗帜,凸显自己的批判特性。

这些年来,从电视、广播、电影、网络、印刷品等媒体上,传来了大量西方资本主义国家腐朽、庸俗有害的东西,给人民群众,尤其是青少年带来了危害。因此,中国特色社会主义媒介批评理论,应在指导媒介批评实践活动中,把批判的重点对准西方资本主义大众文化中腐朽、有害的东西,以提高人们的鉴别力和免疫力。

我国仍处于社会主义的初级阶段。按照历史唯物主义的基本原理,“随着经济基础的变更,全部庞大的上层建筑也或慢或快地发生变革。”① 但是上层建筑意识形态领域的变革,总是要迟于经济基础的变革。因为“历史不是作为‘产生于精神的精神’消融在‘自我意识’中而告终的”②。在社会主义初级阶段,封建主义和殖民主义的残余意识,不会随着社会制度的消逝而彻底地消逝。在相当长的一段时期,它们将和社会主义意识形态展开斗争,使得当代中国的文化形态呈现出多元共生共存的复杂局面。放眼当下影视荧屏,“戏说”“煽情”呈泛滥之势,拜金主义、享乐主义、个人主义滋长,一些影视产品、电子游戏产品公然宣扬封建主义文化,为帝王将相涂脂抹粉,有些甚至为日本帝国主义的殖民统治文化招魂。对于这些腐朽、落后甚至反动的文化,社会主义的媒介批评,应加大批判的力度,以正视听。

5. 建设性

社会主义媒介批评应具有建设性的品质。社会主义大众传播媒介的性质,赋予了大众传播为社会主义服务和为人民服务的根本任务。对社会主义大众传播活动开展批评,就是对这两个根本任务完成情况的检查和监督。对完成得好的进行褒扬,对背离的进行批评,其目的是鼓励先进、批评错误,以达到建设一个良好的社会主义舆论环境,创造一个健康的大众文化传播氛围的目的。社会主义媒介批评要有建设性,表现在对待批评对象的层次上,除了要注重宏观意义上的诸如媒介制度研究、媒介的社会功能分析外,还要注意继续保持和加强对中观意义和微观意义上的媒介批评。长期以来,我们系统地引进了西方传播学理论,而被引进介绍的传播学理论,主要是传播学中的传统学派(西方亦称主流学派)。大众传播学中的传统学派,运用实证主义的方法和科学实验、统计量化的手段来测量和研究大众传播的效果,对我们有着直接的启发和帮助。在这方面,我们投入了不少心智和心血,积累了不少经验,这一层面的媒介批评传统应发扬光大,以保证我们的传播和宣传能够取得较好的效果,而不是对传播资源的浪费。微观层次上的媒介批评,我们应该承认做得还不好、不够。以生产、引进和播出的电视剧和电影为例,20 世纪 90 年代以来,我国每年生产的电视剧就有六七千部(集),引进的海外电视剧、电影也为数不少,但对电视和电影的批评,特别是电视批评的现状,观众和学者们都是不满意的。电视剧、电影需要生产、需要引进,以满足受众日益增长的文化需求,但就目前现状来看,更需要对这些电影、电视剧等大众文化作品进行细致的、客观公正的、严肃的分析和批评,以引导

① 《马克思恩格斯选集》第 2 卷,人民出版社 1995 年版,第 33 页。
② 《马克思恩格斯选集》第 1 卷,人民出版社 1995 年版,第 92 页。

受众正确地欣赏或者说消费，同时，也给生产制作者和传播者以监督和指导。

三、突出民族风格、中国气派的本土化特色

建设中国特色社会主义媒介批评理论，需要吸收西方媒介批评理论的成果，在兼收并蓄的基础上，自主创造新的理论形态。这种具有中国特色的媒介批评理论，不仅具有新的内容，而且具有新的形式。这种新形式，就是民族风格、中国气派的形式。"离开中国特点来谈马克思主义，只是抽象的空洞的马克思主义。因此，使马克思主义在中国具体化，使之在其每一表现中带着必须有的中国的特性，即是说，按照中国的特点去应用它，成为全党亟待了解并亟须解决的问题。洋八股必须废止，空洞抽象的调头必须少唱，教条主义必须休息，而代之以新鲜活泼的、为中国老百姓所喜闻乐见的中国作风和中国气派。"①毛泽东在抗日战争时期，论述"中国共产党在民族战争中的地位"时，提出了这一著名的命题。它为中国共产党如何学习研究马克思主义，如何领导全民族同胞团结一致，抵抗和战胜日本帝国主义，建设一个新中国，提供了具有马克思主义方法论的指导。

建设中国特色社会主义媒介批评理论，同样需要遵循这一方法论的指导。何谓"中国特色"？在当代中国，一是与中国实际相结合的马克思主义的指导，二是民族风格、中国气派的内容和形式。我们提倡自主创造，就是指的创造这种有中国特色的社会主义媒介批评理论。形成民族风格、中国气派，是媒介批评理论本土化建设的需要。中华民族有着五千年的灿烂文明，中国特色的媒介批评理论可资借鉴的中国文学批评资源，自先秦以降，绵延几千年的发展，极其丰富。从孔子的"兴、观、群、怨"，到周敦颐的"文以载道"，这些民族文化的精粹，是建设中国特色社会主义媒介批评理论的丰富营养。只要我们坚持"古为今用"的方针，剔除民族文化中的糟粕，吸收其精华，使之发扬光大，中国特色社会主义媒介批评理论，就一定会在批评理论的百花园中，闪耀夺目的光彩！

① 《毛泽东选集》第2卷，人民出版社1991年版，第534页。

参考文献

中文部分

一、书籍

1.《马克思恩格斯全集》第1—50卷,人民出版社。

2.《马克思恩格斯选集》第1—4卷,人民出版社1995年版。

3. 中国社会科学院新闻研究所编:《马克思恩格斯论新闻》,新华出版社1985年版。

4. 北京大学中文系编:《马克思、恩格斯、列宁、斯大林论报刊》(内部发行)1975年版。

5.《列宁全集》第1—60卷,人民出版社。

6.《毛泽东选集》第1—4卷,人民出版社1991年版。

7.《邓小平文选》第1—3卷,人民出版社1994年版。

8.《江泽民文选》第1—3卷,人民出版社2006年版。

9.《李大钊全集》,河北教育出版社1993、1999年版。

10.《中共中央关于加强社会主义精神文明建设若干重要问题的决议》。

11.《中国新闻年鉴》,中国新闻年鉴社1991、1992、2000、2002年版。

12.《中国广播电视年鉴》,中国广播电视年鉴社1991—2005年版。

13.《十六大报告辅导读本》,人民出版社2002年版。

14.〔德〕黑格尔:《小逻辑》,贺麟译,商务印书馆1980年版。

15.〔德〕瓦尔特·本雅明:《机械复制时代的艺术作品》,王才勇译,中国城市出版社2002年版。

16.〔德〕赫伯特·马尔库塞:《单向度的人——发达工业社会意识形态研究》,张峰译,重庆出版社1988年版。

17.〔德〕尤尔根·哈贝马斯:《重建历史唯物主义》,郭官义译,社会科学文献出版社2000年版。

18.〔德〕尤尔根·哈贝马斯:《作为"意识形态"的技术与科学》,李黎、郭官义译,学林出版社1999年版。

19.〔德〕马克斯·霍克海默:《批判理论》,李小兵译,重庆出版社1989年版。

20.〔德〕霍克海默、阿多尔诺:《启蒙辩证法》,洪佩郁、蔺月峰译,重庆出版社1990年版。

21.〔匈〕卢卡奇:《历史与阶级意识——关于马克思主义辩证法的研究》,杜章智等译,商务印书馆 1985 年版。

22. 〔匈〕卢卡奇:《审美特性》第 1 卷,徐恒醇译,中国社会科学出版社 1986 年版。

23. 〔法〕路易・阿尔都塞:《保卫马克思》,顾良译,商务印书馆 1984 年版。

24. 〔法〕皮埃尔・布尔迪厄:《关于电视》,许钧译,辽宁教育出版社 2000 年版。

25. 〔法〕阿芒・马特拉:《世界传播与文化霸权》,陈卫星译,中央编译出版社 2001 年版。

26. 〔美〕周策纵:《五四运动史》,岳麓书社 1999 年版。

27. 〔美〕威尔伯・施拉姆、威廉・波特:《传播学概论》,陈亮等译,新华出版社 1984 年版。

28. 〔美〕沃尔特・李普曼:《舆论学》,林珊译,华夏出版社 1989 年版。

29. 〔美〕J. 赫伯特・阿特休尔:《权力的媒介》,黄煜、裘志康译,华夏出版社 1989 年版。

30. 〔美〕菲利普・巴格比:《文化:历史的投影》,夏克等译,上海人民出版社 1987 年版。

31. 〔美〕约翰・赫尔顿:《美国新闻道德问题种种》,刘有源译,中国新闻出版社 1988 年版。

32. 〔美〕罗伯特・戈尔曼编:《新马克思主义传记辞典》,赵培杰等译,重庆出版社 1990 年版。

33. 〔英〕安德鲁・古德温、加里・惠内尔编著:《电视的真相》,魏礼庆、王丽丽译,中央编译出版社 2001 年版。

34. 〔英〕大卫・莫利:《电视、观众与文化研究》,冯建三译,台湾远流出版公司 1995 年版。

35. 〔英〕多米尼克・斯特里纳蒂:《通俗文化理论导论》,阎嘉译,商务印书馆 2001 年版。

36. 〔澳〕格雷默・特纳:《英国文化研究导论》,唐维敏译,台湾亚太图书出版社 1998 年版。

37. 〔意〕安东尼奥・葛兰西:《狱中札记》,曹雷雨等译,中国社会科学出版社 2000 年版。

38. 〔斯洛文尼亚〕斯拉沃热・齐泽克:《意识形态的崇高客体》,季广茂译,中央编译出版社 2002 年版。

39. 周忠厚、李中一主编:《马列文论研究》第 12 集,中国人民大学出版社 2001 年版。

40. 高清海主编:《马克思主义哲学基础》,人民出版社 1985 年版。

41. 汤李梁主编:《把握舆论导向七百例》,人民日报出版社 2001 年版。

42. 童兵:《马克思主义新闻思想史稿》,中国人民大学出版社 1989 年版。

43. 衣俊卿、丁力群等:《20 世纪的新马克思主义》,中央编译出版社 2001 年版。

44. 陆梅林主编:《西方马克思主义美学文选》,漓江出版社 1988 年版。

45. 复旦大学哲学系现代西方哲学研究室编译:《西方学者论〈1844 年经济学—哲学手稿〉》,复旦大学出版社 1983 年版。

46. 上海社会科学院哲学研究所外国哲学研究室编:《法兰克福学派论著选辑》(上卷),商务印书馆 1998 年版。

47. 王锐生、景天魁:《论马克思关于人的学说》,辽宁人民出版社 1984 年版。

48. 中共中央马列著作编译局编:《五四时期期刊介绍》(上、下),生活·读书·新知三联书店1978年版。

49. 胡绳:《从鸦片战争到五四运动》,人民出版社1981年版。

50. 丁守和、殷叙彝:《从五四启蒙运动到马克思主义的传播》,生活·读书·新知三联书店1963年版。

51. 丁守和:《中国现代史论》,中国社会科学出版社1980年版。

52. 张宪文:《中华民国史》第1卷,南京大学出版社2006年版。

53. 严怀儒等主编:《中国现代政治思想史简编》,北京出版社1985年版。

54. 林茂生等主编:《中国现代政治思想史》,黑龙江人民出版社1984年版。

55. 陈刚:《大众文化与当代乌托邦》,作家出版社1996年版。

56. 陈龙:《在媒介与大众之间:电视文化论》,学林出版社2001年版。

57. 陈龙:《媒介批评论》,苏州大学出版社2005年版。

58. 罗钢、刘象愚主编:《文化研究读本》,中国社会科学出版社2000年版。

59. 周宪、许钧主编:《现代性研究译丛》,商务印书馆2002年版。

60. 陈学明编著:《哈贝马斯"晚期资本主义"论述评》,重庆出版社1993年版。

61. 王岳川:《中国镜像——90年代文化研究》,中央编译出版社2001年版。

62. 黄会林主编:《当代中国大众文化研究》,北京师范大学出版社1998年版。

63. 黄新生:《媒介批评》,台湾五南图书出版公司1992年版。

64. 张锦华:《传播批判理论》,台湾黎明文化事业公司1994年版。

65. 王君超:《媒介批评——起源·标准·方法》,北京广播学院出版社2001年版。

66. 刘建明:《媒介批评通论》,中国人民大学出版社2001年版。

67. 欧阳宏生:《电视批评论》,中国广播电视出版社2000年版。

68. 潘知常、林炜主编:《传媒批判理论》,新华出版社2002年版。

69. 潘知常、林炜:《大众传媒与大众文化》,上海人民出版社2002年版。

70. 张咏华:《媒介分析:传播技术神话的解读》,复旦大学出版社2002年版。

71. 李岩:《媒介批评——立场·范畴·命题·方式》,浙江大学出版社2005年版。

72. 陈力丹:《世界新闻传播史》,上海交通大学出版社2002年版。

73. 戈公振:《中国报学史》,生活·读书·新知三联书店1955年版。

74. 方汉奇主编:《中国新闻事业通史》1—3卷,中国人民大学出版社1996年、1999年版。

75. 赵玉明主编:《中国广播电视通史》,北京广播学院出版社2004年版。

76. 赵玉明:《中国现代广播简史》,中国广播电视出版社1987年版。

77. 方汉奇、陈业劭主编:《中国当代新闻事业史(1949—1988)》,新华出版社1992年版。

78. 张涛:《中华人民共和国新闻史》,经济日报出版社1996年版。

79. 甘惜分主编:《新闻学大辞典》,河南人民出版社1993年版。

80. 余家宏等:《新闻学简明词典》,浙江人民出版社1984年版。

81. 余家宏、宁树藩等编注:《新闻文存》,中国新闻出版社 1987 年版。
82.《韬奋文集》第 3 卷,生活·读书·新知三联书店 1955 年版。
83.《邵力子文集》,中华书局 1985 年版。
84. 张育仁:《自由的历险——中国自由主义新闻思想史》,云南人民出版社 2002 年版。
85. 郝雨:《中国现代文化的发生与传播——关于五四新文化运动的传播学研究》,上海大学出版社 2002 年版。
86. 胡太春:《中国近代新闻思想史》,山西教育出版社 1987 年版。
87. 戴元光:《中国传播思想史(现当代卷)》,上海交通大学出版社 2005 年版。
88. 张之华主编:《中国新闻事业史文选(公元 724 年—1995 年)》,中国人民大学出版社 1999 年版。
89. 李润波:《故纸遗音——早期报刊收藏》,浙江大学出版社 2004 年版。
90. 黄瑚:《新闻伦理学》,新华出版社 2001 年版。
91. 雷跃捷:《新闻理论》,北京广播学院出版社 1997 年版。
92. 雷跃捷、辛欣主编:《网络新闻传播概论》,北京广播学院出版社 2001 年版。
93. 康荫、雷跃捷:《社会主义市场经济与新闻舆论》,中国广播电视出版社 1995 年版。
94. 陆晔:《电视时代——中国电视新闻传播》,复旦大学出版社 1997 年版。
95. 罗明、胡运芳主编:《中国电视观众现状报告》,社会科学文献出版社 1998 年版。
96. 何梓华主编:《新闻理论教程》,高等教育出版社 1999 年版。
97. 戴元光、金冠军主编:《传播学通论》,上海交通大学出版社 2000 年版。
98. 张隆栋主编:《大众传播学总论》,中国人民大学出版社 1993 年版。
99. 袁军、胡正荣主编:《面向 21 世纪的传播学研究——中加传播学研讨会文集》,北京广播学院出版社 2000 年版。
100. 郭庆光:《传播学教程》,中国人民大学出版社 1999 年版。
101. 李泽厚:《中国现代思想史论》,东方出版社 1987 年版。
102. 许纪霖、陈达凯主编:《中国现代化史》第 1 卷,上海三联书店 1995 年版。
103. 魏宏运主编:《中国现代史》,高等教育出版社 2002 年版。
104. 胡伟希等:《十字街头与塔》,上海人民出版社 1991 年版。
105. 郭绍虞:《中国文学批评史》,百花文艺出版社 1999 年版。
106. 童庆炳主编:《文学理论》,高等教育出版社 1998 年版。
107. 王朝闻主编:《美学概论》,人民出版社 1981 年版。
108.《蔡元培美学文选》,北京大学出版社 1983 年版。
109. 林耀华主编:《民族学通论》,中央民族大学出版社 1997 年版。

二、报刊

1.《新青年》第 1—9 卷,人民出版社影印 1954 年。
2.《新潮》,北京大学新潮社 1919 年。
3.《湘江评论》

4.《每周评论》
5.《时事新报》
6.《民国日报》
7.《晨报副镌》
8.《觉悟》
9.《学灯》
10.《京报副刊》
11.《建设》
12.《解放与改造》
13.《东方杂志》
14.《学衡》
15.《现代传播——北京广播学院学报》
16.《中国广播电视学刊》
17.《新闻战线》
18.《国际新闻界》
19.《世界广播电视参考》
20.《中国记者》
21.《新闻大学》
22.《新闻记者》
23.《电视研究》
24.《新华文摘》
25.《新华月刊》
26.《文艺研究》
27.《文化研究》
28.《文学评论》
29.《当代文艺思潮》
30.《哲学研究》
31.《当代外国哲学》
32.《世界文学》
33.《外国文学研究》
34.《北京电影学院学报》
35.《武汉大学学报》(社科版)
36.《中国社会科学》
37.《北京大学学报》(社科版)

外文部分

1. Elaine Baldwin, *Introducing Cultural Studies*. New York: Prentice-Hall, 1999.

2. Seyla Benhabib, *Critique, Norm, and UTOPIA: A Study of the Foundations of Critical Theory. New York: Columbia University Press*, 1986.

3. Steven Best, Douglas Kellner, *Postmodern Theory: Critical Interrogations*. London: Macmillan, 1991.

4. Roy Boyne, *Subject, Society and Culture*. London: Sage, 2001.

5. Branston Gill, Stafford Roy, *The Media Student's Book*. London: Routledge, 1996.

6. John Downing, Ali Mohammad, Annabelle Sreberny-Mohammadi, *Questioning the Media: A Critical Introduction*. London: Sage, 1995.

7. Elliott Anthony, *Contemporary Social Theory*. Oxford: Blackwell Publishers Ltd., 1999.

8. David Held, *Introduction to Critical Theory: Hokheimer to Habermas*. Berkeley: University of California Press, 1980.

9. Michael Luntley, *Contemporary Philosophy of Thought: Truth, World, Content*. Oxford: Blackwell, 1999.

10. David Morley, Kuan-Hsing Chen, *Stuart Hall, Critical Dialogues in Cultural Studies*. London: Routledge, 1996.

11. John Carlos Rowe, "*Culture*" *and the Problem of the Disciplines*. New York: Columbia University Press, 1998.

12. Dan Schiller, *Digital Capitalism: Networking the Global Market System*. Cambridge, Mass.; London: MIT Press, 1999.

后　　记

感谢我攻读博士学位和硕士学位的导师郑保卫教授、康荫教授，是他们引领我从事艰辛的学术研究工作。

感谢赵玉明教授、曹璐教授、陈力丹教授、耿云志研究员、蔡文美教授、邓炘炘教授、张彩副教授、曾庆香副教授给予的帮助和支持。

感谢北京大学出版社周丽锦女士、胡利国先生、杨虎先生，他们为这本书的出版付出了辛勤的劳动。

感谢我的学生陶卫华、宰飞、尹伟欣、朱虹，他们为我查阅资料、校对文稿。感谢我的中学同窗好友王友轩教授，他从英国伦敦为我提供了许多好的资料和有益的思想。

感谢首都师范大学的陶东风教授，他从美国通过电子邮件为我提供了重要的研究资料。

感谢老校长刘继南教授。

感谢我的父母和其他的亲人。

本书第四章的第一节参考和引用了我指导的硕士研究生田宇撰写的毕业论文《当代中美网络媒介批评实践比较研究》的一部分内容；

本书第五章的第二节、第三节参考和引用了我指导的硕士研究生张慧玲撰写的毕业论文《五四时期中国媒介批评研究》的一部分内容；

本书第七章的第三节、第四节参考和引用了我指导的硕士研究生刘朝霞撰写的毕业论文《我国大陆媒介批评研究现状之分析》的一部分内容，在此向她们表示感谢。

媒介批评研究是充满魅力的学术领域，我相信将来会有更多的成果问世。

作者谨识

2007 年 5 月于北京东郊